## Wortarten bestimmen

Einzelne Wörter kann man nach ihrer Wortart bestimmen, z. B.:

Nomen, Artikel, Adjektiv ▶ S. 224–226, 311 f.

Präpositionen ▶ S. 231 f., 313

Verb
Zeitformen ▶ S. 233 f., 314 f.
Aktiv und Passiv ▶ 235–237, 315
Konjunktiv (z. B. für indirekte Rede) ▶ 237–241, 315 f.

## Satzglieder erkennen

Satzglieder sind Bausteine in einem Satz, z. B.:

Subjekt, Prädikat, Objekt, Adverbiale ▶ S. 244–246, 317 f.

Präpositionalobjekt ▶ S. 247, 317

Attribut (Teil eines Satzglieds) ▶ S. 248–251, 318

## Satzarten unterscheiden

Satzreihe (Hauptsatz + Hauptsatz) und Satzgefüge
(Hauptsatz + Nebensatz) ▶ S. 252 f., 258–260, 319 f.

Adverbialsätze (Nebensätze) erkennen und
umformen ▶ S. 254–260, 320

## Zeichensetzung

Das Komma in Satzreihen ▶ S. 276, 325

Das Komma in Satzgefügen ▶ S. 277, 325

Das Komma bei Appositionen ▶ S. 279, 325

Schriftlich zitieren ▶ S. 272 f., 301

## Groß- oder Kleinschreibung?

Nominalisierte Verben und Adjektive
▶ S. 262–264, 322

Zeitangaben ▶ S. 265, 322

## Getrennt- oder Zusammenschreibung?

Nomen + Verb ▶ S. 266, 324

Verb + Verb, Verb + Partizip ▶ S. 267, 324

Adjektiv + Verb ▶ S. 268, 324

## Die Rechtschreibung trainieren

Fremdwörter richtig schreiben ▶ S. 270 f., 326

Fehlerschwerpunkte erkennen ▶ S. 274 f., 321–324

W0004735

## Realschule Bayern

# Deutschbuch

## Sprach- und Lesebuch

**7**

Herausgegeben von
Petra Stich und Sylvia Wüst

Erarbeitet von
Gertraud Bildl (Waldbüttelbrunn),
Anja Hauenstein (Wassertrüdingen),
Judith Heugel (Landshut),
Franziska Klingelhöfer (Viechtach),
Timo Koppitz (Höchberg),
Marlene Krause (Erlangen),
Renate Kroiß (Neumarkt),
Andreas Merl (Nabburg),
Katrin Peschl (Regen),
Martina Peter (Arnstorf),
Kerstin Scharwies (Hersbruck),
Doris Thammer (Vohenstrauß),
Sonja Wiesiollek (Baldham),
Gunder Wießmann (Neumarkt)

Unter Beratung von Dr. Hans-Peter Kempf

Zu diesem Buch gibt es:
– ein passendes Arbeitsheft (ohne Übungssoftware 978-3-06-062427-0; mit Übungssoftware ISBN 978-3-06-062445-4)
– einen passenden Schulaufgabentrainer (ISBN 978-3-06-062439-3)

Redaktion: Stefanie Schumacher
Bildrecherche: Gabi Sprickerhof
Coverfoto: Thomas Schulz, Teupitz

Illustrationen:
Maja Bohn, Berlin (S. 13–24, 79–100)
Uta Bettzieche, Leipzig (S. 243–260)
Nils Fliegner, Hamburg (S. 223–242)
Christiane Grauert, Milwaukee (S. 203–222, 261–282, 283–298)
Sylvia Graupner, Annaberg-Buchholz (S. 41–56)
Constanze v. Kitzing, Köln (S. 119–132)
Peter Menne, Potsdam (Umschlaginnenseiten)
Christoph Mett, Münster (S. 101–118)
Bianca Schaalburg, Berlin (S. 25–40, 173–186)
Barbara Schumann, Berlin (S. 57–78)
Sulu Trüstedt, Berlin (S. 133–150)
Christa Unzner, Berlin (S. 151–172)

Gesamtgestaltung und technische Umsetzung: werkstatt für gebrauchsgrafik, Berlin

**www.cornelsen.de**

Druck: Mohn Media Mohndruck, Gütersloh

ISBN 978-3-06-062421-8

PEFC zertifiziert
Dieses Produkt stammt aus nachhaltig
bewirtschafteten Wäldern und kontrollierten
Quellen.

www.pefc.de

# Euer Deutschbuch auf einen Blick

Das Buch ist in **vier Kompetenzbereiche** aufgeteilt.
Ihr erkennt sie an den Farben:

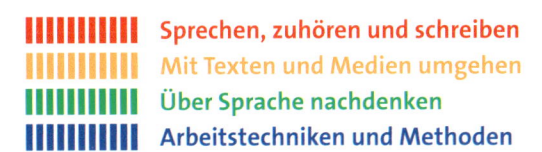 Sprechen, zuhören und schreiben
Mit Texten und Medien umgehen
Über Sprache nachdenken
Arbeitstechniken und Methoden

Jedes **Kapitel** besteht aus **drei Teilen:**

### 1 Hauptkompetenzbereich
Hier wird das Thema des Kapitels erarbeitet, z.B. in Kapitel 3
„Situationen schildern".

 3.1 Gemischte Gefühle – Ein Ereignis schildern

### 2 Verknüpfung mit einem zweiten Kompetenzbereich
Das Kapitelthema wird mit einem anderen Kompetenzbereich verbunden und
vertiefend geübt, z.B.:

 3.2 Sprachlich wirksam schildern

### 3 Fit in …? oder Projekt
Hier überprüft ihr das Gelernte anhand einer Übungsschulaufgabe und einer
Checkliste oder ihr erhaltet Anregungen für ein Projekt, z.B.:

 3.3 Fit in …? – Schildern

Das **Grundwissen** findet ihr in den blauen Kästen mit der

Bezeichnung **Wissen und Können** .

Auf den blauen Seiten am Ende des Buches (▶ S. 299–328) könnt ihr
das Grundwissen aller Kapitel noch einmal nachschlagen.

Folgende Kennzeichnungen werdet ihr im Buch entdecken:

- ●○○ Aufgabe mit Hilfestellung
- ●●● Aufgabe für Profis
- 4 Zusatzaufgabe
- 👥 Partnerarbeit
- 👥👥 Gruppenarbeit
- ▶ S. 304 Auf der angegebenen Seite könnt ihr weitere Informationen nachschlagen.

# Inhaltsverzeichnis

# 5

## Von Unmut, Mut und Übermut – Merkmale von kurzen Erzähltexten beschreiben　79

# 6

## Bücher öffnen neue Welten – Jugendbücher lesen und dazu schreiben　101

▶ Lernen an Stationen: Kenntnisse über das Barock erweitern und vertiefen

## 9

Mit Texten und Medien umgehen

**„O schaurig ist's …" – Balladen vorlesen und neu erzählen   151**

▶ Die Ballade als literarische Kurzform kennen lernen
▶ Sprache und Stilmittel untersuchen und in ihrer Wirkung beschreiben
▶ Texte für einen Vortrag vorbereiten und vortragen

▶ Nach literarischen Vorbildern erzählen
▶ Den kreativen Umgang mit Texten weiterentwickeln
▶ Sprachliche Gestaltungsmittel angemessen einsetzen

▶ Einen Text überarbeiten

# 14

## Grammatiktraining – Satzglieder und Sätze   243

# 15

## Rechtschreibtraining   261

▶ Informationen suchen
und bewerten

▶ Mit Nachschlagewerken
und dem Internet um-
gehen

▶ Texte zielgerichtet
auswerten

▶ Lesetechniken üben

▶ Ein Kurzreferat zu einem
vorgegebenen Thema
halten

▶ Sprachliche und außer-
sprachliche Gestaltungs-
mittel einsetzen

▶ Zum Gehörten Fragen
stellen

▶ Techniken des Mitschreibens erlernen; einfache
Protokolle anfertigen

## Grundwissen   299

# 1 Wer bin ich? –
## Miteinander sprechen

**1** **a** Beschreibt die Situation auf diesem Foto.
  **b** Wie erlebt ihr solche Treffen unter Jugendlichen? Tauscht euch in der Klasse aus.

**2** Was bedeutet „Freundschaft" für euch? Notiert eure Gedanken in einem Cluster (▶ S. 304).

**3** Mit wem, außer mit euren Freunden, führt ihr in eurem Alltag noch Gespräche –
  und welche Schwierigkeiten kann es dabei geben? Nennt Beispiele.

## 1.1 Was macht mich aus, was soll ich sein? – Über Rollenerwartungen sprechen

### Rollen einnehmen

Hans Manz

**Ich**

**Ich:** Träumerisch, träge,
schlafmützig, faul.
**Und ich:** Ruhelos, neugierig,
hellwach, betriebsam.
5 **Und ich:** Kleingläubig, feige,
zweiflerisch, hasenherzig.
**Und ich:** Unverblümt, frech,
tapfer, gar mutig.
**Und ich:** Mitfühlend, zärtlich,
10 hilfsbereit, beschützend.
**Und ich:** Launisch, gleichgültig,
einsilbig, eigenbrötlerisch. –
**Erst wir alle zusammen sind ich.**

**1** a Erklärt, was in dem Gedicht zum Ausdruck gebracht wird.
b Welche der Adjektive sind euch nicht geläufig? Klärt ihre Bedeutung im Klassengespräch.

**2** Überlegt, welche Eigenschaften für folgende schulische Ämter von Vorteil sind:
Klassensprecher, Klassentagebuchführer, Lerntutor, Streitschlichter

**3** a Notiert vier positive und vier negative Eigenschaften aus dem Gedicht in einer Tabelle.
b Überlegt euch Situationen aus eurem Alltag, in denen diese Eigenschaften weiterhelfen (+) bzw.
Schwierigkeiten verursachen (–) können. Notiert Beispiele in der rechten Spalte, z. B.:

| Eigenschaft | Situation im Alltag |
| --- | --- |
| – *schlafmützig* | *Stoff im Unterricht verpassen, nur die Hälfte mitbekommen* |
| + *hilfsbereit* | *...* |

**4** Sucht weitere Adjektive und schreibt ein eigenes „Ich"-Gedicht, das zu euch passt.

# Ich bin nicht allein – Rollen übernehmen

Melvin Burgess

## Billy Elliot

*Boxen hat in Billy Elliots Familie Tradition: „Ich habe geboxt. Mein Dad hat geboxt. Du boxt", sagt sein Vater und schickt ihn zum Boxtraining. Im Saal nebenan findet Ballettunterricht statt.*

Eigentlich mache ich mir gar nichts aus Boxen. [...] Ich zog die Handschuhe aus, hängte sie mir um den Hals und ging rüber, um zuzugucken. Sie sahen hübsch aus, die Mädchen, in
5 ihren rosa Strumpfhosen, den Kleidchen und allem. George hatte uns gesagt, wir sollen die Finger von den Ballettmädchen lassen. [...]
Die Musik begann wieder, und die Mädchen traten alle zusammen vor. Das war wirklich
10 ziemlich schlau. Alle in einem Schritt, die Arme hoch, im Bogen. Schritt und zwei und runter und zwei und rum und zwei. Das war interessant, wirklich. Aber ziemlich einfach. Ich dachte, das kann doch jeder, wenn er will.
15 Ich verstand nicht, warum die Mädels so viel Zeit damit verbrachten, etwas so Einfaches zu üben wie das mit der Fußspitze und so. Ich streckte meine Zehen aus. Bitte. Ganz einfach. „Warum versuchst du es nicht mal?"
20 Das war Debbie Wilkinson aus meinem Jahrgang. Sie stand mir am nächsten.
„Nee", sagte ich. Was für eine Idee! Ich und Ballett!
„Das ist nicht so leicht, wie es aussieht", sagte
25 sie.
„Hau ab", sagte ich.
„Port de bras[1], vorne und hoch. Und ... halten!"
Sie alle verharrten mitten in der Bewegung.
30 Ich hielt die Luft an. Es sah wirklich ziemlich gut aus. Ich streckte mein Bein aus wie sie. Leicht. Mrs Wilkinson ging zwischen den Mädchen herum, zog die Beine gerade und so was. „Und hoch!"

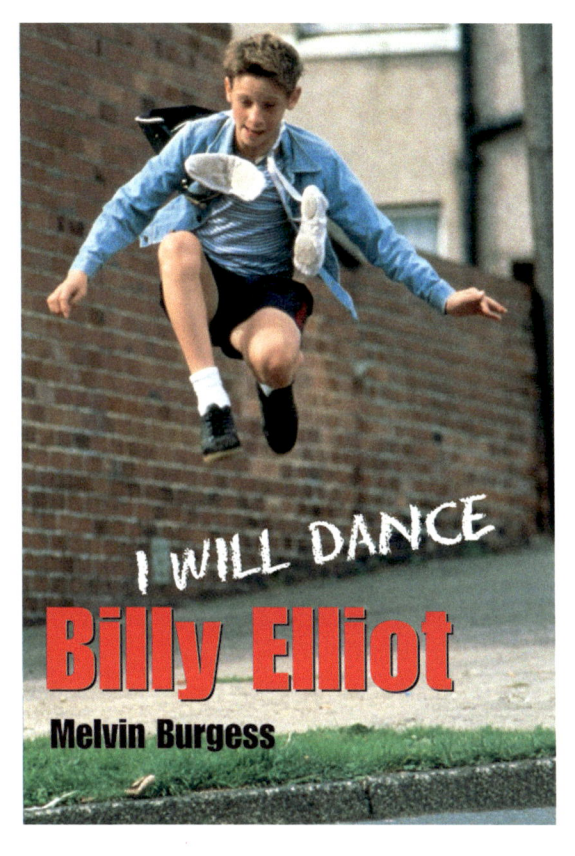

Alle standen aufrecht. „Ich wette, du kannst
35 das nicht", sagte Debbie.
„Das kann jeder."
Sie hob ihr Bein und streckte es bis in die Zehenspitzen.
„Mach nach!", sagte sie.
40 Ich streckte ein Bein aus, um es ihr zu zeigen.
„Na bitte. Siehste?", sagte sie.
Es stimmte, ihr Bein war viel gerader als meins.
„Na ja, ich habe ja auch Schuhe an."
Die Mädchen waren alle am anderen Ende der
45 Stange, sodass ich hinter der Miss ein bisschen mitmachte. Beugen und Strecken und Beine

---

1 Port de bras (franz.): vorschriftsmäßige Bewegung der Arme beim Ballett

raus! Ich beugte mich und streckte mein Bein und schielte über meine Schulter nach hinten.
50 Debbie hatte recht. Es war nicht so leicht, wie es aussah. Ich versuchte, alles nachzumachen, was die anderen machten, und es war wirklich ziemlich schwierig.

„... Boxstiefel aus!"
55 „Au!"
Sie trat auf meinen Fuß. Zigarettenqualm zog an meinem Gesicht vorbei. Ich musste husten. Ich wusste nicht, warum sie wollte, dass ich die Stiefel auszog, aber ich tat es. Vielleicht durfte
60 man nicht mit Schuhen in die Nähe der Stange oder so. Als ich den zweiten Schnürsenkel aufband, ließ sie etwas vor mir fallen.
Na klasse. Ein Paar scheiß Ballettschuhe.
„Trau dich", sagte sie. „Zieh sie an. Mit den Stie-
65 feln kriegst du keine gerade Linie hin."
Na gut. Außer den Mädchen war weiter keiner da, der mich hätte sehen können. Und außerdem, ich denke mal, die fanden das gut, dass ein Junge mitmachte. Ich denke mal, sie glaub-
70 ten, ich wäre ein bisschen anders. Warum also nicht? Bloß, um es ihnen zu zeigen.
Sie war eine gute Lehrerin, Mrs Wilkinson. Ich hatte so gut wie keine Zeit, mir darüber Gedanken zu machen, wie blöd ich aussehe. Schon

hatte sie mich dabei. Auf und ab, auf und ab, 75 eins und zwei und drei und vier und fünf.
„Schönes gerades Bein", sagte sie. Es ist wirklich einfacher, wenn man die richtigen Schuhe anhat. Mit den Stiefeln kriegt man keine gerade Linie hin. „Guter Bogen", sagte sie, was im- 80 mer das zu bedeuten hatte. Aber es war verdammt schwer. [...]
Später, als ich auf dem Weg nach Hause war, hielt Mrs Wilkinson mit ihrem Auto neben mir an. Das Fenster wurde runtergekurbelt. Auf 85 der Rückbank saß Debbie. Ich hatte gar nicht mitgekriegt, dass das ihre Tochter war.
Die Miss pustete eine Rauchwolke aus dem Fenster. „Du schuldest mir fünfzig Pence"[2], sagte sie. 90
„Nein, tu ich nicht."
„Doch. Bring das Geld nächste Woche vorbei."
„Ich muss boxen, Miss."
„Aber du bist doch ein scheiß Boxer", sagte Debbie. Offenbar hatte die kleine Kuh mich be- 95 obachtet.
„Gar nicht wahr", sagte ich. „Er hat mich bloß erwischt, weiter nichts."

---

2 fünfzig Pence (englische Währungseinheit): Die Tanzlehrerin fordert diesen Betrag für die Teilnahme am Balletttraining ein.

„Halt den Mund, Debbie." Mrs Wilkinson blick- 100
te wieder mich an. „Dachte, dir hat's Spaß gemacht."
Ich sagte nichts.

„Wie du willst, mein Lieber", sagte sie zu mir
und fuhr los.
Am nächsten Tag tat mir alles weh. 105

**1** Billy beginnt, sich für Ballett zu interessieren. Nennt Hinweise aus dem Text, die dies belegen.

**2** Was könnten die anderen Ballett-Mädchen zu Billys Tanzversuchen sagen? Zeigt das in einem Rollenspiel.
**a** Notiert in der Gruppe mögliche Äußerungen der Mädchen in Stichpunkten.
**b** Spielt das Gespräch der Klasse vor.

**3** **a** Überlegt, was Billys Vater wohl zu dessen Teilnahme am Ballettunterricht sagen würde.
**b** Wie schätzt ihr selbst Billys Verhalten ein? Begründet eure Meinung.

Schließlich habe ich einen zweiten Versuch gewagt. [...] Ich war bloß neugierig, mehr nicht.
Ich wollte rauskriegen, wie gut ich war, echt.
Außerdem gefiel mir, dass mir die Mädchen zu-
guckten. Und dass ich den Mädchen zugucken 110
konnte, machte mir schon gar nichts aus!
Zuerst war es langweilig und peinlich. Sie
machten eine Bewegung nach der anderen,
und ich hatte keine Ahnung, was als Nächstes
kam. Ich bewegte mich in die eine Richtung 115
und sie in die andere. Woher sollte ich wissen,
was zu tun war? Sie machten das schon ewig.
Ich wette, ich hätte jede dieser Bewegungen

besser als die Mädchen gekonnt, aber ich wusste nie, was als Nächstes drankam [...]. 120
Ich tat mein Bestes, aber irgendwie ... Ich dachte,
das reicht jetzt. Ich dachte, es macht vielleicht
doch mehr Spaß, eins auf den Schädel zu kriegen, als hier den Volltrottel zu spielen. Aber
dann zeigte sie uns, wie man sich drehte. 125
Das hatte ich schon mal im Fernsehen gesehen. Also, wenn sich jemand irre schnell um
sich selbst dreht und dann stehen bleibt – ganz
plötzlich total still in genau derselben Position
steht wie am Anfang. Das ist ziemlich spekta- 130
kulär[1], echt. Wenn man das im Boxring täte,
würde keiner mehr durchblicken. Man dreht
sich irre schnell herum, und am Ende schlägt
man zu. Mann, der Gegner würde glatt durch
die Luft fliegen! [...] 135
Also machte ich das. Ich wirbelte so schnell herum, dass ich ausrutschte, hinknallte und wie
ein Idiot auf dem Boden lag. Die Mädchen
guckten zu mir runter. Aber keine hat gewagt,
zu lachen. Man muss sich schon drauf einlas- 140
sen können, ein bisschen blöde auszusehen,
wenn man anfängt, so was zu lernen, und gut
werden will. Wie bei allem.
„Übe zu Hause", sagte sie. [...]

1 spektakulär: Aufsehen erregend

145 Am Ende war ich fertig, aber ich fühlte mich klasse. Die Drehung – ich wusste, die würde ich schaffen. Das war nur eine Frage der Übung. Ich saß auf der Bank und zog mir meinen Pullover über, und [...] die Miss blickte 150 zu mir herab. Sie hatte die Zigarette im Mund und kniff wegen des Rauchs die Augen zusammen.

„Also dann. Wirst du uns nächste Woche wieder das Vergnügen deiner Gesellschaft gönnen?"

155 „Weiß nich. Es ist ... Ich komm mir so weibisch vor."

„Dann führ dich nicht so auf. Fünfzig Pence."
Ich gab ihr das Geld. Sie deutete auf meine Bal-160 lettschuhe.

„Also, wenn du nicht kommst, gib uns unsere Schuhe wieder."

Ich zögerte. Ballett – na ja, so richtig scharf drauf war ich nicht, aber ich wollte diese Drehung lernen. Damit ich sie im Boxring bringen 165 konnte. Da würden die aber gucken!
„Nee, schon gut."
„Eben", sagte sie, drehte sich um, ohne Auf Wiedersehen oder so was zu sagen, und ging raus. 170
Und weißt du was?
Erst als ich merkte, dass ich den ganzen Weg nach Hause tanzte, wurde mir klar, wie schön das war. Ich war richtig ausgelassen. Den ganzen Weg über schlidderte und hüpfte ich, und 175 erst als ich in der Küche stand, mit den Ballettschuhen in der Hand und den Boxhandschuhen um den Hals, dachte ich: Was habe ich gemacht? Was will ich mit den Schuhen? Wenn Dad mich damit erwischt, bringt er mich um. 180

**4** a Fasst in eigenen Worten zusammen, was in diesem Textausschnitt erzählt wird.
   b Nennt mögliche Gründe, wie es zu dieser Entwicklung gekommen ist.

●○○    Ihr könnt auf folgende Punkte eingehen:

    Spaß am Tanzen • Erwartungen des Vaters • Unsicherheit • eigene Interessen •
    typische Rollen von Jungen und Mädchen

**5** „Sie war eine gute Lehrerin", sagt Billy über Mrs Wilkinson (Z. 72).
   a Wie tritt die Tanzlehrerin auf? Beschreibt ihr Verhalten.
   b Zeigt anhand von Textstellen, welchen Einfluss Mrs Wilkinson auf Billy hat.

**6** Ballett gilt als typischer Mädchensport, Boxen als Jungensportart.
   a Was erwartet man noch von Jungen – was erwartet man von Mädchen?
     Nennt typische Vorstellungen, z. B.:

    *„Mädchen sind immer ..."*             *„Alle Jungen interessieren sich für ..."*

   b Weist anhand von Gegenbeispielen nach, dass solche Rollenvorstellungen nicht immer
    zutreffen, z. B.: *Philipp liest gern Modezeitschriften. Lisa ist die Beste beim Armdrücken.*

**7** „Ich habe geboxt. Mein Dad hat geboxt. Du boxt", sagt Billys Vater. Doch sein Sohn möchte lieber zum Ballett. Überlegt euch ein Gespräch, in dem Billy seinen Vater von seinem neuen Hobby zu überzeugen versucht:
   a Notiert in Stichpunkten Argumente für den Vater und für Billy.
   b Spielt ein Konfliktgespräch zwischen Vater und Sohn.

In der Familie, in der Schule, im Verein usw. – überall stehen Menschen in einem bestimmten Verhältnis zueinander und nehmen ganz unterschiedliche Rollen ein, z. B.:

Ich bin eine ...

freche Tochter,
coole Handballspielerin,
träumerische Schülerin,
nervende kleine Schwester,
zuverlässige Freundin und
hilfsbereite Enkelin!

**8** Welche verschiedenen Rollen nehmt ihr selbst in eurem Alltag ein? Tauscht euch aus.

**9** Wie unterscheiden sich die Rollen „Eltern" und „Kind" voneinander?

a Wählt eine der folgenden Situationen, in denen Vater, Mutter und Kind beteiligt sind. Überlegt, welcher Konflikt auftreten könnte, und denkt euch ein Streitgespräch aus.
   – Erledigung der Hausaufgaben
   – Geschenkwünsche zum Geburtstag
   – Besuch einer Geburtstagsparty
   – Urlaubsplanung

b Führt euer Rollenspiel vor und lasst euch von der Klasse eine Rückmeldung geben: Welche Verhaltensweisen sind typisch für die Rolle der Eltern, welche für die Rolle des Kindes?

c Versucht nun, eine Lösung für den Konflikt zu finden, und spielt das Gespräch erneut vor. Beachtet dabei auch den Tipp.

> **Aktives Zuhören** kann eine Gesprächssituation verbessern:
> - Lasst den anderen ausreden, vermeidet Störungen und Wertungen.
> - Stellt Rückfragen.
> - Wiederholt das Gesagte in eigenen Worten, z. B.: *Du meinst also, dass ...*
> - Haltet Pausen aus.

**10** Warum spielt man manchmal eine „falsche" Rolle?
Sucht Begründungen für die folgenden Verhaltensweisen:
   – Max gibt im Verein mit seinen neuen Turnschuhen an.
   – Lea stimmt immer zu, wenn ihre Freundinnen etwas vorschlagen.
   – Nils lacht mit, wenn seine Brüder sich über ihn lustig machen.
   – Anna ist in der Klasse sehr zurückhaltend.

Diese Anregungen können euch helfen:

Problemen aus dem Weg gehen • jemand anders sein wollen • beliebt sein wollen • Schwächen verstecken • Anfeindungen vermeiden

| Wissen und Können | Im Alltag Rollen übernehmen |
| --- | --- |

Unser Alltag besteht aus verschiedenen Situationen (z. B. Familienleben, Unterricht, Training im Sportverein), in denen wir bestimmte **Rollen** einnehmen (z. B. Tochter, Schüler/in, Mannschaftskapitän/in). Rollen sind nicht angeboren, sondern man übernimmt sie unter dem Einfluss der Umwelt (z. B. Eltern, Schulkamerad/in, Clique).
An jede Rolle werden besondere **Rollenerwartungen** geknüpft, z. B. ein bestimmtes Verhalten, Sprechen oder Aussehen. Werden diese Erwartungen nicht erfüllt, kann es zu **Rollenkonflikten** kommen.

## 1.2 *Guten Tag, Grüß Gott* oder *Hey, Alter?* – Standardsprache, Dialekt und Jugendsprache

Wo gibt's nachert
de **Kiachl?**

Wos moanst na du?
Mein **Käichl?**

**1** Hier gibt es offensichtlich ein Verständigungsproblem.
a Beschreibt, in welcher Situation die beiden sich befinden.
b Erklärt das Missverständnis.
c Betrachtet die Ausdrucksweise genau: Welche sprachlichen Besonderheiten fallen euch auf?

**2** Welchen Begriff verwendet man in eurer Region für das Schmalzgebäck? Vergleicht.

**3** a Nennt Dialektwörter, die man außerhalb Bayerns nicht verwenden würde, z.B.: *Grüß Gott, Semmel, Obacht, fei*
b Gibt es in eurer Klasse unterschiedliche Dialekte? Sucht einzelne typische Begriffe – beispielsweise aus dem Bereich Ernährung – und vergleicht sie miteinander.

> Im Freistaat Bayern wird nicht nur **Bairisch** gesprochen, sondern auch **Schwäbisch** und **Fränkisch.**

**4** Dialekte haben bestimmte Funktionen.
Sprecht über die folgenden Fragen und nennt Beispiele:
– In welchen Situationen sprecht ihr Dialekt, in welchen Standarddeutsch?
– Inwiefern können Dialekte das Zusammengehörigkeitsgefühl von Personen stärken?

●○○   Ihr könnt zum Beispiel auf folgende Situationen eingehen:

Pausengespräch • Hamburger Tourist fragt nach dem Weg • Telefonat mit …

## Das Kirchweihfest

Vor allem im Monat Oktober sorgen die Kirchweihfeste in den bayerischen Ortschaften für stimmungsvolle Wochenenden. Das Kirchweihfest – kurz Kirchweih genannt – wird seit dem Mittelalter als religiöses Fest anlässlich der Kirchweihe eines christlichen Kirchengebäudes gefeiert. Sie hat den Rang eines kirchlichen Hochfests, heute spielt der religiöse Hintergrund jedoch meist eine untergeordnete Rolle. Bei der Kirchweih wird auf den Dörfern kräftig gefeiert – traditionell mit Bratwurst, Bier und Blasmusik. Deshalb war früher der Kirchweihmontag in vielen Regionen arbeitsfrei.

In den verschiedenen Regionen Bayerns ver-

wendet man zahlreiche Ausdrücke in unterschiedlichen Dialekten für dieses Fest:

– *Kärwa, Kerwa* oder *Kirwa* in Franken
– *Kerm* in Unterfranken
– *Kerweih* in Schwaben
– *Kiachweih* in Niederbayern

**5** Das Kirchweihfest hat in Bayern eine sehr alte Tradition.
  **a** Lest den Informationstext zum Kirchweihfest.
  **b** Berichtet, ob es bei euch dieses Fest gibt, und beschreibt, wie es gefeiert wird.
  **c** Wie nennt man das Kirchweihfest in eurer Region? Vergleicht den Ausdruck mit den Beispielen aus dem Infotext.

Die Klasse 7c feiert gemeinsam den Kirchweihmontag in der Schule. Selina hat versprochen, Krapfen für alle mitzubringen. Sie spricht ihrer Oma auf den Anrufbeantworter:

> „Hi Oma! Du, ich brauch total kurzfristig 27 Krapfen. Ja, ich weiß, krasse Menge! Frau Mitterer bringt 'ne DVD mit, wird sicher voll chillig ... Ich hol das ganze Zeug so um sieben ab. Das wäre echt einfach mal sooo cool, Oma, wenn das klargeht!"

**6** Selina verwendet typische Ausdrücke aus der Jugendsprache.
  **a** Tragt auffallende Formulierungen in eine Tabelle ein und ergänzt in der zweiten Spalte einen entsprechenden Begriff aus dem Hochdeutschen.
  **b** Würdet ihr euch auch so ausdrücken? Nennt Wörter, die ihr selbst nicht verwenden würdet.

| Jugendsprache | Hochdeutsch |
| --- | --- |
| total | extrem/sehr |
| krasse Menge | ... |

**c** Ergänzt weitere jugendsprachliche Ausdrücke und ihre hochdeutsche Entsprechung in der Tabelle.

**7** Aus welchen Gründen verwenden Jugendliche Jugendsprache? Nennt Beispiele.

## Sprachvarianten unterscheiden

**8** Zu einem Familienfest am Kirchweihtag wurden verschiedene Personen eingeladen.

> Liebe ...!
>
> Am Kirchweihfest wird bei uns wie jedes
> Jahr eine große Feier stattfinden.
> Wir möchten ausgiebig feiern und haben
> uns dafür einen ganz besonderen Treff-
> punkt überlegt ...
> Ihr werdet staunen!

> Servus ...!
>
> Du, mir mecht'n zur Kirwa a grouse Feia
> macha un ham uns dafia an besondern
> Dreffpunkt ibalegt ... Ihr werdet's Augn
> machen!

> Hey, ...!
>
> Zur Kirchweih steigt bei uns wie jedes
> Jahr 'ne fette Party!
> Wir wollen's ordentlich krachen lassen
> und haben dafür 'ne supercoole Location
> ausgecheckt ... Ihr werdet's echt lieben,
> garantiert!

**a** Stellt Vermutungen an, an welche Adressaten sich die drei Einladungen jeweils richten könnten.
**b** Benennt die drei Sprachebenen mit Hilfe des Merkkastens.
**c** Beschreibt, welche Wirkung durch die verschiedenen Sprachebenen erzielt wird.

**9** **a** Schreibt die dritte Einladung in eure eigene Jugendsprache um.
**b** Vergleicht in der Klasse, welche Wörter ihr jeweils verändert habt.

---

**Wissen und Können** | **Sprachvarianten unterscheiden**

In einer Sprachgemeinschaft (z. B. in den deutschsprachigen Ländern) werden unterschiedliche
**Sprachvarianten** verwendet:
- Die **Hochsprache** (auch **Standardsprache**) ist die allgemein verbindliche Form der Sprache.
  Man verwendet sie vor allem beim schriftlichen Sprachgebrauch (z. B. sachlicher Brief, Auf-
  satz) und in formellen Gesprächssituationen (z. B. Gespräch mit dem Schulleiter).
- Die **Jugendsprache** grenzt sich vor allem durch ihren Wortschatz von der Hochsprache ab.
  Sie beinhaltet viele Modewörter (z. B. „krass") und Anglizismen (= Fremdwörter aus dem
  Englischen, z. B. „cool").
- Der **Dialekt** (die Mundart) ist eine Sprachvariante, die an eine bestimmte geografische
  Region geknüpft ist, z. B.: Bairisch, Fränkisch, Schwäbisch, Alemannisch, Sächsisch, Kölsch
Die verwendete Sprachvariante sollte immer der jeweiligen **Situation** angepasst sein.

# 1.3 Miteinander sprechen … aber wie? – Erfolgreich Gespräche führen

## Ein Gespräch angemessen beginnen

**1**

a Beschreibt die Körpersprache und den Gesichtsausdruck der Personen auf den Fotos.

b Stellt Vermutungen an, um welche Situationen es sich jeweils handelt.

c Vergleicht: Wie begrüßt ihr euch untereinander – wie begrüßt ihr Erwachsene (z. B. Lehrkräfte, Nachbarn, Vereinsleiter)?

## Die passende Sprachebene wählen

Paula möchte für das Klassenprojekt „Lebendiges Brauchtum in unserer Region" ein Interview mit Dialektsprechern ihrer Stadt führen. Zur Vorbereitung muss sie einige Absprachen treffen:

„Herr Ranke, Herr Ranke, wir müssen am Montag unbedingt 'ne Stunde frei kriegen! Wegen der Interviews. Geht klar, oder?"

„Bitte verzeih die Störung, lieber Mirco. Ich trete an dich heran, um dich um Unterstützung bei den Interviews mit Dialektsprechern zu bitten. Ich wäre sehr erfreut, wenn es sich für dich einrichten ließe, dass du mich dabei begleitest!"

„Hey, Cousine, bring mir gefälligst dein Aufnahmegerät mit. Ich brauche es dringend – keine Widerrede! Wehe, du vergisst das am Montag!"

**2**

a Paula spricht drei Personen an. Nennt die Gesprächsziele, die sie dabei jeweils hat.

b Erklärt, warum die Aussagen unpassend wirken.

c Wie könnte Paula die Gespräche sinnvoll beginnen? Überlegt euch für jedes Gespräch einen passenden Anfang. Berücksichtigt jeweils Paulas Verhältnis zu den einzelnen Personen.

**3** Wählt eine der drei Gesprächssituationen aus und entwickelt einen Dialog dazu.
Macht euch zuvor Notizen, was Paula sagen soll und was ihr Gegenüber fragen könnte.
Achtet auf eine angemessene Sprachebene und auf einen freundlichen Ton.

## Sprechen ohne Worte – Mimik bewusst einsetzen

**4** Welche Gefühle sind hier dargestellt? Beschreibt diese möglichst genau.

●○○ Ihr könnt passende Adjektive aus dem Wortspeicher auswählen:

> verwundert • erfreut • erstaunt • verblüfft • verschmitzt • schmollend • verärgert •
> nachdenklich • überrascht • zweifelnd • verlegen • stolz • glücklich •
> niedergeschlagen • bedrückt • entzückt • skeptisch

**5** Versucht, einige der oben abgebildeten Gesichtsausdrücke möglichst eindeutig nachzuahmen, und lasst eure Partnerin/euren Partner erraten, welches Bild gemeint ist.

**6** Untersucht den Einfluss unterschiedlicher Mimik anhand dieser Mini-Szene:

> – Person A: „Kannst du ein Stück rutschen?" *(zeigt eine bestimme Mimik)*
> – Person B: *(sagt nichts, zeigt nur eine bestimmte Mimik)*

Spielt die Szene mit unterschiedlichen Gesichtsausdrücken nach und beschreibt, wie die Wahl der Mimik die Situation verändert.

---

**Wissen und Können**  **Miteinander sprechen**

Sprechen zwei oder mehr Menschen miteinander über ein bestimmtes Thema, ist es wichtig, sich angemessen zu äußern:
- Damit man von seinem Gegenüber ernst genommen wird, sollte die gewählte **Sprachebene** zur **Situation** und zum **Gesprächspartner** passen, z. B. drückt man sich in einem Gespräch mit einer Lehrkraft formeller aus als gegenüber gleichaltrigen Freunden.
- Achtet auch auf eure **Körpersprache,** denn **Gestik** (Haltung und Bewegungen des Körpers) und **Mimik** (Gesichtsausdruck) beeinflussen das Gesagte und sollten ebenfalls zur Gesprächssituation passen.

# 2 Muss Ordnung sein? –
## Strittige Themen diskutieren

1 Was stimmt hier nicht? Äußert euch zum Verhalten des Lehrers.

2 a Sammelt Verhaltensweisen von Schülerinnen und Schülern,
die „gut ankommen" – „nicht gut ankommen" in einer Tabelle.
b Vergleicht eure Ergebnisse und erstellt eine „Hitliste für höfliches/unhöfliches
Benehmen".

3 Wie lernen Menschen, „was sich gehört" und was nicht? Nennt Beispiele.

# 2.1 Benimm kommt gut an – Durch Sprache und Verhalten Einfluss nehmen

## Wie wirkt mein Verhalten? – Sprechen und handeln

**1**

*Olli kommt zu seinem Platz im Klassenzimmer.*
**OLLI** *(stößt Rania unsanft an):* Hau ab, hier sitz' ich!
**RANIA:** Ich habe Sascha doch grad' was erklärt.
5 **OLLI:** Ich will mich aber jetzt setzen!
**RANIA:** Ach komm, du verstehst doch auch mal was nicht!
**OLLI:** Du nervst! Verschwinde, sonst ...
*(Rania steht schweigend auf und geht.)*

**2**

**FELIX** *(wird gestoßen):* He, was soll das? Pass ge- 10 fälligst auf, Kleiner.
**SIMON:** Ich hab' doch gleich Schulaufgabe. Lass mich einfach durch, du Depp.
**BASTIAN** *(mischt sich ein):* So ein Drängler! Mich hat er auch schon getreten. Dann komm 15 halt früher.
**SIMON:** Ging nicht, die Meyer ließ uns nicht raus. *Bitte,* ich muss wirklich gleich ...
**FELIX:** Siehste, jetzt geht's plötzlich – he, lasst den Mini mal vor, sonst dreht er durch! 20

**3**

*Sascha und Linda aus der 7d gehen hinüber zur Parallelklasse.*
**SASCHA** *(nachdem er geklopft hat):* Entschuldigen Sie bitte, wir kommen von Herrn Schmidt.
25 Dürfen wir den Beamer ausleihen?
**LEHRERIN:** Natürlich, gern! Dort steht er.
**LINDA:** Danke, wir bringen ihn nach der Stunde wieder zurück.

**1** Spielt die drei Szenen in verteilten Rollen vor.
Welches Spiel ist besonders überzeugend? Begründet, warum.

**2** Probiert aus, welchen Einfluss Körpersprache und Lautstärke in einem Gespräch haben.
  **a** Führt die Szenen lautlos auf – also nur mit Gestik (Körperbewegungen) und Mimik (Gesichtsausdruck). Beschreibt, welche Rolle die Körpersprache hat.
  **b** Sprecht die Szenen in unterschiedlicher Lautstärke (z. B. sehr leise, leise, normal laut, sehr laut) und stellt fest, wie sich die Wirkung der Aussagen jeweils verändert.

**3** Wenn man mit anderen spricht, tut man das fast immer mit einer bestimmten Absicht. Hier findet ihr verschiedene Möglichkeiten:

etwas wünschen • etwas versprechen • drohen • schmeicheln • quengeln •
jemanden ausschimpfen • befehlen • angeben • auf die eigene Stärke verweisen •
jemanden herabsetzen • etwas/jemanden loben • jemanden informieren •
um Verständnis bitten

**a** Welche Absichten haben die Personen in den drei Szenen auf Seite 26 jeweils?
Ordnet den Schüleraussagen passende Vorgaben aus dem Wortspeicher oben zu.

**b** Sprecht den folgenden Satz mit verschiedenen Betonungen, sodass unterschiedliche Absichten deutlich werden.

Das hast du einfach wunderbar gemacht!

**4** In den Szenen 1 und 2 läuft einiges verkehrt.
Wählt eine der beiden Situationen aus und überarbeitet sie.

**a** Schreibt das Gespräch neu auf:
  – Formuliert die Aussagen so um, dass sie höflich klingen.
  – Notiert in Klammern jeweils Hinweise zu Mimik, Gestik und Lautstärke.

**b** Spielt eure Szenen vor und lasst die Klasse erklären, was verändert wurde.

**5** **a** Wählt eine der drei folgenden Situationen aus und entwerft ein Gespräch dazu.

**A** Ein/e Schüler/in bringt seine/n Mitschüler/in zum Sekretariat, weil diese/r starke Kopfschmerzen hat. Die Sekretärin bittet die beiden, zu warten, während sie die Mutter anruft. Die/Der Kranke möchte sich lieber ins Krankenzimmer legen.

**B** Zwei Schüler/innen kommen zu spät zur ersten Stunde. Sie betreten das Klassenzimmer und werden von der Lehrkraft nach der Ursache befragt. Eine/r der Schüler/innen versichert, das Auto des Vaters, der sie zur Schule bringen sollte, sei nicht angesprungen. Ein Elternteil schimpft, das andere versucht zu schlichten.

**C** Ein/e Schüler/in muss wegen vergessener Hausaufgaben ihren Eltern einen Eintrag im Hausaufgabenheft zeigen und unterschreiben lassen. Diese reagieren unterschiedlich: Ein Elternteil schimpft, das andere versucht zu schlichten.

**b** Spielt die Szene in der Klasse vor und lasst euch eine Rückmeldung geben.
**Tipp:** Beachtet die Hinweise im Merkkasten auf ▶ Seite 24.

# Mehr Höflichkeit in der Schule – Sachlich diskutieren

*Die neu gewählte Schülersprecherin stellt in der Klasse 7c ihre Vorhaben vor:*

Ich möchte in der Schule für mehr Respekt und Höflichkeit untereinander werben. Zum Beispiel ist das Chaos zu Unterrichtsbeginn in einigen Klassen ziemlich schlimm. Viele grüßen überhaupt nicht – weder die anderen in der Klasse noch den Lehrer. Man könnte doch die in der Nähe Sitzenden mit Handschlag begrüßen, das stellt schon mal eine nette Geste dar. Auch der Lehrerin oder dem Lehrer könnten wir morgens die Hand geben – was haltet ihr davon?
Auf den Gängen oder auf dem Schulhof hört man immer öfter beleidigende Ausdrücke wie „Hey, du Loser" oder Schlimmeres. Ich finde, das kann so nicht weitergehen! Deshalb könnte man die Klassensprecher als Schulhof-Wächter einsetzen. Wenn jemand einen anderen beleidigt oder mobbt, bekommt er einen Strich. Bei drei Strichen wird das dem Klassenlehrer gemeldet. Die Person muss dann etwas für die Klasse tun.
Genauso ist das Gedränge beim Pausenverkauf oder bei der Essensausgabe unerträglich. Die Großen drängen sich oft vor – manchmal auch die Kleinen – und quetschen sich zwischen die anderen. Da vergeht einem der Appetit. Die Drängeleien könnten wir durch „Mensa-Lotsen" verhindern, die immer nur ein paar Schüler durchlassen. Die „Mensa-Lotsen" könnten klassenweise eingesetzt werden – dann sind alle mal dran.
So, das sind meine Vorschläge. Besprecht sie bitte in der Klasse und lasst mich über den Klassensprecher wissen, was ihr davon haltet! Wenn ihr eigene Anregungen habt, könnt ihr sie mir natürlich auch jederzeit mitteilen. Danke fürs Zuhören!

**1** Welche Vorschläge werden gemacht? Nennt sie.

**2** Die 7c spricht aufgeregt durcheinander. Stellt fest, wer für und wer gegen die Vorschläge ist .

LARA: So ein Unsinn – die Hand geben! Möchte das wirklich jemand?
MELANIE: Ich finde das auch seltsam. Es reicht doch, den Lehrer gemeinsam zu begrüßen.
RALF: Mir gefällt's, weil dadurch ein freundlicheres Klima hergestellt wird.
LUNA: Aber denk mal an die Ansteckungsgefahr, wenn ein paar Erkältungen haben!
IRINA: Klassensprecher als Schulhof-Wächter? Da müssen die Armen ja zu Petzern werden.
PATRICK: Denen würde ich grad' noch eins draufgeben, wenn sie mich aufschreiben!
FRANK: Aber die Rempeleien und Beschimpfungen in der Pause sind schon echt ätzend.

ANNE: Schüler als Schulhof-Wächter können sich doch sicher gar nicht durchsetzen!
MAX: Aber Mensa-Lotsen finde ich nicht schlecht, weil ...
RUBEN Das ist doch bescheuert, immer Aufpasser dabeizuhaben!
MAX: He, Idiot, ich war dran ... also: weil es einfach nervig ist, so rumgeschubst zu werden.
JULIA: Ich finde sie auch gut, denn dann kann man in Ruhe sein Essen kaufen ...
TRANG: Eigentlich sollten sich die Lehrer darum kümmern, dass nicht gedrängelt wird ...

**3** Einige Schülerinnen und Schüler der 7c haben gegen Diskussionsregeln verstoßen.
   **a** Gebt an, welche Regeln nicht beachtet wurden.
   **b** Welche weiteren Diskussionsregeln gibt es? Fasst sie zusammen und schreibt sie auf.

**4** Was spricht für die Vorschläge der Schülersprecherin, was dagegen?
   **a** Legt eine Tabelle an und tragt die entsprechenden Beiträge der 7c in Stichworten ein.

|  | Pro (dafür) | Kontra (dagegen) |
|---|---|---|
| Hand geben | *freundliche Atmosphäre* | … |
|  | … |  |
| Schulhof-Wächter | … | … |
| Mensa-Lotsen | … | … |

   **b** Fallen euch noch weitere Argumente ein? Ergänzt sie in der Tabelle.

**5** Wählt drei Aussagen aus und formuliert sie in sachliche Sprache um, z. B.:
   *Ich denke, dass nur wenige von uns den anderen immer morgens die Hand geben wollen.*
   Wenn ihr schon fertig seid, könnt ihr noch weitere Aussagen umformulieren.

**6** Stellt euch vor, ihr könntet einen der drei Vorschläge für eure Schule auswählen. Diskutiert in Kleingruppen und einigt euch auf einen Vorschlag. Haltet dabei die Gesprächsregeln ein, achtet auf einen freundlichen Ton und begründet eure Meinung.

# Benimm-Unterricht an Schulen? – Argumente sammeln und diskutieren

## Warum Benimm-Unterricht?

Es ist erstaunlich, welche Diskussion das Pilotprojekt[1] der August-Hermann-Francke-Schulen hervorgerufen hat. Die Rückmeldungen von Eltern unserer Schüler/innen und aus breiten Kreisen der Bevölkerung sind überaus positiv und ermutigend. Natürlich müssen die Lehrkräfte selbst Vorbildfunktion übernehmen. Wenn ihr Verhalten nicht mit dem übereinstimmt, was sie beizubringen versuchen, wird jeglicher Benimm-Unterricht erfolglos sein. Schüler/innen, die sich gegenseitig rücksichtsvoll und die Lehrkräfte mit Respekt behandeln, werden in kürzerer Zeit auch mehr lernen. Und die Zeit, die die Lehrkraft nicht mehr braucht, um auf unpünktliche Schüler/innen zu warten oder um die Klasse zu Ruhe und Ordnung zu bringen, die bleibt zur Vermittlung wichtiger Unterrichtsinhalte.

Die AHF-Schulen haben in Vergleichsstudien in allen Bereichen überdurchschnittlich gut abgeschnitten. Dies ist sicherlich auch so, weil sie

1 Pilotprojekt: ein Projekt, das zum ersten Mal in dieser Weise durchgeführt wird

viel Wert auf gutes Benehmen im gesamten Unterricht legen (nicht nur im Benimm-Unterricht!).

25 Bei unserem Konzept ist der Benimm-Unterricht in den bestehenden Stundenplan eingebaut: In Klasse 3 unterrichten wir „Benehmen" als Einheit (in zusammenhängenden Unterrichtsblöcken) im Sachunterricht, in Klasse 6 30 im Fach Arbeitslehre/Lernen lernen. Benimm-Unterricht geht also nicht auf Kosten anderer wichtiger Fächer. Wir wünschen uns, dass die Eltern mit uns zusammenarbeiten, wir möchten verstärken, was in den Elternhäusern bereits 35 geschieht. Benehmen werden die Kinder umso schneller lernen, wenn sie gleiche Werte von mehreren Seiten vermittelt bekommen. Geschieht es im Elternhaus aber nicht, wollen wir die Kinder unterstützen und fördern und ihnen 40 vorleben (Vorbildfunktion), welche Bedeutung Werte und gutes Benehmen haben. In diesem Sinne halten wir Benimm-Unterricht für ein

sinnvolles Konzept und sind selbst sehr gespannt, was er in unserem Schulleben und darüber hinaus verändern wird! Wir können jetzt 45 schon erkennen, dass die Schüler/innen (und die Lehrkräfte!) bewusster auf ihre Umgangsformen achten und sich im respektvollen Umgang miteinander üben – und das ist doch wirklich ein großer Erfolg! 50

---

**1** **a** Beschreibt das Projekt der August-Hermann-Francke-Schulen (AHF) mit eigenen Worten.
**b** Welche Vorteile des Benimm-Unterrichts nennt der Artikel? Gebt sie wieder.
**c** Nennt auch mögliche Nachteile.

**2** In manchen Schulen wird in der Jahrgangsstufe 7 zusätzlich zum Unterricht „Benimm-Unterricht" angeboten. Wäre dies auch an eurer Schule sinnvoll?
Sammelt Argumente, welche die Vorteile dieses Vorhabens aus verschiedenen Sichtweisen aufzeigen. Legt dazu im Heft eine Tabelle an:

| Vorteile für die einzelne Schülerin/ den einzelnen Schüler | Vorteile für die gesamte Klasse | Vorteile für die Eltern |
|---|---|---|
| … | … | … |

●○○ Als Hilfe findet ihr hier Argumente, die ihr in die passenden Spalten eintragen könnt:

können gutes Benehmen in verschiedenen Situationen lernen •
müssen gutes Benehmen nicht dauernd „predigen" • ist höflicher untereinander •
gutes Auftreten bei Bewerbungsgesprächen • gewinnt an Beliebtheit • bessere Stimmung •
können ihren Kindern in jeder Situation vertrauen • fürs Leben lernen

Ihr könnt zu der Frage „Benimm-Unterricht in allen 7. Klassen?" eine Fishbowl-Diskussion durchführen und anschließend zu einer gemeinsamen Entscheidung kommen.

### Wissen und Können — Fishbowl-Diskussion

In einer Fishbowl-Diskussion könnt ihr das Diskutieren üben und euer Diskussionsverhalten von anderen beobachten lassen.
- Im **Innenkreis** (in der „Fishbowl" = im „Goldfischglas") sitzen die Diskutierenden und die Diskussionsleitung.
- Hier steht auch ein **leerer Stuhl**. Darauf darf sich setzen, wer aus dem Außenkreis eine kurze Zeit mitdiskutieren möchte.
- Den **Außenkreis** bildet eine Beobachterrunde, die Notizen macht.

| Beobachtungsbogen | + | ~ | – | |
|---|---|---|---|---|
| **Argumente** | überzeugend | ... | ... | ... nicht überzeugend |
| **Körpersprache** | ruhig | ... | ... | ... übertrieben |
| **Stimme** | verständlich | ... | ... | ... aggressiv, unverständlich |
| **Fairness** | rücksichtsvoll | ... | ... | ... rücksichtslos |

**3** Je drei Personen aus dem Außenkreis sollen eine/n der Diskutierenden aus dem Innenkreis beobachten und sich Notizen machen.
a Erklärt, was in dem Beobachtungsbogen festgehalten werden soll.
b Einigt euch in der Klasse, ob ihr einzelne Punkte verändern oder weitere Zeilen ergänzen wollt. Erstellt dann einen eigenen Beobachtungsbogen.

**4** Ihr führt nun zwei Diskussionen durch und wertet sie aus:
a Die Personen im Innenkreis diskutieren, die Personen im Außenkreis machen sich Notizen in ihrem Beobachtungsbogen.
b Sprecht über eure Beobachtungen. Auch die Diskussionsteilnehmer/innen sollten Gelegenheit bekommen, ihre Eindrücke zu beschreiben.
c Wechselt nun die Rollen: Wer Beobachter/in war, diskutiert nun.
d Beurteilt auch die zweite Diskussion und stimmt in der Klasse ab, ob ihr Benimm-Unterricht einführen würdet oder nicht.

**5** Schreibt einen sachlichen Brief (▶ S. 304) an die Schulleitung, in dem ihr eure Meinung zur Frage „Benimm-Unterricht in Klasse 7 an unserer Schule?" begründet darstellt.

∞ So könnt ihr beginnen:
*Sehr geehrter Herr ... / Sehr geehrte Frau ...,*
*zurzeit wird an unserer Schule die Frage diskutiert, ob für die siebten Klassen ein Benimm-Unterricht eingeführt werden sollte. Als Schülerinnen und Schüler der 7c haben wir uns mit dieser Frage auseinandergesetzt und eine Diskussion durchgeführt. Aus unserer Sicht sollte ...*

# 2.2 Andere Länder, andere Sitten? – Texte untersuchen und Fragen stellen

## Verhaltenshinweise in Reiseführern

### Begrüßung

Die Holländer mögen es, wenn man ihnen zur Begrüßung nur zunickt. Bei Briten und Amerikanern gehört das „How are you?" zum Begrüßungsritual – wobei niemand eine Antwort erwartet.
⁵ Franzosen, Spanier, Italiener und Türken begrüßen sich meist mit angedeuteten Wangenküssen. Aber auch hier gilt es, Regeln zu beachten. In Italien und Spanien sind zwei Küsse – zuerst auf die rechte, dann auf die linke Wange – üb-
¹⁰ lich, in Frankreich beginnt man dagegen links und gibt manchmal mehr als zwei Küsse. Die Begrüßung durch Handschlag trifft man in diesen Ländern eher im Geschäftsleben an. In Japan und Korea begrüßt man sich mit ei-
¹⁵ ner leichten Verbeugung. Wie tief man sich verbeugen muss, hängt von der gesellschaftlichen Stellung einer Person ab.

In Indien legt man die Hände vor der Brust zusammen, senkt den Kopf und sagt „Namaste" (Guten Tag). Frauen begrüßt man grundsätzlich ²⁰ nicht mit Handschlag.

### Tischsitten

Bei einem Restaurantbesuch in Frankreich, Italien und USA sucht man sich nicht selbst einen Tisch aus, sondern man wartet am Empfang, bis einem von der Bedienung ein Platz zugewie-
⁵ sen wird.
Zu Verabredungen kommt man in China etwas später. Wird man zum Essen eingeladen, sollte man einen Rest der Speisen übrig lassen, sonst meint der Gastgeber, man habe noch Hunger.
¹⁰ Chinesen legen dem Nachbarn am Tisch aus Höflichkeit manchmal die besten Leckereien in die Reisschüssel. Knochen, Gräten und Schalen können in China auf dem Tisch abgelegt werden.
¹⁵ In islamischen Ländern und in Indien isst man

auch warme Speisen mit der Hand, und zwar mit der rechten, denn die linke gilt als unrein. Schmatzen, Schlürfen und Rülpsen beim Essen sind in China und in einigen Regionen Indiens ein Zeichen, dass es schmeckt, und bedeuten ²⁰ ein Kompliment für den Koch; in Japan ist das Schlürfen nur beim Nudelessen akzeptiert.

### Umgangsformen

Auch Mimik und Gestik sind in anderen Ländern oft verschieden zu verstehen: Kopfschütteln bedeutet in Indien „ja" und gilt als Zeichen des Zuhörens; hier und in vielen weiteren asia-
5 tischen Ländern ist Lächeln besonders wichtig, sonst wirkt man extrem unfreundlich. Japaner vermeiden aber im Vergleich zu den Europäern häufiger den direkten Augenkontakt. In vielen Ländern Asiens gilt es auch als sehr unhöflich,

mit der Hand auf etwas zu zeigen – stattdessen 10 deutet man mit dem Kinn in die entsprechende Richtung.

### Tabus

In Indien, China und Japan wird es als unhöflich angesehen, sich in der Öffentlichkeit die Nase zu schnäuzen. Noch schlimmer ist es, wenn man ein gerade benutztes Taschentuch wieder in die Hosentasche zurücksteckt. Eben-
5 so gilt es als anstößig, auf offener Straße Zärtlichkeiten auszutauschen.
In Indien essen viele Menschen kein Rindfleisch, da in den hinduistischen Religionen
10 Kühe als heilige Tiere angesehen werden. Für Menschen muslimischen und jüdischen Glaubens gelten dagegen Schweine als unrein und ihr Fleisch wird nicht gegessen.
In China sollte man keine Blumen in Gelb oder

Weiß verschenken, da sie für Beerdigungen be- 15 stimmt sind, außerdem keine Messer, Schirme oder Uhren – denn diese Gegenstände verbindet man mit Unheil und Tod.

**1**　a Vergleicht diese Höflichkeitsregeln aus verschiedenen Ländern mit den Regeln und Gewohnheiten in Deutschland.
　　b Welche der Höflichkeitsregeln erscheinen euch ungewöhnlich? Versucht, sie zu erklären.

**2**　a Falls ihr schon im Ausland wart oder mit einer anderen Kultur vertraut seid: Von welchen besonderen Gewohnheiten könnt ihr berichten?
　　b Zu welchen Missverständnissen kann es kommen, wenn man die Regeln und Sitten eines Landes nicht kennt bzw. nicht beachtet? Tauscht euch aus.

**3**　a Notiert in Stichpunkten Verhaltensregeln, die in Deutschland gelten.
　　b Schreibt einen Informationstext für Touristen, die Deutschland besuchen. Geht darin auf Begrüßungs- und Höflichkeitsregeln, Tischsitten und Tabus ein.

**4**　Interviewt Menschen aus verschiedenen Ländern über ihre Sitten und Bräuche. Notiert vorher passende W-Fragen, z. B.: *Was ...?, Wann ...?, Wie ...?* (▶ Interview S. 293).

## Bayerische Kultur – von außen betrachtet

Kao-tai, ein wohlhabender Chinese aus dem 10. Jahrhundert, gelangt in Herbert Rosendorfers Roman „Briefe in die chinesische Vergangenheit" per Zeitmaschine in das heutige München. Er beschreibt das Leben der „Ba Yan" in „Min-chen" in einem Brief an seinen Freund.

Herbert Rosendorfer

### Eine Einladung zum Essen

Die Großnäsinnen kochen alle das Essen selber. Nur ganz, ganz wenige haben einen Koch oder eine Köchin. Das ist seltsam. Wie kommt das, dass es keine Dienstboten gibt, wo so viele
5 Leute auf der Straße herumlaufen?
Das Essen in dieser Welt ist eine eigene Betrachtung wert. Hundefleisch gilt als ungenießbar, ja abstoßend. Dafür essen die Großnasen Kühe und Ochsen, und sie trinken Milch
10 von Kühen, mir wird ganz schlecht, wenn ich zuschaue, und essen Derivate[1] aus dieser Milch, die in feste Form umgewandelt wird. Die Derivate heißen Bu-ta und Kai-'ße. Bu-ta ist gelb und schmeckt nach gar nichts (sie
15 schmieren das Bu-ta auf Fladen): Kai-'ße ist auch gelb und riecht stark nach ungewaschenen Füßen. Das Schlimmste aber, was sie aus der Kuhmilch gewinnen, ist eine wackelnde, weißliche Masse, die stark nach dem Grund-
20 produkt stinkt und Yo-kou heißt. Herr Shi-shmi[2] isst das zum Frühstück, hat auch mir schon davon angeboten. Er sagt, es sei sehr gesund. Ich kann mir nicht vorstellen, dass etwas gesund sein kann, wovon es einem norma-
25 len Menschen wie mir den Magen umdreht.
Übrigens ekelt es die Großnasen offensichtlich selber vor ihren Speisen. Davon habe ich dir ganz zu Anfang schon berichtet, im Zusammenhang mit dem Ess-Instrument Gan-bal,
30 das ein Stab ist, der vorn in vier Spitzen ausläuft. Damit spießen sie die einzelnen Fleischhäppchen auf, die sie mit kleinen Tischsäbeln vom Stück abschneiden. Außerdem gibt es ein Instrument, das sich vorn zu einem Schüssel-
35 chen verbreitert. Damit schlabbern sie unter

anderem ihren Yo-kou. Die Speisen mit den Händen zu berühren, gilt als peinlich und äußerst unfein.
Ich nehme an, Herr Shi-shmi hat die Dame Pao-leng von meinen Essensgewohnheiten un-
40 terrichtet, denn ich halte das Menü kaum für einen Zufall: Es gab zunächst fein geschnittenen Lachs mit Zitrone. Zum Glück kalt; ansonsten ziehen es die Großnasen vor, ihr Essen glühend heiß zu verzehren. Die Geschmacks-
45 organe verschließen sich vor der Hitze sofort. Kein Mensch kann so feinere Nuancen unterscheiden. Aber der Lachs war kalt. Dann kam Salat, dann ein Stück Schwein, aber in Scheiben flach auf den Teller gelegt. Reis kennt man
50 zwar auch, aber er ist nur entfernt dem unseren ähnlich; die Hauptbeilagespeise ist eine uns völlig unbekannte Wurzel, eine gelbliche Knolle, die, sagt Herr Shi-shmi, aus einem Land kommt, von dem meine Zeitgenossen
55 keine Ahnung hatten, weil nie einer hingekommen ist ...
Übrigens gilt – wie so vieles, was wir als natürlich empfinden – das Eintauchen des Fingers in das Essen, um zu kosten, als unfein. Ebenso
60

---

1 Derivate: Ableitungen, abgewandelte Formen
2 Herr Shi-shmi: Herr Schmidt; bei ihm wohnt der Chinese.

wird es nachgerade unanständig empfunden, nach dem Essen als Zeichen, dass es einem geschmeckt hat, zu rülpsen oder einen Wind fahren zu lassen.

65 Aber da ich vorhin vom Essen geschrieben habe, fragst du vielleicht auch nach dem Trinken. Fast bin ich versucht, zu antworten: In nichts unterscheidet sich die Welt der Großnasen von unserer Welt so sehr wie in den Trinkgewohnheiten. Während wir uns mit Wasser 70 und Tee und – sofern man das als Getränk im engeren Sinn bezeichnen kann – mit Reiswein begnügen, gibt es hier unzählige, äußerst verschiedene Getränke.

**1** Rosendorfers Beschreibung ist nicht ganz ernst gemeint.
  a Erklärt, warum der Text komisch wirkt.
  b Was meint Kao-tai mit den Begriffen „Großnäsin/Großnase" (Z. 1, Z. 26), „Bu-ta" (Z. 15), „Kai-'ße" (Z. 15), „Yo-kou" (Z. 20) und „Gan-bal" (Z. 29)? Nennt die deutschen Wörter.
  c Notiert, was Kao-tai an unserer Esskultur seltsam erscheint.

**2** Woran kann man erkennen, dass Kao-tai aus einer früheren Zeit und einem vornehmen Stand kommt? Nennt passende Textstellen.

**3** Schildert, was Kao-tai wohl in einem Fastfood-Restaurant beobachten würde.

## Ein Aufenthalt an der Westminster School in Adelaide/Australien

*Liane (13) durfte ein Vierteljahr als Austauschschülerin an einer australischen Schule verbringen. Hanna und Fabian haben sie für die Schülerzeitung interviewt.*

HANNA: Schön, dass du Zeit hast für uns. Als Erstes würde uns natürlich interessieren, wie der Austausch möglich war.

LIANE: Er wurde vom Bayerischen Jugendring 5 organisiert. Nachdem ich die Bewerbungsunterlagen ausgefüllt hatte, wurde eine Australierin für mich ausgewählt, die meinem Bewerbungsprofil entsprach. So zählen zu Gemmas Hobbys wie bei mir Tennis und Musik: Sie 10 spielt in einer Band. Von Februar bis April durfte ich bei ihrer Familie in Adelaide in Südaustralien leben und dort die Schule besuchen.

HANNA: Was war das für eine Schule?

LIANE: Wie fast alle Schulen dort eine Privat- 15 schule, für welche die Eltern viel Geld zahlen. Sie hat mehrere Gebäude für 1 200 Schüler und ein weitläufiges Sportgelände mit vielen Sportplätzen für Fußball, Australian Football und Cricket, außerdem Tennisplätze, Basketballfelder und eine Sporthalle. Auch auf Musik 20 wird viel Wert gelegt. Für den Musikunterricht sowie Band- und Orchesterproben gibt es ein eigenes Gebäude. Und Gemmas Schwester durfte mit der Schule sogar auf eine Musiktour durch China und Japan fahren! 25

FABIAN: Was hattest du für einen Unterricht?

LIANE: Ich durfte – wie die australischen Schüler auch – meine Fächer frei wählen. Pflichtfächer waren nur Mathematik, Religion, australische Geschichte und *Careers Education,* ein 30 Fach, in dem man alles über Bewerbungen lernt. Gewählt habe ich Sport (Theorie und Praxis), *Outdoor Education* (Kayakfahren und Klettern), Design und Hauswirtschaft.

FABIAN: Ganz schön viel. Wie lange dauerte der 35 Unterricht?

LIANE: Der Unterricht begann um 9 Uhr und dauerte bis ca. 15 oder 16 Uhr. Es gab sechs Unterrichtsstunden, dazwischen lagen lange Pausen und nach den ersten zwei Stunden ein 40 „Haustreffen" mit dem jeweiligen Betreuungslehrer. Nach weiteren zwei Stunden war wieder eine halbe Stunde Pause und eine Dreiviertelstunde Lunch (Mittagessen). Jeden Montag gab es statt dieser Stunden eine Versammlung der ganzen Schule in der Assembly Hall, einem großen Saal, der auch für Vorführungen verwendet wird. Vertreter der Schule berichten dort regelmäßig über die Ereignisse der vergangenen Woche, z. B. die Ergebnisse der sportlichen Wettkämpfe. Ich wurde dabei übrigens auch mal erwähnt, da ich in einem Tennisturnier gewonnen hatte. Nach der Schule hatte man kaum Hausaufgaben. Man musste aber – über längere Zeit verteilt – Aufsätze zu bestimmten Themen schreiben.

**FABIAN:** Aha, das sind andere Hausaufgaben als bei uns. Was war an der Schule noch anders?

**LIANE:** Das Tragen einer Schuluniform war Pflicht. Sie bestand aus einem Kleid, schwarzen Schnürschuhen, Socken, einem Rucksack und einem Hut, der beim Verlassen des Gebäudes auf Grund der starken Sonnenstrahlung aufgesetzt werden musste. Außerdem war es verboten, übermäßig viel Make-up oder auffällige Ohrringe zu tragen. Auch sollten lange Haare zusammengebunden werden. Mir hat die Schuluniform gefallen, denn man geht offener auf Menschen zu, da der Gedanke „Uh, wie sieht der denn aus? Mit dem will ich nicht reden" entfällt. Ich habe in den zehn Wochen keinerlei Mobbing mitbekommen, was sicher teilweise auch an der Schuluniform liegt, da man nicht sofort Vorurteile gegenüber Mitschülern hat. Wenn Schüler für sich blieben, war es ihre eigene Entscheidung, da sie eher zurückhaltend waren.

**HANNA:** Und wie waren die Lehrer?

**LIANE:** Das Verhältnis der Schüler zu den Lehrern war entspannter als in Deutschland. Natürlich gab es auch strengere Lehrer, zu denen man eher ein distanziertes Verhältnis hatte, doch insgesamt war das Verhältnis eher locker. Das liegt zum einen an der Mentalität der Australier, die offener und freundlicher auftreten als die meisten Deutschen, zum anderen vielleicht auch daran, dass es kein „Sie" im Englischen gibt – dadurch wird die Distanz kleiner. Auch mein Verhältnis zu meinen Mitschülern war sehr gut. Alle waren mir gegenüber aufgeschlossen und interessiert, und ich habe jetzt noch Kontakt zu einigen von ihnen.

**HANNA UND FABIAN:** Vielen Dank, Liane. Hat dich Gemma schon mal besucht?

**LIANE:** Ja, sie war im Austausch auch bei uns.

**1** Lest das Interview und diskutiert über die Besonderheiten an der australischen Schule.
— Was findet ihr gut, was würde euch weniger gefallen?
— Welche Ideen könnte man auch auf unsere Schulen übertragen?
— Könnt ihr euch vorstellen, selbst an einem Schüleraustausch teilzunehmen?

**2** Interviewt Schülerinnen und Schüler, die eine Schule im Ausland besucht haben.
Stellt dazu eine Liste mit W-Fragen zusammen. Legt in der Klasse fest, wie die Ergebnisse präsentiert werden sollen, z. B. als Vortrag mit Hilfe von Notizen, als Artikel oder als Steckbrief.

# 2.3 Die Schulverfassung – Diskutieren und argumentieren

## Regeln untersuchen und formulieren

### Schulverfassung Max-Planck-Schule

In dieser Hausordnung sind Regelungen für das gemeinsame Leben und Arbeiten an unserer Schule zusammengestellt. Nicht alles, was erlaubt oder verboten ist, kann im Detail aufgeführt werden.

**Schulweg**
1. Zum Überqueren der Straße ist die Fußgängerunterführung zu nutzen.
2. Schüler/innen müssen für Fahrräder und motorisierte Zweiräder die entsprechenden Abstellplätze nutzen.

**Allgemeines**
1. Im Unterricht und in den Pausen ist auf höfliche Umgangsformen zu achten. Das gegenseitige Grüßen trägt zu einer freundlichen Atmosphäre bei und sollte von Schüler/innen und Lehrkräften gepflegt werden.
2. Verunreinigungen und Beschädigungen sind zu vermeiden. Neu entdeckte Schäden bitte umgehend im Sekretariat melden! Die verschiedenen Anlagen müssen unbedingt …

### Schulverfassung der Wilhelmine-Fliedner-Schule

Das Zusammenleben von Schüler/innen und Lehrkräften an der Schule erfordert gegenseitigen Respekt, Rücksichtnahme und Gemeinschaftssinn. Außerdem ist es notwendig, bestimmte Regeln und Umgangsformen einzuhalten:

**Unser Grundsatz lautet:**
Alles unterlassen, was einem selbst nicht geschehen soll oder nicht recht wäre, was den Unterricht stört und was das Haus, seine Einrichtungen und seine Umgebung beschädigt oder verschmutzt.

**Unterricht und Pausen**
1. Das pünktliche Erscheinen zum Unterricht dient dem ungestörten Verlauf einer Unterrichtsstunde und ist auch ein Zeichen der gegenseitigen Achtung.
2. Damit der Unterricht rechtzeitig beginnen kann, gehen die Schüler/innen mit dem ersten Gong in die Klassenzimmer. Wer erst zu einer späteren Unterrichtsstunde eintrifft oder eine Freistunde hat, wartet im Aufenthaltsbereich das Ende der vorherigen Stunde ab …

**1** Vergleicht die Schulverfassungen auf Seite 37.
a Gebt wieder, was jeweils geregelt wird.
b Welche Regeln werden begründet? Nennt die Zeilen.

**2** Man kann Regeln auf verschiedene Arten formulieren.
a Lest die Informationen im Merkkasten unten.
b Untersucht die Sprache in den Schulverfassungen (ab Z. 7 bzw. Z. 8): Beschreibt, wie die Regeln jeweils formuliert werden.
c Wie wirken die unterschiedlichen Formulierungen auf euch? Vergleicht.

**3** a Wählt drei Regeln aus der Schulverfassung der Max-Planck-Schule aus und formuliert die Sätze um. Probiert dazu verschiedene Möglichkeiten aus der Übersicht im Merkkasten aus, z. B.:
– *Nutzt zum Überqueren der Straße bitte die Fußgängerunterführung.*
– *Zum Überqueren der Straße sollte die Fußgängerunterführung genutzt werden.*
b Vergleicht eure Ergebnisse.

**4** Untersucht die Schulverfassung oder Hausordnung eurer eigenen Schule.
Lest sie gemeinsam und sprecht darüber:
– Welche Regeln sind euch unklar?
– Welche Regeln würdet ihr ändern oder ergänzen?
– Welche Formulierungen würdet ihr verändern?

---

**Wissen und Können     Regeln formulieren**

**Regeln** können unterschiedlich formuliert werden:
**1 Imperativ**
   *Grüße die Lehrkräfte!*
   *Grüßt bitte alle Lehrkräfte.*
**2 Aussagesatz**
   *Die Schüler/innen und Lehrer/innen grüßen sich gegenseitig.*
**3 Infinitiv**
   *(Bitte) Lehrerinnen und Lehrer grüßen.*
**4 Modalverben**
   *Lehrkräfte müssen/sollen/sollten gegrüßt werden.*
   *Schüler/innen und Lehrer/innen sollen sich gegenseitig grüßen.*
**5 *sein* + zu + Infinitiv**
   *Die Lehrkräfte sind zu grüßen. (= Die Lehrkräfte sollen/müssen gegrüßt werden.)*

# Überzeugend argumentieren

**1** An einer Realschule wird überlegt, folgenden Zusatz in die Schulverfassung aufzunehmen:
*Die Schülerinnen und Schüler tragen im Schulbereich und bei Schulveranstaltungen eine Schuluniform.*
Was haltet ihr von dieser Regelung? Sprecht darüber.

**2** Hier sind fünf Stellungnahmen zu dem Vorschlag.
 **a** Lest die Äußerungen. Welche Personen befürworten die Schuluniform, welche sind dagegen?
 **b** Welche Argumente überzeugen euch am meisten? Nehmt Stellung.

Ich finde die Idee wunderbar! So eine Schuluniform bringt für die Eltern finanzielle Vorteile, weil sie nicht so viel Geld für sonstige Kleidung ausgeben müssen. Zwei oder drei Sets der Schulkleidung reichen, um immer ordentlich in der Schule zu erscheinen.

Wir haben unsere Schülerschaft lange beobachtet und sind in jedem Fall für die Einführung, denn durch einheitliche Kleidung ließe sich Mobbing vermeiden. Leider kommt es nämlich häufig zu Hänseleien von Schülern, die keine Markenkleidung tragen.

Also, ich persönlich halte nichts von einer Uniformierung, denn das Problem der Angeberei lässt sich damit nicht beheben. Die Schüler würden sich dann eben mit anderen Dingen wichtig machen, z. B. mit teuren Handys oder Rucksäcken.

Lotta Meyer, Elternbeiratsvorsitzende, Sohn in der 5 c

Thomas Marktl, Konrektor der Schule

Peter Uhl, Vorsitzender des Fördervereins

Julius Leicht, Schüler der 7 b

Mila Heimer, Schülerin der 9 e

Ich fände so eine Schuluniform super, weil sie das Gemeinschaftsgefühl stärkt: Man weiß sofort, zu welcher Schule man gehört, z. B. bei Veranstaltungen mit anderen Schulen.

Durch eine solche Einheitskleidung wird die Individualität des Einzelnen unterdrückt. Für uns Jugendliche ist wichtig, dass jeder selbst entscheiden kann, was er trägt!

 **c** Tragt die Behauptungen und Begründungen in eine Tabelle ein.

| Behauptung | Begründung |
| --- | --- |
| *Eine Schuluniform bringt finanzielle Vorteile.* | *Die Eltern müssen dann nicht mehr so viel Geld für Kleidung ausgeben.* |
| *...* | *Schüler/innen werden oft wegen Kleidermarken gehänselt.* |

 **d** Überlegt euch weitere Behauptungen und passende Begründungen und ergänzt sie in der Tabelle.

**3** Schülerinnen und Schüler einer Realschule haben das Thema „Schuluniform" diskutiert und sind sich einig: Sie lehnen einen so einschneidenden Eingriff in ihre Privatsphäre ab. Doch Marc hat eine tolle Idee: „Wir könnten doch Schul-T-Shirts einführen – mit unserem Logo drauf!"

**a** Mit welchen Argumenten könnten andere Schülerinnen und Schüler, die Lehrkräfte und die Eltern von dieser Idee überzeugt werden? Schreibt drei passende Behauptungen auf, z. B.:

> *Wir möchten Schul-T-Shirts einführen, denn ...*
>
> *1. solche T-Shirts sehen schick aus.*
> *2. die T-Shirts wären nützlich, um ...*

**b** Ergänzt zu jeder Behauptung ein passendes Beispiel.

> *1. Solche T-Shirts sehen chic aus. Man kann sie in verschiedenen modischen Schnitten und Farben anfertigen lassen und die ganze Schule über ein Logo abstimmen lassen.*

**c** Überlegt, wie die Klasse 7c ihr Anliegen in der Schule bekannt machen könnte. Notiert Ideen.

**4** Was würdet ihr an eurer Schule gern verändern oder verbessern?

**a** Sammelt verschiedene Anliegen, z. B.: Einrichtung eines Internetcafés, mehr Auswahl am Schulkiosk, schönere Gestaltung des Pausenhofs ...

**b** Diskutiert über die Ideen und einigt euch auf einen Vorschlag, der euch am sinnvollsten erscheint.

**c** Fertigt zu dieser Stunde ein einfaches Protokoll (▶ S. 298) an wie im folgenden Beispiel:

> *Schule: ...*
>
> **Besprechung über Verbesserungen an unserer Schule**
>
> *Zeit: ...*
> *Ort: ...*
> *Anwesend: Klasse ..., Lehrer/in: ....*
> *Entschuldigt: ...*
>
> *Zum Thema, was an der Schule verbessert werden könnte, wurden folgende Vorschläge gemacht:*
>
> *1. Die letzte Stunde sollte um 5 Minuten gekürzt werden, damit alle ihre Busse rechtzeitig erreichen können.*
> *2. ...*
> *...*
>
> *(Unterschrift)*

**5** Schreibt einen sachlichen Brief (▶ S. 304) an die Schulleitung, den Elternbeirat oder den Förderverein eurer Schule. Gebt darin euer Anliegen bekannt und bittet um Unterstützung.

# 3 Mit allen Sinnen –
## Situationen schildern

1 Beschreibt, was ihr auf dem Foto seht.
  Wo könnte das Bild aufgenommen worden sein?

2 Stellt euch vor, ihr befändet euch mitten in der abgebildeten Szene.
  Erzählt, was ihr seht, hört, riecht, schmeckt und fühlt.

# 3.1 Gemischte Gefühle – Ein Ereignis schildern

## Inhalt und Aufbau einer Schilderung

**1** Versetzt euch in die Situation auf dem Foto und überlegt, welche Sinne hier angesprochen werden.
Tragt die Sinneseindrücke und Empfindungen in eine Tabelle ein.

| sehen | hören | riechen | schmecken | fühlen/spüren |
|---|---|---|---|---|
| – bunte Stände | … | – duftende Zuckerwatte | … | – Aufregung vor der Fahrt mit dem Riesenrad |
| … | … | … | … | … |

**2** Zu dem Foto wurde die folgende Schilderung geschrieben. Lest den Text und gebt kurz wieder, um welche Situation es geht.

**Schildern** bedeutet ursprünglich „malen". In einer **Schilderung** wird eine Situation oder ein kurzer Zeitraum anschaulich beschrieben wie ein mit Worten „gemaltes" Bild.

An einem sonnigen Samstagnachmittag schlendern mein Bruder und ich begeistert über das Nürnberger Volksfest. Einen Teil unseres Taschengeldes wollen wir für das Riesenrad ausgeben. Gezielt steuern wir auf den kleinen Verkaufsschalter zu, erwerben einen Fahrchip und dürfen schon nach kurzer Wartezeit einsteigen.
5 Der Wind bläst mir meine Haare ins Gesicht, gleichzeitig spüre ich, wie die Gondel der strahlenden Sonne entgegensteigt. Mein Körper ist federleicht, aber ein mulmiges Gefühl macht sich in mir breit und verursacht zusammen mit dem Wind Gänsehaut auf meinen Armen. Angespannt kaue ich meinen Kaugummi, der mittlerweile recht fade schmeckt und kaum mehr an seinen ursprünglichen Pfefferminz-geschmack erinnert. Nun nehme ich den süßlichen Geruch von gebrannten Mandeln wahr. Wasser läuft
10 mir im Mund zusammen, obwohl mein Magen kribbelt. Wo ist wohl der dazugehörige Verkaufsstand? Beim suchenden Blick nach unten zieht die Umgebung wie ein Film an mir vorbei: die quirlige Men-schenmasse, die Verkaufsstände in den Gassen des Volksfests und die mehrstöckigen Fahrgeschäfte –

nach und nach erscheint alles immer kleiner! Wie hoch soll es eigentlich noch gehen? Nun beginnt die Gondel sich langsam um sich selbst zu drehen. Mir kommt es vor, als würde ich schweben. Scheinbar
15 hält die Gondel den Takt der Popmusik, die von einem anderen Fahrgeschäft heraufdringt. In meinem Bauch vibrieren die dumpfen Bassschläge und verstärken das Kribbeln. Weit über dem Boden bleibt das Rad plötzlich stehen! Ich wage einen kurzen Blick nach unten: Die Menschen, Fahrgeschäfte, Verkaufsstände und die Umgebung vermischen sich nun zu einem bunten Farbenmeer – ich muss die Augen schließen, damit mir nicht übel wird. Meine Finger krallen sich in den Haltegriff in der Mitte der
20 Gondel, die sich weiter fortbewegt.
Als ich es wage, meine Augen wieder zu öffnen, befinde ich mich bereits wieder unten. Mein Bruder klettert vor mir aus der Gondel und reicht mir die Hand zum Aussteigen. Mit puddingweichen Knien verlasse ich zitternd das Riesenrad. Was für ein großartiges Erlebnis!

**3** Untersucht den Aufbau der Schilderung.

**a** Teilt den Text in Einleitung, Hauptteil und Schluss ein und notiert die Zeilenangaben.

**b** Die einzelnen Teile einer Schilderung haben bestimmte Aufgaben. Übertragt die nebenstehende Tabelle ins Heft und ordnet die Vorgaben aus dem Wortspeicher ein.

| Einleitung | Hauptteil | Schluss |
|---|---|---|
| … | … | … |

Schilderung einer Situation/eines Ereignisses in der Ich-Form •
Ausklang/Abrundung der Situation •
kurze Hinführung zur dargestellten Situation (Ort und Zeit des Geschehens, Personen)

**4** Mit Hilfe einer Mind-Map könnt ihr die Inhalte einer Schilderung planen und ordnen.

**a** Übertragt die folgende angefangene Mind-Map in euer Heft und ergänzt sie mit Inhalten aus dem Hauptteil der Schilderung von Seite 42 f.

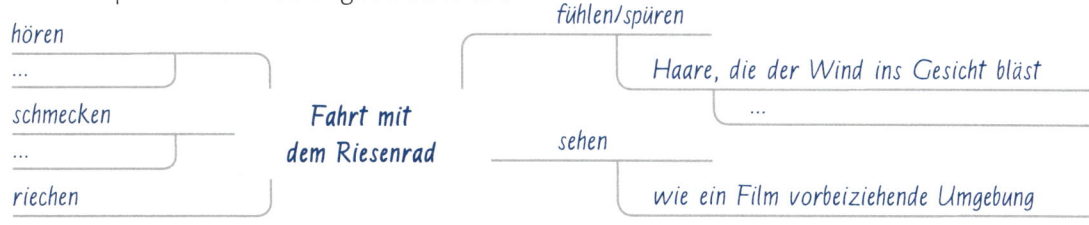

hören
…
schmecken
…
riechen

**Fahrt mit dem Riesenrad**

fühlen/spüren
Haare, die der Wind ins Gesicht bläst
…
sehen
wie ein Film vorbeiziehende Umgebung

**b** Was könnte man bei einer Fahrt mit dem Riesenrad noch wahrnehmen?
Ergänzt drei weitere Stichpunkte in der Mind-Map.

**5** Schildernde Texte haben bestimmte Kennzeichen.
Welche der folgenden Begriffe passen zur Textsorte „Schilderung"? Schreibt sie auf.

sachliche Sprache • Spannung • Darstellung von Sinneswahrnehmungen • Präsens •
Darstellung von Empfindungen • viel wörtliche Rede • durchgehend Präteritum •
Handlung steht im Vordergrund • ausführliche Darstellung von Gedanken und Gefühlen

**6** a Benennt die Situationen, die in den folgenden Textauszügen geschildert werden.
b Bestimmt, ob es sich jeweils um Einleitung, Hauptteil oder Schluss einer Schilderung handelt.

> **A** *Am heutigen Abend erwarten meine Eltern Gäste, und bereits jetzt stehen alle notwendigen Lebensmittel auf unserem Küchentresen bereit. Scheinbar warten sie nur darauf, nacheinander verarbeitet zu werden.*

> **B** *Ich blinzele kurz und bemerke eine mit einem weißen Kittel bekleidete Frau vor mir, die meinen Namen nennt, freundlich lächelt und mich bittet, ihr ins Behandlungszimmer zu folgen. Hoffentlich werde ich nun bald von dem pochenden Schmerz in meinem Mund befreit!*

> **C** *Nun spüre ich eine Hand auf meiner Schulter, ich drehe mich um und bin trotzdem überrascht, dass Uta plötzlich vor mir steht. Na dann, hinein ins Kino!*

**7** a Führt Text A weiter, indem ihr folgende Sinneswahrnehmungen darstellt:

Farbenmeer aus Paprika, Karotten und Mais • beißender Geruch der Zwiebel • tränende Augen • kochendes Wasser gluckst auf dem Herd • Schärfe der Chilisoße

●○○  Diese Formulierungen könnten euch helfen:

… verursacht ein Kribbeln in … • Hungrig koste ich … und spüre gleich … • Erst jetzt bemerke ich …

b Verfasst einen passenden Schluss für Text A. Hier findet ihr Anregungen:
Essen brennt an – leckerer Duft – Essen ist zu scharf

**8** a Welche der folgenden Ideen passen in eine Einleitung zu Text B? Sucht sie heraus.

beim Arzt mehrmals angerufen und Termin vereinbart • bohrende Schmerzen im Backenzahn • im Wartezimmer der Zahnarztpraxis • war letzten Monat ebenfalls beim Zahnarzt • darauf warten, dass ich an der Reihe bin • auf dem Weg zum Arzt Freund getroffen

b Schreibt eine passende Einleitung zu Text B.
c Verfasst einen Hauptteil zu Text B.

---

**Wissen und Können**  **Schildern**

- Eine **Schilderung** stellt eine Situation (einen kurzen Zeitraum von ca. 10–15 Minuten) genau dar, indem sie die Sinneswahrnehmungen, Gedanken und Gefühle einer Person, also das äußere und das innere Empfinden, genau wiedergibt, z. B.:
  *Was sehe ich? Was höre ich? Was rieche ich? Was schmecke ich? Was spüre ich? Was fühle ich?*
- So könnt ihr eine Schilderung aufbauen: **Einleitung** (kurze Hinführung zur dargestellten Situation) – **Hauptteil** (genaue Schilderung der Situation) – **Schluss** (Abrundung der Situation)
- Die Zeitform einer Schilderung ist meist das **Präsens.**
- Als Erzählform bietet sich besonders die **Ich-Form** an.

# Eine Schilderung sprachlich gestalten

## Anschauliche Verben und Adjektive, abwechslungsreiche Satzanfänge

**1** **a** Beschreibt die Situation auf dem Foto.
**b** Versetzt euch in das Bild und erstellt eine Mind-Map zu euren Sinneswahrnehmungen, Gedanken und Gefühlen.

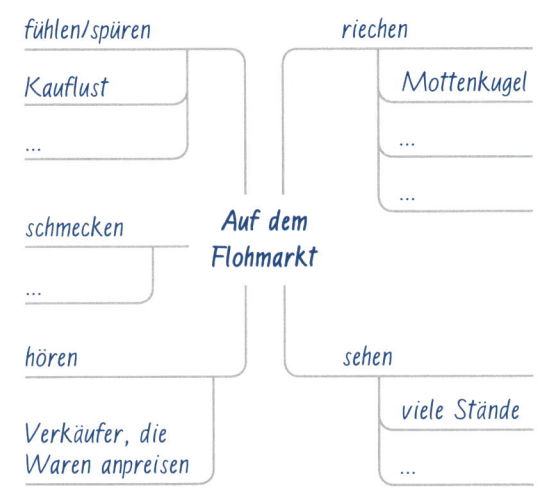

fühlen/spüren — Kauflust — ...

riechen — Mottenkugel — ... — ...

schmecken — ...

**Auf dem Flohmarkt**

hören — Verkäufer, die Waren anpreisen

sehen — viele Stände — ...

**A** *Ich sehe Stände und Verkäufer, die ihre Waren verkaufen wollen.*

**B** *Die Verkäufer hinter den bunt gestalteten Ständen preisen lautstark ihre Waren an.*

**2** **a** Vergleicht die beiden Sätze. Wie unterscheidet sich ihre Wirkung?
**b** Nennt die Wortarten, die dazu beitragen, dass eine Schilderung anschaulich wirkt.
**c** Führt die Schilderung B mit den Vorgaben aus eurer Mind-Map und zwei eigenen Ideen fort.

**3** Im folgenden Ausschnitt aus dem Hauptteil einer Schilderung fehlen noch anschauliche Adjektive bzw. Partizipien. Schreibt den Text ab und ergänzt die Lücken.

> *Nun dringt eine* ? *Melodie in mein Ohr, die aus einem Kassettenrekorder tönt. Das* ? *Gerät befindet sich auf einem Tisch inmitten unzähliger alter Hörspielkassetten. Als ich mich umdrehe, steigt der* ? *Duft von Gegrilltem in meine Nase. Mir läuft das Wasser im Mund zusammen. Da fällt mein Blick plötzlich auf ein ca. 30 cm großes,* ? *Pferd aus Holz, auf dem ein* ? *Ritter sitzt. Er trägt eine* ? *Rüstung und einen* ? *Helm aus Stahl. Was mag die Figur wohl kosten?*

●○○ Als Hilfe könnt ihr folgende Adjektive zuordnen:

> lecker • eingängig • schwer • steinalt • stolz • nachtschwarz • glänzend

**4** Auch treffende Verben helfen, eine Situation möglichst detailliert darzustellen.

**a** Schreibt für die Fortsetzung der Schilderung jeweils die Sätze mit passendem Verb ab.

- Zögerlich greife ich nach dem Pferd und wende es vor meinen Augen hin und her.
- Zögerlich nehme ich das Pferd und halte es hoch.

- Dabei ist die Mähne kurz auf meinem Handrücken und es kommt zu einem leichten Kribbeln.
- Dabei streift die Mähne kurz über meinen Handrücken und verursacht ein leichtes Kribbeln.

- Von der Ritterfigur, die auf dem Pferd thront, strömt ein metallischer Geruch aus.
- Die Ritterfigur, die auf dem Pferd ist, riecht nach Metall.

- Auf dem Bauch des Tieres ist ein kleines Etikett, auf dem etwas steht.
- Auf dem Bauch des Tieres klebt ein kleines Etikett, das auffällig beschriftet ist.

**b** Unterstreicht auch in dem abgeschriebenen Text von Aufgabe 3 treffende Verben.

**5** Beim Schildern solltet ihr auf abwechslungsreiche Formulierungen achten.

**a** Ordnet folgende Wendungen den entsprechenden Sinneswahrnehmungen zu.

Mein Blick fällt auf ... • Mir steigt der Geruch von ... in die Nase. • ... dringt in mein Ohr • fühlt sich ... an • In meinem Mund macht sich der Geschmack von ... breit.

**b** Der folgende Textauszug klingt eintönig. Schreibt ihn so um, dass das Wort „ich" vermieden wird. Beachtet den nebenstehenden Tipp.

Ich sehe mich weiter um und sehe auf einem Tisch neben dem Stand T-Shirts mit farbenfrohen Mustern liegen. Ich nehme ein rotes T-Shirt in die Hand und ich rieche, dass es nach Mottenkugeln riecht. Ich spüre, dass der Stoff ziemlich rau ist, und ich höre, dass er leise raschelt.

→ *Mein Blick schweift weiter über die Angebote und mir springen die T-Shirts mit farbenfrohen Mustern vom Tisch neben dem Verkaufsstand ins Auge. Das rote T-Shirt ...*

> Zu viele „ich"-Sätze klingen eintönig. Lasst die Dinge selbst „aktiv werden", z. B.:
> ~~Ich nehme die schwere Kugel in meine Hand.~~
> → *Die Kugel liegt schwer in meiner Hand.*

**6** Fahrt mit der Geisterbahn oder Flohmarktbesuch – welche Wörter passen jeweils? Übertragt die folgende Tabelle in euer Heft und ordnet die Adjektive, Partizipien und Verben aus dem Wortspeicher ein. Manche Ausdrücke können beiden Situationen zugeordnet werden.

| Situation | Adjektive und Partizipien | Verben |
|---|---|---|
| *Fahrt mit der Geisterbahn* | ängstlich • verängstigt • entspannt • aufgeregt • gelassen • aufgekratzt • nervös • gelöst • lässig • furchtsam • ruhig • bange • zähneklappernd • schreckhaft • gruselig • verschreckt • unruhig • Angst einflößen • sich amüsieren • schlendern • trödeln • sich fürchten • zittern • bummeln • spazieren • bibbern • genießen • herumstreifen | |
| *Flohmarktbesuch* | | |

**7** Stimmungen und Gefühle können sehr unterschiedlich sein.

a Zeichnet ein „Stimmungsbarometer" in euer Heft und ordnet folgende Adjektive in die Skala von „sehr ernst" bis „sehr heiter" ein:

zufrieden • fröhlich • überglücklich • enttäuscht • ausgelassen • bedrückt • verzweifelt

b Sucht weitere passende Adjektive und ergänzt euer Barometer.

## Feste Wendungen und Vergleiche

**8** Um Gedanken und Gefühle anschaulich zu schildern, hilft euch der Stil-Duden.

a Schreibt aus den folgenden Einträgen Wendungen heraus, die zu einem Flohmarktbesuch passen, z. B. zur Beobachtung eines Verkaufsgesprächs.

b Notiert Wendungen, die die Gefühle „Angst" und „Schreck" ausdrücken.

> **Atem,** kurzer, schneller, schwacher, keuchender A.; der A. setzt aus, steht still, geht stoßweise, pfeifend, rasselnd; ihm stockte der A.; er hielt einige Augenblicke den A. an; die Angst schnürte ihr den A. ab; das Tempo raubte ihr den A.; außer A. geraten, sein; die Frau rang nach A.; etwas verschlägt jmdm. den A. (etwas macht jmdn. sprachlos)
>
> **Aufregung,** A. verursachen; überstehen; alle Aufregungen von einem Patienten fernhalten; in A. versetzen, geraten; in der A. hatte ich alles vergessen; in großer, ängstlicher, fieberhafter A. sein, sich befinden; vor A. stottern; kein Grund zur A.; es herrschte große A; alles war in heller A.
>
> **Herz:** das H. schlägt, klopft, pocht, hämmert, flattert; vor Wut schlug ihm das H. bis zum Hals [hinauf]; traurigen Herzens nahm er Abschied; jmdm. fällt eine schwere Last/eine Zentnerlast, ein Stein vom Herzen (jmd. ist sehr erleichtert über etwas); sich ein H. fassen (seinen Mut zusammennehmen); im Grunde seines Herzens (im Innersten)

**9** Auch Vergleiche tragen dazu bei, eine Schilderung anschaulicher zu machen.

a Ordnet den Vorgaben links je einen passenden Vergleich zu und schreibt sie zusammen auf.

| | |
|---|---|
| – sich drehende Riesenradgondel | *– wie ein Wühltisch im Schlussverkauf* |
| – Marktbesucher strömen | *– wie ein Händler auf einem Basar* |
| – feilschen | *– wie ein Kreisel* |
| – Verkaufsstand auf dem Flohmarkt | *– wie Ameisen durcheinander* |

b Findet weitere Vergleiche zu folgenden Vorgaben:

schnell rennen • sich geschickt bewegen • lauter Knall • muskulöser Mensch

**10** Verfasst eine vollständige Schilderung zum Thema „Auf dem Flohmarkt".

# Gedanken verschriftlichen – Der innere Monolog

**1** **a** Versetzt euch in die Lage des Jungen und überlegt, welche Gedanken ihm durch den Kopf gehen.

**b** Zeichnet eine Gedankenblase in euer Heft und notiert darin einen kurzen inneren Monolog (ca. fünf Sätze). Beachtet dabei den nebenstehenden Tipp.

*Ui, jetzt habe ich doch ein mulmiges Gefühl …*

In einem **inneren Monolog** spricht eine Figur in der **Ich-Form** zu sich selbst und äußert **Gedanken** und **Gefühle.**
Der innere Monolog kann folgende Merkmale enthalten:
- Gedankensprünge
- Fragen *(Wieso habe ich …?)*
- Ausrufe *(Das ist doch unerhört!)*
- Interjektionen *(Ach!, Oje!, Huch!)*

●○○ Ihr könnt folgende Anregungen als Hilfe nutzen:

Los geht's! • Am liebsten würde ich … • ausgelacht werden • Oh weh! •
Was erwartet mich in …? • Wenn ich doch nur … • Ob …? • Ach was, bestimmt …!

**2** Schreibt eine vollständige Schilderung zum Thema „In der Geisterbahn". Achtet auf eine abwechslungsreiche und anschauliche Sprache.

| Wissen und Können | Anschaulich und genau schildern |
|---|---|

Um **Gedanken** und **Gefühle** zu beschreiben, helfen unterschiedliche sprachliche Mittel:
- **anschauliche Adjektive** und **Partizipien,** z. B.: *nachtschwarz, laut lachend*
- **treffende Verben,** z. B.: *schlendern, anpreisen*
  (Vermeidet Hilfsverben wie *haben, sein, werden, machen.*)
- **feste Wendungen,** z. B.: *in Angst und Schrecken versetzen*
- **Vergleiche,** z. B.: *mutig wie ein Löwe*
- **abwechslungsreiche Satzanfänge,** z. B.: ~~Ich betrachte den funkelnden Ring im Kästchen.~~
  → *Der Ring funkelt in dem Kästchen./Funkelnd liegt der Ring im Kästchen.*
- Wiedergabe von Gedanken in einem **inneren Monolog,** z. B.: *Ach, warum bin ich nur hier eingestiegen? Ich hätte wissen müssen, dass … Oje, mir wird ganz schwindlig!*

# Testet euer Wissen!

**1** Welche Bestandteile hat eine Schilderung?

**a** Schreibt die folgenden Vorgaben in der richtigen Reihenfolge ab:
Schilderung eines bestimmten Vorfalls/Ereignisses – Ausklang/Abrundung der Situation –
kurze Hinführung zur dargestellten Situation

**b** Schreibt die folgenden Textauszüge ab und notiert jeweils in Klammern dahinter, ob sie in die
Einleitung (E), den Hauptteil (H) oder den Schluss (S) einer Schilderung gehören:

- *Immer schneller geht es im Kreis! Mein Körper wird durch die Fliehkraft nach außen gezogen,
  sodass mir ganz mulmig wird. Ich hebe ab!*
- *Aus dem bunten Farbenmeer wird langsam wieder der Volksfestplatz. Was für eine rasante Fahrt!*
- *Der heutige Familiennachmittag auf dem Volksfest ist gut besucht. Gleich beginnt die Fahrt mit
  dem Karussell und ich setze mich in den Drahtsessel, der an meterlangen Ketten baumelt.*

**2** Richtig oder falsch? Überprüft die folgenden Aussagen.

**a** Schreibt die Satznummern 1–5 auf und notiert dahinter **R** für „richtig" oder **F** für „falsch".

**b** Schreibt die falschen Aussagen verbessert auf.

**1** In einer Schilderung werden die Ereignisse durch Sinneswahrnehmungen dargestellt.
**2** Schildern bedeutet ursprünglich „malen".
**3** Gedanken und Gefühle werden in einer Schilderung in der wörtlichen Rede wiedergegeben.
**4** Eine Schilderung sollte viele Adjektive und treffende Verben enthalten.
**5** Die Sätze sollten häufig das Wort „ich" enthalten.

**3 a** *sehen, hören, riechen, schmecken, fühlen ...?* – Notiert die Sinne, die bei folgenden Situationen A–D
auf dem Volksfest jeweils im Vordergrund stehen, z. B.: *A – riechen, ...*

**A** Niklas stellt dar, wie er eine Bratwurst isst.
**B** Vanessa schildert, wie sie sich mit einem Los
einen Hauptgewinn aussuchen darf.
**C** Victor schildert eine wilde Fahrt mit dem Autoskooter.
**D** Yasemin beschreibt den Auftritt ihrer Lieblingsband
im Festzelt.

**b** Ordnet den Situationen A bis D je zwei passende anschauliche Formulierungen zu:

im Takt • mit rasender Geschwindigkeit • das Wasser läuft einem im Mund zusammen •
den Blick schweifen lassen • mit einem kräftigen Ruck • von der Auswahl überwältigt sein •
tosender Jubel • köstlich duftend

# 3.2 Sprachlich wirksam schildern

**Sprachliche Mittel erkennen und einsetzen**

Robert Muthmann

**Zuhause**

Der Feldweg.
Der Baum.

Der Bach.
Die Bank.

5 Der Turm.
Die Glocken.

Das Haus.
Die Blumen.

Deine Stimme.
10 Dein Gesicht.

**1**
a Lest das Gedicht laut vor.
b Gebt in eigenen Worten wieder, worum es im Text geht.
c Bringt den Titel des Gedichts in Zusammenhang mit dem Textinhalt.

**2**
a Bestimmt die Wortarten, die in diesem Gedicht verwendet werden.
b Welche Wirkung hat die sprachliche Gestaltung des Textes? Beschreibt eure Eindrücke.

**3**
a Ordnet jedem Nomen ein passendes Adjektiv bzw. Partizip zu und schreibt das Gedicht neu.

●●● Hier findet ihr Anregungen:

> sympathisch • hübsch • knorrig • verfallen • farbenprächtig • plätschernd • steinig •
> hölzern • meterhoch • wohlklingend

b Lest eure Texte vor und beschreibt, wie sich die Wirkung des Gedichts verändert hat.

**4** Verfasst ein Gedicht zum Thema „Auf dem Heimweg", das dem obigen gleicht. Geht so vor:
– Notiert wichtige Wegmarken, an denen ihr auf dem Heimweg von der Schule vorbeikommt, z. B.:
  *Holzhütte, Sportplatz, Park*
– Ergänzt zu den Nomen passende Adjektive oder Partizipien, z. B.: *verwittert, menschenleer, schattig*

**5** Schreibt das Gedicht von Robert Muthmann oder euer eigenes in einen schildernden Erzähltext um.

Theodor Storm

## Die Stadt

Am grauen Strand, am grauen Meer
Und seitab liegt die Stadt;
Der Nebel **?** die Dächer schwer,  · drückt   hält
Und durch die Stille **?** das Meer  · gluckert   braust
5 Eintönig um die Stadt.

Es **?** kein Wald, es schlägt im Mai  · rauscht   flattert
Kein Vogel ohn' Unterlass;
Die Wandergans mit hartem Schrei
Nur fliegt in Herbstesnacht vorbei,
10 Am Strande **?** das Gras.  · weht   steht

Doch **?** mein ganzes Herz an dir,  · ist   hängt
Du graue Stadt am Meer;
Der Jugend Zauber für und für
**?** lächelnd doch auf dir, auf dir,  · steht   ruht
15 Du graue Stadt am Meer.

**1** a Lest das Gedicht zunächst leise durch.
  b Schreibt es ab und ergänzt jeweils das passende Verb aus der rechten Spalte.

**2** Fertigt eine zum Gedicht passende Zeichnung an. Achtet auf eine geeignete Farbwahl.

### Meine Stadt

Am flachen Ufer, am grünen Fluss
Und seitab liegt die Stadt.
Die Sonne strahlt auf Bäume sehr
Und es plätschert der Stadtbach trotz Verkehr
5 Gemächlich durch die Stadt.

Es hupt ein Auto, es läutet am Marktplatz
Die Kirchturmuhr um zwei;
Ein Marktbesucher mit schweren Taschen
Wirft in den Glascontainer seine Flaschen
10 Mit der Stille ist es seit morgens vorbei.

Doch hängt mein ganzes Herz an dir,
Du lebendige Stadt am Fluss,
Der Jugend Zauber für und für
Wirbelt immer in dir, in dir,
15 Du lebendige Stadt am Fluss.

**3** Eine Schülerin hat das Gedicht „Die Stadt" so verändert, dass es zu ihrer eigenen Stadt passt.
  a Durch welche Verben und Adjektive wird die betriebsame Stimmung vermittelt? Notiert sie.
  b Schildert Wahrnehmungen von eurer Stadt in einem kurzen Text oder einem Gedicht.

# Eindrücke und Gedanken anschaulich schildern

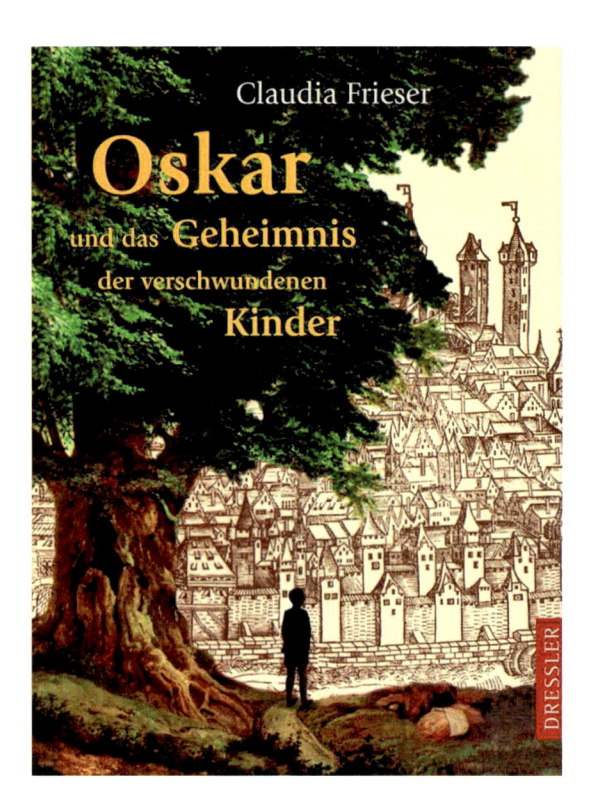

*Eine Reise in die Vergangenheit? Oskar traut seinen Augen kaum, als er einen Brief findet, in dem sein Opa eine Anleitung für Zeitreisen beschreibt. Doch es funktioniert: Mit Hilfe eines besonderen Baumes kann er in die Vergangenheit reisen! Er besucht seine Heimatstadt Nürnberg im Jahre 1484, wobei er viele Bewohner der mittelalterlichen Stadt kennen lernt und einem Geheimnis auf die Spur kommt …*

Oskar öffnete die Augen. Warum lag er auf dem Boden, noch dazu in einer Baumhöhle? […] Langsam fiel es ihm wieder ein. Die Zeitreise! Offenbar war er dabei ohnmächtig gewor-
5 den. Wie lange er hier wohl schon lag? Noch während er sich aufrappelte, drängte sich jedoch eine andere Frage in den Vordergrund: War er schon im Mittelalter?
Leicht benommen und noch etwas wacklig auf den Beinen, sah Oskar sich um. Es war jetzt viel
10 heller im Inneren des Baumes. Die Öffnung wurde nicht mehr von Efeu bedeckt. Die Regenwolken waren verschwunden. Helles Sonnen-

**Claudia Frieser** wurde 1967 in Sulzbach geboren und lebt in Bamberg. Sie studierte Archäologie und nahm an Ausgrabungen teil, bevor sie beschloss, Kinderbuchautorin zu werden.

licht drang in die Baumhöhle. Vorsichtig blickte Oskar durch den Spalt hinaus ins Freie.
15 Als sich seine Augen an das grelle Licht der noch tief stehenden Sonne gewöhnt hatten, konnte Oskar kaum glauben, was er sah. Das Haus seiner Eltern und die Nachbarhäuser waren verschwunden. Stattdessen lag vor ihm
20 eine Wiese mit vielen knorrigen Apfelbäumen, an denen kleine runzelige Äpfel hingen. Das und das veränderte Wetter konnten nur eines bedeuten: Sein Großvater hatte nicht gelogen, Oskar befand sich in einer anderen Zeit. Wenn
25 alles nach Plan verlaufen war, musste dies das Jahr 1484 sein. Oskars Herz raste, und der Gedanke, alleine in der Vergangenheit zu sein, machte ihm Angst. Doch dann nahm er all seinen Mut zusammen und trat in die fremde
30 Welt hinaus.
Neben der Obstwiese führte ein Feldweg entlang, und zwar genau da, wo heute die Straße, in der er wohnte, lag. Jetzt erst bemerkte Oskar die unheimliche Stille. Man hörte nichts als
35 Insekten und aufgeregt zwitschernde Vögel. Auch die Luft war anders, sie war irgendwie klarer und roch nach Gras. War das hier wirklich Nürnberg – oder besser gesagt, die Umgebung von Nürnberg, denn das Viertel, in dem
40 Oskar wohnte, existierte ja noch nicht?
Oskar kniff die Augen zusammen und spähte angestrengt in die Richtung, in der zu seiner Zeit die Altstadt Nürnbergs lag. Nur schwach war am Horizont eine Stadt zu erkennen, über
45 der eine Burg thronte. Das musste die Kaiserburg sein. Die Zeitreise hatte tatsächlich geklappt! Und jetzt, wo er schon mal hier war, wollte Oskar unbedingt auch einen Blick in die Stadt werfen. Mit klopfendem Herzen machte
50 er sich auf den Weg.

**1** Was erlebt Oskar in dieser Situation? Fasst die Handlung in eigenen Worten zusammen.

**2** Der Textauszug enthält einige schildernde Textstellen.
Sucht sie heraus und tragt Oskars Sinneswahrnehmungen mit der entsprechenden Zeilenangabe in eine Tabelle ein.

| sehen | hören | riechen | spüren |
|---|---|---|---|
| *helle Baumhöhle (Z. 13 f.)* | *...* | *...* | *leicht benommen (Z. 9)* |

**3** Was könnte Oskar auf dem Weg in die mittelalterliche Stadt durch den Kopf gehen? Schreibt einen inneren Monolog, in dem seine Neugier, aber auch mögliche Bedenken deutlich werden, z. B.:

> *Also los! Auf nach Nürnberg! Ich bin gespannt, was ...! Ob ich ...? Vielleicht sollte ich ... Bestimmt ...*

**Tipp:** Sammelt zunächst mögliche Sinneswahrnehmungen in einer Mind-Map:
Was sieht, hört, riecht und spürt Oskar?

**4** In dem Jugendbuchauszug fehlt die Darstellung der Sinneswahrnehmung „schmecken".
Schlüpft in Oskars Rolle und schildert in drei bis vier Sätzen folgende Situation:
*Oskar entdeckt auf einem mittelalterlichen Marktstand eine lecker aussehende Fleischpastete, die jedoch nach Honig schmeckt.*

○○ So könnt ihr anfangen:

> *Mir läuft das Wasser im Mund zusammen, wenn ich die Fleischpasteten ansehe, die der Verkäufer lauthals anpreist: So knusprig braun und ... Ich zögere nicht lange und kaufe mir eine! ...*

**5** Um lebendig zu schildern, lässt die Autorin die Dinge selbst aktiv werden, z. B. „drängte sich jedoch eine andere Frage in den Vordergrund" (Z. 6 f.).
Schreibt aus dem Romanauszug drei weitere Textstellen heraus, in denen Gegenstände oder Dinge scheinbar selbst handeln.

○○ Ihr könnt in folgenden Abschnitten nachlesen: Z. 9–15, Z. 32–51

**6** Welche Vergleiche passen zu den in den Textauszügen erwähnten Äpfeln, der Kaiserburg, dem Feldweg? Wählt passende Vorgaben aus dem Wortspeicher aus und ordnet sie zu.

> sich wie eine Schlange winden • sich wie ein Streifen ziehen • wie Feuerschein leuchten •
> sich wie rote Farbtupfer hervorheben • wie eine Krone über der Stadt thronen

**7** Sucht aus anderen Jugendbüchern schildernde Textstellen heraus und stellt sie der Klasse vor.

# 3.3 Fit in ...? – Schildern

Folgender Arbeitsauftrag wurde in einer Schulaufgabe gestellt:

> Verfasst eine Schilderung zum Thema „An der Bushaltestelle".
> Gestaltet zuvor eine Mind-Map zum Thema.

**1** Übertragt die Mind-Map in euer Heft und ergänzt weitere Sinneswahrnehmungen.

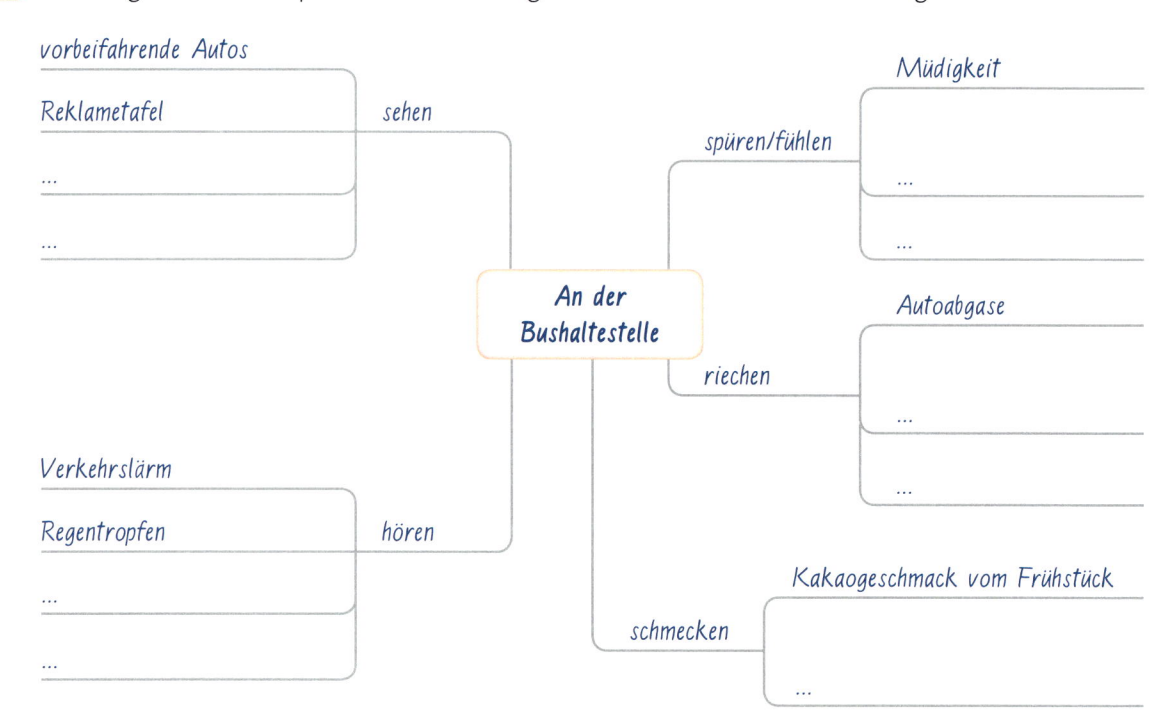

vorbeifahrende Autos
Reklametafel
...
...

sehen

Müdigkeit
...
...

spüren/fühlen

**An der Bushaltestelle**

Autoabgase
...
...

riechen

Verkehrslärm
Regentropfen
...
...

hören

schmecken

Kakaogeschmack vom Frühstück
...

**2** Entscheidet, welche Einleitung sinnvoll zur Schilderung der Situation „An der Bushaltestelle" hinführt. Begründet, warum die anderen Einleitungen nicht überzeugend sind.

**A** *Gerade eben noch am Frühstückstisch, und nun stehe ich hier und warte.*

**B** *Jeden Morgen dasselbe. Ich stehe an der Bushaltestelle, 500 Meter von unserem Haus entfernt, und warte auf den Bus, der mich zur Schule bringt.*

**C** *Meine Bushaltestelle befindet sich in der Felix-Meier-Straße zwischen dem Supermarkt und der Ampelkreuzung. Der Bus 149 hält hier montags bis freitags im 10-Minuten-Takt.*

Die Schilderung wurde von einem Schüler folgendermaßen fortgesetzt:

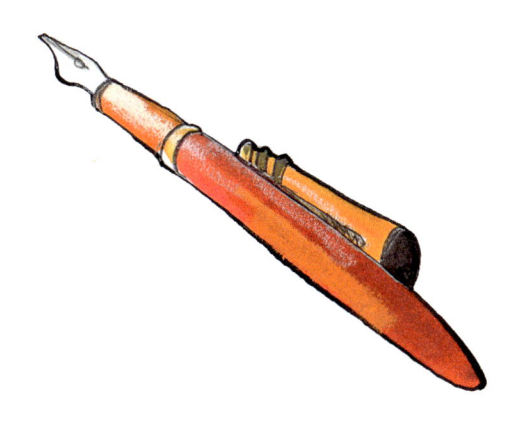

*Während es mich fröstelt und ich von einem Bein auf das andere trete, damit mir wärmer wird und ich die Müdigkeit vertreiben kann, nehme ich den Verkehrslärm der vorbeifahrenden Autos wahr. Ihre Reifen verursachen ein leises Platschen, wenn sie*
5 *durch die Regenpfützen fahren. Das Spritzwasser trifft fast die mit mir wartenden Kinder. Einige Grundschüler spielen gefährlich nah an der Straße Fangen. Mensch, wieso rennen die nicht hinter dem Bushäuschen herum? Das wäre doch weniger gefährlich. Und mehr Platz ist dort auch als hier auf dem Gehsteig.*
10 *Verflixt, das Geschrei der Kleinen geht mir wirklich auf die Nerven! Na ja, vielleicht verkürzt das Spielen ihnen ja die langweilige Wartezeit.*

*Dankbar, dass ich unter dem beschlagenen Plexiglasdach der Haltestelle einen Warteplatz gefunden habe, betrachte ich nach-*
15 *einander die zahlreichen Schulranzen, die vor einem <u>Werbeplakat</u>*     *Beschreibende Adjektive fehlen!*
*an der Seitenwand aufgereiht sind. Die schweren Büchertaschen verdecken fast völlig das auf der Anzeige abgedruckte <u>Meer</u>. Doch der schneeweiße, vom Sonnenlicht strahlende Sandstrand mit <u>Palmen</u> im Hintergrund ist noch zu sehen. Ein <u>Seufzer</u> ent-*
20 *fährt mir. Ach ja, Urlaub auf einer Südseeinsel – das wäre doch eine willkommene Abwechslung zu diesem herbstlich grauen Morgen und zum <u>Schulalltag</u>! Obwohl ich mir heute bei der Gedichtabfrage schon eine gute Note abholen will. „Walle, walle manche Strecke, dass zum Zwecke Wasser fließe …" Na also,*
25 *der Text sitzt doch noch perfekt! In Gedanken wiederhole ich das ganze Gedicht, das ich mittlerweile fast schon rückwärts aufsagen könnte.*

*Neben mir schnieft ein erkälteter Junge in ein Taschentuch. Ein älterer Mann mit Hut pafft eine Zigarre. <u>Ich</u> rieche den wider-*     *Vermeide „ich"-Sätze!*
30 *lichen, beißenden Geruch. <u>Ich</u> muss deswegen husten. <u>Ich</u> schmecke schon kaum mehr den klebrig süßen Geschmack des Frühstückskakaos. <u>Ich</u> finde den Geruch, den der Qualm verströmt, schlimmer als die Abgase! Wann kommt bloß der Bus?*

*Jetzt <u>ist</u> der Bus da und der Fahrer <u>macht</u> die Türen auf. Von*     *Finde treffendere Verben!*
35 *drinnen <u>sehen</u> mir freudig meine Freunde entgegen, ich <u>gehe</u> in den Bus und <u>gehe</u> zu ihnen. Endlich im Warmen – das lange Warten hat sich gelohnt!*

**3** Untersucht den Inhalt des Aufsatzes: An welchen Stellen finden sich innere Monologe? Notiert die entsprechenden Zeilenangaben oder markiert die Textstellen auf einer Folie.

**4** Überarbeitet die Sprache der Schilderung.

**a** Im zweiten Absatz (Z.13–27) wurden Nomen unterstrichen, die genauer beschrieben werden sollten. Schreibt die Sätze ab und ergänzt passende Adjektive oder Partizipien.

**b** Im dritten Absatz (Z.28–33) beginnen zu viele Sätze mit „Ich …".
Formuliert den Textabschnitt so um, dass er abwechslungsreiche Satzanfänge enthält.

**c** Schreibt den Schlussteil (Z.34–37) ab und setzt treffendere Verben ein.

**5** Überfliegt noch einmal den überarbeiteten letzten Absatz.
Wie wird die Schilderung abgerundet? Notiert den richtigen Buchstaben.

**A** *Die Schilderung endet abrupt (plötzliches Erscheinen des Busses).*

**B** *Es wird noch einmal kurz auf den Inhalt der Schilderung (Warten in der Kälte) eingegangen.*

### Eine Schilderung schreiben

**Vorarbeit:**
- Habe ich das **Thema** erfasst? (Welche **Situation** soll genau geschildert werden?)
- Habe ich meine Eindrücke umfassend in einer **Mind-Map** gesammelt?
  - Werden darin möglichst **alle Sinne** beschrieben (sehen, hören, riechen, schmecken, spüren)?
  - Enthält meine Mind-Map auch die **inneren Eindrücke,** also Gedanken und Gefühle?

**Aufbau und Inhalt:**
- **Einleitung:** Werden die Leserinnen und Leser kurz zur geschilderten Situation hingeführt?
- **Hauptteil:** Werden passende Sinneswahrnehmungen, Gedanken und Gefühle beschrieben?
- **Schluss:** Wird die Schilderung sinnvoll abgerundet?

**Sprache:**
- Habe ich im **Präsens** geschrieben?
- Enthält meine Schilderung **innere Monologe?**
- Verwende ich **anschauliche Adjektive** und **treffende Verben?**
- Habe ich die **Wiederholung von „ich"-Sätzen vermieden** und auf **abwechslungsreiche Satzanfänge** geachtet?

# 4 Mit Weisheit, Witz und Stärke –
## Erzählungen erschließen und zusammenfassen

Du, ich hab 'nen coolen Film gesehen!

Worum geht's denn da?

Es war total spannend! Der arme Delfin hat mir so leidgetan. Schlimm, was so ein Fischernetz anrichten kann!

Moment ... langsam! Das verstehe ich nicht.

Na ja, am Anfang liegt er blutend am Strand, und ein Typ hilft ihm, aber es gibt Probleme. Es geht aber alles gut aus.

Der Delfin lässt halt nur den Jungen an sich ran, wegen der Medikamente – puh, die Schwanzflosse sah anfangs echt übel aus ... Aber für den ist's super, weil er jetzt endlich einen Freund gefunden hat.

Wie jetzt ...?

Aha ...

**1** Sofie hat Schwierigkeiten, Martins Inhaltszusammenfassung zu verstehen. Sammelt Verbesserungsvorschläge:
  – Worauf müsste Martin achten?
  – Welche Fragen könnte Sofie ihm stellen?

**2** Welche Ausdrücke würdet ihr in einer schriftlichen Zusammenfassung nicht verwenden? Sucht sie heraus und macht Verbesserungsvorschläge.

**3** Ihr habt sicherlich schon schriftliche Inhaltszusammenfassungen gelesen.
  **a** Sammelt Beispiele.
  **b** Wozu liest man solche Texte? Nennt verschiedene Absichten.

# 4.1 „Ehrlich währt am längsten" – Texte verstehen und zusammenfassen

## Die Handlung einer Erzählung erschließen

Johann Peter Hebel

### Der kluge Richter

**Johann Peter Hebel** (1760–1826) wurde in Basel geboren und lebte in Süddeutschland. Bekannt wurde er besonders durch seine **Kalendergeschichten.** Dies sind kurze Erzählungen, die unterhalten und belehren sollten. Sie wurden in Jahreskalendern abgedruckt und waren oft das einzige Lesematerial einfacher Leute.

Ein reicher Mann hatte eine beträchtliche Geldsumme, welche in ein Tuch eingenäht war, aus Unvorsichtigkeit verloren. Er machte daher seinen Verlust bekannt und bot, wie
5 man zu tun pflegt, dem ehrlichen Finder eine Belohnung – und zwar von hundert Talern. Da kam bald ein guter und ehrlicher Mann dahergegangen. „Dein Geld habe ich gefunden. Dies wird's wohl sein! So nimm dein Eigen-
10 tum zurück." So sprach er mit dem heiteren Blick eines ehrlichen Mannes und eines guten Gewissens – und das war schön. Der andere machte auch ein fröhliches Gesicht, aber nur, weil er sein verloren geschätz-
15 tes Geld wiederhatte. Denn wie es um seine Ehrlichkeit aussah, das wird sich bald zeigen. Er zählte das Geld und dachte unterdessen geschwind nach, wie er den treuen Finder um seine versprochene Belohnung bringen könn-
20 te. „Guter Freund", sprach er hierauf, „es waren eigentlich 800 Taler in dem Tuch eingenäht. Ich finde aber nur noch 700 Taler. Ihr werdet also wohl eine Naht aufgetrennt und

Eure 100 Taler Belohnung schon herausgenommen haben. Da habt Ihr wohl daran getan. 25 Ich danke Euch."
Das war nicht schön. Aber wir sind auch noch nicht am Ende. Ehrlich währt am längsten und Unrecht schlägt seinen eigenen Herrn.
Der ehrliche Finder, dem es weniger um die 30 100 Taler als um seine unbescholtene Rechtschaffenheit zu tun war, versicherte, dass er das Päcklein so gefunden habe. Am Ende kamen sie vor den Richter. Beide bestanden auch hier noch auf ihrer Behauptung: der eine, dass 35 800 Taler seien eingenäht gewesen, der andere, dass er von dem Gefundenen nichts genommen und das Päcklein nicht versehrt habe. Da war guter Rat teuer. Aber der kluge Richter, der die Ehrlichkeit des einen und die schlechte Ge- 40 sinnung des anderen im Voraus zu kennen schien, griff die Sache so an: Er ließ sich von beiden über das, was sie aussagten, eine feste und feierliche Versicherung geben – und tat hierauf folgenden Ausspruch: „Demnach, und 45 wenn der eine von euch 800 Taler verloren, der andere aber nur ein Päcklein von 700 Taler gefunden hat, so kann das Geld des Letzteren nicht das nämliche sein, auf welches der Erste-

re ein Recht hat. Du, ehrlicher Freund, nimmst also das Geld, welches du gefunden hast, wieder zurück und behältst es in guter Verwahrung, bis der kommt, welcher nur 700 Taler verloren hat. Und dir, da weiß ich keinen Rat, als du geduldest dich, bis derjenige sich meldet, der deine 800 Taler findet." So sprach der Richter – und dabei blieb es.

**1** Die Kalendergeschichte ist über 200 Jahre alt und enthält einige altertümliche Formulierungen, z. B.: „wie man zu tun pflegt" (Z. 4 f.), „[jemanden] um seine versprochene Belohnung bringen" (Z. 18 f.), „Da habt Ihr wohl daran getan" (Z. 25), „Unrecht schlägt seinen eigenen Herrn" (Z. 29) Klärt die Bedeutung dieser und weiterer schwieriger Ausdrücke aus dem Textzusammenhang oder schlagt sie nach.

**2** Verschafft euch einen Überblick über den Aufbau des Textes.
a Teilt die Handlung der Geschichte in drei Szenen ein. Nennt die Figuren (und Orte), die jeweils eine Rolle spielen.
b Gebt jedem Abschnitt eine passende Überschrift.

**3** Denkt über die Handlung nach.
a Beschreibt, welche Absichten die drei Figuren jeweils haben.
b Beurteilt das Verhalten der Figuren, indem ihr die folgenden Satzanfänge vervollständigt.
*Mir hat (nicht) gefallen, dass … Erstaunt hat mich …, denn … Ich finde es (nicht) richtig, …*

> **Wissen und Können** **Die Handlung eines Erzähltextes erschließen**
>
> - Klärt **unbekannte Wörter** aus dem Kontext oder durch Nachschlagen.
> - Klärt, wer die **Hauptfiguren** und welches die **wichtigsten Orte** der Handlung sind.
> - Untersucht das **Verhalten** und die **Absichten** der handelnden **Figuren.**

## Merkmale einer Zusammenfassung erarbeiten

*Ein reicher Mann verliert eine hohe Geldsumme und sichert dem Finder eine Belohnung zu. Als ein ehrlicher Mann den Geldbeutel zurückgibt, behauptet der Reiche, dass der Finder sich seinen Lohn schon selbst genommen habe und er daher nichts mehr bekomme. Der Finder versichert ihm, er habe das Päckchen mit dem Geld so zurückgegeben, wie er es gefunden habe. Nach diesen Aussagen urteilt ein Richter, dass es sich nicht um dasselbe Geld handeln könne. Der ehrliche Finder solle das Geld so lange behalten, bis sich der Finder genau dieser Geldsumme meldet. Der reiche Mann müsse dagegen darauf warten, dass die gesamte Summe gefunden werde.*

**4** Diese gelungene Zusammenfassung wurde zur Erzählung „Der kluge Richter" geschrieben. Vergleicht sie mit dem Originaltext (▶ S. 58 f.) und findet so die besonderen Merkmale einer Zusammenfassung heraus.
a Untersucht den **Inhalt** der Zusammenfassung:
– Wird die Handlung der Geschichte verständlich, auch wenn man Hebels Text nicht kennt?
– Welche Informationen wurden in der Zusammenfassung übernommen, welche weggelassen?

**b** Untersucht **formale und sprachliche Besonderheiten** der Zusammenfassung (▶ S. 59).
  – Wie unterscheidet sich die Länge der Texte?
  – Welche Zeitformen werden jeweils verwendet?
  – Wo findet sich wörtliche Rede, wo indirekte Rede?
  – Wie klingt die Sprache der Zusammenfassung?

**5** Eine Zusammenfassung darf keine Wertungen oder Kommentare enthalten, außerdem sollte sie frei von Ausschmückungen und Schilderungen sein. Nennt Gründe dafür.

---

**Wissen und Können**  **Merkmale einer Textzusammenfassung**

In einer **schriftlichen Zusammenfassung** gibt man den Inhalt eines Texts in möglichst **knapper Form** wieder. Sie hat folgende Kennzeichen:
- Es werden nur die **wichtigsten Handlungsschritte** wiedergegeben; Einzelheiten (Details) werden weggelassen.
- Die Zeitform ist das **Präsens** (bei Vorzeitigkeit: das **Perfekt**).
- Wörtliche Rede wird durch **indirekte Rede** ersetzt oder umschrieben.
- Die Sprache ist **sachlich** und **frei von Ausschmückungen oder Kommentaren.**

---

# Die Handlung einer Erzählung zusammenfassen

Werner Färber (*1957)

## Der Filmstar und die Eisprinzessin

Caro und ihre Mutter schieben sich durch das dichte Gedränge der Reisenden. Die Räder von Caros Koffer holpern über die Unebenheiten der Bahnhofshalle. Sie blickt hinauf zur gro-
5 ßen Anzeigetafel und fragt sich, weshalb ihre Mutter so eine Panik macht. Noch sieben Minuten bis zur Abfahrt.
„Hier, Wagen neun. Das ist deiner. Geh auf deinen Platz, bevor ihn ein anderer belegt", drän-
10 gelt Caros Mutter.
„Ich denke, der Platz ist reserviert", sagt Caro.
„Ja, schon, aber man weiß ja nie", meint ihre Mutter, während sie den Zugbegleiter heranwinkt. „Hallo! Junger Mann!"
15 Freundlich lächelnd kommt er auf sie zu. „Kann ich Ihnen helfen?"
„Das ist meine Tochter Caro", antwortet ihre Mutter. „Sie verreist heute zum ersten Mal allein. Ich war ja dagegen, aber mein Mann meint ..."
20 „Mama, bitte!" Caro würde am liebsten im Boden versinken.
Aber ihre Mutter redet unbeirrt weiter. „Caro wird in Berlin von ihrer Großmutter abgeholt. Würden Sie bitte darauf achten, dass sie nicht
25 zu früh aussteigt?"
„Selbstverständlich", verspricht der Zugbegleiter. „Machen Sie sich keine Sorgen." Er tippt sich an die Mütze, nickt Caro und ihrer Mutter zu und geht zur nächsten Eingangstür, wo ihn
30 eine Frau mit einem wesentlich kleineren Kind ebenfalls um Hilfe bittet.
„Dem Zwerg muss man helfen, nicht mir", denkt Caro.
„Tschüss, mein Spatz", sagt ihre Mutter und
35 nimmt sie in die Arme. Mit Tränen in den Au-

gen drückt sie Caro einen Kuss auf die Wange. Caro schnappt sich den schweren Koffer und steigt in den Zug.

40 Das Abteil ist leer. Nur ein weiterer Platz ist noch reserviert. Caro wuchtet den Koffer auf die Sitzbank. Am Griff baumelt der Anhänger mit der Anschrift ihrer Oma. Sogar die Telefonnummer hat ihre Mutter draufgeschrieben.

45 Endlich schrillt der Pfiff des Schaffners über den Bahnsteig. Der Zug setzt sich in Bewegung. Caros Mutter winkt. Hinter ihrer Mutter geht die Frau mit dem kleinen Jungen zur Rolltreppe. Anscheinend darf er doch noch nicht

50 allein verreisen.

Caro schließt das Fenster, um es sich im Abteil gemütlich zu machen – doch sie ist nicht mehr allein! Auf dem Fensterplatz in Fahrtrichtung sitzt ein Junge. Er ist ungefähr so alt wie Caro.

55 „Na?", sagt er.

„Was na?"

„Ich bin Benny", stellt er sich vor. „Wohin?"

„Berlin", sagt Caro.

„Ich auch – und?"

60 „Was und?"

„Hast du keinen Namen?"

„Doch, natürlich. Caro."

„Was machst du in Berlin?", fragt Caro.

„Dreharbeiten", sagt Benny nach kurzem Zö-

65 gern.

„Für einen Film? Als Schauspieler?"

„Nein, als Szenenklappe", erwidert Benny.

„Sehr witzig", denkt Caro. Aber er sieht nett aus und unsympathisch ist er auch nicht. Wie ein

70 Schauspieler sieht er jedenfalls nicht aus und im Fernsehen hat sie ihn auch noch nie gesehen.

„Und du?", fragt Benny plötzlich.

Caro zögert.

Sie kann schlecht damit kommen, dass sie ihre

75 Oma besucht. Das klingt doch stinklangweilig

„Ich fahre zum Leistungstraining", platzt sie heraus.

Benny macht große Augen. „Leistungstraining? In welcher Sportart?"

80 „Eiskunstlauf", antwortet Caro.

„Eiskunstlauf? Jetzt, im Sommer?", fragt Benny verwundert.

Mist, daran hätte sie denken müssen. Wer geht schon im Sommer eislaufen?

„Klar", sagt Caro selbstbewusst. „Im Spitzen- 85 sport gibt's keine Pausen."

„Eine Eisprinzessin", murmelt er.

Die Abteiltür wird geöffnet, der Zugbegleiter fragt „Ist bei euch alles in Ordnung? Na, ich seh schon, auf euch beide brauch ich nicht auf- 90 zupassen. Das muss euch nicht peinlich sein. Mütter sind immer aufgeregt, wenn ihre Kinder das erste Mal allein reisen."

„Was meint er damit?", fragt Benny, als der Zugbegleiter das Abteil wieder verlassen hat. 95 Caro sieht Benny an. Und plötzlich begreift sie. Die Frau mit dem kleinen Jungen – das war seine Mutter! Benny hat also auch so eine peinliche Abschiedsszene hinter sich.

Doch Caro erzählt ihm nicht, dass sie ihn 100 durchschaut hat. Ohne seine Frage zu beachten wechselt sie das Thema. Sie reden über alles Mögliche, lachen und kichern die ganze Zeit und stellen fest, dass sie dieselbe Musik und die gleichen Fernsehserien mögen. Als 105 sie in Berlin ankommen, hat Caro das Gefühl, Benny schon sehr lange zu kennen.

„Viel Spaß beim nächsten Dreh", sagt Caro, als die beiden auf dem Bahnsteig stehen.

„Danke, und dir viel Erfolg beim Leistungstrai- 110 ning."

„Caro!", ruft jemand aus der Menschenmenge. „Hier bin ich!"

Caro sieht sich suchend um und entdeckt ihre Oma.

„Meine Trainerin", raunt sie Benny zu.

Im selben Moment tippt ein älterer Herr Benny von hinten auf die Schulter. „Na, eine gute Reise gehabt, mein Junge?"

„Mein Manager", sagt Benny.

„Wer sonst." Caro grinst. „Mach's gut, ich muss los."

Kaum sind sie in Omas Wohnung, klingelt das Telefon.

Caro stöhnt. „Das ist bestimmt Mama. Wollen wir wetten?"

Nein. Das ist nicht Mama. „Wer ist dort, bitte?"

„Benny. Die Szenenklappe."

„Du?" Caro stutzt. „Woher hast du meine Nummer?"

„Na, vom Anhänger am Koffer", erklärt Benny. „Sag mal, Caro, wollen wir hier in Berlin mal was zusammen machen?"

„Ja, gern. Aber – was ist mit deinen Dreharbeiten?"

Benny prustet in den Hörer. „Das hast du doch nicht etwa geglaubt?"

Caro grinst. „Na, wir können ja ..."

„... eislaufen?", fällt ihr Benny ins Wort.

Nun prusten beide in den Hörer.

„Mitten im Sommer?", fragt Caro lachend. „Du hast sie wohl nicht alle."

„Na gut, wie wär's mit Kino?"

„Welchen Film?"

„Weiß nicht", sagt Benny. „Muss das Programm durchsehen. Ich ruf dich nachher noch mal an."

„Versprochen?"

„Klar", sagt Benny. „Versprochen."

**1** Verschafft euch einen ersten Überblick über den Textinhalt:
An welchen Orten spielt das Geschehen und wer sind die Hauptfiguren?

**2** Tauscht euch über die folgenden Fragen aus und belegt eure Meinung mit Textstellen.
- Warum flunkern Caro und Benny sich etwas vor?
- In welcher Situation durchschaut Caro Benny?
- Wodurch erkennt Benny wohl Caros Schwindelei?

## Einen Text in Abschnitte einteilen

**3** Teilt den Text in fünf bis sechs Abschnitte ein. Notiert die Zeilenangaben und schreibt je eine passende Überschrift auf.

○○○ Hier findet ihr Hilfen:

Caros Erkenntnis • Die Abreise •
Die Verabredung • Schwindeleien •
Die Ankunft

Achtet darauf, wo
- **Figuren** neu auftreten oder sich entfernen,
- der **Schauplatz** oder die **Zeit** sich ändern,
- ein **Gespräch** beginnt oder endet,
- das Geschehen eine **Wende** nimmt.

Oft könnt ihr euch an den Absätzen im Text orientieren. Es kann euch auch helfen, auf einer Kopie **Schlüsselwörter** zu markieren.

## Wichtige Handlungsschritte notieren

*Die Abreise*
- *Caro verreist.*
- *Räder ihres Koffers holpern über Boden*
- *Mutter sehr nervös*
- *winkt Zugbegleiter heran*
- *Zugbegleiter soll auf Caro achten*
- *Mutter drängelt Caro in Zugabteil und steigt mit ein*
- *Caro ist Verhalten der Mutter peinlich*

**4** Zur Vorbereitung einer Zusammenfassung hat eine Schülerin die Handlungsschritte der einzelnen Abschnitte in Stichpunkten aufgeschrieben.
a Lest die Handlungsschritte, die sie zum ersten Abschnitt notiert hat.
b Überprüft die Notizen zu zweit mit Hilfe der folgenden Fragen und schreibt sie dann neu auf:
  – Welche Angaben sind unwichtig oder falsch und sollten gestrichen werden?
  – Welche Informationen sollten ergänzt werden?

**5** Schreibt nun auch zu den übrigen Abschnitten der Erzählung die wichtigsten Handlungsschritte in Stichpunkten auf.

> Verwendet das **Präsens** und formuliert **in eigenen Worten.**

## Die Handlungsschritte verknüpfen und verknappen

**6** Damit die Zusammenhänge verständlich werden, solltet ihr die Handlungsschritte sinnvoll verknüpfen. Im folgenden Beispiel wurden drei Handlungsschritte zu einem Satz verbunden. Schreibt den Satz rechts ab und ergänzt die fehlenden Verknüpfungen.

- *In Caros Abteil nimmt ein Junge Platz.*
- *Er stellt sich als Benny vor.*
- *Er behauptet, Schauspieler zu sein.*

*In Caros Abteil nimmt ein Junge Platz,* **?** *sich als Benny vorstellt* **?** *behauptet, Schauspieler zu sein.*

**7** a Überprüft eure Sätze aus Aufgabe 4 und 5: Verbindet zusammengehörige Handlungsschritte durch passende Verknüpfungen.
b Vergleicht eure Ergebnisse in der Klasse.

---

**Wissen und Können**   **Sätze logisch verknüpfen**

Durch **Satzverknüpfungen** könnt ihr inhaltliche Zusammenhänge verdeutlichen, z.B.:
- **Konjunktionen:** *als, wenn, weil, damit, denn, und, aber, dass, ob, um, während ...*
- **Pronomen:** *die, der, das, dieser, welcher ...*

**8** Eine Zusammenfassung gibt die wichtigsten Handlungsschritte in möglichst knapper Form wieder.

a Hier wurde eine Zusammenfassung des Abschnitts „Schwindeleien" überarbeitet. Vergleicht die erste Fassung (A) mit der Überarbeitung (B) und beschreibt, wie es gelungen ist, den Text zu verknappen.

> **A** *Caro erfährt von Benny, der ebenfalls nach Berlin fährt, dass er dort Dreharbeiten habe. Er fragt sie, was sie denn in Berlin mache. Sie möchte ihm eine interessante Antwort geben und schwindelt ihm etwas vor. Sie gibt an, dass sie zum Eiskunstlauftraining nach Berlin fahre.*

> **B** *Benny erzählt Caro, dass er zu Dreharbeiten nach Berlin fahre. Um sich interessant zu machen, gibt sie an, dorthin zum Eiskunstlauftraining zu fahren.*

b Verknappt auch die folgenden Sätze.

*Benny ist verwundert. Er fragt Caro, wie es möglich sei, dass sie im Sommer eislaufen gehe.*
*Nachdem sie zuerst einen kurzen Schrecken bekommen hat, erwidert sie, im Spitzensport gebe es keine Pausen.*

## Wörtliche Rede vermeiden

**9** Wörtliche Aussagen der Figuren werden in einer Zusammenfassung **umschrieben** oder in **indirekter Rede** wiedergegeben.

a Entscheidet, welche Form der Wiedergabe beim folgenden Beispiel jeweils gewählt wurde.

*Er sagt: „Ich bin Schauspieler."* → *Er sagt, er sei Schauspieler.*
→ *Er behauptet, Schauspieler zu sein.*
→ *Er gibt sich als Schauspieler aus.*

> Gebt wichtige Aussagen der Figuren in **indirekter Rede** wieder oder **umschreibt** sie.

b Formt auch den folgenden Satz in indirekte Rede (▶ S. 213) oder Umschreibungen um.
*Die Mutter sagt zum Zugbegleiter: „Bitte kümmern Sie sich um meine Tochter."*
●○○ Folgende Verben können euch helfen: *bitten, beauftragen*

**10** Fasst nun den Inhalt der Erzählung „Der Filmstar und die Eisprinzessin" in eigenen Worten zusammen. Verwendet möglichst knappe Formulierungen, achtet auf sinnvolle Verknüpfungen und vermeidet die Wiedergabe von wörtlicher Rede.

---

**Wissen und Können**   **Den Inhalt eines Erzähltextes zusammenfassen**

- Gliedert den Text in **Abschnitte** und vergebt passende **Überschriften.**
- Schreibt zu jedem Abschnitt die **wichtigsten Handlungsschritte** in je einem Satz auf.
- Prüft, welche Handlungsschritte ihr **streichen** oder **zusammenfassen** könnt.
- Formuliert die Sätze zu einem **zusammenhängenden Text** aus. Verwendet dabei geeignete **Satzverknüpfungen** wie Konjunktionen (z. B. *während, trotz*) oder Pronomen (z. B. *welcher, die*).
- **Verkürzt die Sätze** weiter, indem ihr Satzteile streicht, zusammenfasst oder knappere Formulierungen wählt.

# Eine vollständige Inhaltszusammenfassung schreiben

Giovanni Boccaccio

## Die Kraniche

**Giovanni Boccaccio** (1313–1375) war ein italienischer Dichter. Sein wichtigstes Werk ist das „Decamerone" (ital. „Zehntagewerk"), worin sich zehn junge Leute während der Pest 1348 zehn Tage lang mit Geschichten unterhalten.

Currado Gianfiliazzo[1] war einer der edelsten, freigiebigsten und prachtliebendsten Kavaliere von Florenz. Er führte mit seinen Jagdhunden und Falken ein herrschaftliches Leben, ohne
5 sich um wichtige Geschäfte zu bekümmern. Einst fing er mit seinem Falken einen fetten, jungen Kranich, den er seinem ausgezeichneten Koch Chichibio[2] aus Venedig zum Abendessen aufs Beste zuzubereiten befahl.
10 Chichibio, dem man den leichtfertigen Gesellen ansehen konnte, brachte den Kranich gehörig zubereitet ans Feuer und briet ihn sorgfältig. Als der Braten beinahe fertig war und bereits herrlich duftete, trat Brunetta, ein Mäd-
15 chen aus der Nachbarschaft, die Chichibio heftig liebte, in die Küche und bat den Koch, gelockt durch den Anblick und den Geruch, ihr eine Keule zu geben.
„Ihr bekommt sie nicht, Jungfer Brunetta, Ihr
20 bekommt sie nicht", antwortete er singend.
„Bei Gott", erwiderte das Mädchen, „wenn du sie mir nicht gibst, tu ich dir im Leben keinen Gefallen mehr." Und sie gerieten heftig miteinander in Streit.
25 Endlich schnitt Chichibio, um seine Schöne nicht weiter zu erzürnen, eine Keule herunter, gab ihr diese und setzte Currado und seinen Gästen den Kranich so auf die Tafel. Verwundert ließ der den Koch rufen und frag-
30 te, wo die andere Keule des Kranichs hingekommen sei.
„Mein Herr", log der Venezianer sogleich, „die Kraniche haben ja nur eine Keule und ein Bein."

„Was zum Teufel soll das?", entgegnete Currado zornig. „Willst du etwa behaupten, dass sie
35 nur eine Keule und ein Bein haben? Meinst du, ich hätte noch nie einen Kranich gesehen?"
„Es ist so, wie ich sage", beharrte Chichibio, „und ich zeige es Euch, wenn Ihr's verlangt, an einem lebendigen Vogel."
40 Aus Achtung vor seinen Gästen wollte Currado die Auseinandersetzung beenden. „Wenn du mir an einem lebendigen Kranich zeigen kannst, was ich bisher weder gesehen noch gehört habe, so sollst du es morgen früh tun, und
45 ich bin zufrieden. Ist es aber nicht so, so schwöre ich bei Gott, will ich dich so zurichten, dass du für den Rest deiner Tage an mich denken sollst."
Damit hatte der Streit für diesen Abend ein
50 Ende. Bei Anbruch des Tages stand Currado, der seinen Zorn keineswegs verschlafen hatte, ganz missmutig auf, ließ die Pferde satteln und ritt mit Chichibio zu einem Fluss, wo man immer Kraniche antraf.
55 „Nun wollen wir bald sehen", sprach er, „wer gestern Abend gelogen hat, ich oder du!"
Chichibio, der merkte, dass sein Herr immer noch wütend war, und auch nicht wusste, wie er seine Lüge untermauern könnte, ritt an Cur-
60 rados Seite in allergrößter Angst. Gern wäre er,

---

1 Gianfiliazzo: sprich: „Dschianfiliazzo"

2 Chichibio: sprich: „Kikibio"

wenn's möglich gewesen wäre, geflohen, aber das ging nicht. Er sah daher bald vor, bald hinter sich, bald seitwärts, aber überall glaubte er nur Kraniche auf zwei Beinen zu sehen.

Als sie den Fluss erreichten, war das Erste, was sie am Ufer erblickten, rund ein Dutzend Kraniche, von denen jeder Einzelne auf einem Bein stand, wie es Kraniche gewöhnlich im Schlaf tun. Augenblicklich zeigte Chichibio auf sie und sagte: „Nun, da könnt Ihr es selbst sehen, Herr, dass ich gestern Abend Recht hatte, Kraniche haben nur ein Bein und einen Schenkel. Seht sie Euch dort an!"

„Warte", erwiderte Currado, „ich will dir gleich zeigen, dass jeder von ihnen zwei Beine und zwei Schenkel hat!", näherte sich den Kranichen und schrie. „Ho! Ho!", worauf die Kraniche das andere Bein hervorstreckten und nach einigen Schritten davonflogen. „Nun, du Gauner", wandte Currado sich zu Chichibio, „siehst du, dass die Vögel doch zwei Beine haben?"

„Ja, mein Herr", antwortete der in größter Bestürzung, „aber gestern habt Ihr nicht: ,Ho! Ho!' geschrien. Hättet Ihr das getan, hätte er das andere Bein auch herausgestreckt."

Diese Antwort gefiel Currado so, dass sein ganzer Zorn sich in Heiterkeit und Lachen verwandelte. „Du hast Recht, Chichibio", sagte er, „das hätte ich tun sollen."

So entging jener dank seiner schlagfertigen Antwort der drohenden Strafe und beide schlossen Frieden.

*Aus:*
*Giovanni Boccaccio,*
*Das Decamerone*
*(geschrieben von*
*1349–1353)*

**1** Sprecht in der Klasse über die Erzählung.
  a Klärt Wörter und Textstellen, die für euch schwer verständlich sind.
  b Stellt einander W-Fragen zum Textinhalt und beantwortet sie.
  c Wie gefällt euch die Geschichte? Begründet eure Meinung.

### Einleitung: Einen Überblick geben

Die Einleitung einer Zusammenfassung enthält wichtige Informationen zum Text und gibt einen ersten Überblick über den Inhalt:

> „Die Kraniche" ist eine Erzählung des italienischen Dichters Giovanni Boccaccio, die Mitte des 14. Jahrhunderts in der Geschichtensammlung „Decamerone" erschienen ist. Darin geht es um den schlagfertigen Koch Chichibio, der sich durch eine List aus einer schwierigen Situation befreit.

**2** Notiert im Heft alle Angaben, die der erste Teil der Einleitung enthält:

| | |
|---|---|
| *Autor/in:* | *Giovanni Boccaccio* |
| *Titel:* | *...* |
| *Textsorte:* | *...* |
| *...* | |

Die **Kernaussage** könnt ihr z. B. mit diesen Satzanfängen einleiten:
– *In dem Text geht es um ...*
– *Die Geschichte handelt von ...*

**3** Den zweiten Teil der Einleitung bildet die Kernaussage: Ihr fasst knapp zusammen, wovon der Text handelt oder was das zentrale Problem darstellt.
  a Bestimmt die Kernaussage in der Einleitung und nennt die Informationen, die sie enthält.
  b Wie könnte die Kernaussage noch lauten? Lest den Tipp (▶ S. 66) und formuliert sie neu.
  c Erprobt weitere Möglichkeiten, die Kernaussage zu formulieren.

---

**VORSICHT FEHLER!**

*Die Erzählung wurde Mitte des 14. Jahrhunderts veröffentlicht. Darin wird von einem Koch erzählt, der seiner Angebeteten ein Stück Kranichkeule gibt und deshalb beinahe sehr schlimm bestraft wird.*

*In „Die Kraniche", das im „Decamerone" erschienen ist, geht es um einen Koch, seinen Herrn und einen angeblich einbeinigen Kranich.*

---

**4** a Prüft, welche Angaben in diesen Einleitungen fehlen oder zu ausführlich gestaltet wurden, und sammelt Verbesserungsvorschläge.
  b Schreibt die Einleitungen verbessert ins Heft.

**5** Verfasst eine Einleitung für eure Zusammenfassung der Erzählung „Der Filmstar und die Eisprinzessin" (▶ S. 60–62).

## Hauptteil: Die Handlung wiedergeben

  – Der Koch Chichibio schneidet für seine Geliebte eine Keule vom fertig gebratenen Kranich ab.
  – Der Herr bemerkt die fehlende Keule und wird zornig.
  – Der Koch behauptet daraufhin, Kraniche seien nur einbeinig.
  – Der Herr ist sehr erbost und fordert einen Beweis, sonst drohe Chichibio eine schlimme Strafe.
  – Am nächsten Tag lässt Currado, der immer noch sehr verärgert ist, die Pferde satteln.
  – Als Beweis dafür, dass seine Behauptung richtig ist, zeigt der Koch seinem Herrn die auf einem Bein stehenden Kraniche in Schlafposition.
  – Als Currado sie mit dem Ruf „Ho! Ho!" aufschreckt, senken die Kraniche ihr zweites Bein ab und fliegen davon.
  – Chchibio meint, hätte sein Herr beim Abendessen am Tag zuvor ebenso gerufen, wäre das zweite Bein zum Vorschein gekommen.
  – Currado ist nicht mehr zornig, sondern lacht über die witzige Ausrede des Kochs und verzeiht ihm.

**6** a Überarbeitet diese Sammlung von Handlungsschritten zur Geschichte „Die Kraniche" im Heft: Streicht Unwichtiges und fasst Sätze zusammen.
  b Überprüft eure Ergebnisse zu zweit oder in der Klasse.

**7** Schreibt nun den Hauptteil der Textzusammenfassung in euer Heft.
*Der Koch Chichibio brät einen Kranich für seinen Herrn Currado, gibt aber eine Keule davon seiner Geliebten …*

## Schlussteil: Sich zum Text äußern

**8** Im Schlussteil der Inhaltszusammenfassung könnt ihr euch selbst zum Text äußern.

a Vervollständigt die folgenden Satzanfänge mit euren Einschätzungen.

> Die Erzählung „Die Kraniche" von Giovanni Boccaccio gefällt mir sehr gut/nicht so gut, weil …
> Auch ich habe schon einmal erlebt, wie … Dabei habe ich mich … gefühlt.
> Ich konnte mich gut in die Hauptfigur hineinversetzen, denn …
> Der Text zeigt …

b Beurteilt folgende Schlussgedanken.

- Die Erzählung „Die Kraniche" hat mir gut gefallen, weil sie lustig ist.
- Ich fand den Text ziemlich unsinnig, außerdem ist er sehr alt und hat mich schon deshalb überhaupt nicht interessiert. Lieber lese ich moderne Kriminalgeschichten.
- Besonders gut gefallen an der Erzählung hat mir der Koch mit seinem listigen Einfall, durch den er sich vor einer schlimmen Strafe gerettet hat. Nett fand ich auch, dass sein Herr ihm wegen der witzigen Ausrede den Diebstahl der Kranichkeule verziehen hat.

**9** Verfasst einen Schluss für eure Zusammenfassung der Erzählung „Der Filmstar und die Eisprinzessin" (▶ S. 60–62). Lest dazu auch die Informationen im Merkkasten unten.

---

**Wissen und Können**   **Bestandteile einer vollständigen Zusammenfassung**

Eine vollständige Zusammenfassung besteht aus Einleitung, Hauptteil und Schluss:
- Die **Einleitung** enthält Informationen
  - zu **Autorin/Autor, Textsorte, Titel** und **Quelle** des Textes,
  - zur **Kernaussage des Textes** mit Angaben über die Hauptfigur(en) und – wenn diese wichtig für die Handlung sind – den Ort und die Zeit.
- Der **Hauptteil** fasst den Handlungsverlauf knapp und verständlich zusammen.
- Im **Schlussteil** teilt ihr eure eigene **Meinung** zum Text oder dem Thema mit. Dabei könnt ihr
  - auf die **Wirkung** oder **Lehre** des Textes eingehen *(Was soll meiner Meinung nach durch den Text zum Ausdruck gebracht werden? / Was kann man daraus lernen?)* oder
  - den Text in Bezug zu euren **eigenen Erfahrungen** bringen *(Was hat der Text mit mir zu tun?)*.

# 4.2 Plötzlich allein zu Haus – Sprachliche Merkmale einer Zusammenfassung

Sabine Ludwig (*1954)

## Blauer Montag

Was Nora wohl gedacht haben mag, als sie heute Morgen so schnell aus der Klasse gestürzt ist?

Alle hatten es als willkommene Unterbrechung der Mathestunde empfunden, als die Tür aufging und Herr Markwart hereinkam. Einfach so, ohne anzuklopfen. „Als Direktor darf man das."

Wie ein Film läuft es vor ihrem Auge ab. Ein Film, den sie sich immer wieder vorspielt.

Sie steht an der Tafel, den Geruch von Kreide und nassem Tafellappen in der Nase, und hat wie immer in Mathe keine Ahnung, was sie hinschreiben soll.

Herr Markwart hat einen Zettel in der Hand. „Caroline Werner? Ist sie da?"

Das erste Gefühl ist Erleichterung. Sie muss nicht weiterrechnen. Vielleicht hat jemand ihren Schülerausweis gefunden, den vermisst sie schon lange.

Aber als sie sagte: „Das bin ich", und der Direktor sich zu ihr umdreht, weiß sie sofort, dass es nicht um ihren Schülerausweis geht.

„Kommst du mal bitte mit raus", sagt er.

Bevor sich die Tür schließt, hört sie das aufgeregte Gemurmel hinter ihr wie eine Woge anschwellen.

„Das Marienkrankenhaus hat angerufen. Deine Mutter ist gerade eingeliefert worden. Sie hatte einen Autounfall. Die Sekretärin ruft dir ein Taxi, das bringt dich ins Krankenhaus." Er zieht einen Geldschein aus der Tasche. „Möchtest du eine Freundin mitnehmen?"

Sie schüttelt den Kopf.

Er bringt sie bis hinunter vor das Schultor.

„Melde dich bitte morgen und gib uns Bescheid, wie lange du fehlen wirst."

In diesem Moment begreift sie, was passiert ist. Krankenhaus. Autounfall. Mama!

In ihrem Kopf dröhnt es.

Als das Taxi vor dem Krankenhaus hält, drückt sie dem Fahrer den Geldschein in die Hand und steigt aus.

„Wie ist der Name?", fragt die Dame am Empfang.

„Caroline Werner."

„Eine Patientin mit diesem Namen haben wir nicht."

Es dauert eine Weile, ehe sie begreift, dass nach dem Namen der Mutter gefragt wird.

Sie steigt in den Fahrstuhl, fährt in den dritten Stock.

„Ihre Mutter liegt noch auf der Intensivstation", sagt die Schwester und gibt ihr eine Art grüner Duschhaube.

Die stülpt sie sich über die Haare. Das Siezen macht ihr Angst. Es macht sie älter. Alt genug, um eine schreckliche Wahrheit verkraften zu können.

Zuerst getraut sie sich nicht, zu dem Bett zu schauen. Bilder aus den Arztserien, die Mama so gern sieht, steigen in ihr auf. Schläuche, tickende Apparate, rhythmisches Piepsen, das plötzlich abbricht.

Hier tickt und piepst nichts. Mama hat nur einen Schlauch im Arm. Das Erschreckendste ist der Verband um den Kopf, die Stirn darunter ist verschmiert.

„Desinfektionsmittel", sagt die Schwester.

Mama bewegt sich nicht, nur ab und zu flattern die Lider.

„Wir haben ihr ein Beruhigungsmittel gegeben. Sie schläft jetzt. Komm, ich bringe dich zum Stationsarzt."

Plötzlich duzt die Schwester sie und da kann sie endlich weinen.

„Warte bitte hier, Dr. Niemann kommt gleich."

Dann ist der Arzt da, gibt ihr die Hand, stellt sich vor und führt sie in ein Zimmer.

„Es sieht schlimmer aus, als es ist, sie hat wirklich Glück gehabt." Der Arzt sieht müde aus.

„Bitte verständige einen Angehörigen, der sich in der nächsten Zeit um dich kümmert. Drei Wochen wird deine Mutter schon hierbleiben müssen."

Daheim blickt sie aus dem Fenster. Montags ist Markt. Frau Laube aus dem ersten Stock kommt gerade vom Einkaufen. Ob sie die ansprechen soll? „Können Sie mir helfen? Meine Mutter liegt im Krankenhaus und ich bin ganz allein." Nein, das geht nicht. So gut kennen sie sich nicht. Sie kennen eigentlich niemanden im Haus besonders gut. Sie wohnen erst seit einem halben Jahr hier. Mamas Freundin Renate? Die kann sie jetzt am allerwenigsten ertragen. Egal, was man gerade macht, Bratkartoffeln braten, ein Buch lesen, eine Serie im Fernsehen anschauen, Renate muss sich in alles einmischen, weiß immer alles besser.

Und Nora? Sie könnte für die Zeit bei Nora wohnen. Aber Noras Mutter ist so komisch. In ihrer Gegenwart fühlt sie sich nicht wohl. Noras Mutter sieht sie immer an, als ob sie irgendeine Prüfung nicht bestanden hätte.

Sie greift nach dem Hörer.

In diesem Moment klingelt es.

„Hallo?"

„Frau Stiefe-Werner?"

„Nein, hier ist ihre Tochter."

„Peters hier. Ich wollte fragen, warum deine Mutter noch nicht im Büro ist."

„Sie ist ... sie hatte einen Autounfall und liegt im Krankenhaus." Jetzt, wo sie es zum ersten Mal ausgesprochen hat, weiß sie erst, dass es wirklich wahr ist, kein Alptraum, aus dem sie gleich erwacht.

Sie erzählt, was der Arzt gesagt hat.

„Dann wünsche ich ihr gute Besserung. Ach ja, wir bräuchten dann noch eine Krankschreibung, kümmerst du dich darum?"

Sie verspricht, sich darum zu kümmern, und weiß überhaupt nicht, wie.

Wenn sie jünger wäre, nur zwei, drei Jahre jünger, würde kein Mensch von ihr etwas verlangen. Ein Kind muss nicht allein in ein Krankenhaus gehen, halb tot vor Angst, und sich seine verletzte Mutter anschauen, die ihm am Morgen noch das Schulbrot geschmiert hat. Ein Kind muss sich nicht um Krankschreibungen kümmern oder darum, wo das Geld für die nächsten Wochen herkommt.

Sie geht in die Küche und räumt den Frühstückstisch ab. Stellt die Butter in den Kühlschrank, die Teller in die Spülmaschine. Mama mag es, wenn alles sauber ist, wenn sie von der Arbeit kommt. Aber heute kommt sie nicht von der Arbeit.

Sie schaut auf die Uhr. Erst halb elf. Es ist komisch, an einem Montagvormittag zu Hause zu sein. Als ob man schwänzt. Oder blaumacht. Blauer Montag.

Drei Wochen. Drei Wochen allein. Allein einschlafen und – schlimmer noch – allein aufwachen. Die in ihrer Klasse werden sie beneiden. Sie hört schon Julian: „Hey, sturmfreie Bude, ist doch geil!"

Sie findet das überhaupt nicht geil. Sie findet das furchtbar. Jetzt muss sie schon wieder weinen.

*Aus: Sabine Ludwig: Ich schenk dir eine Geschichte. Mutgeschichten, 2011*

**1** Worum geht es in dieser Erzählung? Gebt das Thema in einem Satz wieder.

**2** a Erschließt den Textinhalt genauer:
- Wer sind die Hauptfiguren?
- An welchen Orten spielt die Erzählung?

b Formuliert weitere W-Fragen zum Text und beantwortet sie in der Klasse.

**3** Tauscht euch in der Klasse über die Erzählung aus:
- Vor welchen Herausforderungen steht Caroline?
- Wie könnte sie die schwierige Situation meistern?

**4** Vervollständigt die folgende Einleitung einer Zusammenfassung in eurem Heft.

> In der Erzählung „ **?** " von **?** , erschienen 2011 in der Geschichtensammlung „ **?** ", geht es um die Schülerin **?** , deren Mutter …
> Dadurch muss sie … (Kernaussage)

**5** Findet die wichtigsten Handlungsschritte des Textes heraus.
a Teilt den Text in drei bis vier Abschnitte ein und vergebt passende Überschriften.
**Tipp:** Ihr könnt euch an den verschiedenen Handlungsorten orientieren (▶ Aufgabe 2 a).
b Schreibt für jeden Abschnitt die wichtigsten Handlungsschritte in ganzen Sätzen auf, z. B.:

> In der Schule
> – Caroline wird vom Direktor aus dem Unterricht gebeten.
> – Er teilt ihr mit, dass …

**6** Überprüft eure Notizen und überarbeitet sie mit Hilfe der nebenstehenden Checkliste.

- Sind alle wichtigen Informationen enthalten?
- Gibt es unwichtige Informationen, die gestrichen werden können?
- Lassen sich Sätze zusammenfassen?

## Die Zeitform beachten

**VORSICHT FEHLER!**

*Völlig unerwartet erfuhr Caroline vom Autounfall ihrer Mutter. Sie war sehr betroffen, als sie ihre Mutter auf der Intensivstation liegen sah. Der Aufenthalt ihrer Mutter im Krankenhaus sollte drei Wochen dauern. Nachdem sie nach Hause zurückgekehrt war, fühlte sich Caroline hilflos. Das Alleinsein überforderte das junge Mädchen.*

**7** In dieser Zusammenfassung wurde die falsche Zeitform verwendet. Schreibt den Text ab und setzt die Verbformen ins Präsens. Bei abgeschlossenen Ereignissen verwendet ihr das Perfekt.

| **Wissen und Können** | **Die Zeitform einer Zusammenfassung: das Präsens** |
| --- | --- |

Die Zeitform bei einer Inhaltszusammenfassung ist das **Präsens.**
Wenn Handlungen schon früher abgeschlossen sind, wird das **Perfekt** verwendet, z. B.:
*Caro bleibt allein zu Hause, weil ihre Mutter in Krankenhaus gekommen ist.*

## Sätze logisch verknüpfen

**8** **a** In welchen der folgenden Sätze wird der inhaltliche Zusammenhang besonders gut deutlich? Begründet, woran das liegt.

> Caroline kennt die Nachbarn nicht gut und möchte sie nicht um Hilfe bitten.
> Da Caroline die Nachbarn nicht gut kennt, möchte sie diese nicht um Hilfe bitten.
> Caroline kennt die Nachbarn nicht gut, sie möchte sie nicht um Hilfe bitten.
> Caroline kennt die Nachbarn nicht gut, deshalb möchte sie diese nicht um Hilfe bitten.

**b** Verknüpft die beiden folgenden Sätze so, dass der Zusammenhang deutlich wird. Probiert verschiedene Möglichkeiten aus.

> Caroline hat Angst. **+** Sie besucht ihre Mutter auf der Intensivstation.
> Die Mutter liegt im Krankenhaus. **+** Caroline versorgt sich selbst.

Ihr könnt passende Verknüpfungen aus dem Wortspeicher auswählen.

> obwohl • weil • während •
> denn • wenn • deshalb • trotzdem •
> und • entweder ... oder • als

**c** Vergleicht eure Ergebnisse in der Klasse.

## Sätze knapp und sachlich formulieren

**9** Um eine Handlung möglichst knapp und sachlich wiederzugeben, hilft es euch, adverbiale Nebensätze in Adverbialien umzuformen, z. B.:

*Weil sie einen Unfall hatte, liegt Carolines Mutter im Krankenhaus.*
→ *Carolines Mutter liegt wegen eines Unfalls im Krankenhaus.*
Wandelt die Adverbialsätze der folgenden Satzgefüge in Adverbialien um (▶ S. 256).
– *Obwohl ihr die Krankenschwester Erklärungen gibt, steigert sich Carolines Angst. → Trotz …*
– *Nachdem Caroline in die Wohnung zurückgekehrt ist, fühlt sie sich sehr einsam. → …*
– *Obwohl sie sich hilflos fühlt, will Caroline sich um alles kümmern. → …*

*Carolines Herz hüpft erst einmal vor Freude, als der Direktor sie völlig unerwartet aus der Klasse bittet. Das würde wohl den meisten Schülern nicht anders gehen! Doch die Freude währt nicht lange: Der Schulleiter teilt ihr mit, dass ihre Mutter einen Unfall hatte. Verständlicherweise völlig aufgeregt kommt sie im Krankenhaus an. Dort wird sie auch noch auf die Intensivstation gebeten! Wie man sich vorstellen kann, klopft ihr Herz vor Angst bis zum Hals, doch der Arzt beruhigt sie.*

**10** Dieser Auszug aus einer Zusammenfassung enthält schildernde Stellen und Wertungen.
a Besprecht zu zweit, was gestrichen oder umformuliert werden muss.
b Überarbeitet den Textauszug und schreibt ihn gekürzt und in sachlicher Sprache auf.

## Wörtliche Rede vermeiden

**11** Wörtliche Rede darf in einer Inhaltszusammenfassung nicht enthalten sein. Verwendet deshalb umschreibende Verben und/oder die indirekte Rede, z. B.:
– „Kommst du mal bitte mit raus", sagt der Direktor.
  → *Der Direktor bittet sie heraus.*
    *Der Direktor bittet Caroline, sie möge mit ihm herauskommen.*

Formt auch die folgenden Sätze um wie im Beispiel oben.
– „Deine Mutter hatte einen Autounfall", sagt er.
– „Wo finde ich meine Mutter?", fragt Caroline die Dame am Empfang.
– „Wir bräuchten dann noch eine Krankschreibung", sagt die Chefin.

Ihr könnt aus den folgenden Vorgaben geeignete Verben aus dem Wortspeicher auswählen:
*vorschlagen, informieren, sich erkundigen, erklären, verlangen, berichten, sich beklagen*

| Wissen und Können | Die Sprache einer Zusammenfassung |
|---|---|

Bei Inhaltszusammenfassungen gebt ihr den Textinhalt möglichst **knapp, gut verständlich** und **in eigenen Worten** wieder. Achtet darauf,
- im **sachlichen Stil** zu formulieren,
- **Sätze** sinnvoll miteinander zu **verknüpfen,** z. B. durch Konjunktionen und Adverbien,
- wörtliche Rede zu **umschreiben** oder durch **indirekte Rede** zu ersetzen.

# Eine Zusammenfassung überarbeiten

VORSICHT
FEHLER!

> *Caroline wird vom Direktor in der Schule darüber informiert, dass ihre Mutter einen Unfall gehabt hat. Sie fuhr zum Krankenhaus und bekam total Angst, als sie erfährt, dass ihre Mutter auf der Intensivstation liegt. Nachdem sie sich eine Art grüner Duschhaube übergestülpt hat, sieht sie voller Angst ihre am Kopf verletzte Mutter, die ein Beruhigungsmittel bekommen hat und schläft. Plötzlich kommt der Stationsarzt, der ganz müde aussieht und ihr erklärt, dass die Mutter etwa drei Wochen im Krankenhaus bleiben muss. Als Caroline wieder zu Hause ist, überlegt sie sich, an wen sie sich wenden kann, um Hilfe zu bekommen. Anscheinend war sie völlig überfordert von der Situation, die für sie völlig neu war. Verständlicherweise fürchtet sich Caroline insbesondere vor dem Alleinsein.*

**1 a** Überprüft Inhalt und Sprache dieser Textzusammenfassung.
  – Gibt es Stellen, die gekürzt oder zusammengefasst werden können?
  – Wurde die Zeitform Präsens eingehalten?
  – Wurde sachlich und in eigenen Worten formuliert?
 **b** Schreibt eine verbesserte Inhaltsangabe in sachlichem Stil in euer Heft. Nutzt dazu auch eure eigenen Notizen zu den Aufgaben auf S. 71–73.

> Ihr könnt eine Folie über den Text legen und eure Korrekturen darauf vermerken.

# Testet euer Wissen!

## Eine Zusammenfassung schreiben

**1 a** Richtig oder falsch? Die Buchstaben vor den richtigen Angaben ergeben – in der richtigen Reihenfolge geordnet – das Lösungswort: Einen Wunsch für Carolines Mutter.

**Checkliste „Eine Jnhaltszusammenfassung schreiben"**

*Eine Jnhaltszusammenfassung*

| | |
|---|---|
| **E** | *darf keine Spannung enthalten.* |
| **K** | *wird im Präteritum geschrieben.* |
| **I** | *soll in eigenen Worten formuliert sein.* |
| **N** | *enthält keine wörtliche Rede.* |
| **G** | *soll sachlich klingen.* |
| **A** | *darf nacherzählen.* |
| **H** | *spiegelt nur im Schluss die eigene Meinung wider.* |
| **P** | *muss den Text ausführlich wiedergeben.* |
| **U** | *soll die Handlungsschritte in der richtigen Reihenfolge wiedergeben.* |
| **L** | *darf nichts Unwichtiges enthalten.* |

**b** Schreibt die Checkliste korrigiert in euer Heft.

# 4.3  Fit in …? – Eine Erzählung zusammenfassen

Dieser Arbeitsauftrag wurde in einer Schulaufgabe gestellt:

Fasse sachlich und mit eigenen Worten den Inhalt des Textes „Die Kunst, ein Mann zu werden" von Ilse Kleberger zusammen.
Schreibe eine vollständige Zusammenfassung mit Einleitung, Hauptteil und Schluss.

Ilse Kleberger

## Die Kunst, ein Mann zu werden

Die Ferien näherten sich ihrem Ende. Oma lenkte Max heimwärts. Die Luft roch schon herbstlich, aber es war immer noch warm. Jan saß allein auf dem Rückbrett des grü-
5  nen Wagens und sah träumerisch dem Rauch seiner Zigarette nach. Hier hinten war der beste Platz zum Rauchen, den er je gefunden hatte. Hier konnte ihn niemand erwischen. [...] Als der Wagen hielt, drückte
10  Jan schnell seine halbgerauchte Zigarette aus und steckte sie in die fast volle Packung, die er sich heimlich von seinem Taschen-geld gekauft hatte. Er versenkte sie tief in seiner Hosentasche.
15  Sie übernachteten heute an einem See, an dem sie auf der Hinfahrt das erste Mal kam-piert und die Rehe gesehen hatten. Es war dort ebenso friedlich wie damals. Aber als sie sich in der sandigen Bucht zum Abend-
20  essen hingesetzt hatten, merkten sie, dass es diesmal nicht so friedlich war, wie es aus-sah. Ein Heer von Mücken umschwirrte sie,

umsummte kriegerisch ihre Köpfe, und ab und zu stieß eine herab, um sich aus Peters Bein oder Brigittes Arm oder Omas Stirn   25
das begehrte Blut zu saugen.
„Ich seh' schon fast wie ein Streuselkuchen aus, lauter Beulen", jammerte Peter. „Wir müssen Abhilfe schaffen", sage Oma. „Jan, wie wäre es, wenn du eine Zigarette rauch-   30
test?"
Jan sah sie sprachlos an. Oma schlug eine Mücke auf ihrer Hand tot. „Na ja", sage sie, „du bist von dem Teufelszeug doch nicht abzubringen, dann kannst du hier wenigs-   35
tens etwas nützlich sein. Die Mücken wis-sen nämlich, wie giftig Zigarettenrauch ist, und bleiben dann fort."
Etwas unsicher holte Jan seine Zigaretten und die Streichhölzer hervor und zündete   40
sich eine Zigarette an, aber er fand sein Selbstbewusstsein wieder, als er Brigittes und Peters bewundernde Blicke auf sich ge-richtet sah. Er rauchte lässig und ließ den

Rauch nicht nur aus dem Mund, sondern sogar aus der Nase strömen, und der Erfolg war großartig, die Mücken blieben fort.

Als Jan die erste Zigarette aufgeraucht hatte, steckte er sich mit einem Seitenblick auf Oma eine zweite an. Oma verzog keine Miene. Sie blickte auf den See und beobachtete ein Entenpärchen, das nach seiner Abendmahlzeit tauchte.

Als Jan die zweite Zigarette geraucht hatte, schob er die Packung in die Tasche. Sofort fielen die Mücken wieder über sie her.

„Rauch weiter!", rief Peter.

Jan sah Oma fragend an.

„Ja, rauch weiter", sagte sie.

Jan fand wieder einmal, dass er die beste Oma von der Welt hatte. Sie verstand, dass er nun bald ein Mann war und dass es ihm zustand, zu rauchen. Die dritte Zigarette schmeckte ihm allerdings nicht mehr so gut.

Es war gemütlich in der Bucht. Sie saßen im weichen Sand, plauderten von der Reise, überlegten, wie man sie wohl zu Hause empfangen würde, und blickten auf den Wald und den See. Oma, Peter und Brigitte knabberten die köstlichen Kekse, die Oma gestern gebacken hatte. Jan konnte leider nicht mithalten, weil er rauchen musste.

Nach der dritten Zigarette sagte Oma: „Ich bin dafür, dass wir noch ein bisschen sitzen bleiben. Es ist unser letzter Abend auf der Reise. Rauch noch eine, Jan." Und als sie Jans ungewissen Blick sah: „Oder ist es dir zu viel?"

„Nein, nein", sagte Jan hastig. „Das macht mir gar nichts aus." Und um das zu beweisen, steckte er nach der vierten auch noch eine fünfte Zigarette an. Er hatte die fünfte Zigarette erst halb aufgeraucht, da wurde ihm ganz seltsam im Kopf. Es schien sich alles um ihn zu drehen. Und als Oma, Brigitte und Peter wieder fest vor ihm im Sand saßen, drehte sich ihm plötzlich der Magen

um. Er drückte hastig die Zigarette aus und verschwand mit einem Sprung in den Büschen.

„Was hat er denn?", frage Brigitte.

Oma zuckte die Achseln. „Ich kann's mir gar nicht denken."

Da es spät geworden war, gingen sie schlafen. Jan tauchte nach einiger Zeit wieder auf. Er war sehr blass und ging sofort ins Bett. Aber es wurde für ihn eine unruhige Nacht. Viermal musste er aufstehen und den Wagen eilig verlassen.

Am andern Morgen sah er grün aus und verzichtete auf das Frühstück. „Mir muss gestern irgendwas im Essen nicht bekommen sein", murmelte er. Als sie weiterfuhren, saß er neben Oma auf dem Bock.

„Armer Junge", sagte Oma. „Du hast so viel geraucht, um uns die Mücken zu vertreiben, und nun ist dir davon schlecht geworden. Zigaretten sind eben doch ein scheußliches Gift. Man sollte das Rauchen aufgeben und sich lieber von Mücken pieken lassen, meinst du nicht auch?"

Jan nickte, doch nach einer Weile sagte er zögernd: „Eigentlich schmeckt es mir gar nicht besonders gut, aber ich muss doch rauchen."

Oma sah ihn interessiert von der Seite her an. „Warum musst du rauchen?"

„Wenn ich nicht rauche, lachen mich die anderen in meiner Klasse aus und sagen, ich wäre ein Schlappschwanz und ein kleines Kind, aber kein Mann."

„Ach so! Aber ist es nicht viel männlicher, wenn du sagst, dass du nicht rauchen willst?"

*Aus: Ilse Kleberger, Ferien mit Oma, Ravensburger Verlag, 1973*

**1** Die folgende Inhaltszusammenfassung des Texts „Die Kunst, ein Mann zu werden" ist noch nicht ganz gelungen. Lest den Aufsatz genau und schreibt ihn mit Hilfe der Anmerkungen in der Randspalte verbessert in euer Heft.

**VORSICHT FEHLER!**

| | |
|---|---|
| In der Erzählung *V* von Ilse Kleberger geht es <u>über</u> einen Vorfall während einer Ferienfahrt mit einem Pferdewagen, die der Junge Jan zusammen mit seiner Oma und zwei Geschwistern unternimmt. *V* Auf der Rückbank <u>vom</u> Ferienwagen <u>hat Jan einen idealen Platz gefunden</u>, um während der Fahrt heimlich Zigaretten zu rauchen. | *Titel/Quelle fehlen   Gr*<br>*zu allgemein*<br>*V*<br>*A/Gr*<br>*zu erzählerisch/straffen* |
| Am Abend übernachten die vier an einem See, an dem es viele Stechmücken gibt. <u>Da schlägt ihm Oma vor, dass er eine Zigarette rauchen soll, damit die Mücken vertrieben werden</u>. Jan ist sehr verwundert darüber und steckt sich eine an. Die <u>clevere</u> Oma hat es <u>natürlich längst kapiert</u>, dass ihr Enkel heimlich raucht. <u>Bewundernd schauen ihn seine Geschwister an, wie er den Rauch durch Mund und Nase herausbläst</u>. Nachdem er auch noch eine zweite Zigarette geraucht hat, ist es ihm genug, aber Oma fordert ihn wegen <u>den</u> sofort wieder stechenden Mücken zum Weiterrauchen auf. Jan ist darüber sehr erfreut, die dritte Zigarette schmeckt ihm allerdings nicht mehr so gut. Dennoch steckt er sich <u>noch eine vierte und sogar fünfte Zigarette</u> an, die er jedoch nicht ganz fertig rauchen kann, <u>denn er muss hinter den Büschen verschwinden. Auf die Frage seiner Schwester, warum er das mache, antwortet Oma: „Ich kann's mir gar nicht denken."</u> | *umständliche*<br>*Satzkonstruktion*<br>*Wertung/*<br>*Umgangssprache*<br>*nacherzählt*<br><br><br>*Gr*<br><br><br>*zu ausführlich*<br>*zu nah am Text!/*<br>*straffen*<br>*wörtliche Rede* |
| Nach einer unruhigen Nacht <u>sitzt Jan auf der Rückfahrt im Pferdewagen vorn neben seiner Oma</u>, wo es zu einem Gespräch zwischen den beiden <u>kam</u>. Jan <u>gab</u> zu, das Rauchen gar nicht zu mögen, <u>und auf ihre Aufforderung hin gibt er eine Begründung dafür, dass er trotzdem raucht</u>, um seine Schulkameraden zu beeindrucken und männlicher zu wirken. Seine Großmutter gibt ihm jedoch zu bedenken, dass es viel mehr Stärke erfordert, sich gegen die falsche Meinung der Klassenkameraden zu stellen. | *zu ausführlich/straffen*<br><br>*Tempus*<br><br><br><br>*gut!* |

**2** Die folgenden Schlussteile zu dem Aufsatz wurden von zwei Schülern geschrieben.
a Welcher Schlussteil ist besser gelungen? Begründet.
b Schreibt einen eigenen Schlussteil.

**A** Die Erzählung hat mich sehr nachdenklich gemacht. Einmal finde ich es
schon krass, dass Jugendliche aus Angabe rauchen müssen. Gemein ist    *A*
es auch, wenn Klassenkameraden einen solchen Druck auf einen aus-
üben, dass man Dinge macht, obwohl man es eigentlich gar nicht will.    *Stil; Inhalt*
Auf der anderen Seite war es von der Großmutter ganz schön riskant, ih-    *unklar*
ren Enkel zu einem solchen Zigarettenkonsum zu verleiten, nur um ihm
vorzuführen, wie gefährlich Nikotin ist. Auf jeden Fall hat mir aber der Text
gezeigt, dass man mit dem Rauchen überhaupt nicht erst anfangen soll.

**B** Heute meinen auch immer mehr Mädchen, durch Zigaretten würden sie
älter wirken. Ich kenne auch so ein paar Schülerinnen, die heimlich hinter den Garagen bei der Schule rauchen und sich toll fühlen. Ich fand das
ganz richtig von der Oma, dass sie dem Jan gezeigt hat, wie Nikotin    *W, A*
wirkt. Das geschah ihm ganz recht, dass ihm richtig schlecht wurde!    *A, W, Sb*

**3** Überprüft den vollständigen Aufsatz in eurem Heft mit Hilfe der unten stehenden Checkliste.

**4** Fertigt zur Erzählung „Blauer Montag" (▶ S. 69–71) eine Textzusammenfassung nach dem gleichen
Arbeitsauftrag wie bei dieser Schulaufgabe.

## Checkliste ✔

### Eine Textzusammenfassung schreiben

**Aufbau und Inhalt**
- **Einleitung:**
  - Enthält die Einleitung den Namen der Autorin/des Autors, den Titel und die Quelle?
  - Gibt die Kernaussage einen sinnvollen Überblick über das Thema/die Handlung?
- **Hauptteil:**
  - Sind die wichtigsten Geschehnisse verständlich wiedergegeben?
  - Ist die Zusammenfassung frei von falschen und unwichtigen Informationen?
- **Schluss:**
  - Habe ich meine eigene Meinung zum Text angeführt oder bin ich darauf eingegangen,
    was mit dem Text zum Ausdruck gebracht werden soll?

**Sprache**
- Habe ich in eigenen Worten formuliert?
- Wurde die Zeitform Präsens (für vorzeitige Ereignisse: das Perfekt) eingehalten?
- Habe ich auf schildernde oder spannende Elemente und Wertungen verzichtet?
- Wurde die wörtliche Rede durch eigene Worte oder indirekte Rede ersetzt?
- Ist der Stil sachlich?

# 5 Von Unmut, Mut und Übermut –
## Merkmale von kurzen Erzähltexten beschreiben

**1** Diese Begriffe zur Beschreibung literarischer Texte sind euch bereits bekannt.
Ordnet sie den Bereichen „handelnde Figuren", „Aufbau", „Inhalt" und „Sprache" zu.

**2** Entscheidet, zu welcher Textsorte die einzelnen Begriffe gehören, und sortiert sie in
die passende Schublade.
**Tipp:** Manche Begriffe passen in mehrere Schubladen.

# 5.1 Merkmale von Erzähltexten erarbeiten

Leo Tolstoi

## Der Sprung

**Leo Tolstoi** (1828–1910) war ein bedeutender russischer Schriftsteller. Er wurde bekannt durch seine Romane, schrieb aber auch kürzere Geschichten.

Ein Schiff kehrte von der Weltumsegelung zurück. Es herrschte stilles Wetter, und alles war an Deck. Bei den Mannschaften trieb sich ein großer Affe herum, an dem alle ihren Spaß
5 hatten. Er machte drollige Faxen und Sprünge, schnitt komische Grimassen und äffte die Menschen nach. Man sah ihm an, dass er wusste, welchen Spaß er den Menschen bereitete, und er wurde deshalb noch ausgelassener.
10 Plötzlich sprang er auf einen zwölfjährigen Knaben zu, den Sohn des Kapitäns. Er riss ihm die Mütze herunter, setzte sie sich auf den Kopf und kletterte flink den Mast hinauf. Alle lachten, nur der Junge wusste nicht, ob er weinen oder lachen sollte.
15 nen oder lachen sollte.
Der Affe setzte sich auf den ersten Querbalken des Mastes, nahm die Mütze ab und machte sich daran, sie mit den Pfoten und Zähnen zu zerreißen. Es war, als necke er den Knaben. Er
20 zeigte mit den Fingern auf ihn und schnitt dabei drollige Fratzen. Der Knabe drohte ihm mit der Faust, doch der Affe zerrte noch wütender an der Mütze. Die Matrosen lachten noch lauter, der Knabe wurde rot, warf seine Jacke ab und stürzte dem Affen auf den Mast nach. In weni-
25 gen Sekunden hatte er die erste Rahe[1] erklommen. In dem Augenblick aber, als er schon glaubte, die Mütze fassen zu können, war der Affe flinker und kletterte noch höher hinauf. „Du entgehst mir doch nicht!", rief der Knabe
30 und kletterte noch höher. Den Knaben hatte der Zorn gepackt, und er blieb ihm auf den Fersen. So erreichten die beiden in kürzester Zeit die Spitze des Mastes. Ganz oben streckte sich der Affe in seiner ganzen Länge aus, hielt sich
35 mit der Hinterpfote an einem Tau fest und hängte die Mütze ans Ende der letzten Rahe. Er selbst erklomm die Mastspitze, schnitt dort Grimassen, fletschte die Zähne und freute sich. Die Entfernung vom Mast bis zum Ende
40 der Rahe, an der die Mütze hing, betrug etwa eindreiviertel Meter, sodass man die Mütze nicht erreichen konnte, ohne den Mast und das Tau loszulassen.

---

1 die Rahe: Querstange am Mast

Die Menschen an Deck hatten bisher zugeschaut und über den Affen und den Sohn des Kapitäns gelacht. Als sie aber sahen, dass der Knabe auch das Tau losließ und mit ausgebreiteten Armen auf die Rahe trat, erstarrten sie vor Schreck. Er brauchte nur einen Fehltritt zu tun, um abzustürzen und an Deck zerschmettert liegen zu bleiben. Aber selbst wenn es ihm gelingen würde, bis zum Ende der Rahe zu kommen und die Mütze zu ergreifen, so würde es ihm schwerfallen, umzukehren und zum Mast zurückzugelangen.

Alle starrten stumm hinauf und warteten. Plötzlich stieß jemand einen Schreckensschrei aus. Der Knabe kam durch diesen Schrei zu sich, blickte hinunter und wankte.

In diesem Augenblick trat der Kapitän aus der Kajüte. Er hatte ein Gewehr in der Hand, um Möwen zu schießen.

Er sah seinen Sohn auf dem Mast, hob das Gewehr, zielte auf den Knaben und rief: „Ins Wasser! Springe sofort ins Wasser! Sonst erschieße ich dich!" Der Knabe wankte, verstand ihn aber nicht. „Spring, oder ich schieße! Eins ... zwei ..." Als der Vater „drei" gerufen hatte, sprang der Knabe von der Rahe kopfüber ins Wasser. Die Wellen waren noch nicht über ihm zusammengeschlagen, als auch schon zwanzig Matrosen ins Meer gesprungen waren. Etwa vierzig Sekunden später – sie erschienen allen unendlich lang – kam der Knabe zum Vorschein. Er wurde an Bord gezogen. Wenige Minuten später floss ihm Wasser aus Mund und Nase, und er begann zu atmen.

Als der Kapitän das sah, schrie er plötzlich auf, als wenn ihn etwas würgte, und er stürzte in seine Kajüte, damit niemand sehen sollte, dass er weinte.

*Aus: Leo Tolstoi: Gesammelte Werke, hrsg. von Eberhardt Dieckmann, 1968*

**1** a Lest den Text und klärt unbekannte Wörter und Textstellen in der Klasse.
   b Erschließt die Handlung des Textes durch W-Fragen.
   c Nehmt Stellung zu den folgenden Fragen und begründet am Text:
   – Warum folgt der Junge dem Affen?
   – Warum droht der Kapitän seinem Sohn, ihn zu erschießen?
   – Warum weint der Vater am Ende?

**2** Vervollständigt die folgende Textzusammenfassung mit den fehlenden Handlungsschritten.

> *Die Mannschaft auf einem Schiff wird durch einen Affen unterhalten. Das Tier reißt dem Sohn des Kapitäns die Mütze vom Kopf und* **?** *. Der Junge* **?** *. Das Tier klettert immer höher und hängt die Mütze an das Ende einer Rahe. Als der Kapitän dazukommt, erkennt er, dass sein Sohn* **?** *. Er fordert den Jungen auf,* **?** *, und droht, dass er ihn sonst* **?** *. Daraufhin stürzt sich der Junge ins Meer, wird aber kurz darauf* **?** *. Als sein Sohn endlich zu atmen beginnt, stößt der Kapitän einen Schrei aus und* **?** *.*

Die folgenden Vorgaben könnt ihr passend in die Lücken einsetzen.

> sich in Lebensgefahr befindet, da er abstürzen könnte • weint heimlich in seiner Kajüte •
> ist verärgert und folgt dem Tier auf den Mast • von den Matrosen aus dem Wasser gezogen •
> klettert damit auf einen Mast • mit seinem Gewehr erschießen werde • ins Wasser zu springen

**3** Was geht Vater und Sohn am Abend nach diesem Ereignis wohl durch den Kopf?
Wählt eine der beiden Figuren aus und schreibt einen inneren Monolog (▶ S. 48), z. B.:

> Wie konnte ich mich nur von einem Affen ...?
> Normalerweise mag ich Kokos Streiche ja,
> aber in diesem Moment war ich ... Ich glaube,
> das lag daran, dass ... Als ich dann dort oben
> stand, ...

> Wenn ich daran denke, was heute fast
> passiert wäre, wird mir noch immer ganz
> schlecht. Was wäre gewesen, wenn mein
> geliebter Sohn ...? Als ich aus der Kajüte kam
> und ihn da oben sah, ... Aber ...

**4** Untersucht den Aufbau der Erzählung „Der Sprung".
  a Teilt den Text in Einleitung, Hauptteil und Schluss ein, indem ihr die entsprechenden Zeilen-
    angaben nennt.
  b Die Einleitung eines Erzähltextes beantwortet in der Regel die W-Fragen „Wer?", „Wann?" und
    „Wo?". Überprüft, ob dies auch bei diesem Text zutrifft.
  c Benennt den Höhepunkt, auf den die Handlung im Hauptteil zuläuft.
  d Beschreibt, wie die Geschichte endet (Abrundung, unerwartete Wende oder offener Schluss)
    und welche Wirkung dieser Schluss auf euch hat.

**5** In Erzähltexten handeln verschiedene Figuren.
  a Benennt alle Figuren, die in der Geschichte „Der Sprung" vorkommen.
  b Wer ist eurer Meinung nach die Hauptfigur der Erzählung? Diskutiert darüber und begründet
    eure Einschätzungen.

**6** Fasst die Ergebnisse aus den Aufgaben 4 und 5 in einem Text zusammen.
Ihr könnt dazu die folgenden Satzanfänge vervollständigen.
*Der Aufbau der Erzählung „Der Sprung" folgt dem Muster Einleitung – Hauptteil – Schluss.*
*Die Einleitung beantwortet die W-Fragen „...". Wir erfahren hier, dass ...*
*Im Hauptteil spitzt sich das spannende Geschehen immer weiter zu. Höhepunkt der Handlung ist die Situation,*
*als ...*
*Die Geschichte endet mit einem ... Dies bewirkt beim Leser, dass ...*
*Die Hauptfigur(en) der Geschichte ist/sind ..., denn beim Lesen ...*

---

**Wissen und Können**   **Merkmale von Erzähltexten**

Erzählende Texte sind oft gegliedert in **Einleitung, Hauptteil** und **Schluss:**
- Die **Einleitung** führt in das Geschehen ein und gibt Antwort auf die wichtigsten W-Fragen:
  *Wer? Wann? Wo?*
- Der Hauptteil besteht aus mehreren **Handlungsschritten,** die aufeinander aufbauen und
  sich oft zu einem spannenden **Höhepunkt** steigern.
- Der **Schluss** rundet die Geschichte ab. Er kann auch eine unerwartete Wendung (Pointe)
  enthalten oder die Handlung offenlassen.

Die **Figuren** in einer Erzählung haben bestimmte Eigenschaften und Absichten. In vielen
Geschichten gibt es eine **Hauptfigur,** die im Mittelpunkt der Handlung steht.

# Sprachliche Besonderheiten von Erzähltexten

Fjodor M. Dostojewski

## Die Wette

**Fjodor M. Dostojewski** (1821–1881) zählt zu den bedeutendsten russischen Schriftstellern. Die Geschichte „Die Wette" stammt aus dem berühmten Roman „Die Brüder Karamasow".

*Der Junge Kolja verbringt die Ferien bei einer Verwandten, deren Mann bei einer Eisenbahnstation arbeitet.*

Das Erste, was Kolja bei seinen Verwandten tat, war, dass er sich genau die Lokomotiven besah, sich mit den Maschinen vertraut machte, alle Räder untersuchte usw., denn er sagte
5 sich, dass er mit diesen Kenntnissen seinen Mitschülern imponieren werde. Es fanden sich noch ein paar andere Knaben ein, mit denen er sich anfreundete; [...] im Ganzen hatten sich sechs oder sieben Jungen im Alter zwischen
10 dreizehn und fünfzehn Jahren zusammengetan, darunter zwei Gymnasiasten aus unserer Stadt. Diese Knaben spielten und tollten zusammen, und siehe da, am vierten oder fünften Tag des Besuchs [...] kam es zu einer ganz
15 unglaublichen Wette um zwei Rubel[1], und zwar handelte es sich um Folgendes:
Kolja, der Jüngste unter ihnen und daher von den anderen etwas herablassend Behandelte, hatte aus knabenhaftem Ehrgeiz oder unver-
20 zeihlicher Tollkühnheit vorgeschlagen, nachts, wenn der Elf-Uhr-Zug käme, zwischen den Schienen liegen zu bleiben, bis der Eilzug über ihn hinweggedonnert wäre. Allerdings waren verschiedene Versuche gemacht worden, die
25 ergeben hatten, dass man sehr wohl so zwischen den Schienen liegen und sich an den Boden drücken konnte, ohne vom Zug berührt zu werden, der dann in der größten Geschwindigkeit über einen hinwegsauste. Allein, wer
30 brächte es fertig, liegen zu bleiben! Kolja aber behauptete steif und fest, er werde sich hinlegen und liegen bleiben. Er wurde zuerst ausgelacht, ein Prahlhans, ein Aufschneider genannt und durch diese Neckereien nur noch
35 mehr zu seinem Vorhaben gereizt. Das Entscheidende dabei war, dass diese Fünfzehnjährigen schon gar zu wichtig vor ihm taten und ihn zuerst als „Kleinen" überhaupt nicht in ihrer „Clique" hatten aufnehmen wollen, was
40 ihm unerträglich beleidigend erschien.
Und so ward beschlossen, am Abend aufzubrechen, ungefähr eine oder zwei Werst[2] längs dem Eisenbahndamm weiterzugehen, um dann bis elf Uhr den Zug, der dort von der
45 Station aus bereits in Gang gekommen sein würde, zu erwarten. Der Abend kam, man versammelte sich und machte sich auf den Weg. Die Nacht brach an: Es war eine mondlose, nicht nur dunkle, sondern fast pechschwarze Nacht. Kurz vor elf legte Kolja sich zwischen
50 den Schienen hin. Die übrigen fünf, die die Wette eingegangen waren, warteten zuerst mit beklommenem Herzen, zuletzt aber in Angst und Reue unten am Bahndamm im Gebüsch.

---

1  der Rubel: russische Währung

2  das Werst: altes russisches Längenmaß (1066 m)

55 Endlich, – ein Pfiff und fernes Rollen zeigten an, dass der Schnellzug die Station verließ. Da tauchten schon in der Nacht zwei feurige Augen auf, und fauchend raste das Ungetüm heran.

60 „Lauf, Kolja! Lauf fort!", schrien fünf angsterstickte Stimmen aus dem Gebüsch. Es war aber schon zu spät: Der Zug war schon da und sauste vorüber.

Die Jungen stürzten den Damm hinauf zu Kolja: 65 Er lag regungslos zwischen den Schienen. Man rüttelte ihn, rief ihn an und versuchte, ihn schließlich aufzuheben. Da stand er plötzlich von selbst auf und ging stillschweigend vom Bahndamm hinab. Unten angelangt, erklärte 70 er, er sei absichtlich unbeweglich liegen geblieben, um ihnen Angst zu machen. Das war nicht ganz wahrheitsgetreu: Er hatte tatsächlich das Bewusstsein verloren, wie er später,

nach langer Zeit seiner Mama gestand. So hatte er sich den Ruhm, ein „Tollkühner" zu sein, 75 für alle Zeiten erworben. Er kehrte nur sehr bleich zur Station zurück und erkrankte am Tag darauf an einem leichten Fieber, war aber trotzdem sehr guter Laune, lustig und zufrieden. 80

**1** a Lest die Erzählung aufmerksam und klärt unbekannte Begriffe.

b Verschafft euch einen ersten Überblick über die Handlung: Stellt einander W-Fragen zum Text und beantwortet sie.

c Welche Textstelle stellt den Höhepunkt der Erzählung dar? Begründet eure Einschätzung.

*Kolja ist zu Besuch bei seinen Verwandten. Seinen neuen Freunden schlägt er eine ❓ Wette vor, damit er als Jüngster von ihnen nicht mehr so ❓ behandelt wird. Er lässt sich von seinem Vorhaben nicht ❓ und legt sich in der Nacht tatsächlich zwischen die Bahngleise, um sich vom Eilzug ❓ zu lassen.*

*Nach der Mutprobe … Erst nach langer Zeit gesteht er … Bei seinen Freunden … Kolja selbst ist am folgenden Tag …*

**2** Vervollständigt diese Inhaltszusammenfassung in eurem Heft.

a Setzt im ersten Teil treffende Adjektive bzw. Verben in die Lücken ein.

Ihr könnt passende Wörter aus dem Wortspeicher auswählen:

grausam • herablassend • lebensgefährliche • lustige • überrollen • abbringen • überreden

b Ergänzt die letzten vier Sätze der Zusammenfassung mit eigenen Formulierungen.

c Vergleicht eure Fortsetzungen.

**3** Wie beurteilt ihr die folgende Aussage? Diskutiert darüber und begründet eure Meinung.

Die anderen Jungen sind schuld an Koljas leichtsinnigem Verhalten.

# Die Sprache einer Erzählung untersuchen

Bei einer Textbeschreibung, z.B. in einem textgebundenen Aufsatz (TGA), geht ihr auch auf Besonderheiten der Sprache ein. Ihr untersucht dabei verschiedene Bereiche.

## Wortwahl

**1** Die Erzählung „Die Wette" enthält viele anschauliche Adjektive und Verben.

a Bildet drei Gruppen, die jeweils für einen der folgenden Abschnitte zuständig sind:

**1** vor der Wette: Z. 1–40  **2** während der Wette: Z. 41–63  **3** nach der Wette: Z. 64–80

b Sucht aus eurem Abschnitt je 2–3 Beispiele für anschauliche Verben und Adjektive heraus und tragt sie mit Zeilenangaben in eine Tabelle ein.

c Stellt eure Ergebnisse vor und ergänzt jeweils zwei Beispiele aus den anderen Gruppen.

|  | **Adjektive** | **Verben** |
|---|---|---|
| Abschnitt 1 | unglaubliche Wette (Z. 15) ... | imponieren (Z. 6) ... |
| Abschnitt 2 | mondlose ..., dunkle, pechschwarze Nacht (Z. 48 ff.) ... | erwarten (Z. 46) ... |
| Abschnitt 3 | regungslos (Z. 65) ... | stürzen (Z. 64) ... |

**2** Beschreibt die Besonderheiten der Wortwahl und ihre Wirkung in einem kurzen Text. Übertragt dazu den folgenden Text in euer Heft und fügt je zwei passende Beispiele mit Zeilenangaben aus der Tabelle ein.

> Die Erzählung „Die Wette" enthält viele anschauliche Verben und Adjektive. Durch Verben wie „ ? " (Z. XX) oder „ ? " (Z. XX) wird das Geschehen für den Leser genau verdeutlicht. Treffende Adjektive vermitteln die Stimmung der geschilderten Situation, z.B. „ ? " (Z. XX), „ ? " (Z. XX), oder beschreiben die Figuren genauer, z.B. „ ? " (Z. XX), „ ? " (Z. XX). Diese Wortwahl bewirkt, dass man sich das erzählte Geschehen sehr gut vorstellen kann.

## Satzbau

**3** a Auch der Satzbau beeinflusst die Wirkung eines Textes. Sucht je zwei Beispielsätze aus dem Text für

– lange, komplizierte Satzreihen oder Satzgefüge sowie

– kurze Aussagesätze.

Notiert die entsprechenden Zeilenangaben im Heft.

Ihr könnt in den folgenden Abschnitten nachlesen: Z. 1–16, Z. 17–30, Z. 55–69

b Beschreibt, wie sich die Sätze zu Beginn und beim Höhepunkt der Erzählung unterscheiden.

c Welche Wirkung entsteht durch die Art der Sätze? Ordnet euren Antworten aus Aufgabe 3 b die folgenden Vorgaben zu:

ausführliche Darstellung • schneller Fortgang der Handlung • Erzeugung von Spannung

## Stilmittel

Literarische Texte enthalten häufig besondere Stilmittel, mit denen eine bestimmte Wirkung erzielt werden soll.

**4** In Dostojewskis Erzählung finden sich viele **Aufzählungen.**

a Sucht zwei Beispiele für dieses Stilmittel im Text.
   Ihr könnt in folgenden Absätzen nachlesen: Z. 1–10, Z. 30–35, Z. 46–50, Z. 64–67

b Beschreibt die Wirkung der Aufzählungen.
   So könnt ihr beginnen:
   *In Zeile 2–4 heißt es „ ? ". Durch diese Aufzählung wird verdeutlicht, wie eingehend Kolja sich mit den Lokomotiven beschäftigt, um die anderen später mit diesem Wissen beeindrucken zu können.*
   *Eine weitere Aufzählung findet sich in Zeile XX–XX: „ ? ". Hier wird hervorgehoben, dass ...*

> Durch **Aufzählungen** werden verschiedene Einzelheiten hervorgehoben.

**5** a Benennt mit Hilfe der Informationen im Tippkasten die **Personifikation** in der folgenden Textstelle:
   „Da tauchten [...] zwei feurige Augen auf, und fauchend raste das Ungetüm heran." (Z. 57–59)

b Klärt gemeinsam folgende Fragen:
   – Welche Situation aus der Erzählung wird hier bildlich dargestellt?
   – Welche Sinne werden angesprochen?
   – Was soll durch die Personifikation zum Ausdruck gebracht werden?

> Durch **Personifikationen** werden Gegenstände wie Personen oder Lebewesen dargestellt. Der Leser kann sich die Situation dadurch besser vorstellen.

## Wörtliche Rede

**6** Erzähltexte enthalten oft wörtliche Rede.

a Untersucht das Vorkommen wörtlicher Rede in der Erzählung „Die Wette" und beschreibt, was euch auffällt.

b Schreibt auf, welche Wirkung durch die Verwendung der wörtlichen Rede erzielt wird. Im Kasten rechts findet ihr Vorgaben zur Auswahl.

c Setzt die folgenden Satzanfänge in eurem Heft fort.
   *Es fällt auf, dass in der Erzählung „Die Wette" nur ...*
   *Dadurch wird ...*

**Mögliche Wirkung von wörtlicher Rede:**
– die Figuren glaubwürdig darstellen
– eine Textstelle besonders betonen
– die Erzählung lebendig machen
– Spannung aufbauen

**Wissen und Können**  **Sprachliche Mittel von Erzähltexten**

In eurem textgebundenen Aufsatz (TGA) beschreibt ihr die **Sprache eines Erzähltextes.** Beschränkt euch dabei auf die **Auffälligkeiten!** Gebt jeweils zwei Beispiele mit Zeilenangaben an und beschreibt die **Wirkung.** Ihr solltet auf folgende Bereiche eingehen:

- **Wortwahl,** z. B.: treffende Adjektive, aussagekräftige Verben
- **Satzbau,** z. B.: lange Satzreihen, komplizierte Satzgefüge oder kurze Aussagesätze
- **Stilmittel,** z. B.: Aufzählungen, Personifikationen
- **wörtliche Rede,** z. B.: häufige Verwendung, gezielte Verwendung an bestimmten Stellen

## 5.2 Merkmale einer Kurzgeschichte erschließen

Ernest Hemingway

### Drei Schüsse

**Ernest Hemingway** (1899–1961) ist einer der bekanntesten US-amerikanischen Schriftsteller des 20. Jahrhunderts. Er schrieb viele Kurzgeschichten und Romane, war aber auch als Kriegsreporter tätig. 1954 erhielt er den Literaturnobelpreis. Hemingway liebte das Leben in der Natur und lernte bereits als Kind jagen und angeln.

Nick zog sich im Zelt aus. Auf der Plane sah er die Schatten, die sein Vater und Onkel George im Schein des Feuers warfen. Er fühlte sich unbehaglich, und er schämte sich; er zog sich
5 aus, so rasch er konnte, und legte seine Kleider sauber zusammen. Er schämte sich, weil ihm beim Ausziehen die vergangene Nacht einfiel. Den ganzen Tag über hatte er die Erinnerung daran verdrängt.
10 Sein Vater und sein Onkel waren nach dem Abendessen über den See gefahren, um mit der Laterne zu fischen. Ehe sie das Boot ins Wasser hinausschoben, hatte sein Vater gesagt, er solle das Gewehr nehmen und dreimal schießen, wenn irgendetwas los sei; dann wür- 15 den sie sofort zurückkommen.

Nick ging vom Seeufer durch den Wald zurück zum Lager [...]. Im Wald fürchtete er sich nachts immer ein bisschen. Er öffnete die Zeltklappe, zog sich aus und lag dann, in die De- 20 cken gehüllt, ganz still in der Dunkelheit. Draußen war das Feuer zu einem Häufchen Glut heruntergebrannt. Nick lag reglos und versuchte einzuschlafen. Es war totenstill. Nick dachte, wenn er nur einen Fuchs bellen hören 25 würde oder den Ruf einer Eule oder irgendetwas, dann wäre alles in Ordnung. Es war doch nichts Bestimmtes, wovor er Angst hatte. Aber die Angst wuchs. Dann hatte er plötzlich Angst vor dem Sterben. Es war ein paar Wochen her, 30 da hatten sie daheim in der Kirche einen Choral gesungen: „Und einmal reißt der Faden ab". Während sie den Choral sangen, war Nick klar geworden, dass er eines Tages sterben musste.

35 Ihm wurde ganz schlecht bei dem Gedanken. Es war das erste Mal, dass ihm klar wurde: Irgendwann musste er selber sterben ...

Gestern Abend hatte ihn im Zelt die gleiche Furcht überfallen. Tagsüber geschah das nie: 40 immer nur nachts. Zuerst war es mehr Begreifen gewesen als Fürchten, aber doch dicht an der Grenze der Furcht, und es war rasch zur Furcht geworden, nachdem es einmal angefangen hatte, und als er sich dann richtig fürchte-45 te, nahm er das Gewehr, schob den Lauf vorn zum Zelt hinaus und schoss dreimal. Der Rückstoß war sehr stark. Er hörte, wie die Kugeln durch das Gezweig fetzten. Kaum, dass er die Schüsse abgefeuert hatte, war alles gut.

50 Er legte sich hin, um die Rückkehr seines Vaters abzuwarten, und war eingeschlafen, noch ehe der Vater und der Onkel drüben am anderen Ufer ihre Laterne ausgemacht hatten.

„Verdammter Bengel", sagte Onkel George, 55 während sie zurückruderten. „Warum hast du ihm gesagt, er soll uns rufen? Der sieht doch sicher bloß Gespenster."

„Ach, lass doch", sagte der Vater. „Er ist doch noch klein."

60 „Eben. Wir hätten ihn gar nicht mitnehmen sollen in den Wald."

„Ich weiß, er ist ein schrecklicher Feigling", sagte sein Vater, „aber in dem Alter haben wir doch alle Schiss."

65 „Ich finde ihn unausstehlich", sagte George. „Außerdem lügt er wie gedruckt."

„Komm, lass gut sein, du wirst noch reichlich zum Angeln kommen."

Sie kamen ins Zelt, und Onkel George richtete 70 den Lichtkegel seiner Taschenlampe Nick direkt ins Gesicht.

„Was war denn, Nickie?", fragte sein Vater. Nick setzte sich im Bett auf.

„Es hat geklungen wie eine Kreuzung zwi-

75 schen Fuchs und Wolf", sagte er. „Es hat am Zelt rumgemacht. Es war ein bisschen wie ein Fuchs, aber mehr wie ein Wolf." Den Ausdruck „eine Kreuzung zwischen ..." hatte er am selben Tag von seinem Onkel aufgeschnappt.

80 „Ein Käuzchen[1] wird er gehört haben", meinte Onkel George.

Am anderen Morgen entdeckte sein Vater zwei große Linden, deren Stämme quer aneinanderlehnten, sodass sie sich im Wind rieben. „Kann 85 es das gewesen sein, Nick?", fragte sein Vater. „Vielleicht", sagte Nick. Er wollte nicht daran denken.

„Im Wald brauchst du dich nicht zu fürchten, Nick. Da gibt's nichts, was dir etwas tun kann." „Nicht einmal der Blitz?" 90

„Nein, nicht einmal der Blitz. Wenn's ein Gewitter gibt, geh raus ins Freie. Oder stell dich unter eine Buche. Der Blitz schlägt nie in Buchen ein."

„Nie?", fragte Nick. 95

„Ich hab's nie gehört, dass er in eine Buche eingeschlagen hätte", sagte sein Vater.

Und jetzt war er wieder im Zelt und zog sich aus. Er schaute nicht hin, aber er wusste, dass die beiden Schatten auf die Plane fielen. 100

Dann hörte er, wie ein Boot auf den Strand gezogen wurde, und die Schatten waren verschwunden. Er hörte seinen Vater mit jemandem sprechen.

Dann rief sein Vater: „Zieh dich an, Nick!" Er 105 zog sich an, so schnell er konnte. Sein Vater kam ins Zelt und stöberte in den Seesäcken herum.

„Zieh deine Jacke über, Nick", sagte sein Vater.

*Aus: Ernest Hemingway, Nick Adams Stories (1920–1930)*

---

1 Käuzchen: ein Vogel (Eulenart)

**1** **a** Lest die Kurzgeschichte und klärt unbekannte Wörter oder schwierige Textstellen.

**b** Sprecht über den Inhalt des Textes:
– Wovor hat Nick Angst, als er nachts alleine im Zelt liegt?
– Weshalb fühlt er sich sofort besser, als er die vereinbarten drei Schüsse abgegeben hat?
– Was bedeutet die Aufforderung des Vaters in Zeile 105?

**Die Entstehung der Kurzgeschichte** (engl. „short story")

Diese Textsorte stammt aus Amerika, wurde aber auch in Deutschland beliebt. Nach dem Zweiten Weltkrieg (1939–1945) herrschte Papierknappheit. Deshalb druckte man zur Unterhaltung der Leser kurze Erzähltexte in Zeitungen ab.

Die ersten Kurzgeschichten handelten vom Krieg oder von den Problemen der Nachkriegszeit, später thematisierten sie entscheidende Situationen aus dem Alltag.

**2** Bei dem Text „Drei Schüsse" handelt es sich um eine Kurzgeschichte.

a Lest die Informationen im Kasten oben und entscheidet, um welchen der drei genannten Themenbereiche es in Hemingways Geschichte geht.

b Erarbeitet weitere typische Merkmale dieser Textsorte, indem ihr folgende Fragen beantwortet:
  – Welche der üblichen W-Fragen werden zu Beginn beantwortet, welche bleiben offen?
  – An wie vielen verschiedenen Schauplätzen spielt die Handlung?
  – In welcher Zeitspanne ereignet sich die Geschichte?
  – Welche Besonderheit hat der Schluss der Erzählung?

**3** Fasst die Besonderheiten einer Kurzgeschichte zusammen. Schreibt dazu den folgenden Text ab und entscheidet euch jeweils für die zutreffenden Vorgaben.

> Eine Kurzgeschichte ist eine knappe/umfangreiche Erzählung mit ausführlich gestaltetem/ unmittelbarem Beginn. Sie konzentriert sich auf einen Schauplatz/spielt an mehreren verschiedenen Handlungsorten und stellt einen überschaubaren/längeren Zeitraum dar. Es wird nur ein Handlungsstrang/werden mehrere Handlungsstränge erzählt. Der Schluss bleibt offen/nimmt immer ein gutes Ende, sodass der Leser sich nichts mehr dazuzudenken braucht/ zum Nachdenken über ein Ende oder eine Lösung angeregt wird.

**4** a Im Wortspeicher findet ihr inhaltliche Merkmale einer typischen Kurzgeschichte. Überprüft, ob sie auf den Text „Drei Schüsse" zutreffen, und nennt entsprechende Textstellen.

> In einem textgebundenen Aufsatz (TGA) weist ihr nach, dass ein Text wie eine typische Kurzgeschichte aufgebaut ist.

> einfache Menschen, die oft nicht genauer benannt sind • alltägliche Situation • wichtiges Erlebnis oder Konflikt der Figur • ausschnitthafte Darstellung des Geschehens

b Setzt den Textsortennachweis in eurem Heft fort und ergänzt Informationen zum Inhalt, z. B.:
*Die handelnden Personen in der Kurzgeschichte sind Alltagsmenschen. Im Text „Die Wette" sind dies ein kleiner Junge namens Nick, sein Vater und dessen Bruder George, über die der Leser außer dem Vornamen keine genaueren Informationen erhält. Typisch für die Textsorte ist auch die alltägliche Situation: ...*

Hier findet ihr Anregungen, wie ihr eure Sätze einleiten und verknüpfen könnt:
*Ein weiteres Merkmal ist ...*          *Dies findet sich im Text ...*
*Es fällt außerdem auf, dass ...*          *Daran wird deutlich, ...*

**5** Die Sprache einer Kurzgeschichte ist einfach gehalten.

a Weist dies nach, indem ihr passende Textbeispiele zu folgenden Bereichen sucht: wörtliche Rede der Figuren, Satzbau, Wortwahl.

b Beschreibt, welche Wirkung diese sprachlichen Besonderheiten haben.

c Formuliert eure Ergebnisse in einem Text im Heft aus. So könnt ihr anfangen:

*Die wörtliche Rede von Figuren in der Kurzgeschichte ist oft in Umgangssprache verfasst. So sagt beispielsweise Onkel George über Nick: „Verdammter Bengel ..." (Z. 54). Dadurch wirkt der Text sehr lebendig und man kann sich .... Am Satzbau fällt auf, dass .... Das zeigt zum Beispiel folgender Satz: „..." (Z. X–Y). Dies bewirkt, dass ...*

---

**Wissen und Können    Merkmale einer typischen Kurzgeschichte**

- Eine Kurzgeschichte **beginnt unmittelbar,** also ohne eine Einleitung, die W-Fragen klärt.
- Sie hat häufig einen **offenen Schluss,** manchmal mit einer unerwarteten Wende (Pointe).
- Es wird eine **alltägliche Situation aus dem Leben eines Menschen** als **ausschnitthafte Momentaufnahme** dargestellt.
- Oft geht es dabei um ein **prägendes Erlebnis** oder einen (inneren) **Konflikt** der Hauptfigur.
- Die **Handlung** verläuft **zielstrebig** und spitzt sich oft auf einen **Höhe- oder Wendepunkt** zu.
- Kurzgeschichten sind meist in **einfacher Sprache** verfasst.
- Die Figuren sind **Alltagsmenschen,** die nicht näher beschrieben sind. Sie sprechen in **einfacher Sprache** (oft Umgangssprache), was sie lebendig und glaubwürdig wirken lässt.

---

**6** Schreibt eine kurze Schilderung (▶ S. 42–56) zu der Situation „Das Anzünden eines Lagerfeuers".

Im TGA kann zusätzlich auch eine solche **weiterführende Schreibaufgabe** gestellt werden.

---

# Eine Kurzgeschichte in einem TGA beschreiben

William M. Harg

## Der Retter

Der Schoner[1] „Christoph" ging so sanft unter, dass Senter, der einzige Mann am Ausguck, nichts empfand als Staunen über das Meer, das zu ihm emporstieg. Im nächsten Augenblick war er klatschnass, das Wasser schlug über ihm zusammen, und das Takelwerk[2], an das er sich klammerte, zog ihn in die Tiefe. Also ließ er es los.

Senter schwamm benommen und verwirrt, wie ein Mensch, dessen Welt plötzlich versunken ist. Mit einem Mal erhob sich, wie aus der Kanone geschossen, eine Planke mit dem Ende aus dem Wasser und fiel mit Dröhnen zurück. Er schwamm darauf zu und ergriff sie. Er sah, dass noch etwas auftauchte, und das musste einer seiner acht Kameraden sein. Als aber der Kopf sichtbar wurde, war es nur der Hund.

Senter mochte den Hund nicht, und da er erst so kurze Zeit zur Bemannung gehörte, erwi-

---

1 der Schoner: großes Segelboot

2 das Takelwerk: Segelausstattung

derte das Tier seine Abneigung. Aber jetzt hatte es die Planke erblickt. Es mühte sich ab, sie zu erreichen, und legte die Vorderpfoten darauf. Dadurch sank das eine Ende tiefer ins Wasser. Senter überkam die furchtbare Angst, sie könnte ganz untergehen. Er zog verzweifelt an seinem Ende: Die Pfoten des Hundes rutschten ab, und er versank.

Aber der Hund kam wieder hoch, und wieder schwamm er schweigend, ohne Hass und Nachträglichkeit, zur Planke zurück und legte seine Pfoten darauf. Wieder zog Senter an seinem Ende, und wieder versank der Hund. Das wiederholte sich ein Dutzend Mal, bis Senter, vom Ziehen ermüdet, mit Entsetzen und Verzweiflung erkannte, dass der Hund es länger aushalten konnte als er. Senter wollte nicht mehr an das Tier denken. Er stützte die Ellenbogen auf die Planke und hob sich, so weit es ging, aus dem Wasser empor, um sich umzusehen. Der Schrecken seiner Lage überwältigte ihn. Er war Hunderte von Meilen vom Land entfernt. Selbst unter den günstigsten Umständen konnte er kaum hoffen, aufgefischt zu werden. Er würde sich einige Stunden lang an der Planke festhalten können – nur wenige Stunden. Dann würde sich sein Griff vor Erschöpfung lösen, und er würde versinken.

Dann fiel sein Blick auf die geduldigen Augen des Hundes. Wut erfüllte ihn, weil der Hund offenbar nicht begriff, dass beide sterben mussten. Seine Pfoten lagen am Rande der Planke. Dazwischen hatte er die Schnauze gestützt, sodass die Nase aus dem Wasser ragte und atmen konnte. Sein Körper war nicht angespannt, sondern trieb ohne Anstrengung auf dem Wasser. Er war nicht aufgeregt wie

Senter. Er spähte nicht nach einem Schiff, dachte nicht daran, dass sie kein Wasser hatten, machte sich nicht klar, dass sie bald in ein nasses Grab versinken mussten. Er tat ganz einfach, was in diesem Augenblick getan werden musste. Plötzlich war es Senter klar: Wenn er selbst zum letzten Mal ins Wasser rutschte, würde der Hund noch immer oben liegen. Er wurde böse, als er das begriff, und er zog sich die Hosen aus und band sie zu einer Schlinge um die Planke. Und er triumphierte: Denn er wusste, so konnte er es länger aushalten.

[...] Am Nachmittag des zweiten Tages fingen die Pfoten des Hundes an, von der Planke zu rutschen. Mehrere Male schwamm er mit Anstrengung zurück, aber jedes Mal wurde er schwächer. Und jetzt wusste Senter, dass der Hund ertrinken musste, obwohl er es selbst noch nicht ahnte. Aber er wusste auch, dass er ihn nicht entbehren konnte. Ohne diese Augen, in die er blicken konnte, würde er an die Zukunft denken und den Verstand verlieren. Er zog sich das Hemd aus, schob sich vorsichtig auf der Planke vorwärts und band die Pfoten des Tieres fest. Am vierten Abend kam ein Frachter[3] vorüber. Seine Lichter waren abgeblendet. Senter schrie mit heiserer, sich überschlagender Stimme, so laut er konnte. Der Hund bellte schwach. Aber auf dem Dampfer bemerkte man sie nicht. Als er vorüber war, ließ Senter in seiner Verzweiflung und Enttäuschung nicht ab zu rufen. Aber als er merkte, dass der Hund aufgehört hatte zu bellen, hörte auch er auf zu rufen. Danach wusste er nicht

---

3 der Frachter: Handelsschiff, das Güter transportiert

mehr, was geschah, ob er lebendig war oder tot. Aber immer suchten seine Augen die des Hundes.

95 Der Arzt des Zerstörers[4] „Vermont", der zur Freude und Aufregung der Mannschaft einen jungen Kameraden und einen Hund auf der See entdeckt und sie hatte auffischen lassen, schenkte den abgerissenen Fieberfantasien des 100 jungen Menschen keinen Glauben. Denn danach hätten die beiden sechs Tage lang auf dem Wasser getrieben, und das war offenbar unmöglich. Er stand an der Koje[5] und betrachtete den jungen Seemann, der den Hund in 105 den Armen hielt, sodass eine Decke sie beide

wärmte. Man hatte ihn erst beruhigen können, als auch der Hund gerettet war. Jetzt schliefen beide friedlich. „Können Sie das verstehen", fragte der Arzt einen neben ihm stehenden Offizier, „warum in aller Welt ein junger Bur- 110 sche, der den gewissen Tod vor Augen sah, sich solche Mühe gab, das Leben eines Hundes zu retten?"

*Aus: Erzähler von drüben, Amerikaner, Wiesbaden 1946*

---

4 der Zerstörer: Kriegsschiff
5 die Koje: Schiffsbett

**1** a Lest die Kurzgeschichte und klärt unbekannte Begriffe und schwierige Textstellen.
   b Beantwortet die wichtigsten W-Fragen zur Handlung: *Wo spielt die Geschichte? Wer sind die Hauptfiguren? Was passiert? Mit welchen Folgen?*

**2** Beantwortet folgende Fragen zum Textverständnis. Gebt die entsprechenden Textstellen an.
   – Warum versucht Senter, den Hund von der Schiffsplanke zu stoßen?
   – Weshalb bindet er schließlich auch den Hund fest?
   – Welche unterschiedlichen Gefühle des Mannes werden deutlich?

**3** a Überlegt, was ihr auf die Frage des Schiffsarztes (Z. 108–113) antworten würdet. Führt passende Textstellen als Begründung an.
   b Erklärt die Überschrift des Textes: Wer ist eurer Meinung nach „Der Retter"?

### Die Einleitung zu einem TGA schreiben

**4** In der Einleitung zu einem textgebundenen Aufsatz (TGA) gebt ihr einen ersten Überblick über den vorliegenden Text.
Schreibt die folgende Einleitung ab und vervollständigt sie mit den fehlenden Angaben und einer Kernaussage, die den wesentlichen Inhalt des Textes knapp zusammenfasst.

> Die **?** (Textsorte) „ **?** " (Titel) von **?** (Autor) erschien **?** (Jahr) in der Geschichtensammlung „ **?** " (Quelle). Darin wird erzählt, wie … (Kernaussage).

---

**Wissen und Können**   **Die Einleitung eines TGA**

Die **Einleitung** eines textgebundenen Aufsatzes (TGA) nennt den Namen **der Autorin/des Autors,** den **Titel des Textes,** die **Textsorte** sowie **Erscheinungsjahr** und **-ort.**
Die **Kernaussage** fasst den Textinhalt knapp zusammen: Worum geht es in dem Text?

**5** Welche typischen Merkmale einer Kurzgeschichte enthält die Erzählung „Der Retter"?
Überprüft dies zu zweit mit Hilfe des Merkkastens auf ▶ Seite 90.
Notiert alle Merkmale in Stichworten und ergänzt jeweils einen passenden Textbeleg, z. B.:
– *unvermittelter Beginn: „Der Schoner ‚Christoph' ging so sanft unter, dass Senter ..."* **(Z. 1)**
– *ausschnitthafte Momentaufnahme: Treiben auf dem Meer nach Untergang des Schiffes*
– *...*

## Aus Texten zitieren

**6** Bei der Textbeschreibung in einem TGA belegt ihr eure Aussagen mit Zitaten aus dem Text.
Untersucht die folgenden Zitate und leitet Regeln ab: Wie kennzeichnet man Zitate? Welche
Textstellen werden zitiert? Wie lang sollten Zitate sein? Wie kennzeichnet man Kürzungen?

– Senter hat „furchtbare Angst" (Z. 25) vor dem Ertrinken.
– Seine Lage wird immer verzweifelter: „Der Schrecken seiner Lage überwältigte ihn." (Z. 41 f.)
– Ihm wird bewusst, wie wichtig der Hund für ihn ist: „Ohne diese Augen [...] würde er an die
Zukunft denken und den Verstand verlieren." (Z. 77 ff.)

**7** a Überprüft die folgenden Zitate und erklärt, was jeweils falsch gemacht wurde.
Im Wortspeicher unten findet ihr Hilfen, die ihr passend zuordnen könnt.
b Schreibt die Zitate verbessert in euer Heft.

– *Die Kurzgeschichte beginnt unvermittelt: „Der Schoner [...] ging sanft unter,*
*und der einzige Mann an Deck ..."* **(Z. 1 f.)**

– *Senter empfindet nichts als Staunen über das Meer.* **(Z. 3 f.)**
– *Er verspürt eine Abneigung gegen den Hund: „Senter mochte den Hund nicht, und da er erst so kurze Zeit*
*zur Bemannung gehörte, erwiderte das Tier seine Abneigung."* **(Z. 19 f.)**
– *Er bemerkt, dass der Hund „ohne Hass und Nachträglichkeit" zur Planke zurückkehrt.*

Anführungszeichen fehlen • Zitat ist zu lang • Zeilenangabe
fehlt • Zitat entspricht nicht dem Wortlaut des Originaltextes

**Z. 10 f.** = Zeile 10 und die folgende Zeile (Zeile 11)
**Z. 10 ff.** = Zeile 10 und zwei oder mehr weitere Zeilen

**Wissen und Können**   **Richtiges Zitieren**

Mit Zitaten **belegt** man seine Aussagen über den Text. Man sollte nur **besondere Textstellen**
zitieren, z. B. typische Formulierungen oder wichtige Aussagen einer Figur. Damit man die
zitierten Stellen wiederfinden kann, wird immer eine **Zeilenangabe** ergänzt.

■ **Wörtliche Zitate** aus dem Text werden in **Anführungszeichen** gesetzt.
Die **Zeilenangaben** folgen in Klammern dahinter oder in einem Begleitsatz, z. B.:
*Es heißt, Kolja habe den Vorschlag aus „knabenhaftem Ehrgeiz" (Z. 19) gemacht.*
*Das Verhalten Koljas wird in Zeile 19 mit „knabenhaftem Ehrgeiz" beschrieben.*
■ **Ausgelassene Stellen** werden durch **eckige Klammern [...]** gekennzeichnet, z. B.:
*Kolja wurde „durch diese Neckereien [...] gereizt." (Z. 34)*

## Den Satzbau beschreiben und Stilmittel untersuchen

**8** a Notiert je ein Beispiel für einen kurzen und einen sehr langen Satz aus der Kurzgeschichte „Der Retter" (mit Zeilenangabe) und schreibt auf, welche Wirkung sie jeweils auf euch haben.

b Schreibt den folgenden Absatz vollständig in euer Heft. Ergänzt die Lücken mit passenden Begriffen aus dem Wortspeicher und beachtet die Regeln zum Zitieren.

> *Die Kurzgeschichte enthält einige kurze, aber sehr* **?** *Sätze. In Zeile 7 f. wird zum Verhalten des Matrosen Senter beim Sinken eines Schiffes nur gesagt: „Also ließ er es los." So wird deutlich, dass Senter völlig überrascht wird. Es sind aber auch sehr lange und* **?** *im Text vorhanden, beispielsweise in Zeile 95–100: „Der Arzt des Zerstörers [...] schenkte [...] keinen Glauben." Hier erhält der Leser auf engem Raum* **?** *. Ebenso sind* **?** *zu finden, z.B. in Zeile 80–82: „Er zog [...], schob sich [...], band [...]." Durch die* **?** *im Satzbau wird das verzweifelte Bemühen Senters* **?** *. Im Gegensatz dazu stehen Aussagen wie „Der Hund bellte schwach." (Z. 85 f.) Der kurze Satz* **?** *, dass das Tier im Gegensatz zu dem Mann Kräfte spart und Ruhe bewahrt.*

> ausdrucksstarke • viele Informationen über den weiteren Verlauf der Handlung • verdeutlicht • Wiederholungen • besonders betont • komplizierte Satzgefüge • längere Satzreihen

**9** a Der Text enthält einige besondere Stilmittel. Schreibt je ein Beispiel für die folgenden Stilmittel auf. Lest dazu in den in Klammern angegebenen Abschnitten nach.
  – **Vergleich** (Z. 9–18) – **Wiederholung** (Z. 29–38) – **Aufzählung** (Z. 80–85)

b Ordnet den Stilmitteln passende Erklärungen aus dem Wortspeicher zu.

> hebt hervor, wie sinnlos und verzweifelt das Bemühen der beiden Schiffbrüchigen ist • verdeutlicht die Wucht, mit der die Planke auftaucht • veranschaulicht Senters Zustand • führt dem Leser vor Augen, welche Befürchtungen der Matrose hat, der Hund dagegen nicht

c Beschreibt die Stilmittel und ihre Wirkung in einem zusammenhängenden Text, z. B.:

> *Die Kurzgeschichte enthält verschiedene Stilmittel. Gleich zu Beginn wird ein Vergleich verwendet, wenn es heißt, die Planke „erhob sich ...". Dies verdeutlicht ... Außerdem finden sich zahlreiche Aufzählungen, z.B. „...". Diese heben hervor, ...*

## Den Schluss des TGA schreiben

**10** Verfasst einen Schluss zu eurem TGA, in dem ihr zur Aussage des Textes Stellung nehmt.

> – *Der Text zeigt, dass man .../Die Erzählung macht deutlich, wie ...*
> – *Ich fand erstaunlich, dass Senter ...*
> – *Mir hat der Text gefallen, denn ...*

Am **Schluss** des textgebundenen Aufsatzes (TGA) könnt ihr
– **eure eigene Meinung** zum Text äußern,
– auf das **Verhalten der Figuren** eingehen oder
– die **Wirkung des Textes** bzw. den **Eindruck auf den Leser** wiedergeben.

Annette Rauert

# Der Schritt zurück

Er stand ganz am Rand. Unter ihm die gleißende[1] Wasseroberfläche. Wie geschmolzenes Blei sah es aus. In seinen Schläfen hämmerte es. Er hatte Angst, nackte Angst. Hinter sich hörte
5 er die Stimme seines Trainers: „Spring!" Das Pochen nahm zu, gleich musste es seinen Kopf sprengen. Zwischen ihm und der Wassermasse gab es nur dieses kleine, schwankende Brett, zehn Meter hoch. Leute starrten nach oben.
10 Sie warteten. Ihre Gesichter waren feindlich. Trotzdem fühlte er sich ihnen verpflichtet. Er musste springen, damit sie ihre Sensation bekamen. Er fühlte, dass er es nicht schaffen würde. Er war noch nicht so weit. Aber er
15 musste beweisen, dass er ein Mann war. Lieber tot sein, als sich vor diesen Gesichtern zu blamieren. Nur noch ein paar Sekunden atmen, dachte er, mehr verlange ich gar nicht. Er blickte nach unten. Warum lächelte niemand? Lau-
20 ter gespannte weiße Ovale mit harten Augen. Sie wissen, dass ich es nicht kann. Es wurde ihm schlagartig klar. Sie wissen, dass etwas passieren wird. Warum rief ihn niemand zurück? [...] Ich bin doch einer von ihnen. [...] Sie
25 wollen, dass ich mich selbst vernichte für sie. Sie verlangen, dass ich meine Angst bestrafe. Aber was werden sie nachher tun? Wenn es passiert ist, will niemand etwas dafür können. In ihm kam das Bedürfnis auf, zu schreien, die
30 Menschen da unten aus ihrer Starre zu schreien. Sie sollten nicht das Recht haben, schuldlos an seinem Unglück zu sein. [...] Die Übelkeit in seinem Magen verstärkte sich, nicht mehr aus Angst, sondern aus Ekel vor der Feigheit der
35 Masse da unten. Er hätte ausspucken mögen. Stumm, wie eine Herde blöder Schafe, standen sie da unten und warteten. Aber wenn er jetzt sprang und sich für ihre Gier opferte, war er dann nicht auch so feig wie sie? Ein Schritt

nur, ein Schritt. Er war so einsam. Hätte ihn 40 jetzt jemand gerufen, wäre noch alles gut gegangen, aber sie schwiegen. Seine Verachtung stieg ins Unermessliche. Er forschte in seinem Gewissen: Wenn er sprang, war irgendetwas damit erreicht? Tat er damit etwas Falsches? 45 Etwas Richtiges? Er wusste, was er tun sollte, warum sträubte er sich dagegen? Aber war das Springen heldenhaft, hatte es einen Sinn? Ein Schritt nur! Sein Fuß schob sich langsam vor. Dann ... ging ein Ruck durch seine Gestalt. 50 Er richtete sich auf und drehte sich um. Ganz bewusst. Seine Unsicherheit war von ihm gewichen, der Druck, der auf ihm lastete, verschwand. Langsam kletterte er die Leiter hinab und schritt durch die starre Gruppe. Zum ers- 55 ten Mal in seinem Leben trug er den Kopf hoch. Er begegnete den Blicken der anderen mit kühler Gelassenheit. Keiner sprach ein Wort oder lachte gar. Er fühlte sich so stark, als hätte er heute die wichtigste Prüfung in sei- 60 nem Leben bestanden. Er spürte so etwas wie Achtung vor sich selbst. Eines Tages würde er auch springen, das wusste er plötzlich.

*Aus: Werkbrief für die Landjugend 1980. In Geschichten uns wiederfinden, Teil 2.*

---

1 gleißend: blendend, funkelnd

---

**1** a Notiert eure ersten Eindrücke von der Geschichte in 1–2 Sätzen und vergleicht sie in der Klasse.
   b Erklärt die Bedeutung der Überschrift.

**2** a Beantwortet die folgenden W-Fragen zum Textinhalt und nennt passende Textstellen:
  – In welcher Situation befindet sich der Junge in dieser Kurzgeschichte?
  – Was geht ihm durch den Kopf?
  – Welche Folgen hat sein Handeln am Ende der Geschichte?
 b Die Geschichte enthält einen Wendepunkt. Bestimmt ihn und nennt die betreffende Zeile.

**3** a Diskutiert gemeinsam über die folgenden Fragen:
  – Ist das Verhalten des Jungen feige?
  – Warum lachen die Zuschauer am Ende nicht?
 b Habt ihr selbst schon eine ähnliche Situation erlebt? Tauscht euch in der Klasse aus.

**4** Verfasst eine vollständige Einleitung (▸ S. 92) für einen TGA zu der Kurzgeschichte.

**5** Gebt den Inhalt der Kurzgeschichte in einer knappen Zusammenfassung wieder.
 a Schreibt den folgenden Anfang einer Zusammenfassung ab. Wählt jeweils die richtigen Vorgaben.

> Zu Beginn der Kurzgeschichte erfährt der Leser, dass der Junge an der Kante des Sprungbretts/ der Leiter zum Sprungturm steht. Er wird jedoch durch seine Knieverletzung/Angst am Springen gehindert. Auch eine Aufforderung seines Freundes Simon/Trainers beachtet er nicht. Ihm wird klar, dass er nur springen würde, um dem Sponsor/Publikum zu gefallen. Er empfindet Verachtung/Mitleid für die belustigt/sensationshungrig zuschauende Menge.

 b Setzt die Inhaltsangabe in eigenen Worten fort.
 ●○○ Ihr könnt die folgenden Satzanfänge als Hilfe nutzen:
 *Deshalb beschließt er ...*   *Dabei empfindet er ...*
 *Die Reaktion des Publikums ...*   *Die Kurzgeschichte endet mit ...*

**6** Weist nach, dass es sich beim Text „Der Schritt zurück" um eine Kurzgeschichte handelt.
 a Tragt die Merkmale der Textsorte „Kurzgeschichte" (▸ S. 90) in eine Tabelle ein.
 b Ergänzt passende Textbeispiele mit Zeilenangaben in der rechten Spalte.

| Bereich | Merkmale | Textbeispiele |
|---|---|---|
| Thema/Inhalt | *entscheidendes Ereignis für den Jungen* | *Angst vor Sprung vom Zehnmeterbrett* |
| Aufbau | *– unvermittelter Beginn* | *„Er stand ..." (Z. 1)* |
|  | *– Wendepunkt* | *...* |
|  | *– offener Schluss* | *...* |
| ... | ... | ... |

 c Schreibt mit Hilfe eurer Ergebnisse einen zusammenhängenden Textsortennachweis, z.B.:

*Der Text „Der Schritt zurück" ist eine Kurzgeschichte, denn diese handelt in einer kurzen Momentaufnahme nur von einem entscheidenden Abschnitt im Leben des Jungen, nämlich ... Des Weiteren ist typisch für eine Kurzgeschichte, dass ...*

**7** Die Kurzgeschichte enthält zahlreiche Stilmittel und sprachliche Auffälligkeiten.

a Sucht zu jeder der folgenden Vorgaben ein passendes Textbeispiel und schreibt es mit der Zeilenangabe auf, z. B.: *einfacher Wortschatz: „stand" (Z. 1), „fühlte" (Z. 11)*

> einfacher Wortschatz • einfacher Satzbau • viele Fragesätze • Ausrufesätze • ausdrucksstarke Verben/Adjektive/Partizipien • Wiederholungen • Vergleiche • Metaphern (bildhafte Vergleiche ohne Vergleichswort)

Als Hilfe könnt ihr die Begriffe aus dem Wortspeicher den Stilmitteln zuordnen:

> „Unter ihm die gleißende Wasseroberfläche." (Z.1) • „schwankende" (Z.8) • „Ein Schritt nur, ein Schritt" (Z. 39 f.) • „ Wie geschmolzenes Blei" (Z.2) • „Spring!" (Z.5) • „Er stand ganz am Rand." (Z.1) • „Leute starrten nach oben. Sie warteten." (Z.9 f.) • „stand" (Z.1)/„fühlte" (Z.11) • „Warum lächelte niemand?" (Z.19) • „sprengen" (Z.7) • „In seinen Schläfen hämmerte es." (Z. 3) • „starrten" (Z.9) • „feindlich" (Z.10)

b Notiert zu jeder Vorgabe ein weiteres Beispiel aus dem Text.

**8** Beschreibt nun die Wirkung der sprachlichen Besonderheiten aus Aufgabe 7. Lest dazu die zitierten Textstellen noch einmal im Zusammenhang. Achtet auf richtiges Zitieren und verwendet geeignete Überleitungen, z. B.:
*Annette Rauert verwendet in ihrer Kurzgeschichte einen einfachen Wortschatz wie z. B. „stand" (Z. 1), „fühlte" (Z. 11). So ist die Handlung für den Leser leicht nachvollziehbar. Das Gleiche gilt für den Satzbau, auch er ist ... Eine weitere Auffälligkeit ist die häufige Verwendung von ..., z. B. „..."*

**9** Im Schlussteil eines TGA beschreibt ihr die Wirkung des Textes oder stellt dar, welche Erkenntnis oder Lehre man aus dem Text ziehen kann.

a Beurteilt, welcher der drei Schlussteile am besten geeignet ist.

> Ein Text kann eine unterschiedliche **Wirkung auf die Leser** haben:
> ■ Gefühle ansprechen, z. B. betroffen machen oder unterhalten
> ■ zu einer Stellungnahme herausfordern
> ■ eine Verhaltensänderung bewirken

**A** *Super, dass der Junge nicht gesprungen ist! Was hätte er denn davon gehabt, wenn er sich vielleicht verletzt hätte? Die Zuschauer sind bloß sensationshungrig, denen hätte es doch echt gefallen, wenn etwas Schlimmes passiert wäre!*

**B** *Vor dem Jungen habe ich alle Achtung, denn er schätzt seine Leistungsfähigkeit genau ein und lässt sich nicht vom Ehrgeiz seines Trainers oder von der Sensationslust des Publikums beeindrucken. Der „Schritt zurück", wie es im Titel heißt, bedeutet für den Jungen einen großen Schritt nach vorn zu einem echten Selbstbewusstsein.*

**C** *Ich habe selbst schon einmal oben auf einem Zehnmeterturm gestanden und bin gesprungen. Da ist doch nichts dabei. Man muss nur die Augen schließen und sich einen kleinen Ruck geben. Der Junge hätte sich wirklich nicht so anstellen dürfen!*

b Verfasst einen eigenen Schluss.

## 5.3 Fit in …? – Einen kurzen Erzähltext in einem TGA beschreiben

Folgende Aufgabe wurde in einer Schulaufgabe gestellt:

Fertige einen textgebundenen Aufsatz (TGA) zu der vorliegenden Kurzgeschichte an. Bearbeite dazu folgende Aufgaben:

1 Fasse den Inhalt zusammen.
2 Weise drei Merkmale der Textsorte nach.
3 Beschreibe die sprachlichen Besonderheiten und ihre Wirkung.

> Es können auch weniger Teilbereiche in der Schulaufgabe abgefragt werden.

Ingrid Kötter (*1934)

### Nasen kann man so und so sehen

Es ist fast 20 Uhr, als Onkel Thomas aus Kanada zu Besuch kommt. Er will sofort Irina begrüßen.

„Warte einen Augenblick!", bittet Irinas Mutter. „Irina ist jetzt vierzehn. Das ist ein schwieriges Alter. Um 20 Uhr ist eine Klassenfete. Mal will sie hingehen, dann wieder nicht. Sie hat eine fürchterliche Laune."

Irina steht in ihrem Zimmer vor dem Spiegel. In letzter Zeit steht sie oft davor. Mürrisch betrachtet sie ihr Gesicht von allen Seiten.

„Diese Nase!", flüstert sie. „Diese entsetzlich große Nase! Eine Nase wie Manuela müsste man haben." Alle Jungen in der Klasse sind hinter Manuela mit der niedlichen Stupsnase und dem albernen Gekicher her. Mit verbissenem Gesicht kratzt Irina an dem Pickel herum, befühlt eingehend ihre Nase und stöhnt. An manchen Tagen ist es wie verhext. Da kommt eben alles zusammen: zwei neue Pickel, davon einer mitten auf der zu großen Nase, die dadurch natürlich erst recht unangenehm auffällt. Und dann noch Onkel Thomas. Irina hat ihn mindestens drei Jahre nicht gesehen. Onkel Thomas ist Mamas jüngster Bruder. Er ist 23 Jahre alt, lebt in Kanada und hat die dämliche Angewohnheit, Irina bei jedem Wiedersehen hochzuheben und abzuküssen.

„Ich mag diese Küsserei nicht", sagt Irina zu ihrem Spiegelbild, geht zur Zimmertür und will sie abschließen. Das macht sie in letzter Zeit oft, wenn Besuch kommt, den sie nicht ausstehen kann.

„Sei nett zu meinem Lieblingsbruder! Er kommt extra aus Kanada", hat die Mutter gesagt. Irina denkt an den schlaksigen, pickeligen Jüngling und denkt: Von mir aus kann er vom Mond kommen. Sie will den Schlüssel im Schloss umdrehen. – Zu spät! Onkel Thomas steckt seinen Kopf zur Tür herein: „Hallo, kann ich reinkommen?" Schon ist er im Zimmer.

Sieht echt gut aus, der Typ. Hat mächtig breite Schultern gekriegt. Und dann der Bart!

Mensch, hat der sich verändert. Er hebt Irina nicht hoch. Er küsst sie nicht ab. Er sieht mit ihr zusammen in den Spiegel, staunt, haut ihr kräftig auf die Schulter und sagt:

„Meine Güte, du bist ja eine richtig hübsche Dame geworden!"

55 „Ach was! Quatsch keinen Käse!", sagt die junge Dame und hält ihr Gesicht ganz dicht vor die Spiegelscheibe. „Sieh dir diese Pickel an und dann meine Nase!"

„Pickel hatte ich in deinem Alter auch", sagt 60 Onkel Thomas. „Siehst du noch welche? Und was deine Nase betrifft, tröste dich! Du bist erst vierzehn. Du und deine Nase, ihr wachst ja noch."

Irina reißt entsetzt die Augen auf. „Wächst 65 noch? Meine Nase? – Alles, bloß das nicht!" Sie betrachtet sich im Spiegel. Ihre Augen füllen sich mit Tränen.

„Na und!", sagt Onkel Thomas. „Ich finde deine Nase schon fast richtig, aber noch ein 70 wenig zu klein."

„Zu klein?????" Irina wischt sich eine Träne ab und sieht ungläubig in den Spiegel.

„Na ja", meint Onkel Thomas. „Man kann Nasen so oder so sehen. Es kommt wohl auf 75 den Betrachter an."

„Wie siehst du es denn?"

„Also, wenn du mich fragst, ich kann zum Beispiel Frauen mit Stupsnasen nicht ausstehen. Kleine Mädchen mit Stupsnasen, ja 80 gut. Aber Frauen mit Stupsnasen sind für mich einfach unmöglich. Viel zu niedlich. Zu puppig. Keine frauliche Ausstrahlung. Magst du etwa Stupsnasen?"

„Ich? – Nein. – Eigentlich nicht." Irina strahlt 85 ihren Onkel an, fällt ihm um den Hals und küsst ihn ab. „Oh Onkel Thomas! Wenn du wüsstest! Du bist prima! Kannst ruhig mal wieder vorbeikommen! Tschüss! Ich muss weg. Wir haben jetzt 'ne Klassenfete!"

*Aus: 7. Jahrbuch der Kinderliteratur, hrsg. von Hans-Joachim Gelberg, 1984*

---

**1** Lest die Kurzgeschichte und überarbeitet den folgenden textgebundenen Aufsatz mit Hilfe der Anmerkungen am Rand. Überprüft euren Text anschließend mit der Checkliste (▶ S. 100)

Die Kurzgeschichte „Nasen kann man so oder so sehen" *V* ist 1984 im „7. Jahrbuch der Kinderliteratur", herausgegeben von Hans-Joachim Gelberg, erschienen. Sie handelt von einem Mädchen, dass auf eine Fete gehen will.

*V Autorin?*

*Gr*
*Kernaussage falsch*

5 Die Kurzgeschichte beginnt mit der Unterhaltung zwischen Irinas 23 Jahre altem Onkel Thomas aus Kanada und ihrer Mutter, in der sie ihn über Pubertätsprobleme ihrer Tochter informiert. Währenddessen ist Irina in ihrem Zimmer. Hier kratzt sie vor dem Spiegel mit verbissenem Gesicht an Pickeln herum und hat deshalb keine Lust, auf eine Klassen-10 fete zu gehen. Außerdem ärgert sie sich über den Besuch des Onkels, den sie schon drei Jahre nicht gesehen hat und nicht leiden kann. Gerade will sie ihre Zimmertür abschließen, als der Onkel schon hereinkommt. Sie ist überrascht, dass er sich in einen attraktiven Mann verwandelt hat. Er macht ihr Komplimente und sagt, sie ist sehr hübsch. Als sie ihn auf ihre 15 Pickel und die große Nase aufmerksam macht, erklärt ihr Thomas, dass ihm nur Frauen mit großen Nasen gefallen. Die Kurzgeschichte endet damit, dass Irina nun mit sich selbst zufrieden zur Klassenparty geht.

*W*

*zu detailliert*
*→ straffen*

*unpassendes Signalwort (Spannung)*
*direkte Rede*

Der Text weist viele Merkmale einer Kurzgeschichte auf. <u>So ist der</u> *A*
<u>Beginn</u> ganz unvermittelt. *V* Der Leser erfährt nicht, wo und wann die *V Textbeleg fehlt*
20 Geschichte spielt, genauere Angaben zu den <u>Personen</u> fehlen. Typisch *Begriff (Figuren)*
für eine Kurzgeschichte ist auch die Wende, die die Handlung nimmt:
Zu Beginn ist Irina unglücklich und mit sich selbst unzufrieden, am Ende
geht sie doch noch zum Treffen mit ihren Klassenkameradinnen. *V* Der *V Textbeleg fehlt*
Schluss bleibt jedoch, wie immer in einer Kurzgeschichte, offen: Der Leser
25 weiß <u>irgendwie</u> nicht, ob es ihr auf der Party gefallen hat und ob alle Prob- *A (Umgangs-*
leme Irinas damit verschwunden sind. *sprache)*
Auch anhand der sprachlichen Gestaltung kann man nachweisen, dass
es sich hier um eine Kurzgeschichte handelt: Der Text ist in einfacher, *Beispiel fehlt*
leicht verständlicher Sprache verfasst, die handelnden Figuren sind All-
30 tagsmenschen und sprechen in normaler Umgangssprache, z. B. „Kannst *V Zeilenangabe*
ruhig mal wieder vorbeikommen!"*V* So ist auch der Satzbau zum Teil *fehlt*
einfach, es sind viele kurze Sätze vorhanden wie in Z. 45: „Schon ist er im *gut!*
Zimmer". Auffallend sind die vielen <u>Ausrufe-</u> und Fragesätze wie in *Beispiel f. Aus-*
Z. 64 f.:„Wächst noch? Meine Nase?", aus denen man gut die Verzweif- *rufesatz fehlt*
35 lung des Mädchens erkennen kann. Dass der Onkel keine „Stupsnasen" *V Zeilenangabe*
mag, wird durch zahlreiche Wiederholungen dieses Wortes betont. *V* *fehlt*

Die Kurzgeschichte hat mir gefallen, weil ich mich gut in Irina hineinver-
setzen konnte und weil, <u>wenn man einen Pickel bekommt, fühlt man</u> *Sb einfache Dar-*
<u>sich oft total hässlich</u> und man würde sich am liebsten verstecken. *stellung, W*

# Checkliste

## Kurze literarische Texte in einem TGA beschreiben

**Einleitung:**
- Habe ich den **Titel,** die **Autorin**/den **Autor,** die **Textsorte** und die **Quelle** angegeben?
- Ist die **Kernaussage** des Textes in maximal zwei Sätzen angeführt?

**Hauptteil:**
- Habe ich in der **Inhaltszusammenfassung** alle wichtigen Handlungsschritte genannt und Details weggelassen? Habe ich die richtige Zeitform (Präsens; bei Vorzeitigkeit: Perfekt) ver- wendet? Ist der Satzbau abwechslungsreich und der Stil sachlich?
- Habe ich beim **Textsortennachweis** die Merkmale der Erzählung bzw. Kurzgeschichte erfasst und mit passenden Textbeispielen belegt?
- Bin ich bei der **Beschreibung sprachlicher Auffälligkeiten** auf Wortwahl, Satzbau und Stil- mittel eingegangen und habe deren Wirkung erläutert? Habe ich meine Aussagen mit pas- senden Zitaten und Zeilenangaben belegt und dabei alle Satzzeichen richtig gesetzt?

**Schluss:**
- Habe ich zur **Wirkung des Textes** oder zum **Verhalten der Figuren** Stellung genommen?

# 6 Bücher öffnen neue Welten –
## Jugendbücher lesen und dazu schreiben

**1** Krimis, Tiergeschichten, Abenteuerromane ... welche Bücher lest ihr gern, welche mögt ihr weniger? Tauscht euch aus.

**2** Welche Bücher habt ihr zuletzt gelesen? Berichtet darüber.

**3** Wie könnt ihr vorgehen, um interessante Jugendbücher zu finden?
Sammelt verschiedene Tipps, z. B.: in Büchereien, Buchhandlungen oder im Internet
Cover ansehen, Klappentext lesen, Empfehlungen von ...

## 6.1 Unschuldig im Arbeitscamp – Ein Jugendbuch kennen lernen

Louis Sachar

**Löcher – Die Geheimnisse von Green Lake**

Dies ist die ganz unglaubliche, zum Weinen komische Geschichte von Stanley Yelnats, der endlich, endlich den Familienfluch bannt. Hundert Jahre gab es kein Entrinnen: Was immer ein Yelnats anfing, es ging schief. Die Geschäftsidee von Stanleys Vater, gebrauchte Turnschuhe zu recyceln, ist nur das letzte Glied einer langen Unglückskette. Und urplötzlich winkt das Glück. Davor aber liegen die Geheimnisse von Green Lake, einem Lager für schwer erziehbare Jugendliche, in das der Pechvogel Stanley auf Grund eines Missverständnisses unschuldig eingeliefert wird ...

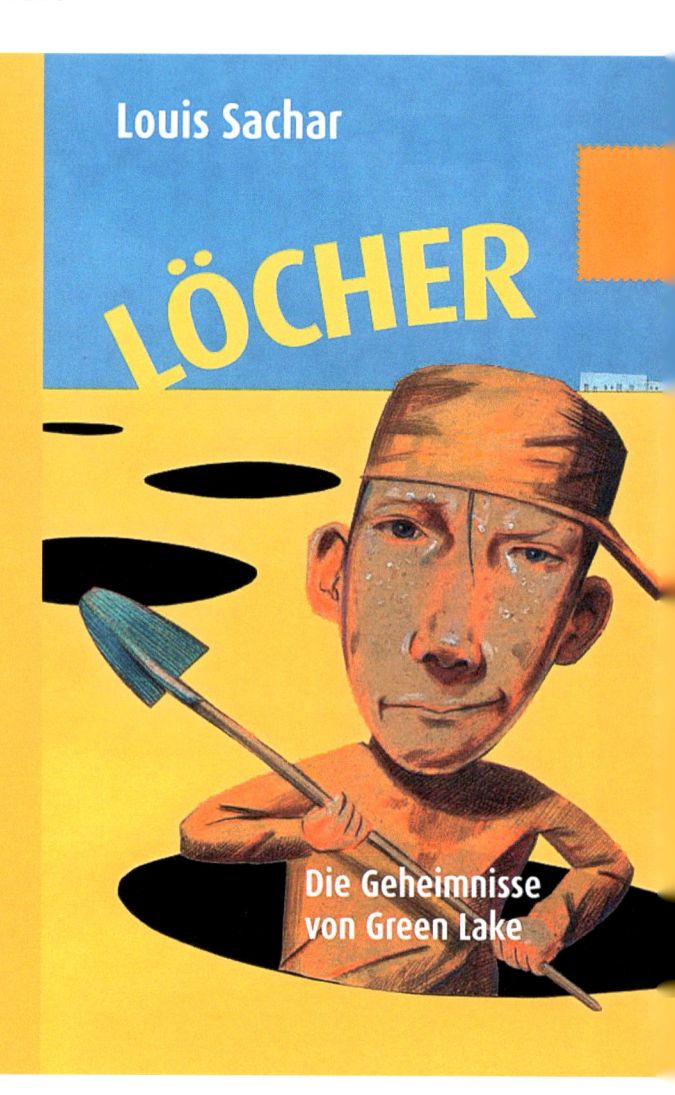

**1**   a Beschreibt die Abbildung auf dem Cover von Louis Sachars Roman „Löcher".
    b Stellt Vermutungen an, worum es in dem Jugendbuch geht.
    c Regen das Cover und der Klappentext euch zum Lesen an? Begründet eure Meinung.

**2**   Die folgenden Textausschnitte erzählen von Stanleys Ankunft im Erziehungscamp. Lest sie aufmerksam und findet heraus, wie er im Camp untergebracht ist und wem er begegnet.

# Ankunft im Camp

*Stanley Yelnats ist ein Schüler ohne Freunde und Mobbing-Opfer in der Schule, weil er übergewichtig ist. Als ihm von einer Brücke aus ein Paar Turnschuhe direkt auf den Kopf fällt, nimmt er es mit – nicht ahnend, dass es sich um die wertvollen Schuhe eines berühmten Baseball-Stars handelt, die gestohlen wurden. Prompt wird er von der Polizei gefasst und nach der Verhandlung ins Jugenderziehungscamp Green Lake gebracht, das an einem ausgetrockneten See in der Wüste Kaliforniens liegt. Zunächst lernt er den übellaunigen Aufseher Mr. Sir kennen, der ihm eröffnet, dass es in der Wüste zwecklos sei, wegzulaufen ...*

Es gab sechs große graue Zelte und auf jedem stand ein schwarzer Buchstabe: A, B, C, D, E oder F. Die ersten fünf Zelte waren für die Camp-Insassen. Die Betreuer schliefen in
5 Zelt F.
Stanley wurde in Zelt D geschickt. Sein Betreuer hieß Mr. Pendanski.
„Den Namen kann man sich gut merken", sagte er, als er Stanley vor dem Zelteingang die
10 Hand schüttelte. „Du musst dir nur drei leichte Wörter merken. PEN wie Füller, DANCE wie tanzen, KEY wie Schlüssel."
Mr. Sir ging zum Büro zurück.
Mr. Pendanski war jünger als Mr. Sir und sah
15 längst nicht so zum Fürchten aus. Die Haare hatte er sich so kurz geschoren, dass er beinahe eine Glatze hatte, doch sein schwarzer Bart war dicht und lockig. Auf der Nase hatte er einen schlimmen Sonnenbrand.
20 „Mr. Sir ist eigentlich ganz harmlos", sagte Mr. Pendanski. „Er ist bloß schlecht gelaunt, seit er aufgehört hat zu rauchen. Vor wem du dich wirklich in Acht nehmen solltest, das ist der Boss. Es gibt nur eine Regel hier in Camp
25 Green Lake und die heißt: Ärger den Boss nicht!"
Stanley nickte, als würde er verstehen.
„Du sollst wissen, Stanley, dass ich dich respektiere", sagte Mr. Pendanski. „Ich habe gehört, dass du in deinem Leben ein paar schwe-
30 re Fehler begangen hast, sonst wärst du nicht hier. Aber jeder macht Fehler. Du hast vielleicht etwas Böses getan, aber deswegen bist du noch kein böser Mensch."
Stanley nickte. Es hatte wohl wenig Sinn, wenn
35 er versuchte, seinem Betreuer zu sagen, dass er unschuldig war. Vermutlich behauptete das hier jeder. Und er wollte nicht, dass Mr. PEN-DANCE-KEY ihn gleich für verstockt hielt.
„Ich will dir helfen, dein Leben umzukrem-
40 peln", sagte sein Betreuer. „Aber du musst dabei mitmachen. Kann ich auf dich zählen?"
„Ja, Sir", sagte Stanley.
„Gut", sagte Mr. Pendanski und klopfte Stanley auf die Schulter.
45 Zwei Jungen, jeder mit einer Schaufel, kamen über das Gelände. Mr. Pendanski rief sie. „Rex! Alan! Kommt bitte her und sagt Stanley Guten Tag. Er ist neu in eurer Mannschaft."
Die Jungen warfen einen müden Blick auf
50 Stanley.
Der Schweiß lief ihnen hinunter, und ihre Gesichter waren so dreckig, dass Stanley erst auf den zweiten Blick merkte, dass der eine weiß und der andere schwarz war.
55 „Was ist denn mit Kotztüte?", fragte der schwarze Junge.
„Lewis liegt noch auf der Krankenstation", sagte Mr. Pendanski. „Er kommt nicht mehr zu-
60 rück." Er forderte die Jungen auf, Stanley die Hand zu geben und sich vorzustellen – „wie Gentlemen".
„Hi", brummte der weiße Junge.
„Das ist Alan", sagte Mr. Pendanski.
65 „Ich heiß nicht Alan", sagte der Junge. „Ich bin Torpedo. Und der da ist X-Ray."
„Hey", sagte X-Ray. Er grinste und schüttelte Stanley die Hand. Er trug eine Brille, die so dreckig war, dass Stanley sich fragte, wie er damit überhaupt etwas sehen konnte.
70 Mr. Pendanski schickte Alan zum Aufenthaltsraum, die anderen Jungen holen, damit er sie

Stanley vorstellen konnte. Dann ging er mit Stanley ins Zelt.

75 „Welches Bett war das von Lewis?", fragte Mr. Pendanski.

„Kotztüte hat hier gepennt", sagte X-Ray und trat gegen eines der Betten.

„Gut", sagte Mr. Pendanski, „dann ist das von 80 nun an deins, Stanley."

Stanley sah das Bett an und nickte. Er war nicht wahnsinnig scharf darauf, in einem Bett zu schlafen, das vorher von einem Jungen benutzt worden war, den sie Kotztüte nannten.

85 Auf einer Seite des Zelts waren sieben Holzkästen in zwei Stapeln aufeinandergetürmt, mit der offenen Seite nach vorn. Stanley legte seinen Rucksack, die zweite Garnitur Kleidung und sein Handtuch in den Kasten, der Kotztüte 90 gehört hatte. Es war der unterste in dem Dreierstapel.

Torpedo kam mit vier anderen Jungen zurück. Die ersten drei wurden von Mr. Pendanski als José, Theodore und Ricky vorgestellt. Selbst 95 nannten sie sich Magnet, Deo und Zickzack.

„Alle haben sie hier ihre Spitznamen", erklärte Mr. Pendanski. „Ich selbst nenne euch allerdings lieber bei den Namen, die eure Eltern euch gegeben haben – denselben Namen, un-100 ter denen ihr auch in der Gesellschaft leben

werdet, wenn ihr dereinst als nützliche und arbeitsame Mitglieder in ihren Schoß zurückkehrt."

Der letzte Junge hatte entweder keinen richtigen Namen oder er hatte keinen Spitznamen. 105 Sowohl Mr. Pendanski als auch X-Ray nannten ihn Zero.

„Willst du wissen, warum er Zero heißt?", fragte Mr. Pendanski lächelnd und rüttelte Zero spielerisch an der Schulter. „Weil in seinem 110 Kopf absolut nichts drin ist – zero."

Zero schwieg.

„Und das hier ist Mom!", sagte einer der Jungen.

Mr. Pendanski lächelte ihn an. „Wenn es euch 115 hilft, Theodore, dann sagt ruhig weiter Mom zu mir." Dann wandte er sich Stanley zu. „Wenn du irgendwelche Fragen hast, wird Theodore dir helfen. Hast du mich verstanden, Theodore? Ich verlass mich auf dich." 120

Theodore drückte einen dünnen Speichelfaden durch die Zähne und ein paar der Jungen blafften ihn an, sie legten Wert auf ein reinliches „Zuhause".

„Ihr seid alle mal neu hier gewesen", sagte Mr. 125 Pendanski, „und ihr wisst alle noch, wie ihr euch damals gefühlt habt. Ich verlass mich auf jeden Einzelnen von euch, dass ihr Stanley helft."

Stanley schaute zu Boden.

Mr. Pendanski verließ das Zelt, und bald darauf folgten ihm die anderen Jungen, ihre Handtücher und die Ersatzkleidung unterm Arm. Stanley war froh, allein zu sein, aber er hatte solchen Durst, dass er das Gefühl hatte, er müsse sterben, wenn er nicht gleich was zu trinken bekäme.

„Hey – eh, Theodore", sagte er und lief dem Jungen nach. „Weißt du, wo ich meine Flasche füllen kann?"

Theodore wirbelte herum und packte Stanley am Kragen. „Ich heiß nicht The-o-dore!", sagte er. „Ich bin Deo." Er warf Stanley zu Boden.

Erschrocken starrte Stanley ihn von unten an. „An der Rückwand von den Duschen gibt's einen Wasserhahn."

„Danke – Deo", sagte Stanley.

Während er zusah, wie der Junge sich umdrehte und weiterging, dachte er, dass es ihm absolut schleierhaft sei, wieso um alles in der Welt jemand Deo genannt werden wollte.

**3**
a Klärt gemeinsam Textstellen, die ihr nicht verstanden habt.
b Beschreibt euren Eindruck von dem Camp und nennt die Personen, denen Stanley begegnet.

**4** Die Jungen und die Betreuer haben alle Spitznamen.
a Schreibt die richtigen Namen und dahinter die Spitznamen auf, z.B.: *X-Ray = ...*
b Diskutiert, warum diese Spitznamen jeweils vergeben wurden und was sie wohl bewirken.

**5** Wie sind die Menschen, mit denen Stanley nun jeden Tag zu tun haben wird?
a Beschreibt das Verhalten und die Eigenschaften der Jungen und der Betreuer.
   Gebt passende Textstellen als Beleg an.
b Stellt Vermutungen an, was Stanley von den Betreuern und von den Jungen zu erwarten hat.

**6** Als er allein ist, notiert Stanley in ein altes Notizheft seine Eindrücke vom ersten Tag.
Setzt den folgenden Hefteintrag fort. (Tagebucheintrag ▶ S. 303)

*1. Tag*
*Heute bin ich in Green Lake angekommen und habe schon einiges erlebt! Hier ist es ...*
*Das Camp ist ... Die anderen Jungen ...*

Wie geht der Roman weiter? Hier ist eine Zusammenfassung des nächsten Kapitels:

*Die Aufgabe der Jungen in dem Camp ist, jeden Tag ein möglichst tiefes Loch zu graben – und das in der glühenden Hitze der Wüste Kaliforniens, in der es Klapperschlangen, giftige Eidechsen und Spinnen gibt. Stanley fällt die Arbeit sehr schwer. Er wird immer dünner, aber auch sehr muskulös.*

**7**
a Das Graben der Löcher hat keinen wirklichen Zweck, sondern dient als Erziehungsmaßnahme für die Jugendlichen. Erklärt, was durch diese Tätigkeit wohl bewirkt werden soll.
   **Tipp:** Lest im Text auf ▶ S. 104, Z. 99–103 nach.
b Was haltet ihr von solchen Erziehungscamps?
   Diskutiert darüber in der Klasse.

## Auf der Flucht

*Stanley hat sich inzwischen mit Zero angefreundet: Er soll Zero Lesen und Schreiben beibringen, und dieser hilft ihm beim Graben. Doch eines Tages schlägt Zero den Betreuer nieder und verschwindet. Stanley folgt ihm einige Tage später, denn er weiß, dass Zero allein in der Wüste nicht überleben kann. Er findet ihn tatsächlich an dem ausgetrockneten See. Beide fliehen weiter und nähern sich dem Berg Großer Daumen. Nach einem langen Marsch sind sie halb verdurstet und verhungert und sehr erschöpft. Zero wird von Magenkrämpfen geschüttelt. Stanley versucht, ihn zu tragen.*

Zeros Beine baumelten vor Stanleys Körper, sodass er seine Füße nicht sehen konnte. Das machte es schwierig, durch das wirre Gestrüpp aus Büschen und Ranken zu gehen. Er kon-
5 zentrierte sich auf jeden Schritt, den er tat, hob und senkte seine Füße mit Bedacht. Er dachte immer nur an den Schritt, den er gerade machte, und nicht an die unmögliche Aufgabe, die vor ihm lag.
10 Immer höher stieg er. Die Kraft dazu kam von irgendwo tief innen, doch gleichzeitig schien sie auch von außen zu kommen. Nachdem er so lange den Großen Daumen fixiert hatte, war es, als hätte der Fels all seine Energie aufge-

saugt und wirkte jetzt wie ein riesiger Magnet, 15 der ihn zu sich hinzog.
Nach einer Weile bemerkte er einen üblen Geruch. Im ersten Moment glaubte er, dass er von Zero ausgehe, aber dann wurde ihm klar, dass der Gestank in der Luft lag und schwer um ihn 20 herum hing.
Außerdem fiel ihm auf, dass das Gelände nicht mehr so steil anstieg. Es wurde flacher, und vor ihm erhob sich schwach sichtbar im Mondlicht ein gewaltiger Felsblock. Mit jedem Schritt, 25 den Stanley tat, schien der Fels größer zu werden. Er sah jetzt nicht mehr wie ein Daumen aus.
Stanley war klar, dass er es nie schaffen würde, ihn zu erklimmen. 30
Um ihn herum wurde der Geruch immer stärker. Es war der bittere Geruch der Verzweiflung.
Selbst wenn er es irgendwie fertig bringen würde, den Großen Daumen zu besteigen, so 35 würde er dort oben doch kein Wasser finden, so viel wusste er. Wie sollte es auf dem Gipfel eines so gewaltigen Felsens Wasser geben? Die Pflanzen und Insekten überlebten nur deswegen, weil es hier gelegentlich regnete, so 40 wie sie es kürzlich vom Camp aus beobachtet hatten.

Trotzdem ging er immer weiter auf den Felsen zu. Wenn er auch sonst nichts schaffte, so wollte er es doch wenigstens bis zum Daumen schaffen.

Er schaffte es nicht.

Die Füße rutschten ihm weg. Während er in eine kleine Lehmrinne fiel, spürte er, wie Zeros Kopf gegen eines seiner Schulterblätter schlug. Er lag mit dem Gesicht nach unten in der schlammigen Rinne und wusste nicht, ob er je wieder hochkommen würde. Er wusste nicht einmal, ob er es überhaupt versuchen würde. War er den ganzen weiten Weg gekommen, nur um jetzt …

*Für Lehm braucht man Wasser!*

Er kroch durch die Rinne, immer da entlang, wo es ihm am feuchtesten schien. Der Boden wurde immer rutschiger. Jedes Mal, wenn er eine Hand aufsetzte, spritzte Lehm auf.

Mit beiden Händen grub er ein Loch in den sumpfigen Boden. Es war zu dunkel, um irgendetwas zu sehen, doch es kam ihm so vor, als fühlte er am Grunde seines Lochs so etwas wie einen winzigen Tümpel. Er steckte den Kopf hinein und leckte die Erde ab.

Er grub tiefer, und während er grub, schien mehr Wasser in das Loch zu strömen. Er konnte es nicht sehen, aber er konnte es fühlen –

zuerst mit seinen Fingern, dann mit seiner Zunge.

Er grub so lange, bis sein Loch etwa armtief war. Es gab genug Wasser, um es mit den Händen herauszuschöpfen und Zero übers Gesicht laufen zu lassen.

Zero hielt die Augen geschlossen. Aber seine Zunge kam zwischen den Lippen heraus und suchte nach den Wassertröpfchen.

Stanley zerrte Zero näher ans Loch heran. Er grub, schöpfte mehr Wasser mit den Händen und ließ es zwischen seinen Händen hindurch in Zeros Mund laufen.

Als er dabei war, sein Loch zu erweitern, fühlte er mit der Hand einen glatten, runden Gegenstand. Für einen Stein war er *zu* glatt und *zu* rund.

Er wischte den Dreck ab und merkte, dass es eine Zwiebel war. Er biss hinein, ohne sie erst zu schälen. Der scharfe, bittere Saft spritzte ihm in den Mund. Die Augen tränten ihm. Und beim Schlucken fühlte er, wie die Wärme durch seine Hals bis in seinen Magen wanderte.

Er aß nur die Hälfte. Die andere Hälfte gab er Zero.

„Hier, iss."

„Was ist das?", flüsterte Zero.

„Eis mit heißer Karamellsauce."

**8** Gebt kurz in eigenen Worten wieder, was in diesem Textabschnitt geschieht.
**Tipp:** W-Fragen können euch helfen.

**9** Stanley war vor seinem Aufenthalt im Camp ein ängstlicher und einsamer Junge.
Nun hat er sich verändert. Schreibt auf, was er Zero darüber auf dem Berg erzählen könnte, z. B.:
*„Weißt du, seit ich in dem Camp bin, bin ich … Unsere Flucht …"*

**10** Im Roman „Löcher" werden verschiedene Themen angesprochen. Findet sie mit Hilfe der folgenden Vorgaben heraus und schreibt sie auf. Ihr könnt auch weitere Themen ergänzen.

Durchhalte- · -schaft · Rassen- · -vermögen · Mob- · Gemein- · -kriminalität · -hass · Freund- · -bing · -schaft · Jugend-

**11** Der Begriff „Freundschaft" spielt eine wichtige Rolle in dem Roman.
Woran erkennt man das in diesem Ausschnitt? Nennt die Textstelle.

# Der Schatz

*Der Roman erzählt noch eine zweite Geschichte. Man erfährt, was zwei Generationen früher passierte, als es in der Wüste noch ein Dorf gab: Die Lehrerin Kate verliebte sich in den farbigen Zwiebelverkäufer Sam. Gemeinsam renovierten sie die Schule des Orts. Auf Grund der rassistischen Vorstellungen der Weißen war eine Beziehung zwischen Weißen und Schwarzen aber streng verboten. Deshalb steckten die Dorfbewohner die Schule in Brand, Kate wurde verjagt und Sam erschossen. Kate wurde zu einer berüchtigten Gangsterin, die auch den Goldschatz von Stanleys Großvater raubte.*

*Stanley und Zero fassen einen Plan: In einem der Löcher hat Stanley eine Lippenstifthülse von Kate gefunden. Vielleicht liegt da also der Schatz! Sie kehren nachts zurück ins Camp und graben ...*

Als der Tunnel tiefer und breiter wurde – und die Gefahr, dass er einstürzte, immer größer –, konnte Stanley ein Schnappschloss an einem Ende der Kiste ertasten und dann einen Leder-
5 griff. Es war anscheinend gar keine Kiste. „Ich glaube, es könnte so was wie ein Koffer aus Metall sein", sagte er zu Zero.

„Und wenn du ihn mit der Schaufel losmachst?", schlug Zero vor.
10 „Ich hab Angst, dass dann die Seitenwand einstürzt."

„Probier's einfach", sagte Zero.

Stanley trank einen Schluck Wasser. „Na ja, warum nicht."
15 Er zwängte die Spitze der Schaufel zwischen Erdschicht und Deckel und versuchte, den Koffer freizuhebeln. Er wünschte bloß, er könnte sehen, was er machte.

Er bewegte das Ende der Schaufel hin und her,
20 hoch und runter, bis er fühlte, wie sich der Koffer löste.

Er grub mit den Händen, bis er den ledernen Griff fühlen konnte, dann zog er den Koffer aus der Erde heraus. „Ich hab ihn!", rief er.

25 Er war schwer. Stanley reichte ihn Zero nach oben.

„Du hast es wirklich geschafft", sagte Zero, als er ihm den Koffer abnahm.

„Wir haben es geschafft", sagte Stanley.

30 Er nahm alle Kraft zusammen, die ihm noch geblieben war, und versuchte, sich hochzuziehen. Plötzlich schien ihm ein grelles Licht ins Gesicht.

„Danke schön", sagte die Chefin. „Ihr habt mir
35 sehr geholfen, Jungs."

Der Strahl der Taschenlampe wanderte von Stanleys Augen zu Zero, der immer noch auf den Fersen hockte. Den Koffer hielt er auf den Knien. Mr. Pendanski hielt die Lampe. Mr. Sir stand
40 mit gezogener Pistole neben ihm und zielte in dieselbe Richtung. Barfuß und nur in der Schlafanzughose, ohne Hemd, stand er da.

Die Chefin bewegte sich auf Zero zu. Auch sie hatte ihr Nachtzeug an, ein extralanges T-Shirt.
45 Im Unterschied zu Mr. Sir hatte sie jedoch ihre Stiefel an den Füßen.

Der Einzige, der vollständig angezogen war, war Mr. Pendanski. Vielleicht hatte er ja Wachdienst gehabt.

50 Von fern sah Stanley durch die Dunkelheit die Lichter von zwei weiteren Taschenlampen hüpfend auf sie zukommen. Er fühlte sich hilflos in seinem Loch.

„Also Jungs, ihr seid gerade im richtigen –";
55 begann die Chefin. Plötzlich sagte sie nichts mehr und ging auch nicht mehr weiter. Dann machte sie langsam einige Schritte rückwärts. Eine Eidechse war auf den Kofferdeckel gehuscht. Ihre großen roten Augen leuchteten
60 im Schein der Taschenlampe. Ihr Maul stand offen, und Stanley sah, wie die weiße Zunge immer wieder zwischen den schwarzen Zähnen hervorkam.

---

 **12** Überlegt, wie die Geschichte weitergehen könnte, und schreibt einen Schluss auf.

# 6.2 Abenteuer am Amazonas – Produktives Schreiben zu einem Jugendbuch

Eva Ibbotson

## Maia oder Als Miss Minton ihr Korsett in den Amazonas warf

>> Dieser Abenteuerroman spielt vor gut 100 Jahren in England und Brasilien.
Im Jahre 1910 wird die elternlose Maia zu ihren einzigen Verwandten nach Brasilien geschickt. Gemeinsam mit der Gouvernante Miss Minton tritt Maia die Reise über den Ozean an. Sie ist voller Vorfreude auf das unbekannte Land und ihre gleichaltrigen Zwillingscousinen. Doch das Mädchen wird bitter enttäuscht. Die Familie ist grässlich und nimmt Maia nur wegen ihres Vermögens auf. Zum Glück gibt es Miss Minton und den Waisenjungen Finn. Mit diesen beiden beginnt für Maia ein Leben voller Abenteuer und dramatischer Verwicklungen an den Ufern des Flusses Amazonas ... <<

**1** Regen der Klappentext und der Buchtitel zum Lesen an? Nehmt begründet Stellung.

## Abschied

*Endlich sind die Formalitäten zur Ausreise Maias von England nach Brasilien erledigt und der Abschied von der Internatsschule ist gekommen.*

Dennoch musste Maia all ihren Mut zusammennehmen, als sie einen Monat später in der großen Halle stand, um sich zu verabschieden. Der große Koffer war verschnürt, ihr Cape lag
5 in der kleinen Reisetasche, die sie mit in die Kabine nehmen durfte. Ihre Freundinnen umringten sie.

Hermione weinte und Dora, die jüngste Schülerin, klammerte sich an ihrem Rock fest. „Geh
10 nicht, Maia!", schluchzte sie. „Wer erzählt mir denn jetzt Geschichten?"

„Wir werden dich vermissen!", kreischte Melanie.

„Tritt bloß nicht auf eine Boa Constrictor[1]!"
15 „Schreib uns, oh bitte schreib uns ganz viele Briefe!"

Auch die Lehrer hatten sich versammelt, um bei Maias Abreise dabei zu sein.

Die Küchenmädchen waren von unten hochge-
20 kommen. „Es wird alles gut, Miss", sagten sie. „Sie werden eine zauberhafte Zeit verleben." Aber sie sahen Maia voll Mitleid an. Piranhas[2] und Alligatoren lagen in der Luft – und das Hausmädchen, das die Nacht bei Maia ver-
25 bracht hatte, als diese vom Tod ihrer Eltern erfuhr, wischte sich die Augen mit einem Schürzenzipfel.

Nun kam die Direktorin die Treppe herunter, gefolgt von Miss Emily. Alle machten ihr Platz,
30 als sie auf Maia zuschritt. Sie machte einen Schritt nach vorn und legte die Arme um Maia, die zum letzten Mal an ihrem ausladenden Busen versank. „Lebe wohl, mein Kind", sagte sie. „Gott schütze dich."

Und dann kam der Pförtner und verkündete, 35 dass die Droschke[3] vorgefahren sei.

Die Mädchen folgten Maia hinaus auf die Straße, aber als sie die schwarz gekleidete Frau sahen, die mit den Händen auf ihren Regenschirm gestützt steif auf dem Rücksitz saß, 40 zögerten sie. Das war Miss Minton, die Gouvernante[4], die sich während der Reise um Maia kümmern sollte!

„Sieht sie nicht finster aus?", flüsterte Melanie. „Die Ärmste", murmelte Hermione. 45

Und in der Tat, die große, hagere Frau erinnerte eher an eine Harke oder einen Nussknacker als an ein menschliches Wesen.

Der Wagenschlag öffnete sich. Eine Hand in einem schwarzen Handschuh, knochig und 50 kalt wie ein Skelett, streckte sich Maia entgegen. Maia ergriff sie und gefolgt von den Schreien und Rufen ihrer Kameradinnen stieg sie ein und fuhr ab.

---

1 die Boa Constrictor: große Würgeschlange
2 der Piranha [sprich: Piranja]: fleischfressender Fisch
3 die Droschke: Kutsche
4 die Gouvernante: Kinderfrau

**2** Klärt weitere unbekannte Begriffe im Klassengespräch.

**3** a Gebt in eigenen Worten wieder, wie Maia verabschiedet wird.
b Woran erkennt man, dass der Text vor 100 Jahren spielt? Nennt entsprechende Textstellen.

**4** Melanie und Hermione unterhalten sich nach Maias Abreise über sie. Was könnten sie sagen?
Schreibt ein kleines Gespräch auf.

Ihr könnt die Stichworte im Wortspeicher als Hilfe nutzen.

> keine Pausen mit Maia mehr • unheimliche Gouvernante • anstrengende Reise •
> wochenlange Fahrt • abenteuerliches Leben in Brasilien • Gefahren • wilde Tiere •
> unbekannte Familie

## Erste Eindrücke vom neuen Zuhause

*Nach einer wochenlangen Reise über den Ozean und den Fluss Rio Negro aufwärts wird Maia am Landungssteg von Mrs. und Mr. Carter sowie den Zwillingen Beatrice und Gwendolyn erwartet. Die beiden Mädchen tragen weiße Rüschenkleider und Strohhüte.*

Eine Stunde später saßen Maia und Miss Minton auf steiflehnigen Stühlen auf der Veranda und nahmen den Nachmittagstee mit der Familie ein.

5 Die hölzerne Veranda war schmal, sie ging auf den Fluss, war von diesem jedoch gänzlich abgesperrt durch Drahtgeflecht und Glas. Kein Windhauch drang von draußen herein, kein Geruch von Pflanzen. An jeder Seite baumel-
10 ten zwei Fliegenfänger, auf denen sterbende Fliegen unter verzweifeltem Surren versuchten, ihre verklebten Flügel frei zu bekommen. Auf niedrigen Tischen standen Schüsseln mit Spiritus, in denen ertrunkene oder ertrinkende
15 Mücken schwammen. Die hölzernen Wände waren in dem gleichen klinischen Dunkelgrün wie Haus und Boot gestrichen. Man fühlte sich wie in dem Flur eines Krankenhauses.
Mrs. Carter saß an einem Korbtisch und goss
20 Tee ein, dem sie Milchpulver hinzufügte. Es gab einen Teller mit dünnen trockenen Haferplätzchen und sonst nichts.
„Wir lassen sie uns extra aus England kommen", sagte Mrs. Carter mit einem Blick auf
25 die Plätzchen und Maia konnte ihre Verwunde-

rung über einen derartigen Aufwand nicht verhehlen. Sie hatte noch nie etwas so Fades gegessen.
„Du wirst keine einheimischen Lebensmittel auf meinem Tisch finden", fuhr Mrs. Carter
30 fort. „Es gibt Leute, die gehen auf den Markt und kaufen indianisches Essen, das würde ich niemals gestatten. Nichts ist sauber, alles voller Keime."
Bei dem Wort „Keime" verzog sich missbilli-
35 gend ihr Mund.
„Könnte man die Sachen denn nicht waschen?", fragte Maia und dachte an das köstliche Obst und Gemüse, das sie auf dem Markt gesehen hatte, aber Mrs. Carter meinte, Wa-
40 schen reiche nicht aus.
„Wir desinfizieren immer alles, aber es nützt nichts. Die Indianer sind schmutzig. Und wenn man hier draußen leben will, so muss man sich den Dschungel vom Leibe halten!"
45 Das taten die Carters allerdings. Es gab keine Pflanzen auf den Fensterbrettern, keine dieser lieblichen Orchideen oder flammend roten Blumen, die Maia auf den Balkonen der Häuser am Ufer gesehen hatte, an denen sie vorbei-
50 gekommen waren. Der Garten der Carters war ein Platz mit sauber geharktem Kies. [...]
„Habt ihr denn keine Haustiere?", fragte Maia scheu Gwendolyn, die neben ihr saß. Es schien keine Katzen, keine Hunde, noch nicht einmal
55 einen Kanarienvogel im Käfig irgendwo in diesem dunklen Haus zu geben. In der Ecke, an

einen Stuhl gelehnt, stand eine große Fliegen-
spritze, randvoll mit Fliegengift.

60 Gwendolyn drehte sich zu Beatrice um. Maia
hatte schon gemerkt, dass es gewöhnlich Beatrice war, die zuerst sprach.

„Nein, natürlich haben wir keine Haustiere",
sagte Beatrice.

65 „Haustiere haben Flöhe und Läuse", sagte
Gwendolyn und strich über ihr fleckenloses
weißes Kleid.

„Und grässliche Würmer", sagte Beatrice.

„Schon gut, Kinder, das reicht", sagte Mrs.
70 Carter.

Ein Hausmädchen kam und brachte heißes
Wasser. Sie hatte zwei Goldzähne und den gleichen mürrisch verschlossenen Ausdruck wie
Furo, der Bootsmann, und als Maia sie anlä-
75 chelte, lächelte sie nicht zurück.

Maias Zimmer war ein kleiner, kahler Raum
mit einem schmalen Bett, einer Kommode und
einem Holztisch. Keine Bilder, keine Blumen.
Der Geruch nach Lysol[1] war überwältigend.

80 „Mama hat hier dreimal auswischen lassen",
sagte Beatrice. „Es war vorher ein Lagerraum."

Es gab nur ein Fenster, ziemlich hoch oben.
Aber es gab zwei Türen, die eine führte in den
Flur, die andere war verriegelt.

„Wohin führt diese Tür?", fragte Maia. 85

„Nach draußen zu der Siedlung, wo die Diener
leben. Die Indianer. Du musst sie immer geschlossen halten. Wir gehen niemals da hinaus."

„Und wie kommt ihr dann nach draußen?",
fragte Maia. „Zum Fluss, meine ich, und in den 90
Wald."

Die Zwillinge sahen sich an.

„Wir gehen nie raus, es ist viel zu heiß und alles ist voll grässlicher Tiere. Wenn wir ausge-
hen, dann fahren wir im Boot nach Manaus[2]." 95

„Zu unserer Tanzstunde." „Und zu unserer
Klavierstunde." „Und du solltest auch nicht
rausgehen."

Maia versuchte, das alles zu begreifen. Es
schien, also ob die Carters so taten, als lebten 100
sie noch in England.

„Na gut. Abendessen gibt es um sieben, wenn
du den Gong hörst."

Als sie die Tür öffneten, ertönte Mrs. Carters
laute Stimme im Korridor. „Vergessen Sie 105
nicht, Miss Minton: Ich merke es immer. Immer!"

Die Zwillinge sahen sich an und kicherten.

„Sie warnt sie davor, ihr Korsett[3] abzulegen",
flüsterten sie „Die anderen Gouvernanten ha- 110
ben es versucht, aber Mama hat es jedes Mal
sofort gesehen."

„Aber bei dieser Hitze kann man doch nicht
...", begann Maia und biss sich auf die Zunge.
Sie konnte sich vorstellen, wie unbequem so 115
ein steifes, drahtverstärktes Korsett in diesem
Klima sein musste.

---

1 das Lysol: ein Desinfektionsmittel

2 Manaus: eine große Stadt in Brasilien

3 das Korsett: sehr enges Kleidungsstück zum Zuschnüren,
das Frauen unter den Kleidern trugen

**5** Im Haus der Carters gelten viele Gebote und Verbote.

a Entwerft eine „Hausordnung" der Familie Carter: Listet dazu auf einem Plakat alle Regeln auf.

b Vergleicht eure Ergebnisse und versucht zu erklären, warum sich die Carters so verhalten.

**6** Probiert, die Szene beim Nachmittagstee als Stummfilm (ohne Ton) zu spielen.
Die Situation wird dabei von anderen Schülerinnen und Schülern „synchronisiert", d. h. vertont.

a Lest noch einmal genau den Text und macht euch Notizen, z. B.:
- *Mrs. Carter*: *„spricht" belehrend mit Miss Minton*
- *die Zwillinge*: *tuscheln miteinander, kichern, zeigen auf Maia …*
- *Maia*: *gesenkter Kopf, fühlt sich …*

b Übt die Szene und führt sie der Klasse vor.

**7** Maia schreibt einen ersten Brief an ihre Freundinnen und berichtet von ihrer Ankunft bei den
Carters. Setzt den folgenden Briefanfang in eurem Heft fort.

> *Liebe Melanie, liebe Hermione,*
> *nun bin ich endlich nach einer langen Reise mit Miss Minton bei den Carters angekommen …*

Ihr könnt für den Brief die Anregungen aus dem Wortspeicher verwenden.

> von Familie vom Schiff abgeholt • Zwillinge Beatrice und Gwendolyn •
> halten sich nur im Haus auf • alles wird desinfiziert • keine Blumen und Tiere im Haus •
> kleines, kahles Zimmer • verschlossene Tür zur Indianersiedlung
>
> *Ich hätte nie gedacht, dass …* • *Ihr glaubt ja gar nicht, wie …* • *Ich frage mich, ob …*

## Im Urwald

*Die Zwillinge tun, was sie können, um Maia das Leben zu erschweren, selbst beim Tanz- und Musikunterricht. Maia ihrerseits freundet sich mit den indianischen Angestellten an und erkundet die Umgebung, wenn die Familie nicht da ist. Schließlich erfährt sie, dass Finn, der Sohn des bekannten, vor Kurzem tödlich verunglückten Biologen Bernard Taverner, von Privatdetektiven gesucht wird. Weil er der einzige verbliebene Erbe ist, soll er ins Schloss der Familie nach England zurückgebracht werden. Finn, dessen früh verstorbene Mutter Indianerin war, möchte aber unbedingt in Brasilien bleiben. Eines Tages wird Maia vom Indianer Furo unter geheimnisvollen Umständen mit einem Kanu zu Finn gebracht.*

Sie befanden sich in einer Lagune mit klarem, blauem Wasser, von der Außenwelt abgeschlossen durch einen Ring großer Bäume. Der einzige Zugang, der Weg durch das Schilf, schien sich hinter ihnen wieder geschlossen zu haben. Sie hätten die einzigen Menschen auf der Welt sein können. [5]

Aber es war nicht so sehr die Abgeschiedenheit des Sees, die Maia verzauberte, sondern seine Schönheit. [10]

Die schützenden Bäume breiteten ihre Äste über dem Wasser aus, auf dem Ufer im goldenen Sand lag eine schlafende Schildkröte, die sich von dem Boot nicht hatte stören lassen. Gelbe und rosa Lotusblumen trieben im Wasser, ihre Knospen öffneten sich zur Sonne hin. [15] Eine Traube von Kolibris schwirrte in einem sich ständig ändernden Farbenwirbel um einen Futternapf, der an einen Ast genagelt war. Auf der anderen Seite der Lagune, im Schatten [20]

zweier großer Pappeln, stand eine hübsche kleine Holzhütte, davor ragte ein schmaler Steg ins Wasser, und daran festgemacht war ein Kanu, das Maia kannte.

25 Aber den Jungen, der ruhig wartend vor der Hütte stand, den erkannte sie nicht gleich. Er schien der Indianerjunge zu sein, der sie nach Manaus gebracht hatte, aber sein pechschwarzes Haar war verschwunden, genau wie das

30 Stirnband und die rote Gesichtsbemalung. Mit seinen eigenen feinen braunen Haaren sah er aus wie jeder andere europäische Junge, der lange Zeit im Süden gelebt hat.

Er stand ganz still da, winkte nicht, rief nichts,

35 stand einfach nur da. Und auch der Hund neben ihm war anders als andere Hunde. Es war ein ziemlich magerer Hund, sein Fell hatte die Farbe von dunklem Sand und er wusste, wann er bellen durfte und wann nicht. Als das Kanu

40 am Holzsteg auftauchte, erlaubte er sich nur ein stummes Wedeln mit dem Schwanz. Der Junge hielt ihr die Hand hin und Maia sprang aus dem Boot.

„Ich habe beschlossen, dir zu vertrauen", sagte

45 er auf Englisch.

Maia hatte es bereits geahnt, bevor er angefangen hatte zu sprechen, jetzt war sie sich sicher. Sie sah ihm in die Augen. „Das kannst du auch", sagte sie ernst. „Ich würde dich den Krä-

50 hen nie verraten, für nichts in der Welt."

„Die Krähen ... ja, das ist der richtige Name für die beiden. Dann weißt du also, wer ich bin?"

„Du bist Bernard Taverners Sohn. Aber ich weiß deinen Vornamen nicht."

„Finn. Und du bist Maia. Du singst sehr schön, 55 aber du magst keine Rote Beete und rechnest nicht gerne."

Maia starrte ihn an. „Woher weißt du das alles?"

„Die Indianer haben es mir erzählt. Sie sehen alles. Die alte Lila war mein Kindermädchen, 60 als ich noch ein Baby war. Ich gehe manchmal zu ihnen, um mich zu unterhalten. Zumindest hab ich das getan, bevor die Krähen kamen, aber nur nachts. Die Carters haben mich nie zu Gesicht bekommen und das werden sie auch 65 nicht." Seine Stimme war plötzlich voller Hass. Finn drehte sich um und sagte schnell ein paar Worte zu Furo in dessen Sprache.

„Er wird dich in ein paar Stunden wieder abholen", sagte Finn. „Komm, ich werde dir alles 70 zeigen. Und dann sage ich dir, warum ich dich hergeholt habe."

Er führte sie zur Hütte.

„Mein Vater hat sie gebaut und wir haben hier gewohnt, wenn wir nicht gerade auf einer Ex- 75 pedition waren. Ich kann immer noch nicht glauben, dass er nicht zurückkommt, obwohl es schon vier Monate her ist, dass er ertrank."

„Siehst du ihn manchmal?", fragte Maia und Finn drehte sich abrupt um, denn sie schien 80 seine Gedanken erraten zu haben.

„Ich sehe meinen. Meinen Vater. Nicht einen Geist oder eine Erscheinung ... einfach ihn selbst", fuhr Maia fort.

„Ja, genau so ist es. Er zeigt mir oft etwas. Ein 85 neues Insekt oder eine Pflanze."

„Meiner zeigt mir auch Dinge. Kleine Stücke von Töpfen ... Scherben. Er war Archäologe."

„Meiner war Naturwissenschaftler. Er hat über hundert neue Spezies[1] gefunden." 90

„Ich weiß, ich habe einiges davon im Museum gesehen. Du musst sehr stolz auf ihn sein."

„Ja. Vielleicht ist es das, was einen Vater ausmacht. Dass er einem Dinge zeigt."

---

1 die Spezies: Tier- oder Pflanzenart

95 Die Sammelkästen und -gläser, die Pflanzenpresse, Sezierbesteck[2] und Mikroskop standen säuberlich aufgereiht auf seinem Arbeitstisch. Sein Tischlerwerkzeug hing an der hölzernen Wand [...]. In Regalen aus Palmenholz standen
100 aufgereiht alte Bücher, Bücher über Naturgeschichte, Forschungsreisen und die bekannten Klassiker. Ein Buch lag jedoch aufgeschlagen auf dem Tisch mit einem Lesezeichen darin. [...] Finn warf einen Blick darauf und seufzte.
105 „Ich musste ihm versprechen, mit Latein weiterzumachen, ganz gleich, was passiert. Er sagte, es gäbe nichts, was den Verstand so schärft wie die lateinische Sprache. Aber es ist nicht leicht, so ganz allein."
110 „Ja." Maia nickte. „Nichts ist leicht, wenn man allein ist."

Doch sie dachte, dass sie noch nie einen Ort gesehen hatte, der ihr besser gefiel als dieser. Die Hütte war blitzsauber, durch das Fenster strömte ein schwacher Geruch nach Holzfeuer, 115 Wasser und Schilf. Es gab einen kleinen Ölofen, ein Spülbecken, aber sie sah, dass der Junge wohl meist draußen kochte, auf dem steinumrandeten Feuerplatz, der auf einer kleinen Landzunge zwischen Hütte und Sand- 120 bank errichtet war.
„Alles sieht gut aus." Maia schloss mit einer Handbewegung die Hütte, das Schiff, die Lagune mit ein. „Es ist ein Ort, an dem man für immer und ewig bleiben möchte." 125

2 das Sezierbesteck: sehr scharfe Messer, kleine Schneidewerkzeuge

**8** Das Erlebnis, von dem hier erzählt wird, ist sehr wichtig für Maia.
Gebt das Thema dieses Textauszugs in 1–2 Sätzen wieder.

**9** Haltet die wesentlichen Erzählschritte des Textauszugs schriftlich fest.
a Teilt den Text in Abschnitte ein und fasst diese jeweils mit einer passenden Überschrift zusammen, z. B.: *Fahrt im Kanu, Das Treffen* …
b Schreibt eine knappe Inhaltszusammenfassung des Romanabschnitts auf.

**10** Maia und Finn haben einige Gemeinsamkeiten. Stellt euch vor, Maia erzählt später Miss Minton davon. Schreibt auf, was sie gesagt haben könnte, z. B.:
*Finn und ich haben viel gemeinsam. Schließlich sind wir beide … Unsere Väter … Die Carters …*

**11** Was denkt Maia wohl über Finn – was denkt er über sie?
Wählt eine der beiden Figuren aus und schreibt mögliche Gedanken auf.

◯◯ So könntet ihr einen Text aus Maias Sicht beginnen:

> *Maia über Finn: Als ich ihn zum letzten Mal sah, hat er wie ein richtiger Indianer ausgesehen – mit Bemalung … Und man kann so gut mit ihm reden. Ich würde ihn gerne näher kennen lernen …*

**12** Um den Detektiven zu entkommen, versteckt sich Finn bei den Yanti, dem Stamm seiner Mutter. Auch Miss Minton und Maia wohnen schließlich eine Weile bei dem Indianervolk.
Stellt Vermutungen an, wie es dazu kommt und wie die Erzählung weitergehen könnte.

**13** Wertet eure Leseeindrücke aus.
a Um welche Themen geht es in dem Jugendroman? Schreibt Stichworte auf.
b Würdet ihr den Roman gern zu Ende lesen? Tauscht euch aus und begründet eure Meinung.

# 6.3 Fit in ...? – Einen Textausschnitt aus einem Jugendbuch beschreiben (TGA)

Für einen textgebundenen Aufsatz (TGA) zu dem Textausschnitt aus dem Roman „Löcher" von Louis Sachar auf Seite 103–105, Z. 1–150, wurden folgende Aufgaben gestellt:

1 Schreibe eine Einleitung.
2 Erstelle eine kurze Inhaltszusammenfassung.
3 Benenne drei sprachliche Mittel aus dem Text und begründe ihre Wirkung.
4 Wähle **eine** der beiden folgenden kreativen Schreibaufgaben aus:
  a Setze den Textausschnitt fort: Erzähle, was Stanley tut, nachdem Deo weg ist.
  **oder**
  b Schreibe einen inneren Monolog aus Sicht Stanleys nach der Begegnung mit Deo (▶ Z. 150).

**Tipp:** Lest im Grundwissen (▶ S. 303) nach, was ihr beim Schreiben eines Tagebucheintrags beachten müsst.

## Einleitung

**1**  a Schreibt auf, welche Bestandteile die Einleitung zu eurem TGA enthalten sollte z. B.: *Autor, Titel* ...
  b Formuliert aus den folgenden Vorgaben eine Einleitung.

> der vorliegende Textausschnitt • Jugendroman von Louis Sachar „Löcher" • 1998 als Taschenbuch im Gulliver-Verlag erschienen • Ankunft von Stanley im Erziehungscamp • erste Begegnung mit dem Betreuer • Jungen seines Zeltes

## Inhaltszusammenfassung

Zuerst sieht Stanley die sechs Zelte A, B, C, D, E und F im Camp. F ist das Zelt der Betreuer. Der Erzieher Pendanski erklärt ihm, wie man sich seinen Namen merken kann, nämlich PEN und DANCE und KEY. Er warnt ihn: „Ärger den Boss nicht!" und sagt Stanley, er wolle ihm helfen, sein Leben umzukrempeln. Auch die Jungen seines Zeltes lernt Stanley kennen. Als Erstes trifft er Torpedo und X-Ray, die gerade schmutzig und müde von der Arbeit kommen. Die beiden stellen sich vor. X-Ray grinst und schüttelt Stanley die Hand. Stanley bekommt das Bett von „Kotztüte" zugewiesen und lernt die anderen Jungen kennen. Sie alle haben Spitznamen. Den Betreuer nennen sie „Mom". Er fordert die Jungen auf: „Ich verlass mich darauf, dass ihr Stanley helft." Weil Stanley Theodore nicht mit seinem Spitznamen anspricht, wirft ihn dieser zu Boden.

**2** Diese Inhaltszusammenfassung muss überarbeitet werden.

a Überprüft den Text mit Hilfe der folgenden Fragen und macht euch Notizen:
   – Welche Sätze oder Details sind unwichtig und können gestrichen werden? Notiert die Zeilen.
   – An welchen Stellen wurde wörtliche Rede verwendet? Wandelt sie in indirekte Rede oder einen Redebericht (▶ S. 237 ff.) um.

b Schreibt eine verbesserte Zusammenfassung auf.

## Sprachliche Mittel

**3** Für euren TGA sollt ihr drei sprachliche Mittel auswählen und ihre Wirkung beschreiben. Hier sind mehrere sprachliche Mittel aufgelistet, die im Roman „Löcher" vorkommen.

> – einfache Sprache
> – Abwechslung von kurzen und langen Sätzen
> – wörtliche Rede
> – englische Begriffe
> – Wortspiele/Abkürzungen
> – umgangssprachliche Ausdrücke

### Sprachliche Mittel und ihre Wirkung beschreiben

- Verschafft euch zunächst einen **Überblick** über die sprachlichen Mittel im Text.
- Wählt für den TGA drei **besonders auffällige sprachliche Mittel** aus.
- Wichtig ist, dass ihr die sprachlichen Mittel mit **Textbeispielen** und **Zeilenangaben** nachweist.

a Welche Wirkung haben die sprachlichen Mittel jeweils?
   Schreibt die Liste ab und ordnet jedem sprachlichen Mittel eine passende Erklärung aus dem folgenden Wortspeicher zu.

> anschauliche Darstellung • schnell und flüssig lesbar für Jugendliche •
> entspricht der Sprache der Jungen • macht die Erzählung lebendig • verdeutlichen, dass die
> Geschichte in den USA spielt • zeigen die Fantasie der Jungen im Camp

b Wählt drei sprachliche Mittel aus, die besonders auffällig sind. Sucht zu jedem sprachlichen Mittel einen passenden Textbeleg aus dem Romanauszug und notiert die Zeilenangaben.

c Schreibt vollständige Sätze auf, in denen ihr die sprachlichen Mittel benennt und ihre Wirkung beschreibt, z. B.:

> Die einfache Sprache bewirkt, dass Jugendliche den Roman schnell und flüssig lesen können. So wird zum Beispiel in Zeile 1–5 in wenigen kurzen Sätzen erklärt, wie das Camp aufgebaut ist. Der Inhalt dieser Textstelle ist bereits beim ersten Lesen gut verständlich.

## Kreative Aufgabe

> **1** Stanley stand auf, klopfte sich den Schmutz ab und holte aus dem Rucksack seine Wasserflasche. **2** Laut heulend wischte er seine Tränen ab, bevor er auf der Rückwand der Duschen den Wasserhahn suchte. **3** Dann sah er Zero, der ihn stillschweigend beobachtete. **4** Aber Stanley wollte mit niemandem reden und ging wieder in das Zelt. **5** Dann räumte er im Zelt seine Sachen in die Kiste. **6** Er warf sich auf das Bett, das mit einem lauten Knall zusammenkrachte. **7** Da erschien Mr. Pendanski und ordnete an: „Hier wird nicht geheult, jetzt erst mal waschen und zum Essen kommen. Los, los, hier gibt es keine Trödelei!" **8** Stanley schluckte und gehorchte.

**4** Überprüft den Schülertext, der zu Aufgabe 4a des TGA (Fortsetzung des Texts) verfasst wurde. Einige Sätze enthalten Fehler. Notiert die Satznummern und ordnet den fehlerhaften Sätzen jeweils eine passende Bewertung aus dem Wortspeicher zu.

Wiederholung • langweiliger Satzanfang • Übertreibung • fehlender Zusammenhang

## Schluss

**5** Euer TGA sollte einen Schluss enthalten, in dem ihr Stellung zum Inhalt oder dem Thema des Textes nehmt. Begründet, welcher Schluss eurer Meinung nach besser gelungen ist.

> **A** Ich fand den Ausschnitt aus „Löcher" sehr schockierend und interessant und werde mir das Buch aus der Bibliothek holen.
>
> **B** Der Textausschnitt aus dem Roman „Löcher" hat mir gut gefallen, weil er auf eine spannende Geschichte hinweist. Ich würde das Buch gerne weiterlesen, um zu erfahren, wie es Stanley im Strafcamp ergeht und was er alles erlebt.

**6** Schreibt nach den Vorgaben der Schulaufgabe auf Seite 116 einen vollständigen Aufsatz und überarbeitet ihn mit der Checkliste.

## Checkliste ✓

### Einen TGA zu einem Jugendbuchauszug schreiben
- Enthält die **Einleitung** alle erforderlichen Angaben zum Text?
- Ist die **Inhaltszusammenfassung** kurz, frei von wörtlicher Rede und überflüssigen Details, enthält aber dennoch alle wichtigen Informationen?
- Sind die **sprachlichen Mittel** begründet und mit den entsprechenden Belegen dargestellt worden?
- Ist die **kreative Aufgabe** sprachlich und inhaltlich dem Text angepasst?
- Passt der **Schluss** zum vorgegebenen Text?
- Habe ich meinen Aufsatz auf **sprachliche Richtigkeit** hin überprüft?

# 7 Von Rittern, Damen und Burgen –
## Literatur des Mittelalters

**1** Diese Abbildung stammt aus dem Mittelalter. Sie verziert einen Text in der Manessischen Liederhandschrift, einer Gedichtsammlung, die vor über 700 Jahren entstand.
   **a** Beschreibt das Bild genau.
   **b** Wählt eine der Figuren aus und versetzt euch in ihre Lage: Überlegt euch, was die Figur sieht, hört, fühlt und denkt.

**2** Was wisst ihr bereits über das Leben der Ritter? Erstellt eine Mind-Map.

# 7.1 Zum Ritter geboren? – Parzival

Wolfram von Eschenbach

**Parzival**
Neu erzählt von Auguste Lechner

*Parzival ist die Hauptfigur in einem berühmten mittelalterlichen Werk des Dichters Wolfram von Eschenbach.*

*Parzivals Vater Gahmuret war ein berühmter Ritter, der im Kampf gestorben ist. Deshalb beschließt Herzeloide, seine Frau, den gemeinsamen Sohn vor den Gefahren des Rittertums zu bewahren. Sie zieht mit ihm in die Einöde von Soltane und verbietet ihren Dienern, ihm etwas vom Rittertum zu erzählen. Doch eines Tages, als Parzival auf der Jagd nach Wild in den Wald zieht, kommt es zu einer folgenschweren Begegnung:*

Parzival war früh in der Dämmerung vom Hofe fortgegangen. Er ging quer waldeinwärts, bis der Boden sachte anzusteigen begann. [...]
Nach einer Weile hörte er ein Geräusch, das
5 ihn sogleich regungslos stillstehen ließ. Es war kein Wild, das merkte er wohl. Es war auch sonst nichts, was er kannte. Es klang wie dump-

fe Hufschläge auf dem weichen Boden, und dazwischen klirrte es leise, wie von vielen Ketten, die aneinanderschlugen.
10 Parzival wog den Gabylot[1] in der Hand: Er war neugierig, was für ein Wesen wohl da so klingenden Ganges herankommen mochte. Niemand auf dem Hofe machte einen so wunderlichen Lärm, kein Mensch und kein Tier.
15 Vielleicht – vielleicht war es der Teufel, die Mutter hatte gesagt, er stelle Menschen nach. Ei, meinetwegen, dachte Parzival, ich will schon fertigwerden mit ihm!
Aber im gleichen Augenblick fuhr er zusam-
20 men. Dort vorne auf dem Steig tauchte es zwischen den Büschen auf und jagte auf ihn zu ... Es musste wohl ein Reiter sein, wenigstens saß er auf einem Pferd, aber – großer Gott, der

---

1 Gabylot: kurzer Wurfspeer in einem Köcher, der nicht als Waffe galt, die einem Ritter würdig war

25 Mann, wenn es einer war, bestand vom Kopf bis zu den Füßen aus lauter silbernen Ringen, ein riesiges Messer baumelte an seiner Seite herab, und in der Hand trug er einen langen Spieß, gegen den Parzivals Gabylot wie ein
30 Knabenspielzeug aussah. Und diese Hände, nein, Menschenhände waren das nicht, sie waren gewaltig groß und auch gänzlich aus Silber, schien es. Aber das Schrecklichste war: Der Reiter hatte kein Gesicht! An der Stelle des
35 Kopfes saß ihm eine glänzende Silberkugel auf den Schultern, aus der oben statt der Haare lange schwarze Federn wuchsen.

Obgleich es Parzival sehr unheimlich zu Mute war, schien ihm die klirrende, glänzende Ge-
40 stalt unbeschreiblich herrlich, viel herrlicher als alles, was er je gesehen hatte! Und als er das dachte, da traf es ihn wie der Blitz: Nein, das war nicht der Teufel, das musste der Herre Gott sein! Gott war endlich nach Soltane ge-
45 kommen!

Da warf der Knabe Parzival seinen Gabylot fort, fiel mitten im Pfad auf die Knie nieder, und während der silberne Reiter sein Pferd zurückriss, um den närrischen Knaben nicht nieder-
50 zureiten, sagte Parzival atemlos vor Entzücken: „Oh, Herre Gott, ich will immer dein treuer Knecht sein! Ich habe lange auf dich gewartet." Danach brachte er nur noch einen gurgelnden Schrei heraus: Denn der Herre Gott war plötz-
55 lich nicht mehr allein. Hinter ihm auf dem Pfad war ein Zweiter erschienen, der ihm zum Verwechseln ähnlich sah, nur dass er irgendein grässliches Untier auf dem silbernen Kopf trug ... Und jetzt kam noch ein Dritter heran-
60 geklirrt, genauso herrlich anzusehen.

Parzival taumelte vor Enttäuschung und Betrübnis, als er sich erhob und seinen Gabylot aufraffte. Nein, es war nicht Gott, denn es gab nur einen einzigen, und diese da waren drei.
65 Aber wer waren sie denn? Er wusste nicht, ob man die silbernen Wesen danach fragen konnte, und es blieb ihm auch gar keine Zeit dazu. Abermals erscholl ein helles Klingen wie von hundert Glöcklein und vorne unter den Bäu-
70 men leuchtete es golden auf. Ein schneeweißes

Pferd jagte den Pfad heran, darauf saß ein goldener Reiter, der trug die Sonne auf dem Kopfe, und an Sattel und Zaumzeug klingelten goldene Glöcklein.

Ja, nun war es doch Gott, und die drei silber- 75 nen Reiter waren seine Erzengel: Denn so viel Herrlichkeit gab es auf Erden ganz gewiss nicht!

So drängte sich Parzival an den drei Erzengeln vorüber und warf sich vor dem schnee- 80 weißen Pferd nieder, das mit einem erschrockenen Schnauben zurückprallte. „Ich grüße dich, hilfreicher Gott", sagte er demütig. „Ich weiß, bei dir ist Hilfe in jeder Not und ..." Er stutzte, denn von den drei Erzengeln kamen 85 sonderbare Laute, fast als lachten sie.

Der Herre Gott aber beugte sich aus dem Sattel herab zu dem armen Knaben Parzival, öffnete mit der Hand vorne das goldene Haupt, ein zorniges Gesicht kam zum Vorschein und sag- 90 te barsch: „Was soll das heißen, du närrischer Bursche? Geh aus dem Weg, wir haben Eile." Parzival ächzte vor Schrecken. Nein, abermals war es nicht Gott, und auch die Erzengel hatten auf einmal menschliche Gesichter, und einer 95 sagte: „Er ist wohl nicht ganz richtig im Kopfe, Herr." [...]

Aber indessen hatte der Goldene den wunderlichen Knaben näher betrachtet, und was er sah, gefiel ihm. 100

„Wer bist du?", fragte er freundlicher.

„Ich bin Parzival. Und du, Herre, wenn du nicht Gott bist?" – „Nein, ich bin nicht Gott", sagte der Goldene. „Wir alle sind Ritter. Weißt du nicht, was ein Ritter ist?" 105

„Nein, aber ich möchte auch einer werden", antwortete Parzival begierig. „Sage mir, wie erlange ich Ritterschaft?" Der Fremde lachte.

„Du brauchst nur an den Hof von König Artus zu reiten, der hat schon vielen Ritterschaft 110 verliehen – wenn sie es wert waren", fügte er wieder ernster hinzu.

„Und gibt er mir auch so ein goldenes Gewand, wie du es da trägst?", forschte Parzival und strich behutsam über den glänzenden Harnisch. 115 „So viele Ringe!", fuhr er bewundernd fort.

„Meine Mutter hat nur ein hölzernes Kästlein voll. Wozu trägst du sie denn alle am Leibe?"
Der Ritter betrachtete ihn kopfschüttelnd.
120 Dann zog er mit einem Ruck sein Schwert aus der Scheide. „Siehst du, wenn ein anderer Ritter kommt und mit mir kämpfen will, so wird er mich mit einem solchen Schwerte schlagen. Trage ich aber meine Ringe, so vermag er mich
125 nicht so leicht zu verwunden oder zu töten."
Parzival starrte ihn an.
„Aber – warum will er mit dir kämpfen? Oder gar – dich töten?", stieß er entsetzt hervor.
„Du bist ein törichter[2] Knabe!", sagte der Ritter
130 ungeduldig. „Und du scheinst mir keine Ahnung zu haben, wie es in der Welt zugeht. Vielleicht will einer mit dir kämpfen, weil ihm etwas in die Augen sticht, was mir gehört. Oder vielleicht muss ich kämpfen, weil mir ein
135 anderer etwas geraubt hat, ein kostbares Gut oder – eine Frau", fügte er grimmig hinzu.
„Aber jetzt gehab dich wohl[3], wir müssen fort!"
Und mit Geklirr und Geklingel und goldenem und silbernem Gefunkel ging es den Pfad hin-
140 ab. Dann waren die Reiter in der grünen Dunkelheit verschwunden, und Parzival stand noch immer da, hatte den Mund offen und vergaß das Atmen. Endlich trottete er langsam und versonnen den Weg zurück, den er gekommen
145 war. [...]
Als er auf die Lichtung kam und den Hof vor sich liegen sah, begann er zu laufen. Frau Herzeloide blickte auf und lächelte, als er in die Kammer stürzte. Aber als sie sein Gesicht sah,
150 wusste sie, dass ihm etwas begegnet war.
Er kam herüber, setzte sich zu ihren Füßen auf den Boden und schlang die Arme um die Knie, wie er es schon als kleiner Knabe so gern getan hatte. So sah er zu ihr hinauf. [...] „Oh, Mutter,
155 ich muss dir etwas erzählen!" Und dann brach es aus ihm hervor, wild und sehnsüchtig und voll Entzücken: die Geschichte von den herrlichen Rittern, von König Artus und der fremden Welt, in der die Männer ein Gewand aus
160 goldenen oder silbernen Ringen trugen und einander mit dem Schwert bekämpften.

Die Königin war totenbleich geworden. Ja, davor hatte sie sich diese ganzen Jahre gefürchtet. Nun war es da, und Gahmurets wildes Herz war aufgewacht in dem Knaben Parzival, und 165 alles, was sie getan hatte, war umsonst.
Aber er durfte nicht fort, nein, es musste doch etwas geben, das ihn zurückhielt! Es gab nichts.
Eine Weile ging es noch so hin [...]. Dann sagte 170 er eines Morgens: „Mutter, ich liebe dich sehr, aber ich muss dennoch fort!" [...]
Indessen hatte sie aber einen Plan ersonnen: Wenn sie Parzival nicht zum Bleiben bewegen konnte, sollte er wenigstens bald wieder zu ihr 175 zurückkehren, dafür wollte sie schon sorgen.
So sprach sie: „Du musst noch eine kleine Weile Geduld haben, denn ich will dir erst ein Gewand nähen, mit dem du in die Welt reiten kannst, und alle anderen Dinge zurichten, die 180 du brauchst."
„Gott lohne es dir, Mutter", sagte Parzival froh.
Er saß bei ihr, während sie zuschnitt und nähte.
Aber er merkte nicht, dass das Hemd und die kurzen Hosen, die bis ans halbe Bein hinab- 185 reichten, aus der gröbsten Leinwand waren, aus der man sonst Kornsäcke zu machen pflegte.
Beides war aus einem einzigen Stück geschnitten und hing ihm wie ein Sack am Leibe, und als noch eine Kapuze mit einem spitzen Zipfel 190 darangenäht war, sah alles miteinander um kein Haar anders aus als ein Narrenkittel. Aber auch davon ahnte Parzival nichts. Zuletzt fertigte sie aus einem Kalbfell hohe Stiefel, und als er, so närrisch angetan, vor ihr stand, da 195 hätte die Königin am liebsten geweint, weil ihr geliebter Knabe so zum Gespött der Leute in die Welt ziehen sollte.
Aber es musste sein: Denn in seinem Narrengewand würde man ihn überall auslachen, und 200 das gefiel ihm gewiss nicht. So mochte er es wohl bald sattbekommen und wieder zu ihr heimkehren.

---

2 töricht: dumm

3 Gehab dich wohl: Mach's gut! / Bleib gesund!

Nun lag es Frau Herzeloide schwer auf der See-
205 le, dass der Knabe nichts von seiner Abstam-
mung wusste und nichts von höfischer Sitte,
die seinem Stande angemessen war.
„Ich muss dir wenigstens ein paar gute Lehren
mitgeben", dachte sie und beredete allerlei mit
210 ihm.
„Du sollst König dreier Reiche sein", sprach sie,
„denn dein Vater Gahmuret besaß Anschouwe,
mir aber gehörte Waleis und Norgals." Sie fuhr
fort: „Triffst du Männer, die älter und vorneh-
215 mer sind als du, so vergiss nicht, sie zu grüßen. Wenn dich ein weiser alter Mann etwas
lehren will, dann höre seinen Rat und folge
ihm. Erweist dir jemand einen Dienst, so be-
lohne ihn dafür. Edle Frauen darfst du mit
220 einem Kuss begrüßen, denn dies ist höfische
Sitte, und du bist ein Königssohn. Schenkt dir
eine Frau ein Ringlein, so halte es in Ehren:
Denn dies ist eine große Gunst. Aber sieh dir
die Frau gut an, ehe du sie darum bittest."
225 Unter solchen Reden verging die Nacht, und
als der Morgen graute, ritt Parzival fort aus der

Einöde von Soltane und fort von seiner Mutter.
Er dünkte sich[4] stark und weise und war doch
nur ein großer törichter Knabe. Und darum
richtete er in seinem Unverstand allerlei Un- 230
heil an.
*Parzivals Ziel ist der Artushof. Er hofft, dort von*
*König Artus zum Ritter geschlagen zu werden.*
*Auf seinem Weg dorthin muss er viele Abenteuer*
*bestehen ...*

4  sich ... dünken: sich für ... halten

---

**1** Stellt einander W-Fragen zum Textinhalt und beantwortet sie in eigenen Worten, z. B.:
*Wen trifft Parzival im Wald? Für wen hält er sie? Was erfährt er? Was möchte ...? Wie reagiert ...?*

**2** Findet die elf inhaltlichen Fehler in dieser Textzusammenfassung und schreibt sie korrigiert auf.

VORSICHT
FEHLER!

In dem vorliegenden Ausschnitt aus dem Buch „Parzival" erzählt Auguste
Lechner, dass der Knabe Parzival in einem Feld auf der Jagd ist. Der Junge hört unbekannte
Geräusche und vermutet, es könnte der Teufel sein. Dann erblickt er eine glänzende Gestalt,
die ihn jedoch überhaupt nicht beeindruckt. Bald darauf tauchen zwei weitere silberne
5  Wesen und ein goldener Reiter auf einem pechschwarzen Pferd auf. Parzival hält die Ritter für
Gott und seine Erzengel und stellt sich ihnen in den Weg. Die vier Männer glauben daraufhin,
der Junge sei gefährlich. Der goldene Reiter erzählt Parzival, dass sie Ritter seien und dass
man an Gahmurets Hof Ritterschaft erlangen könne. Außerdem erklärt er dem Jungen, wozu
man ein Kettenhemd braucht, und nennt Gründe, warum Ritter immer friedlich sind. Parzival
10  verspürt nun auch den Wunsch, Ritter zu werden.
Zurück bei seiner Mutter Herzeloide, verschweigt er die Begegnung mit den Rittern und
äußert den Wunsch, in die Welt hinauszuziehen. Herzeloide schimpft ihn aus, doch hegt sie
einen Plan, damit ihr Sohn schnell wieder zu ihr zurückkommt: Sie näht ihm ein Künstler-
gewand, in dem er in die Welt hinausziehen soll. Bevor Parzival aufbricht, klärt ihn seine
15  Mutter noch über seine bäuerliche Herkunft auf und gibt ihm einige Ratschläge.

### Der ideale Ritter

 **a** Wie soll ein idealer Ritter sein? Sucht Informationen zum Aussehen und zum Verhalten eines Ritters aus dem Textausschnitt „Parzival" und notiert sie auf einem Plakat.

● ○ ○ Um Hinweise zu finden, könnt ihr in folgenden Abschnitten nachlesen:
- Aussehen (Kleidung, Ausrüstung, Waffen): Z. 25–37, 55–74, 113–125
- Verhalten (Aufgaben eines Ritter): Z. 104–112, 127–135

**b** Informiert euch, wie man zum Ritter wurde, und ergänzt die Informationen auf dem Plakat. **Tipp:** Befragt eure Geschichtslehrerin/euren Geschichtslehrer oder informiert euch in Sachbüchern.

**c** Präsentiert eure Plakate vor der Klasse und vergleicht sie.

*Der ideale Ritter*

*von Kopf bis Fuß gepanzert*

**4** Diskutiert über die folgenden Fragen zum Text „Parzival" und begründet eure Meinung:
- Würdet ihr als König Artus Parzival als Ritter aufnehmen?
- Hat Parzivals Mutter Herzeloide richtig gehandelt?
- Gibt es vergleichbare Situationen zwischen Eltern und ihren Kindern in der heutigen Zeit?

**5** Wählt eine der Szenen aus dem Text aus und spielt sie im Rollenspiel nach.

## Das höfische Epos

Den Originaltext über Parzival verfasste Wolfram von Eschenbach zwischen 1200 und 1210. Das Werk ist in Versform in mittelhochdeutscher Sprache geschrieben, einem Vorläufer unserer heutigen Standardsprache.

der knappe frâgte fürbaz
»du nennest ritter: waz ist daz?

hâstu niht gotlîcher kraft,
sô sage mir, wer gît ritterschaft?«
»daz tuot der künec Artûs.
junchêrre, komt ir in des hûs,
der bringet iuch an ritters namn,

daz irs iuch nimmer durfet schamn.
ir mugt wol sîn von ritters art.«

**Aussprache des Mittelhochdeutschen** (ca. 1050–1350 n. Chr.)
- Vokale mit einem darübergesetzten Winkel *(î, ê, â, û, ô)* werden gedehnt (= lang) gelesen, z. B.: *hûs* (das Haus) = „huus"
- *z* und *zz* werden wie „s" ausgesprochen, z. B.: *waz* (was) = „was"
- Bei den **Diphthongen *ie, uo*** und *ou* wird jeder Vokal einzeln gelesen, z. B.: *liep* (lieb) = „*li-eb*", *muost* (musst) = „mu-ost"
  Bairische Mundarten haben dies übrigens bis heute beibehalten!

**1**   a   Lest mit Hilfe dieser Hinweise den Ausschnitt aus dem Originaltext des „Parzivals" laut vor.
     b   Im Gegensatz zur Übersetzung ist das Original in Reimen verfasst. Bestimmt das Reimschema (▸ S. 308).

**2**   Sucht in der modernen Parzivalfassung (▸ S. 120 ff.) die Textstelle, die den mittelhochdeutschen Zeilen Wolframs von Eschenbach (▸ S. 124) entspricht.

**3**   Eine andere berühmte Geschichte des Mittelalters ist das „Nibelungenlied". Dieses Epos wurde gegen Ende des 12. Jahrhunderts von einem unbekannten Verfasser geschrieben.
Auguste Lechner hat das Werk in heutiges Deutsch übertragen.
     a   Lest den folgenden Klappentext.
     b   Würdet ihr das Buch „Die Nibelungen" gern lesen? Begründet eure Meinung.

**Lesetipp: „DIE NIBELUNGEN"** *von Auguste Lechner*
Der Kampf mit einem Drachen, ein verhängnisvolles Lindenblatt, die Tarnkappe des Zwergenkönigs, ein unermesslicher Schatz – im Rhein versenkt –, Betrug, Eifersucht, Mord, Rache, höfische Pracht, Heldentaten und vieles mehr!
5   Die Geschichte um den strahlenden Siegfried und den skrupellosen Hagen, um die schöne Kriemhild und die starke Brunhild, um Gunther, Gernot und Giselher, um den Zug der Nibelungen und Burgunden an Etzels Hof und ihren ausweglosen Kampf: Das ist mehr als eine Sage aus lange vergessener Zeit … Das ist
10   ein Roman, der auch heute noch zu begeistern weiß!

**Wissen und Können**    **Das höfische Epos**

Das höfische **Epos** (griech. *épos* = Wort, Erzählung, Lied, Gedicht) ist eine Form der erzählenden Literatur (Epik), die im Hochmittelalter (um etwa 1200) sehr beliebt war.
Als **höfisch** bezeichnet man diese Dichtung deshalb, weil sie für den Vortrag an Höfen der Adligen bestimmt war und das Lebensgefühl der höfischen Gesellschaft (Ritter und adelige Damen) zum Ausdruck brachte.
Die Texte sind in **Versform,** meist in Paarreimen, verfasst. Häufig werden darin Sagen erzählt, oft mit keltischem Ursprung (z. B. „König Artus") oder aus der Antike (z. B. „Alexander").

# 7.2 Dû bist mîn, ich bin dîn – Minnesang und Sprachwandel

## Minnelieder

Heinrich von Morungen († um 1220)

### Nein und Ja

Frau, wenn du mich erretten willst,
So sieh mich doch ein wenig an:
Wenn du die große Noth nicht stillst,
So ist es bald um mich gethan.
5  Ich bin siech, mein Herz ist wund:
Frau, das haben mir gethan meine Augen und dein rother Mund.

Frau, bedenkst du nicht mein Leid,
Verlier ich Leben bald und Leib.
Ein Wörtchen sprachst du jederzeit,
10  Verkehre das, du selig Weib!
Du sprachest immer: Nein, o nein,
O nein, o nein, o nein: Das bricht mein Herz, und wär es Stein.

Sprich nun doch auch einmal ja,
Ja ja, ja ja, ja ja! Das liegt meinem Herzen nah.

**1** Untersucht das Gedicht „Nein und Ja".
a Erklärt, an wen sich das Gedicht richtet.
b Beschreibt, worüber der Sprecher klagt und was er sich wünscht.

**Minnesänger** des Mittelalters (z. B. Heinrich von Morungen oder Walther von der Vogelweide) besangen Heldentaten der Ritter, die Natur und die Religion. Ein besonders häufiges Thema in ihren Liedern war die Verehrung einer Frau (= Minne).

## Der Begriff der „Minne"

Im Mittelalter gab es eine etwas andere Vorstellung von der „Minne", der Verehrung einer Frau. In einem Wörterbuch wird der Begriff folgendermaßen umschrieben:

**Minne** = (liebevolles) Gedenken; verehrende, dienende Liebe eines höfischen Ritters zu einer meist verheirateten, höhergestellten Frau.

Auch auf einer Internetseite für Kinder wird „Minne" erklärt:

In ihren Liedern priesen die Minnesänger etwa die Schönheit der adeligen Frauen und schwärmten in den höchsten Tönen von deren Anmut und Liebreiz – kurz:
5 Sie machten ihnen „den Hof". Diese Redensart, die wir heute noch gebrauchen, stammt aus jener Zeit. Gemeint ist damit die besondere Verehrung einer Dame. Allerdings ging es in den Texten der Min-
10 nesänger oft darum, dass diese unerreichbar sei. Das gehörte zum Spiel der sogenannten „hohen Minne": Die Sänger lobten und vergötterten die Frau – und dabei blieb es. Die Liebe war ein
15 Traum und spielte sich im Kopf ab. Schließlich waren Minnesänger Ehrenmänner!

**2** a Lest die beiden Texte und gebt wieder, was man unter „Minne" verstand.
  b Welche Besonderheiten der „Minne" finden sich in Heinrich von Morungens Gedicht? Nennt sie.

**3** Erklärt Unterschiede und Gemeinsamkeiten zwischen „Liebe", wie wir sie heute verstehen, und der mittelalterlichen „Minne". Gestaltet dazu ein Schaubild nach folgendem Muster:

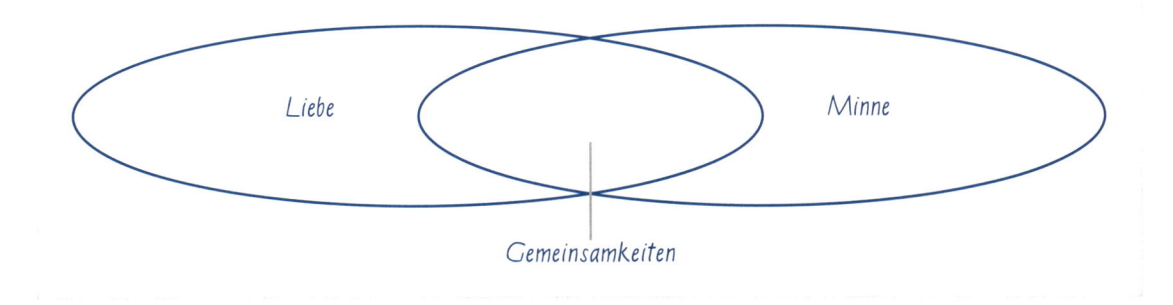

# Laute verändern sich

Dû bist mîn, ich bin dîn:
des solt dû gewis sîn.
dû bist beslozzen
in mînem herzen:
verlorn ist das slüzzelîn:
dû muost immer darinne sîn.

(unbekannter Autor)

**1** Lest das Gedicht laut vor. Beachtet dabei die „Leseanleitung" auf ▶ Seite 125.

**2** a Versucht, das mittelhochdeutsche Gedicht in unser heutiges Standarddeutsch zu übersetzen.
b Besprecht, wovon das Gedicht handelt.

**3** Wie haben sich Laute/Lautkombinationen im Laufe der Zeit verändert?
a Legt dazu eine Tabelle an. Betrachtet vor allem „î", „sl" und „uo".

| Mittelhochdeutsch | Neuhochdeutsch |
| --- | --- |
| *î im Wort „mîn"* | *... im Wort* |
| *...* | *...* |

b Erweitert die Tabelle, indem ihr versucht, die Wörter aus den folgenden Aussagen ebenfalls ins Neuhochdeutsche zu übertragen.
**Tipp:** Es kann euch helfen, die Sätze laut vorzulesen.

> Liebe, guote brüeder
> unde vrouwen!

> Mîn niuwes
> hûs!

---

**Wissen und Können** | **Vom Mittelhochdeutschen zum Neuhochdeutschen**

- Aus den langen Vokalen **î** und **û** werden im Neuhochdeutschen die Diphthonge **ei** und **au**, z. B.: mhd. „*mîn*" → nhd. „*mein*"; mhd. „*hûs*" → nhd. „*Haus*"
- Aus den mittelhochdeutschen Diphthongen **ie, uo,** und **üe** werden die langen Monophthonge **i, u** und **ü**, z. B.: mhd. „*liebe*" → nhd. „*liebe*"; mhd. „*guote*" → nhd. „*gute*"; mhd. „*brüeder*" → nhd. „*Brüder*"
- Aus **iu** und **ou** werden die Diphthonge **eu** und **au**, z. B.: mhd. „*niuwes*" → nhd. „*neues*"; mhd. „*vrouwe*" → nhd. „*Frau*"
- Aus der Lautkombination **sl** wird **schl**, z. B. mhd. „*slüzzel*" → nhd. „*Schlüssel*"

# Bedeutungen verändern sich

Nicht nur die Laute haben sich im Laufe der Zeit verändert. Auch der Sprachgebrauch entwickelte sich weiter. Viele Wörter haben heute eine andere Bedeutung als im Mittelalter.

**hêrre/her** (mhd.): Mann von ehrwürdiger/erhabener Herkunft
**Herr** (nhd.): Anrede für einen Mann

**vrouwe** (mhd.): Bezeichnung der Herrin und der Dame von Stand
**Frau** (nhd.): Anrede für eine erwachsene weibliche Person

**1** a Vergleicht die Bedeutungen des mittelhochdeutschen und des neuhochdeutschen Wortes.
   b Entscheidet mit Hilfe des Merkkastens auf Seite 130, welche Art von Bedeutungswandel hier jeweils vorliegt.

**2** a Ordnet die Erklärungen den jeweiligen mittel- und neuhochdeutschen Wörtern zu.

**wîp → Weib**          **arebeit → Arbeit**          **magetlîn → Mädchen**

erwachsene weibliche Person, Ehefrau

schwere körperliche Anstrengung, Mühsal, Plage, unwürdige Tätigkeit

zweckmäßige Beschäftigung des Menschen

herablassende Bezeichnung für eine Frau

Verkleinerungsform zu „maget", das eine Jungfrau und/oder eine Dienerin bezeichnete.

entstand aus dem Wort „Mägdchen" und bezeichnet eine junge weibliche Person

   b Welche Art des Bedeutungswandels liegt hier jeweils vor?

**3** Das Wort „Maus" hat erst in den letzten Jahrzehnten einen Bedeutungswandel erfahren.
   a Erklärt, inwiefern sich die Bedeutung dieses Wortes verändert hat und welche Ursachen es dafür gibt. **Tipp:** Denkt an ein bestimmtes technisches Gerät und sein Aussehen.
   b Bestimmt, welche Art des Bedeutungswandels vorliegt.

Der Ritter Gernot nahm an einem Turnier teil. Die Ritter warfen sich ins Zeug, und ihre Knappen brachten sie in Harnisch, weil sich keiner eine Blöße geben wollte. Sobald ein Ritter auf dem hohen Ross saß, rückte er sich so zurecht, bis er sattelfest war. Dann ritt er auf seinen Gegner zu und warf ihm den Fehdehandschuh vor die Füße.

**4** Im diesem Text sind Begrifflichkeiten aus dem Mittelalter markiert, die wir auch heute noch als Redewendungen verwenden.
Übertragt die folgende Tabelle in euer Heft und ergänzt sie.

| Redewendung | ursprüngliche Bedeutung | heutige Bedeutung |
|---|---|---|
| *sich ins Zeug werfen* | *die Rüstung anziehen* | *sich anstrengen* |
| *in Harnisch bringen* | ... | ... |

●○○ Als Hilfe könnt ihr die Vorgaben aus dem Wortspeicher passend zuordnen:

das Streitross war besonders hoch • den Harnisch anlegen • einen Streit beginnen • eine Schwäche zeigen • eine ungerüstete Körperpartie zeigen • gut im Sattel sitzen • jemanden in Wut versetzen • sicher sein • überheblich sein • Zeichen für Kampfansage

---

**Wissen und Können** | **Bedeutungswandel**

Wörter können im Laufe der Zeit ihre Bedeutung in unterschiedlicher Weise verändern.
Es gibt verschiedene Arten von Bedeutungswandel:

**Bedeutungsverengung und -erweiterung:**
- Bedeutungsverengung liegt dann vor, wenn der Bedeutungsumfang kleiner wird, ein Wort also weniger Dinge bezeichnet als vorher, z. B.: mhd. *„mus"* = alle Arten von Nahrung → nhd. *„Mus"* = eine breiartige Speise aus Obst
- Bei der Bedeutungserweiterung kommen neue, zusätzliche Bedeutungen hinzu, z. B.: mhd. *„horn"*: Horn eines Tieres → nhd. *„Horn"*: Horn eines Tieres, aber auch Blasinstrument oder Trinkgefäß

**Bedeutungsverbesserung und -verschlechterung:**
- Die Bedeutung eines Wortes kann im Laufe der Zeit „besser" werden, z. B.: mhd. *„marschalc"* = Pferdeknecht → nhd. *„Marschall"* (ein hoher militärischer Rang)
- Die heutige Bedeutung kann aber auch „schlechter" sein als im Mittelalter, z. B.: mhd. *„merhe"* = Stute → nhd. *„Mähre"* = abgemagertes, altes Pferd

**Bedeutungsverschiebung:**
Das Wort oder der Ausdruck bedeutet heute etwas ganz anderes als früher, z. B.:
mhd. *„vrouwenzimmer"* = die Räume der Herrin bzw. die Frauengemächer → nhd. *„Frauenzimmer"* = eine herablassende oder scherzhafte Bezeichnung für eine Frau

**5** Auch in der Jugendsprache findet Bedeutungswandel statt.

> Das Konzert war der Hammer!

> Die lange Busfahrt war ätzend.

> Die Pizza war irre gut!

> Verdammt heiß hier!

> Ich raff das nicht!

> Mach dich vom Acker!

a Erklärt, was die unterstrichenen Wörter ursprünglich bedeuteten und wofür sie heute gebraucht werden.

*verdammt* → *1. (ursprüngliche Bedeutung) verflucht; von Gott bestraft*
*2. (jugendsprachl. Bedeutung) sehr, unangenehm*

b Sucht nach weiteren Ausdrücken der Jugendsprache, die einen Bedeutungswandel erfahren haben. Schreibt sie wie oben mit Erklärungen auf.

## Testet euer Wissen!

### Bedeutungswandel: Redewendungen

Mein Bruder Theo hat sich diese Woche seine ersten Sporen als Zeitungsausträger verdient. Aber am Freitag hat er sich mächtig in die Nesseln gesetzt: Er hat über eine Stunde verschlafen! Sein Chef war entrüstet und hat ihn sogleich in die Schranken gewiesen. Daraufhin ist Theo getürmt. Weil er sich aus dem Staub gemacht hat, wurde er vom Chef entlassen. Diese Kündigung ist hieb- und stichfest! Aber meine Eltern brechen eine Lanze für Theo und lassen ihn nicht im Stich. Verschlafen kann doch nun wirklich jeder mal!

**1** Schreibt alle Redewendungen in der Reihenfolge heraus, in der sie in der Sprechblase vorkommen, und ordnet ihnen die entsprechende heutige Bedeutung zu. Als Lösungswort ergibt sich eine typische Speise aus dem Mittelalter.

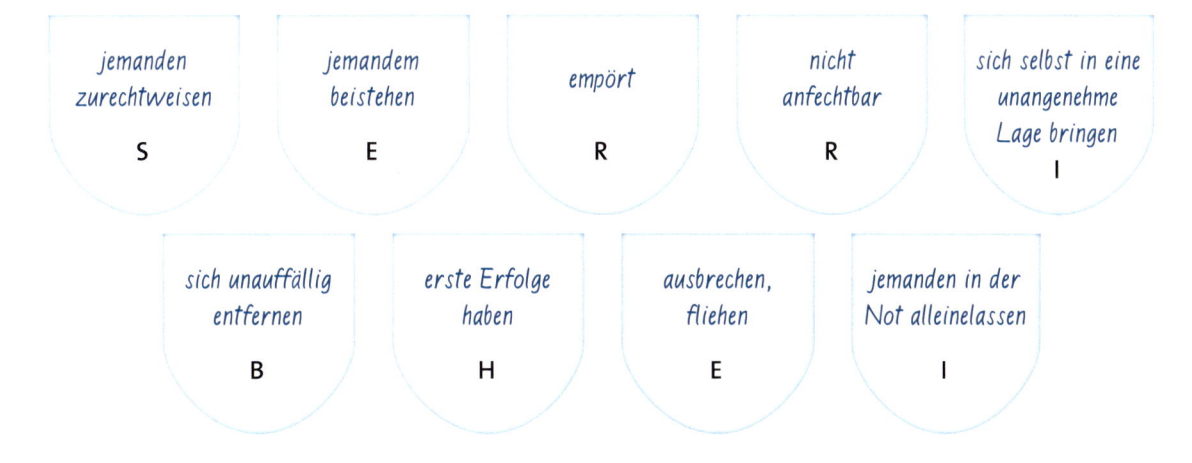

| jemanden zurechtweisen | jemandem beistehen | empört | nicht anfechtbar | sich selbst in eine unangenehme Lage bringen |
|---|---|---|---|---|
| S | E | R | R | I |

| sich unauffällig entfernen | erste Erfolge haben | ausbrechen, fliehen | jemanden in der Not alleinelassen |
|---|---|---|---|
| B | H | E | I |

## 7.3 Projekt: Mittelalter heute – Unser Bild einer längst vergangenen Zeit

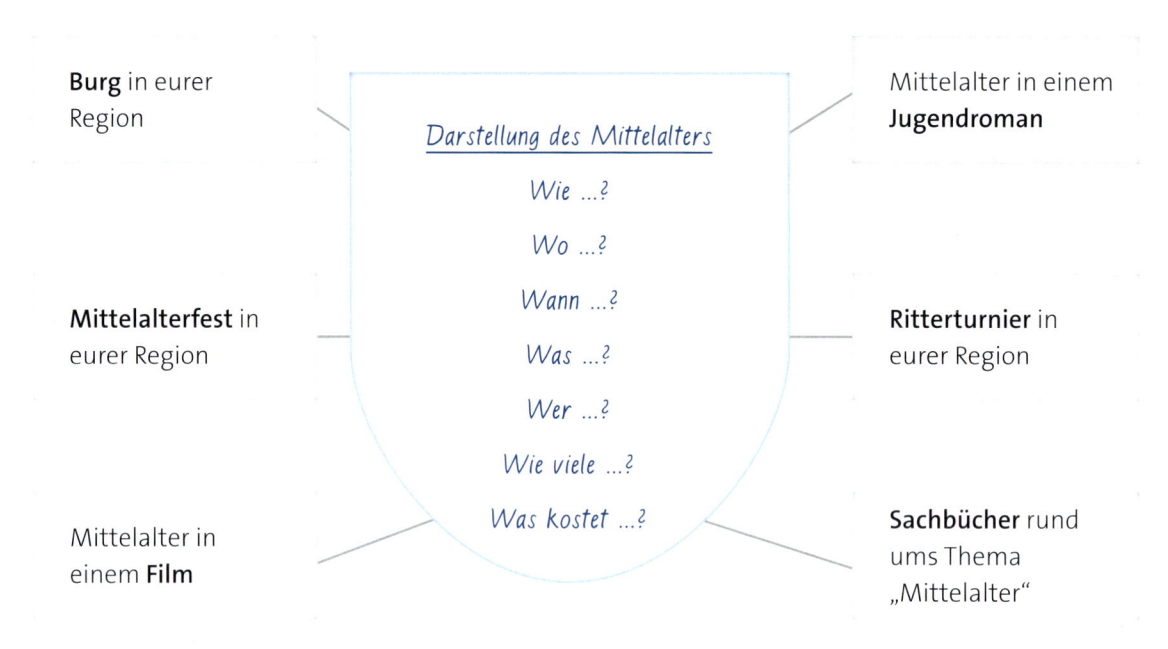

**Burg** in eurer Region

Mittelalter in einem **Jugendroman**

*Darstellung des Mittelalters*

*Wie …?*

*Wo …?*

*Wann …?*

**Mittelalterfest** in eurer Region

*Was …?*

**Ritterturnier** in eurer Region

*Wer …?*

*Wie viele …?*

*Was kostet …?*

Mittelalter in einem **Film**

**Sachbücher** rund ums Thema „Mittelalter"

**1** In einem Klassenprojekt könnt ihr auf Plakaten Veranstaltungen, Bücher oder Filme vorstellen, in denen das Mittelalter auch heute noch lebendig ist!
a Teilt die sechs vorgegebenen Themen in eurer Klasse auf.
b Überlegt euch in der Kleingruppe Fragen zu eurem Thema, die ihr auf dem Plakat beantworten wollt. Dabei könnt ihr euch an den vorgegebenen Leitfragen orientieren.
c Überlegt gemeinsam, wo ihr Antworten auf eure Fragen finden könnt, z. B.:
Bibliothek, Internet, Touristeninformation, Stadtverwaltung

**2** Führt die Recherche durch und notiert Informationen in Stichworten.

**3** Präsentiert eure Ergebnisse auf einem Informationsplakat. Beachtet die Tipps im Merkkasten. Ihr könnt euren Themenbereich auch in Form eines Kurzreferats (▶ S. 283 ff.) vorstellen.

> **Wissen und Können**    **Ein Informationsplakat gestalten**
>
> Konzentriert euch auf das **Wesentliche** – weniger ist mehr!
> Achtet auf **Übersichtlichkeit:**
> - Strukturiert das Plakat durch **Umrahmungen der Textteile.**
> - Hebt Überschriften und wichtige Schlüsselwörter **farbig hervor.**
> - Schreibt in **Stichpunkten** – achtet auf die Rechtschreibung!
> - Schreibt **deutlich** und in **großer Schrift** (Buchstabenhöhe ca. 3 cm). Ihr könnt auch Texte auf dem Computer schreiben (Schriftgröße 40), ausdrucken und aufkleben.
> - Klebt **passende Bilder** auf und ergänzt eine Beschriftung.

# 8 Zwischen Leid und Lebenslust –
## Lyrik des Barocks

Du siehst, wohin du siehst, nur Eitelkeit auf Erden.

1 Beschreibt, was auf den Bildern zu sehen ist.

2 Die Textzeile entstammt einem Gedicht aus dem Zeitalter des Barocks im 17. Jahrhundert. „Eitelkeit" bedeutete damals „Sinnlosigkeit", „Nichtigkeit".
a Bringt den Satz in Zusammenhang mit den Bildern.
b Beschreibt, welche Einstellung durch die Gedichtzeile deutlich wird.

## 8.1 Rauschende Feste und Schrecken des Kriegs – Das Leben im Barock

### Macht und Pracht allerorten

**1** a Beschreibt, was auf dem Foto zu sehen ist.
  b Wo könnte sich dieser Raum befinden?
    Stellt Vermutungen an.

**2** a Lest den unten abgedruckten Infotext.
  b Was erfahrt ihr über den Barock? Notiert Fragen und Antworten in Stichpunkten, z. B.:
    *Wann war das Barockzeitalter? – im 17. Jahrhundert*
  c Überlegt, wofür und von wem der Ort auf dem Bild oben genutzt worden sein könnte.

Das Wort **Barock** kommt vermutlich von dem portugiesischen Wort „barocco", das „unregelmäßig geformte, schiefrunde Perle" bedeutete.
Man kann **der** oder **das Barock** sagen.

**3** a Informiert euch im Internet oder in Fachbüchern über eines der folgenden Themen:
    – Kennzeichen des barocken Baustils
    – Berühmte Baumeister des Barocks
    – Maler und Komponisten des Barockzeitalters
  b Stellt eure Ergebnisse in der Klasse vor.

---

**Wissen und Können**    **Das Barockzeitalter**

Im 17. Jahrhundert, dem Zeitalter des **Barocks,** herrschte an den Fürstenhöfen Prunk und Überfluss. Die adeligen Herren trugen riesige gepuderte Perücken, die Damen schnürten sich in enge Korsetts und tanzten in ausladenden Reifröcken auf rauschenden Bällen. Die Schlösser der reichen Adeligen waren von riesigem Ausmaß und kunstvoll ausgestaltet, sodass auch ein
5  bis heute bewunderter Baustil den Namen „Barock" trägt.
Das Barockzeitalter war in adeligen Kreisen geprägt von Verschwendung und Lebenslust. So fanden regelmäßig Feste zu allen möglichen Anlässen statt. Diese Menschen lebten nach dem Motto **Carpe diem.** Das kommt aus dem Lateinischen und bedeutet „Nutze den Tag" bzw. „Genieße das Leben".
10 Die Herrscher unterdrückten das Volk, das keinerlei Rechte hatte. Um selbst in Saus und Braus leben zu können, verlangten sie von den einfachen Leuten sehr hohe Steuern.

# Elend und Leid durch Kriege und Krisen

Jacques Callot: Die Großen Schrecken des Krieges (1632/33) – Plünderung und Brandschatzung eines Dorfes (Blatt 7)

**1** Betrachtet das Bild und beschreibt, was dargestellt ist.

Das Zeitalter des Barocks (1600 bis 1720) war geprägt durch den **Dreißigjährigen Krieg.** Dieser wütete von 1618 bis 1648 fast in ganz Europa. Der Auslöser dieser Auseinandersetzung waren Glaubensgegensätze zwischen Katholiken und Protestanten. Die eigentliche Ursache für den Dreißigjährigen Krieg war aber der Kampf um Macht und Einfluss in Europa. Die Fürsten wollten nicht nur über die Politik und über das Leben ihrer Untertanen bestimmen, sondern auch auf deren Religion Einfluss nehmen. Deshalb führten sie gegeneinander Krieg.

Soldatenheere durchzogen die europäischen Staaten und hinterließen eine Spur der Verwüstung in vielen Gegenden. Insgesamt wurde die deutsche Bevölkerung in diesem Krieg um mehr als die Hälfte verringert. Viele Menschen starben auf den Schlachtfeldern, aber noch mehr durch Mord, Folter und Seuchen. Eine tödliche Seuche, die besonders große Angst und Schrecken verbreitete, war die Pest.

Weil durch ungünstige Witterung die Ernte auf den Feldern ausfiel, herrschten mehrere Jahre lang Hungersnöte. Die Lebenserwartung der Menschen war in dieser Zeit äußerst gering. Jedes dritte Neugeborene starb, und im Durchschnitt wurden die Menschen höchstens 40 Jahre alt.

**2** Formuliert W-Fragen zu dem Text und beantwortet sie in der Klasse, z. B.:
– *Wann fand der Dreißigjährige Krieg statt?*
– *Wodurch ...? Wo ...? Wer ...? Wie viele ...? Was ...?*

**3** Betrachtet das Gemälde und nennt die Textstelle, die zu der Abbildung passt.

**4** Besprecht in der Klasse, ob es auch heute noch ähnliche Situationen auf der Welt gibt. Geht auf aktuelle Ereignisse ein.

Andreas Gryphius

## Tränen des Vaterlandes (1636)

Wir sind doch nunmehr ganz, ja mehr denn ganz verheeret!
Der frechen[1] Völker Schar, die rasende Posaun,
Das vom Blut fette Schwert, die donnernde Kartaun[2]
Hat aller Schweiß und Fleiß und Vorrat aufgezehret.

5 Die Türme stehn in Glut, die Kirch ist umgekehret,
Das Rathaus liegt in Graus[3], die Starken sind zerhaun,
Die Jungfraun sind geschänd't, und wo wir hin nur schaun,
Ist Feuer, Pest und Tod, der Herz und Geist durchfähret.

Hier durch die Schanz[4] und Stadt rinnt allzeit frisches Blut.
10 Dreimal sind schon sechs Jahr, als unser Ströme Flut,
Von so viel Leichen schwer, sich langsam fortgedrungen[5].

Doch schweig ich noch von dem, was ärger als der Tod,
Was grimmer[6] denn die Pest und Glut und Hungersnot,
Dass auch der Seelenschatz so vielen abgezwungen[7].

1 frech: dreist, unverschämt
2 Kartaune: Kanone
3 Graus: Staub
4 Schanz: Verteidigungswall
5 fortgedrungen: davongeflossen, verronnen
6 grimm: schlimm
7 abgezwungen: weggenommen

**5** Dieses Gedicht über den Dreißigjährigen Krieg enthält viele altertümliche Wendungen.
a Ordnet die folgenden „Übersetzungen" den entsprechenden Verszeilen im Text zu:

- Es sind schon 18 Jahre vergangen.
- Wir sind schon ganz vom Krieg vereinnahmt, und mehr als das!
- Viele haben ihre Seele „verkauft" und verhalten sich unmenschlich.
- Die blutigen bewaffneten Kämpfe haben all unsere Kräfte aufgebraucht.

b Klärt gemeinsam weitere Formulierungen, die ihr nicht versteht.

**6** Was bewirkt der Krieg bei den Menschen?
a Nennt Textstellen aus dem Gedicht, die ihre Lebenseinstellung deutlich machen.
b Nach damaliger christlicher Vorstellung kam man nur durch eine reine Seele, also durch richtiges Verhalten, in den Himmel. Welche Befürchtung wird im letzten Vers des Gedichts deutlich?

**7** Das Gedicht ist ein Sonett. Diese Gedichtform war im Barock sehr beliebt.
Zählt die Strophen und Verse und überprüft das Reimschema (▶ S. 308).
Vervollständigt dann die folgenden Sätze in eurem Heft.

Ein Sonett besteht aus ❓ Strophen: zwei mit ❓ Versen und zwei mit ❓ Versen.
Das Reimschema lautet: ❓

# Andreas Gryphius – Ein typischer Barockdichter

**Andreas Gryphius** zählt zu den bedeutendsten Dichtern des Barocks. Er verfasste zahlreiche Gedichte und Theaterstücke. Gryphius wurde 1616 im schlesischen Ort Glogau geboren. Er war gerade zwei Jahre alt, als der Dreißigjährige Krieg begann. Mit fünf Jahren verlor er seinen Va-
5  ter, sieben Jahre später auch seine Mutter. Als er sechs Jahre alt war, wurde seine Heimatstadt geplündert, und als 15-Jähriger wurde er nach einem großen Stadtbrand von dort vertrieben. Zwei Jahre später brach eine große Pestepidemie aus, die viele Menschen das Leben kostete. Gryphius lebte mehrere Jahre in Görlitz und Danzig, ab 1638 studierte
10  er in den Niederlanden Rechtswissenschaft. Zehn Jahre später kehrte er nach Schlesien zurück, um beim Wiederaufbau zu helfen. Er starb 1664.

**1**  a  Lest die Informationen zum Leben des Dichters Andreas Gryphius.
  b  Erstellt in eurem Heft einen Zahlenstrahl mit wichtigen Lebensdaten des Dichters.

1616     1618     16 21     ...                    1664
Geburt        ...         ...

Andreas Gryphius

## Menschliches Elende

Was sind wir Menschen doch! <u>Ein Wohnhaus grimmer Schmerzen,</u>
Ein Ball[1] des falschen Glücks, ein Irrlicht dieser Zeit,
Ein Schauplatz herber Angst, besetzt mit scharfem Leid,
Ein bald verschmelzter Schnee und abgebrannte Kerzen.

5  Das Leben fleucht[2] davon wie ein Geschwätz und Scherzen.
Die vor uns abgelegt des schwachen Leibes Kleid
Und in das Totenbuch der großen Sterblichkeit
Längst eingeschrieben sind, sind uns aus Sinn und Herzen.

Gleich <u>wie ein eitel[3] Traum</u> leicht aus der Acht[4] hinfällt
10  Und wie ein Strom verschleußt[5], den keine Macht aufhält,
So muss auch unser <u>Nam, Lob, Ehr und Ruhm</u> verschwinden.

Was itzund[6] Atem holt, muss mit der Luft entfliehn,
Was nach uns kommen wird, wird uns ins Grab nachziehn.
Was sag ich? Wir vergehn wie Rauch von starken Winden.

1  Ball: festliche Tanzveranstaltung

2  fleucht: flieht

3  eitel: leer, vergänglich

4  Acht: Erinnerung

5  verschleußt: davonfließt

6  itzund: jetzt, heute

**2**  Worum geht es in dem Gedicht? Benennt das Thema in eigenen Worten.

**3** Hier wurden einige Textstellen aus „Menschliches Elende" in heutiges Deutsch übertragen.

a Sucht die entsprechenden Verse im Gedicht (▶ S. 137) und lest sie vor.

 – *Diejenigen, die vor uns gestorben sind, [...] bedeuten uns nichts mehr.*
 – *So wie man einen bedeutungslosen Traum leicht wieder vergisst, wird man sich auch an uns Menschen nicht mehr erinnern.*
 – *Wer heute atmet, ist beim Ausatmen schon vergangen.*
 – *Wer nach uns geboren wird, wird genau wie wir sterben.*

b Klärt gemeinsam weitere schwer verständliche Textstellen.

**4** In Vers 4 wird das Leben der Menschen als „ein bald verschmelzter Schnee" bezeichnet.

a Erklärt, was dadurch zum Ausdruck gebracht werden soll.

b Sucht im Gedicht weitere sprachliche Bilder, die die gleiche Aussage haben.

**5** Vergleicht das Gedicht „Menschliches Elende" mit „Tränen des Vaterlandes" (▶ S. 136).

a Beschreibt den Aufbau der Texte und bestimmt das Reimschema.

b Erklärt, welche Lebenseinstellung jeweils erkennbar wird.

**6** Hat das Gedicht „Menschliches Elende" auch heute noch Bedeutung?
Nehmt Stellung.

> **Wissen und Können**  **Memento mori: Gedenke des Todes!**
>
> Die Menschen waren zur Zeit des Dreißigjährigen Kriegs von Sorgen und Todesangst geplagt. Täglich wurde ihnen bewusst, dass das Leben schnell vorbei sein kann. Dichter und Pfarrer mahnten, sich auf das Jenseits (das Leben nach dem Tod) vorzubereiten. Ein wichtiges Lebensmotto des Barocks war daher **Memento mori** (lat. „Gedenke des Todes!").

# Barocke Lyrik – Mit Sprache Bilder malen

**1** Im Gedicht „Menschliches Elende" (▶ S. 137) wurden drei Stilmittel durch Unterstreichungen hervorgehoben.

a Erklärt, was durch die Stilmittel jeweils zum Ausdruck gebracht werden soll.

b Übertragt die folgende Tabelle in euer Heft und ordnet die drei Beispiele passend ein.

| Sprachliches Mittel | Erklärung | Beispiel |
|---|---|---|
| *Vergleich* | *Zwei verschiedene Vorstellungen werden durch das Wort „wie" miteinander verknüpft.* | ... |
| *Metapher* | *Bildhafter Vergleich ohne das Vergleichswort „wie"* | ... |
| *Häufung* | *Aneinanderreihung von (ähnlichen) Begriffen* | ... |

c Ergänzt für jedes sprachliche Mittel ein weiteres Beispiel aus dem Gedicht.

Friedrich von Logau (1605–1655)

### Des Krieges Buchstaben

**K**ummer, der das Mark verzehret,
**R**aub, der Hab und Gut verheeret,
**I**ammer, der den Sinn verkehret,
**E**lend, das den Leib beschweret,
5  **G**rausamkeit, die Unrecht kehret,
Sind die Frucht, die Krieg gewähret.

**2** Bei diesem Text handelt es sich um ein Akrostichon.
a Beschreibt, was das Besondere dieser Gedichtform ist.
b Erklärt, was im Text inhaltlich zum Ausdruck gebracht wird.
c Trifft der Inhalt des Gedichtes auch heute noch zu? Diskutiert darüber.

**3** Welche sprachlichen Mittel wurden im Gedicht eingesetzt?
a Sucht die Stilmittel heraus und benennt sie mit Hilfe des Merkkastens unten.
  **Tipp:** Achtet auf den Textaufbau und auf das sprachliche Bild im letzten Vers.
b Ist das sprachliche Bild in Vers 6 ernst gemeint? Begründet.

**4** a Schreibt ein eigenes Akrostichon zum Wort „FRIEDEN".
b Übertragt euer Gedicht auf ein Plakat und ergänzt passende Bilder und Textausschnitte
  aus aktuellen Zeitungen oder Zeitschriften.
c Präsentiert eure Ergebnisse und erklärt, warum ihr diese Bilder und Texte gewählt habt.

---

**Wissen und Können**    **Stilmittel in barocken Gedichten**

Barocke Gedichte enthalten zahlreiche **sprachliche Mittel (Stilmittel).**
**Sprachliche Bilder** sollen veranschaulichen, wie man sich das Gesagte vorzustellen hat:
- **Vergleiche** sollen der Leserin/dem Leser klarmachen, wie sie/er sich das Gesagte vorzustellen
  hat, z. B.: *Das Leben vergeht wie ein flüchtiger Traum.*   *Sie ist schöner als die Sonne.*
- **Metaphern** sind bildhafte Vergleiche ohne das Vergleichswort „wie", z. B.:
  *Das Leben ist ein flüchtiger Traum.*   *Sie ist für mich die Sonne.*

Die folgenden Stilmittel werden eingesetzt, um einer Aussage Nachdruck zu verleihen oder
bestimmte Begriffe besonders zu betonen:
- **Häufung:** Verschiedene Begriffe werden aneinandergereiht oder aufgezählt, z. B.:
  *… ist Feuer, Pest und Tod.*
- **Parallelismus:** Hier werden Sätze (die oft auch Häufungen enthalten) nach demselben
  Muster aneinandergereiht, z. B.:
  *Was itzund prächtig blüht, soll bald zertreten werden,*
  *Was itzt so pocht und trotzt, ist morgen Asch und Bein.*

# 8.2 Was ist die Welt, was ist der Mensch? – Das Weltbild im Barock

## Alles ist vergänglich

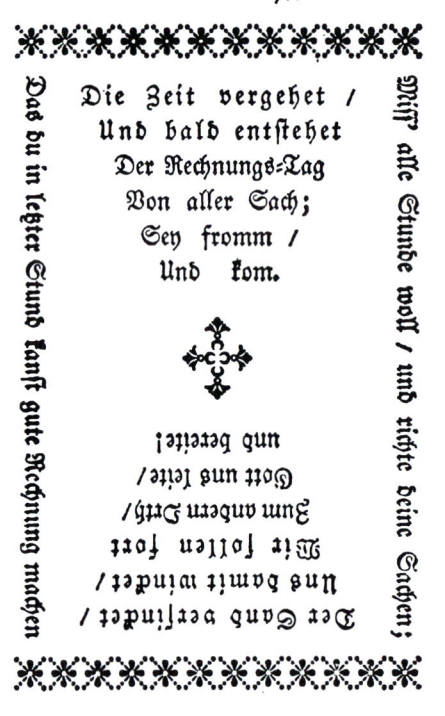

Theodor Kornfeld

**Ein Sand-Uhr.**

Die Zeit vergehet /
Und bald entstehet
Der Rechnungs-Tag
Von aller Sach;
Sey fromm /
Und kom.

Das du in letzter Stund kanst gute Rechnung machen

Mit alle Stunde wolt / und richte deine Sachen;

Der Sand verfindet /
Uns damit windet /
Mit sollen fort
Zum andern Ort /
Gott uns leite /
und bereite!

**Frakturschrift**

Großbuchstaben:

$\mathfrak{E}$ = E   $\mathfrak{G}$ = G   $\mathfrak{M}$ = M
$\mathfrak{O}$ = O   $\mathfrak{S}$ = S   $\mathfrak{T}$ = T
$\mathfrak{V}$ = V   $\mathfrak{Z}$ = Z

Kleinbuchstaben:

$\mathfrak{d}$ = d   $\mathfrak{h}$ = h   $\mathfrak{k}$ = k
$\int / \mathfrak{s}$ = s   $\mathfrak{v}$ = v

**1** Diese Art von Gedicht nennt man „Figurengedicht".
   a Begründet, warum es so heißt.
   b Beschreibt die Form des Textes und erklärt, was ausgedrückt werden soll.

**2** Im 17. Jahrhundert schrieb man in Frakturschrift. Einige Buchstaben unterscheiden sich von der heutigen Schreibung.
   a Erschließt die einzelnen Wörter gemeinsam mit Hilfe der Erklärungen im Kasten und lest den Text laut vor.
   b Was fällt euch an der Rechtschreibung auf? Beschreibt.

**3** Untersucht den Inhalt des Gedichts.
   a In dem Text ist zweimal von einer „Rechnung" die Rede. Was ist damit gemeint?
   b Stellt eine Verbindung zwischen dem Symbol in der Mitte und dem Inhalt des Gedichts her.

**4** Begründet, warum das Thema des Gedichts typisch für das Barockzeitalter ist.

Antonio de Pereda: Die Allegorie der Vergänglichkeit (1634)

**5** Die abgebildeten Gegenstände sind allegorisch zu verstehen. Eine Allegorie ist die Darstellung eines Gegenstands, der eine übertragene Bedeutung hat, z. B. steht die unterhalb der Weltkugel liegende Amtskette für die Macht der Herrschenden.
Wählt mindestens drei weitere Gegenstände aus und versucht, ihre Bedeutung zu erklären.

**6** Diskutiert in der Klasse, was der Maler mit dieser Anhäufung von Gegenständen ausdrücken wollte. Beachtet dazu auch den Titel des Bildes.

**7** Lest den Merkkasten unten und beantwortet dann folgende Fragen in eigenen Worten:
– Was bezeichnet man als Vanitas-Motiv?
– Was waren die Ursachen für die Entstehung dieses Motivs?

> **Wissen und Können**   **Das Vanitas-Motiv**
>
> Krieg, Seuchen und Hungersnöte, die viele Tote forderten, machten den Menschen zur Zeit des Barocks bewusst, dass alles vergänglich ist. Viele Dichter und Maler beschäftigten sich in ihren Werken mit diesem Thema. Man nennt es das **Vanitas**-Motiv (lat. *vanitas* = „Vergänglichkeit"). Gleichzeitig sehnten sich die Menschen aber auch nach Ablenkung und Genuss. In vielen Gedichten und Gemälden ist deshalb eine auffällige Gegenüberstellung von Leben und Tod zu finden.

# Eine Zeit der Gegensätze

Andreas Gryphius

### Es ist alles eitel

Du siehst, wohin du siehst, nur Eitelkeit[1] auf Erden!
Was dieser heute baut, reißt jener morgen ein;
Wo itzund[2] Städte stehn, wird eine Wiese sein,
Auf der ein Schäferskind wird spielen mit den Herden.

5  Was itzund prächtig blüht, soll bald zertreten werden,
Was itzt so pocht und trotzt, ist morgen Asch und Bein[3].
Nichts ist, das ewig sei, kein Erz, kein Marmorstein.
Itzt lacht das Glück uns an, bald donnern die Beschwerden.

Der hohen Taten Ruhm muss wie ein Traum vergehn.
10  Soll denn das Spiel der Zeit, der leichte Mensch bestehn?
Ach! Was ist alles dies, was wir für köstlich achten,

Als schlechte Nichtigkeit, als Schatten, Staub und Wind,
Als eine Wiesenblum, die man nicht wiederfind't!
Noch will, was ewig ist, kein einig[4] Mensch betrachten.

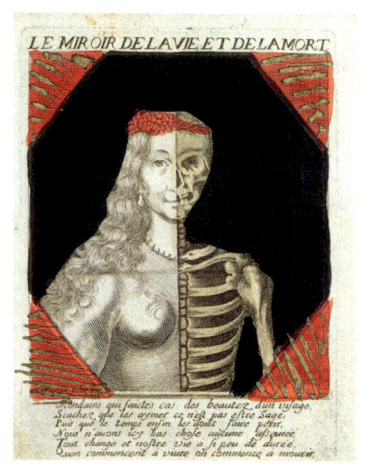

Le miroir de la vie et de la mort (17. Jh.)
*[Die Gegensätzlichkeit von Leben und Tod]*

1  Eitelkeit: Sinnlosigkeit, Nutzlosigkeit

2  itzund, itzt: jetzt

3  Bein: Knochen

4  einig: einzig(er)

**1**
a  Lest das Gedicht und benennt das Thema.
b  Im Text wird „all dies, was wir für köstlich achten" (V. 11) – also das, was uns Menschen wichtig erscheint – mit bestimmten Dingen verglichen. Nennt die Vergleiche.
c  Welche Bestandteile des abgebildeten Gemäldes passen zu dieser Aussage?

**2**  Was ist mit der letzten Verszeile gemeint? Wählt begründet eine der folgenden Vorgaben aus.

— Der Mensch will nichts erfinden oder aufbauen, was für immer hält.
— Der Mensch will nichts für immer anschauen.
— Der Mensch will nicht an das Sterben erinnert werden.

**3**  Im Gedicht werden widersprüchliche Situationen angesprochen.
a  Ordnet sie in eurem Heft in eine Tabelle ein.

> Im Barock wird oft **Gegensätzliches** zum Ausdruck gebracht, z. B.: *Leben – Tod*
> Dies nennt man **Antithetik.**

| Zeichen für Lebenslust/Genuss | Zeichen für Tod/Vergänglichkeit |
| --- | --- |
| *Was dieser heute baut,* | *reißt jener morgen ein* |

b  Überlegt, was mit den gegensätzlichen Aussagen (Antithetik) ausgedrückt werden soll.

# Typisch Barock: das Sonett

Christian Hofmann von Hofmannswaldau (1616–1679)

## Vergänglichkeit der Schönheit

Es wird der bleiche Tod mit seiner kalten Hand
Dir endlich[1] mit der Zeit um deine Brüste streichen,
Der liebliche Korall der Lippen wird verbleichen,
Der Schultern warmer Schnee wird werden kalter Sand.

5 Der Augen süßer Blitz[2], die Kräfte deiner Hand,
Für[3] welchen solches fällt, die werden zeitlich[4] weichen.
Das Haar, das itzund[5] kann des Goldes Glanz erreichen,
Tilgt[6] endlich Tag und Jahr als ein gemeines[7] Band.

Der wohlgesetzte Fuß, die lieblichen Gebärden,
10 Die werden teils zu Staub, teils nichts und nichtig werden,
Denn[8] opfert keiner mehr der Gottheit deiner Pracht.

Dies und noch mehr als dies muss endlich untergehen.
Dein Herze kann allein zu aller Zeit bestehen,
Dieweil[9] es die Natur aus Diamant gemacht.

1 endlich: am Ende
2 Blitz: Blick
3 für: vor
4 zeitlich: mit der Zeit
5 itzund: jetzt
6 tilgt: beseitigt
7 gemein: gewöhnlich, alltäglich
8 denn: dann
9 dieweil: weil, während

**1**
a Klärt, wer in diesem Gedicht mit wem spricht.
b Wie alt ist die angesprochene Person wohl?
Begründet eure Vermutungen am Text.

**2**
a Schreibt drei Beispiele für die Vergänglichkeit der Schönheit aus dem Text auf.
b „Übersetzt" diese Textstellen in die heutige Sprache.

**3** Was könnte mit der Aussage „Dein Herze [ist] aus Diamant gemacht" (V. 13 f.) gemeint sein?
Diskutiert.
**Tipp:** Denkt an die verschiedenen Eigenschaften eines Diamanten.

**4** Zwei Mottos im Barock sind „Carpe diem" (▶ S. 134) und „Memento mori" (▶ S. 138). Überprüft, ob
man sie in diesem Gedicht vorfindet.

**5** Weist nach, dass es sich bei dem Gedicht um ein Sonett
handelt.
a Zählt die Strophen und Verse und notiert das Reimschema.
b Benennt die Strophen mit den Fachbegriffen.
c Der Inhalt eines Sonetts folgt immer dem Muster *Behauptung – Folge/Begründung – Erkenntnis.*
Schreibt diese Bausteine untereinander ins Heft und gebt die Verszeilen an, die dazu passen.

> Ihr könnt mit einer Kopie des
> Gedichtes arbeiten und
> Beschriftungen neben dem
> Text ergänzen.

**6** Lest die Informationen im Merkkasten und überprüft, welche anderen Texte in diesem Kapitel Sonette sind.

> **Wissen und Können**     **Das Sonett – typische Gedichtform im Barock**
>
> Das **Sonett** (lat. „Klanggedicht") war im Barock sehr beliebt. Es ist ein gereimtes Gedicht, das immer aus **14 Versen** besteht. Die Strophenform ist genau festgelegt:
> - Das Gedicht besteht immer aus zwei **Quartetten** (Strophe mit vier Versen) und zwei **Terzetten** (Strophe mit drei Versen).
> - Das Reimschema ist in der Regel: *abba abba ccd eed*
> - Auch der Inhalt folgt einem strengen Aufbau: Am Anfang wird eine **Behauptung** aufgestellt, die durch **Beispiele** belegt wird. Zum Schluss wird eine **Erkenntnis** vermittelt.

## Testet euer Wissen!

### Rund um Barockgedichte

**1** Notiert die gesuchten Wörter und markiert jeweils den vorgegebenen Buchstaben.

**1.** Typische Gedichtform im Barock
(1. Buchstabe)

**2.** Lebensmotto, das die Menschen an ihr Sterben erinnert
(2. Buchstabe)

**3.** Der Titel eines Gedichts über die Auswirkungen des Dreißigjährigen Krieges
(5. Buchstabe des 1. Wortes +
6. Buchstabe des 3. Wortes)

**4.** Eine Strophe, die aus drei Versen besteht
(2. Buchstabe)

**5.** Lateinischer Begriff für die Vergänglichkeit
(3. Buchstabe)

**6.** Nachname eines bedeutenden Barockdichters, der von 1616 bis 1664 lebte
(5. Buchstabe)

**7.** Lebensgrundsatz im Barock, der zum Genießen des Lebens aufruft
(5. Buchstabe)

**8.** Das Fremdwort für Widersprüchlichkeit/Gegensätzlichkeit
(4. Buchstabe)

**9.** „Wie ein Traum" –
Bezeichung dieses Stilmittels
(5. Buchstabe)

Dein Lösungswort nennt ein Ziel vieler gläubiger Menschen zur Zeit des Barocks.

# 8.3 Mehr als ein Lebensgefühl – Barock in Literatur, Kunst und Musik

## Station 1: Was ist die Welt? – Ein Gedicht untersuchen

Christian Hofmann von Hofmannswaldau (1616–1679)

### Die Welt

Was ist die Welt und ihr berühmtes Glänzen?
Was ist die Welt und ihre ganze Pracht?
Ein schnöder[1] Schein in kurz gefassten Grenzen
Ein schneller Blitz bei schwarz gewölkter Nacht,
5 Ein buntes Feld, da[2] Kummerdisteln[3] grünen,
Ein schön Spital[4], so voller Krankheit steckt,
Ein Sklavenhaus, da alle Menschen dienen,
Ein faules Grab, so Alabaster[5] deckt.
Das ist der Grund, darauf wir Menschen bauen
10 Und was das Fleisch für einen Abgott[6] hält.
Komm, Seele, komm und lerne weiter schauen
Als sich erstreckt der Zirkel dieser Welt!
Streich ab von dir derselben kurzes Prangen[7],
Halt ihre Lust für eine schwere Last:
15 So wirst du leicht in diesen Port[8] gelangen,
Da Ewigkeit und Schönheit sich umfasst.

1 schnöde: erbärmlich

2 da: wo

3 Distel: stachelige Blume

4 Spital: Krankenhaus

5 Alabaster: feine, durchscheinende Gipsart, die leicht zerbricht

6 Abgott: Idol, Held

7 Prangen: Verlangen

8 Port: Hafen

**1** Begründet, warum der Inhalt dieses Gedichts typisch für die Barockzeit ist.

**2** a Benennt die sprachlichen Mittel in Vers 5.
b Ergänzt selbst einen Vers, den ihr ähnlich formuliert.
∞ Mögliche Begriffe wären z. B.: *Baum, Park, Krone, Kleid*

**3** a Notiert die Gegensätze (Antithetik) in Vers 6 bis 8 und erklärt das sprachliche Bild.
b Schreibt in eigenen Worten auf, wozu die Menschen in Vers 11 bis 14 aufgefordert werden.
c Welchen „Port" (V. 15) sollen die Menschen erreichen? Notiert eine Erklärung.

## Station 2: Emblematik – Die barocke Bildersprache

### Wissen und Können — Emblembücher

**Emblembücher** waren im Barock weit verbreitet.
Ein **Emblem** besteht aus einem Bild und Textteilen,
die zusammengehören. Es hat folgende Bestandteile:
- Überschrift (= Inscriptio)
- Bild (= Pictura)
- Erläuterung oder Lehre (= Subscriptio)

In Emblembüchern wurden verschiedene Themen
behandelt, z. B. die Bibel, antike Sagen oder das Thema
„Vergänglichkeit" (Vanitas).

**1**
a Lest den Merkkasten.
b Notiert passend zu den Nummern des abgebildeten
Emblems die Fachbegriffe in eurem Heft.

**2**
a Überlegt euch selbst einen Gegenstand, der die
Vergänglichkeit gut veranschaulicht.
b Fertigt eine Skizze davon an und beschriftet sie
wie ein Emblem.

Johann Vogel (1589–1663)

*Fiunt, quae posse negabas.*
(1) Was du nit glaubtest / das geschiht.

(2)

(3) *Posse negas an adhuc per acum transire camelum?*
*Germanam pacem quando redire vides.*

Wie? sol nicht ein Camel durch eine Nadel gehn?
Wann du den Teutschen Fried jetzt wider sihst entstehn.

## Station 3: Barocke Baukunst

**1** In der Barockzeit entstanden prächtige Bauwerke. Lest den Infotext.

### Die Architektur des Barocks

Die Barockarchitektur ist bekannt für ihre geschwungenen Formen und reich verzierten Fassaden[1] mit **Skulpturen** und **Säulen.** Die Baumeister bevorzugten runde, kurvige Formen wie die Ellipse oder das **Oval,** um Bewegung, Schwung und Spannung zu erzeugen. An Gebäuden betonte man die Mitte sehr stark. Barocke Kirchen beeindrucken bis heute durch ihre Tonnengewölbe[2], **Kuppeln** und **Türme** (oft Doppeltürme) mit kunstvollen Turmhauben. Typisch barock sind die sogenannten **Ochsenaugen,** kleine abgerundete Fenster, die nur zur Zierde angebracht wurden. Im Inneren der Gebäude finden sich oft riesige Gemälde an Decken und Wänden.

Klosterkirche in Ettal

---

1 die Fassade: vordere Außenwand eines Gebäudes

2 das Tonnengewölbe: nach oben runde Raumdecke

**2** Welche typischen Kennzeichen barocker Architektur sind auf dem Bild (▶ S. 146) zu erkennen? Notiert im Heft die Nummern 1–6 und schreibt die passenden Fachbegriffe aus dem Text dahinter.

**3** Recherchiert im Internet, welche barocken Bauwerke es in eurer Region gibt. Schreibt drei davon mit Ortsangabe und Baujahr auf.

### Station 4: Was ist der Mensch? – Ein Gedicht untersuchen

Andreas Gryphius

## Ebenbild unseres Lebens

Der Mensch, das Spiel der Zeit, spielt, weil[1] er allhie[2] lebt
im Schauplatz dieser Welt; er sitzt, und doch nicht feste.
Der steigt, und jener fällt, der suchet die Paläste
und der ein schlechtes Dach; der herrscht, und jener webt.

5 Was gestern war, ist hin; was itzt[3] das Glück erhebt,
wird morgen untergehn; die vorhin grüne Äste
sind nunmehr dürr und tot; wir Armen sind nur Gäste,
ob[4] den' ein scharfes Schwert an zarter Seide[5] schwebt.

Wir sind zwar gleich am Fleisch, doch nicht vom gleichen Stande:
10 Der trägt ein Purpurkleid, und jener gräbt im Sande,
bis nach entraubtem Schmuck der Tod uns gleiche macht.

Spielt denn dies ernste Spiel, weil es die Zeit noch leidet,
und lernt, dass wenn man vom Bankett[6] des Lebens scheidet,
Kron, Weisheit, Stärk und Gut sei eine leere Pracht!

1 weil: (hier) solange, während

2 allhie: hier

3 itzt: jetzt

4 ob: (hier) über

5 an zarter Seide: an einem
  seidenen Faden

6 Bankett: Festmahl

**1** **a** Findet eine andere Formulierung für die im Text markierten Begriffe und schreibt sie auf:

Hier findet ihr Hilfen:

> wenn man stirbt • was dich heute glücklich macht •
> alle gleichermaßen Menschen • ohne Bedeutung •
> Stellung in der Gesellschaft • denen der Tod droht

**b** Fasst die Aussage des Gedichtes in möglichst einem Satz zusammen.

**2** Schreibt drei Gegensatzpaare aus Vers 3, 5, 6 und 7 auf und notiert, was sie bedeuten.

**3** Benennt die Gedichtform und notiert die Merkmale, anhand derer ihr sie erkannt habt.

## Station 5: Ein barockes Kirchenlied untersuchen

Barocke Liedtexte werden auch heute noch in der Kirche gesungen. Besonders verbreitet sind die Lieder von Paul Gerhardt.

Paul Gerhardt

### Nun danket all

> Zu den bekanntesten Liedern von **Paul Gerhardt** (1607–1676) zählen das Kirchenlied „Oh Haupt voll Blut und Wunden" und das Volkslied „Geh' aus mein Herz und suche Freud'".

Nun danket all und bringet Ehr,
ihr Menschen in der Welt,
dem, dessen Lob der Engel Heer
im Himmel stehts vermeld't.

5 Ermuntert euch und singt mit Schall,
Gott, unserm höchsten Gut,
der seine Wunder überall
und große Dinge tut;

Der uns von Mutterleibe an
10 frisch und gesund erhält
und, wo kein Mensch nicht helfen kann,
sich selbst zum Helfer stellt;

Der, ob wir ihn gleich hoch betrübt,
doch bleibet guten Muts,
15 die Straf erläßt, die Schuld vergibt
und tut uns alles Guts.

Er gebe uns ein fröhlich Herz,
erfrische Geist und Sinn
und werfe all Angst, Furcht, Sorg und Schmerz
20 ins Meeres Tiefe hin.

Er lasse seinen Frieden ruhn
auf unserm Volk und Land;
er gebe Glück zu unserm Tun
und Heil zu allem Stand.

25 Er lasse seine Lieb und Güt
um, bei und mit uns gehn,
was aber ängstet und bemüht,
gar ferne von uns stehn.

Solange dieses Leben währt,
30 sei er stets unser Heil,
und wenn wir scheiden von der Erd,
verbleib er unser Teil.

Er drücke, wenn das Herze bricht,
uns unsre Augen zu
35 und zeig uns drauf sein Angesicht
dort in der ewgen Ruh.

1 Untersucht das Kirchenlied von Paul Gerhardt.
   a Lest den Text und benennt den Adressaten des Liedes, der Dank und Ehr erhält.
   b Notiert aus Vers 7 bis 16 drei Leistungen, für die gedankt wird, und aus Vers 17 bis 26 drei Wünsche, die an ihn gerichtet werden.

2 Welche Hinweise auf das „Memento mori"- oder „Carpe diem"-Motiv findet ihr? Notiert sie.

3 In dem Lied wird eine tiefe Religiosität zum Ausdruck gebracht. Erklärt, welche Rolle der Glaube zur Zeit des Barocks spielte. Geht dabei auf die Geschehnisse der Zeit ein.

## Station 6: Barock gestern und heute? – Liedtexte vergleichen

Untersucht den modernen Popsong der Sängerin Christina Stürmer und vergleicht ihn mit dem Studentenlied aus dem Barock auf der nächsten Seite (▶ S. 150).

Christina Stürmer (*1982)

### Nie genug

Ich lebe den Augenblick
Ich krieg' nie genug.
Frag' mich nicht wie und wann
Schalt' den Sommer an
5  Wie schnell kann sich die Erde dreh'n
Für mich nie schnell genug
Nur zuschau'n ist undenkbar
Völlig sonnenklar

Ich lass mich nicht umdreh'n,
10  will weiter zu weit geh'n,
ich bleib einfach so, wie ich bin!

Ich kriege nie genug vom Leben.
Ich kriege nie genug –
da geht noch mehr.
15  Ich will alles auf einmal
und nichts nur halb.
Nicht nur warten,
bis etwas passiert.
Ich kriege nie genug
20  vom Leben.
Ich kriege nie genug –
bist du dabei?

Ich will alles riskier'n,
will gewinnen –
25  nicht verlier'n.
Immer mehr
immer mehr
immer mehr
Ich such mir mein Paradies
30  Wo die Sonne ewig scheint
Wie schön so ein Tag sein kann
Das Leben strahlt mich an
Manche sind viel schneller satt
Kann mir nicht passier'n
35  Ich denke nicht oft „Vielleicht"
Ich tu es lieber gleich.
[…]
Ich möchte alles sehn
Mich ausruh'n
40  kann ich noch
bei Zeit im nächsten Leb'n
Kann mich oft nicht versteh'n
Doch das hält dann …
nur einen kleinen Moment an …

*(Single veröffentlicht 2006)*

**1**  „Memento mori" oder „Carpe diem" – welches Lebensmotto des Barocks passt besser zu dem Songtext? Schreibt drei passende Textstellen zur Begründung auf.

Johann Christian Günther (1695–1723)

## Studentenlied

Brüder, lasst uns lustig sein,
Weil[1] der Frühling währet
Und der Jugend Sonnenschein
Unser Laub verkläret.
5 Grab und Bahre warthen nicht;
Wer die Rosen jetzo[2] bricht,
Dem ist der Kranz bescheret.

Unsers Lebens schnelle Flucht
Leidet keinen Zügel,
10 Und des Schicksals Eifersucht
Macht ihr stetig Flügel.
Zeit und Jahre fliehn davon,
Und vielleichte schnizt man schon
An unsers Grabes Riegel.

15 Wo sind diese, sagt es mir,
Die vor wenig Jahren
Eben[3] also, gleich wie wir,
Jung und fröhlich waren?
Ihre Leiber deckt der Sand,
20 Sie sind in ein ander Land
Aus dieser Welt gefahren.
…

---

1 weil: solange

2 jetzo: jetzt

3 eben: ebenso, genauso

**2** Was bedeuten die unterstrichenen Verse? Schreibt eine Erklärung auf.

**3** Ordnet die folgenden „Übersetzungen" den passenden Textstellen zu.

der wird der Sieger sein • lässt sich nicht bremsen

**4** Vergleicht die Aussage des Studentenlieds mit dem Songtext von Christina Stürmer.
Schreibt auf, welche Gemeinsamkeiten es gibt und worin sich die Texte unterscheiden.

### Station 7: Eine Mind-Map erstellen

**1** Was habt ihr alles über das Barockzeitalter gelernt?
Erstellt auf einem Plakat eine große Mind-Map, die ihr gemeinsam vervollständigt.

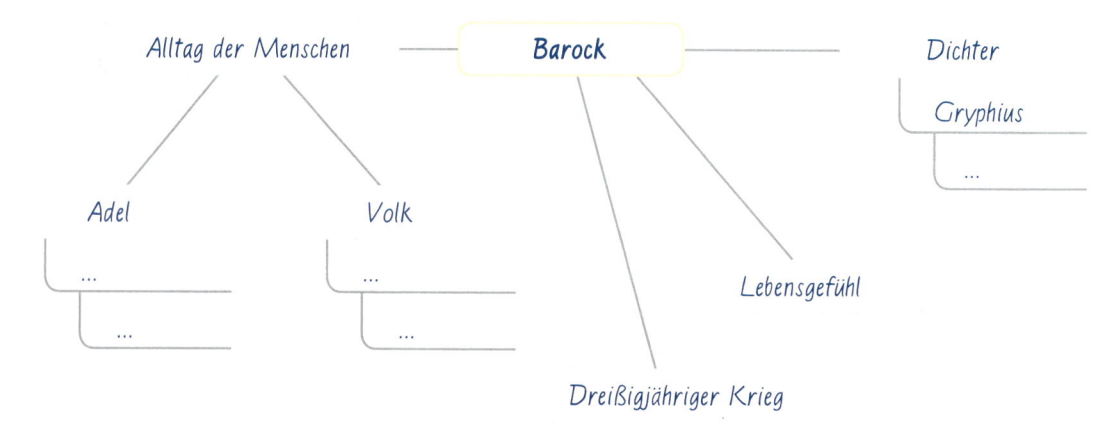

# 9 „O schaurig ist's ...“ –
## Balladen vorlesen und neu erzählen

1  Vom Mittelalter bis ins 19. Jahrhundert zogen Bänkelsänger von Ort zu Ort.
Beschreibt das Bild und versucht, den Begriff „Bänkelsang“ zu erklären.
**Tipp:** Zerlegt das Wort in seine Bestandteile.

2  a Bänkelsänger verbreiteten Nachrichten.
Zählt mögliche Ereignisse auf, von denen sie den Menschen erzählt haben könnten.
b Nennt mögliche Gründe, warum es heute keine Bänkelsänger mehr gibt.

## 9.1 Balladen erschließen und vortragen

### Eine Ballade verstehen und ihre Sprache untersuchen

Annette von Droste-Hülshoff

**Der Knabe im Moor**

O schaurig ist's, übers Moor zu gehn,
Wenn es wimmelt vom Heiderauche,
Sich wie Phantome[1] die Dünste drehn
Und die Ranke häkelt am Strauche,
5 Unter jedem Tritte ein Quellchen springt,
Wenn aus der Spalte es zischt und singt! –
O schaurig ist's, übers Moor zu gehn,
Wenn das Röhricht knistert im Hauche!

Fest hält die Fibel das zitternde Kind
10 Und rennt, als ob man es jage;
Hohl über die Fläche sauset der Wind –
Was raschelt drüben am Hage[2]?
Das ist der gespenstische Gräberknecht,
Der dem Meister die besten Torfe[3] verzecht[4];
15 Hu, hu, es bricht wie ein irres Rind!
Hinducket das Knäblein zage.

Vom Ufer starret Gestumpf hervor,
Unheimlich nicket die Föhre[5],
Der Knabe rennt, gespannt das Ohr,
20 Durch Riesenhalme wie Speere;
Und wie es rieselt und knittert darin!
Das ist die unselige Spinnerin,
Das ist die gebannte Spinnlenor',
Die den Haspel[6] dreht im Geröhre[7]!

25 Voran, voran! nur immer im Lauf,
Voran, als woll es ihn holen;
Vor seinem Fuße brodelt es auf,
Es pfeift ihm unter den Sohlen
Wie eine gespenstische Melodei;
30 Das ist der Geigemann ungetreu,
Das ist der diebische Fiedler Knauf,
Der den Hochzeitheller[8] gestohlen!

Da birst[9] das Moor, ein Seufzer geht
Hervor aus der klaffenden Höhle;
35 Weh, weh, da ruft die verdammte Margret:
„Ho, ho, meine arme Seele!"
Der Knabe springt wie ein wundes Reh;
Wär nicht Schutzengel in seiner Näh,
Seine bleichenden Knöchelchen fände spät
40 Ein Gräber im Moorgeschwele[10].

---

1 das Phantom: Gespenst
2 der Hag: Gebüsch, Baumgruppe
3 der Torf: Brennstoff aus dem Moor
4 verzechen: vertrinken
5 die Föhre: Kiefer

6 die Haspel: Teil des Spinnrads
7 das Geröhre: Schilfrohre, Zweige
8 Hochzeitsheller: zur Hochzeit gesammeltes Geld
9 bersten: aufbrechen
10 das Geschwel: Dunst, Nebel

Da mählich gründet der Boden sich[11],
Und drüben, neben der Weide,
Die Lampe flimmert so heimatlich,
Der Knabe steht an der Scheide[12].

45 Tief atmet er auf, zum Moor zurück
Noch immer wirft er den scheuen Blick:
Ja, im Geröhre war's fürchterlich,
O schaurig war's in der Heide!

---

11 mählich gründet der Boden sich: allmählich wird
  der Boden fester

12 die Scheide: Grenze, Rand

**Annette von Droste-Hülshoff**
wurde 1797 im Wasserschloss
Hülshoff bei Münster geboren. In ihren Balladen und
Gedichten schildert die Dich-
terin häufig die Landschaft
ihrer westfälischen Heimat
und beschreibt unheimliche
Erscheinungen. Annette von Droste-Hülshoff starb
1848 auf Schloss Meersburg am Bodensee. Sie zählt
zu den bekanntesten Dichterinnen Deutschlands.

**1** Was für eine Stimmung wird in dem Gedicht deutlich? Beschreibt eure Eindrücke.

**2** Diskutiert mit Hilfe des Textes, welcher Satz den Inhalt des Gedichts richtig wiedergibt:
– Es wird beschrieben, dass ein Junge einen Albtraum hat.
– Es wird erzählt, wie ein Junge alleine durchs Moor gehen muss und sich fürchtet.
– Es wird berichtet, dass ein Junge sich im Moor verirrt und von Geistern gefangen wird.

**3** Zwar wird hier ein Erlebnis erzählt, es handelt sich aber dennoch um ein Gedicht.
Begründet, woran man dies erkennen kann.

**4** Der Junge bildet sich ein, verschiedenen Spukgestalten zu begegnen.
a Welche Beobachtungen lösen welche Vorstellungen bei ihm aus? Erstellt eine Tabelle im Heft:

| Beobachtung | Spukgestalt |
| --- | --- |
| ... | *gespenstischer Gräberknecht* |
| *Riesenhalme, die sich bewegen* | ... |
| ... | *diebischer Fiedler Knauf* |
| *aufbrechendes, „seufzendes" Moor* | ... |

b Schreibt weitere unheimliche Beobachtungen aus dem Gedicht auf.

**5** a Sucht nach Textstellen, die die Angst des Knaben deutlich zum Ausdruck bringen.
b Lest sie betont vor.

**6** Die Ballade enthält viele sprachliche Bilder.
a Schreibt Vergleiche heraus, die für eine schaurige Stimmung sorgen.
b Findet Textstellen, an denen die Natur mit menschlichen Eigenschaften dargestellt
(personifiziert) wird (▶ Personifikation S. 327).

## Lautmalerei – Mit dem Klang der Sprache Wirkung erzeugen

**7** Die besondere Stimmung im Gedicht wird verstärkt durch den Einsatz von Lautmalerei.
a Findet Verben, in denen man die beschriebenen Geräusche hören kann, z.B.: *zischt* (V. 6)
b Sucht aus dem Gedicht Wörter mit dunklen und hellen Lauten heraus und listet sie auf:

| dunkle a-, o- und u-Laute | helle i- und e-Laute |
|---|---|
| *schaurig* | *wimmelt* |
| *Moor* | *Quellchen* |
| … | … |

c Besprecht, welche Wirkung diese Wörter beim Vorlesen haben.

---

**Wissen und Können — Lautmalerei**

Bei der **Lautmalerei** wird ein Geräusch mit ähnlich klingenden sprachlichen Lauten wiedergegeben, z.B.: *rauschen, klappern*. Die Textstelle wirkt dadurch lebendiger, und man kann sich das Geschriebene besser vorstellen.
Dunkle Laute vermitteln oft eine düstere, unheimliche Stimmung. Beim Vorlesen werden sie mit tieferer Stimme gesprochen, hellere Laute dagegen in etwas höherer Stimmlage.

---

**8** a In welchen Situationen geht es euch ähnlich wie dem Knaben im Moor? Sammelt Ideen.
b Schreibt eine Strophe der Ballade um wie im folgenden Beispiel.
Im Wortspeicher findet ihr Anregungen.

> Überlegt euch, was ihr hören, sehen, riechen und fühlen könntet.

> O schaurig ist's, *nachts durch den Park zu gehn*
> Wenn es wimmelt *von raschelnden Schatten*
> sich wie *dunkle Räuber die Blätter* drehn
> *Und dabei leise tuscheln.*
> Unter jedem Tritte *ein Steinchen* springt,
> Wenn aus dem *Teich* es zischt und singt …

düster • drohen • finster • flüstern • Gespenst •
Gestalt • huschen • kichern • klopfen • knacken • modrig •
pochen • Ratte • schaudern • schlurfen • Schritte • Spinnweben • Stimmen • Treppe

c Lest eure Ergebnisse vor. Achtet auf eine angemessene Betonung.

**9** a Warum kann es nützlich sein, eine Ballade auswendig zu lernen? Nennt Gründe.
b Lest den folgenden Tipp zum Auswendiglernen eines Gedichts und sammelt weitere Ideen.
*„Ich zerschneide das Gedicht und hänge die Strophen einzeln auf, z.B. im Bad oder über dem Esstisch. Dadurch lese ich die einzelnen Strophen regelmäßig: beim Zähneputzen, vor dem Essen usw."*

# Balladen stimmungsvoll vortragen

**1** Bereitet einen Vortrag der Ballade „Der Knabe im Moor" vor.
**a** Die erste Strophe der Ballade wurde schon bearbeitet. Erklärt die verschiedenen Kennzeichnungen.
**b** Lest die Strophe mit Hilfe der Markierungen betont vor und holt euch Rückmeldungen dazu ein.

> Zur Bearbeitung des Texts könnt ihr
> ■ die Ballade abschreiben,
> ■ eine Folie darüberlegen oder
> ■ eine Kopie anfertigen.

O schaurig ist's, übers Moor zu gehn, *leise, flüsternd*

Wenn es wimmelt vom Heiderauche, *schneller*

Sich wie Phantome die Dünste drehn *etwas lauter*

Und die Ranke häkelt am Strauche,

Unter jedem Tritte ein Quellchen springt,

Wenn aus der Spalte es zischt und singt! – *leiser, etwas langsamer*

O schaurig ist's, übers Moor zu gehn,

Wenn das Röhricht knistert im Hauche!

**2** Markiert auch die übrigen Strophen der Ballade mit den gleichen Kennzeichnungen.

**3** Übt das Vorlesen mehrmals oder lernt die Ballade auswendig. Tragt den Text z. B. euren Eltern oder Freundinnen/Freunden vor und lasst euch eine Rückmeldung geben. Ihr könnt euch auch selbst aufnehmen.

**4** Erstellt mit Hilfe des Merkkastens einen Bewertungsbogen zum Gedichtvortrag, z. B.:

| Verständlichkeit | Betonung | Pausen | Gestik | ... | Tipps |
|---|---|---|---|---|---|
| + + | + + + | ~ | – | ... | *mehr Gestik* |

---

**Wissen und Können**  **Eine Ballade vortragen**

Ein Gedichtvortrag sollte möglichst **verständlich** und **abwechslungsreich** sein.
Damit der Vortrag gut gelingt, solltet ihr euch gründlich vorbereiten:
■ Unterstreicht im Text Wörter, die ihr besonders **betonen** sollt.
■ Markiert Stellen, an denen ihr (kurze oder längere) **Pausen** machen wollt.
■ Achtet auf die **Lautstärke** und werdet je nach Inhalt der Textstelle lauter oder leiser.
■ Ein **Tempowechsel** macht euren Vortrag abwechslungsreicher: Überlegt, an welchen Textstellen ihr schneller oder langsamer vorlesen solltet.
■ Eure **Gestik und Mimik** sollten zum Inhalt der Textstellen passen.
■ **Übt** das Vorlesen **mehrmals,** bis ihr absolut textsicher seid.

# Besondere Merkmale einer Ballade kennen lernen

Johann Wolfgang Goethe

## Erlkönig

**Johann Wolf- gang Goethe** (1749–1832), Deutschlands berühmtester Dichter, war auch erfolgreich als Wissenschaftler, Philosoph und Minister. Er wurde in Frankfurt am Main geboren, erhielt dort Privatunterricht und studierte in Leipzig Rechtswissenschaften. Nach einigen Jahren als Anwalt trat er in Weimar ein wichtiges Ministeramt an. In seinen Gedichten und Theaterstücken verarbeitete Goethe u. a. die Erfahrungen einer langen Italienreise und seiner Beziehungen zu verschiedenen Frauen.

1  Wer reitet so spät durch Nacht und Wind?
   Es ist der Vater mit seinem Kind;
   er hat den Knaben wohl in dem Arm,
   er fasst ihn sicher, er hält ihn warm. –

5  2  Mein Sohn, was birgst du so bang dein Gesicht? –
   Siehst, Vater du den Erlkönig nicht?
   Den Erlenkönig mit Kron und Schweif? –
   Mein Sohn, es ist ein Nebelstreif. –

3  „Du liebes Kind, komm, geh mit mir!
10  Gar schöne Spiele spiel ich mit dir;
   Manch bunte Blumen sind an dem Strand.
   meine Mutter hat manch gülden[1] Gewand."

4  Mein Vater, mein Vater, und hörest du nicht,
   was Erlenkönig mir leise verspricht? –
15  Sei ruhig, bleibe ruhig, mein Kind!
   In dürren Blättern säuselt der Wind. –

5  „Willst, feiner Knabe, du mit mir gehn?
   Meine Töchter sollen dich warten[2] schön;
   meine Töchter führen den nächtlichen Reihn[3],
20  und wiegen und tanzen und singen dich ein."

6  Mein Vater, mein Vater, und siehst du nicht dort
   Erlkönigs Töchter am düstern Ort? –
   Mein Sohn, mein Sohn, ich seh es genau:
   Es scheinen die alten Weiden so grau. –

25  7  „Ich liebe dich, mich reizt deine schöne Gestalt;
   und bist du nicht willig, so brauch ich Gewalt."
   Mein Vater, mein Vater, jetzt fasst er mich an!
   Erlkönig hat mir ein Leids getan! –

8  Dem Vater grauset's, er reitet geschwind,
30  er hält in Armen das ächzende[4] Kind,
   erreicht den Hof mit Müh und Not;
   in seinen Armen das Kind war tot.

1  gülden: goldenes
2  warten: umsorgen, pflegen
3  Reihn: Reigen (= eine Tanzart)
4  ächzende: stöhnende

**1** Lasst euch das Gedicht vorlesen und beschreibt seine Stimmung.

**2** In dem Gedicht gibt es unterschiedliche Sprecher.
Bestimmt, wie viele es sind und wer jeweils in welcher Strophe spricht.

**3** Die folgenden Sätze ergeben, richtig geordnet, eine Zusammenfassung der Ballade.
a Ordnet die Handlungsschritte A bis H den passenden Strophen zu.
b Übertragt die Zusammenfassung in der richtigen Reihenfolge euer Heft.

A Erneut fordert die Stimme das Kind auf, mitzukommen, und lockt mit ihren Töchtern.

B Aufgeregt fragt der Junge den Vater, ob er die Versprechen des „Erlkönigs" auch gehört habe. Der Vater beruhigt ihn mit der Begründung, es sei nur der Wind.

C Als der Junge sagt, er sehe eine Gestalt, die er als „Erlkönig" bezeichnet, erklärt ihm der Vater, dies sei der Nebel.

D Der Vater reitet, so schnell er kann, da das Kind stöhnt. Als er den Hof erreicht, ist der Junge gestorben.

E Ein Vater reitet mit seinem Sohn durch eine windige Nacht.

F Die Stimme kündigt dem Kind an, Gewalt anzuwenden, falls es nicht freiwillig mitkomme. Der Junge sagt, der „Erlkönig" habe ihn angefasst und ihm Schmerzen zugefügt.

G Der Junge fragt den Vater, ob auch er die Töchter des „Erlkönigs" sehe. Der Vater beruhigt ihn mit der Begründung, es seien nur alte Weiden.

H Eine Stimme fordert das Kind auf, mitzukommen, und verspricht ihm schöne Dinge.

**4** Sucht Erklärungen dafür, dass nur der Junge den unheimlichen „Erlkönig" wahrnimmt.

**5** a Bereitet zu viert einen wirkungsvollen Vortrag des Gedichts vor. Nutzt die Tipps im Merkkasten auf ▶ Seite 155.
b Wie spricht der „Erlkönig"? Erprobt verschiedene Möglichkeiten.

- Als Anregung könnt ihr eine **gelesene Vertonung** des „Erlkönigs" anhören.
- Sucht passende **Musik** zur Einleitung und zum Ausklang eures Vortrags.

**6** Welche der beiden Aussagen passt besser zum Gedicht? Begründet eure Meinung.
– *Der Mensch ist an seinem Schicksal selbst schuld.*
– *Der Mensch kann nichts an seinem Schicksal ändern.*

**7** Welche Gemeinsamkeiten haben die Balladen „Der Knabe im Moor" und „Erlkönig"?
Vergleicht Form und Inhalt der Texte.

**8** Das Gedicht „Erlkönig“ wird als Ballade bezeichnet. Diese Gedichtform ist eine Mischung aus Gedicht, Erzählung und Theaterstück.

a Nennt typische Merkmale des Gedichts, die die Ballade „Erlkönig“ enthält.

b Begründet, inwiefern folgende Merkmale einer Erzählung im Text zu finden sind:
Erzähler, Handlungsschritte, abgeschlossene Handlung

c Überlegt, an welchen Stellen die folgenden Merkmale eines Theaterstücks vorkommen:
dramatische Situation, Spannung, Dialoge, Höhepunkt

---

**Wissen und Können     Die Ballade**

Eine **Ballade** ist ein meist **längeres Gedicht** mit einer **spannenden Geschichte** und einem **dramatischen Höhepunkt.** Als Mischform enthält sie Merkmale verschiedener Textarten:

- **Gedicht (Lyrik):** Reim, Strophen, manchmal Refrain (= wiederkehrende Strophen)
- **Erzählung (Epik):** oft Erzähler, Handlungsschritte, abgeschlossene Handlung
- **Theaterstück (Dramatik):** oft Dialoge, Menschen müssen dramatische Situationen meistern, Spannung, Höhepunkt

---

# Testet euer Wissen!

## Balladenmerkmale und bekannte Balladendichter

Notiert jeweils den Buchstaben, der hinter der richtigen Aussage steht.
Als Lösungswort ergibt sich der Name eines berühmten Freundes von Goethe.

1 Eine Ballade ist eine Mischform aus Lyrik und Dramatik.     B
  Eine Ballade ist eine Mischform aus Gedicht, Theaterstück und Erzählung.     S

2 J. W. Goethe lebte u. a. in Frankfurt am Main, Leipzig, Weimar und Italien.     C
  J. W. Goethe war tätig als Dichter, Wissenschaftler, Minister und Pfarrer.     E

3 Das Gedicht „Der Knabe im Moor“ handelt von einem Jungen,
  ... der allein durchs Moor gehen muss und sich fürchtet.     H
  ... der von einem Moorgeist gefangen gehalten wird.     P

4 Eine Ballade ist ein Erzählgedicht, das keine Dialoge enthält.     R
  Eine Ballade ist ein Erzählgedicht, das Dialoge enthalten kann.     I

5 Die Lautmalerei gibt ein Geräusch mit ähnlich klingenden Lauten wieder.     L
  Die Lautmalerei vergleicht ein Geräusch mit einem menschlichen Wesen.     D

6 Die Handlung in Balladen bleibt meist offen.     M
  Die Handlung in Balladen ist meist abgeschlossen.     L

7 Die Ballade „Der Knabe im Moor“ stammt von
  ... Annette von Droste-Hülshoff.     E
  ... Anette von Droste-Hüllshof.     A

8 Sowohl der Knabe im Moor als auch der Junge im „Erlkönig“ fürchten sich vor
  ... dem Rascheln im Gebüsch und dem unsicheren Boden.     N
  ... dem Eindruck des Nebels und den durch Wind verursachten Geräuschen.     R

# 9.2 Nach literarischen Vorbildern erzählen

## Von der Ballade zur Erzählung

Friedrich Schiller

### Der Handschuh

1 Vor seinem Löwengarten,
Das Kampfspiel zu erwarten,
Saß König Franz,
Und um ihn die Großen der Krone,
5 Und rings auf hohem Balkone
Die Damen in schönem Kranz.

2 Und wie er winkt mit dem Finger,
Auf tut sich der weite Zwinger,
Und hinein mit bedächtigem Schritt
10 Ein Löwe tritt
Und sieht sich stumm
Rings um,
Mit langem Gähnen,
Und schüttelt die Mähnen,
15 Und streckt die Glieder
Und legt sich nieder.

3 Und der König winkt wieder,
Da öffnet sich behänd[1]
Ein zweites Tor,
20 Daraus rennt
Mit wildem Sprunge
Ein Tiger hervor.
Wie der den Löwen erschaut,
Brüllt er laut,
25 Schlägt mit dem Schweif
Einen furchtbaren Reif
Und recket die Zunge,
Und im Kreise scheu
Umgeht er den Leu[2]
30 Grimmig schnurrend;
Darauf streckt er sich murrend
Zur Seite nieder.

**Friedrich Schiller** wurde 1759 in Marbach geboren. Gegen seinen Willen erhielt er eine Ausbildung an einer strengen Militärschule, wo er heimlich verbotene Bücher las und Theaterszenen schrieb. Schiller hatte große Erfolge als Theaterdichter, z. B. mit dem Stück „Die Räuber", litt aber trotzdem sein Leben lang unter Geldnot. Nach langer Krankheit starb er 1805 im Alter von 46 Jahren in Weimar. Schiller war eng mit dem zehn Jahre älteren Goethe befreundet.

1 behänd: schnell

2 Leu: Löwe

4 Und der König winkt wieder,
Da speit das doppelt geöffnete Haus
35 Zwei Leoparden auf einmal aus,
Die stürzen mit mutiger Kampfbegier
Auf das Tigertier;
Das packt sie mit seinen grimmigen Tatzen,
Und der Leu mit Gebrüll
40 richtet sich auf – da wird's still,
Und herum im Kreis,
Von Mordsucht heiß,
Lagern sich die greulichen³ Katzen.

5 Da fällt von des Altans⁴ Rand
45 Ein Handschuh von schöner Hand
Zwischen den Tiger und den Leun
Mitten hinein.

6 Und zu Ritter Delorges spottenderweis'
Wendet sich Fräulein Kunigund:
50 „Herr Ritter, ist Eure Lieb' so heiß,
wie Ihr mir's schwört zu jeder Stund,
Ei, so hebt mir den Handschuh auf."

7 Und der Ritter in schnellem Lauf
Steigt hinab in den furchtbaren Zwinger
55 Mit festem Schritte,
Und aus der Ungeheuer Mitte
Nimmt er den Handschuh mit keckem Finger.

8 Und mit Erstaunen und mit Grauen
Sehen's die Ritter und Edelfrauen,
60 Und gelassen bringt er den Handschuh zurück.
Da schallt ihm sein Lob aus jedem Munde,
Aber mit zärtlichem Liebesblick –
Er verheißt ihm sein nahes Glück –
Empfängt ihn Fräulein Kunigunde.
65 Und er wirft ihr den Handschuh ins Gesicht:
„Den Dank, Dame, begehr ich nicht",
Und verlässt sie zur selben Stunde.

3 gräulich: grauenhaft
4 Altan: Balkon

### Den Inhalt der Ballade erschließen

**1** Welches Ereignis wird im Text beschrieben? Fasst die Handlung in eigenen Worten zusammen. Im Text wurden wichtige Textstellen markiert, die ihr als Hilfe nutzen könnt.

**2** Der Handschuh ist gerade in den Löwengarten gefallen. Was geht Fräulein Kunigunde wohl durch den Kopf – und was denkt Ritter Delorges?

a Entscheidet euch jeweils für eine der beiden Figuren. Zeichnet eine Denkblase ins Heft, in der ihr mögliche Gedanken eurer Figur notiert.

So könnt ihr anfangen:

Ich bin gespannt, was ...                    Das ist meine Chance, zu zeigen, ...

b Lest euch gegenseitig eure Ergebnisse vor und beurteilt, ob sie zur Ballade passen.
c Zeichnet das Ritterfräulein Kunigunde oder Ritter Delorges unter die Denkblase.

**3** Diskutiert in der Klasse über das Ende der Ballade: Ist Delorges' Reaktion angemessen? Begründet eure Meinung.

## Eine Erzählung zu einer Ballade untersuchen

Diese Erzählung wurde zur Ballade „Der Handschuh" geschrieben:

### Der Machtkampf

Zu seinem Geburtstag hatte König Franz zahlreiche Gäste auf Burg Hohenstein geladen. Zur Feier des Tages stand ein Tierkampf auf dem Programm, der anders verlaufen sollte als sonst.
Es war ein herrlicher Nachmittag. Die Sitzreihen auf dem Balkon
5 des Löwengartens der Burg begannen sich zu füllen. In Begleitung einer Hofdame stieg Kunigunde von Kaltenberg die letzte Treppenstufe zum Eingang der Tribüne hinauf. Die schöne junge Adlige, die aussah wie ein Engel, zog alle Blicke auf sich, was sie durchaus genoss. Plötzlich wurde ihr heiß, und ihr Herz klopfte schnel-
10 ler: Sie hatte „ihren" Ritter Delorges in der Menge erblickt, der ihr vor einiger Zeit seine Liebe gestanden hatte. Sie beschloss, sich ihre Nervosität nicht anmerken zu lassen. „Schau, Karla, da vorne sind noch Plätze frei", sagte sie zu ihrer Freundin und drehte

Delorges schnell den Rücken zu, nachdem sie ihn flüchtig gegrüßt
hatte. Aufregung war unter den Zuschauern zu spüren. Zögernd
betrat ein mächtiger Löwe den Zwinger und blickte sich nervös
um. Schließlich legte er sich gelangweilt hin. Kurz darauf war erneut ein ohrenbetäubendes Gebrüll zu hören. Es kam von einem
riesigen Tiger, der aus einem zweiten Tor in den Löwengarten he-
reinsprang. Sein Schweif zuckte aufgeregt. Die beiden Raubkatzen
hatten aber keine Lust, zu kämpfen. Nach einiger Zeit ließ sich
auch das zweite Raubtier nieder. Nun befahl der König, die dritte
Tür zu öffnen. Zwei höchst angriffslustige Leoparden stürzten
sich sofort auf den Tiger, der sie mit einem Tatzenhieb abwehrte.
Schließlich mischte sich noch der Löwe mit einem fürchterlichen
Kampfgeschrei in die Auseinandersetzung ein. Den Zuschauern
wurde bewusst, dass diese Bestien bereit waren, einander zu töten. In Lauerstellung warteten die mörderischen Monster darauf,
wer von ihnen den nächsten Angriff starten würde. Unter den
Zuschauern herrschte Totenstille. In diesem Moment fiel plötzlich
ein roter Samthandschuh vom Balkon – genau zwischen den Tiger
und den Löwen! Die Besitzerin des Handschuhs, Fräulein Kunigunde, drehte sich zu Ritter Delorges um, der einige Reihen hinter
ihr saß. Sie sah ihn herausfordernd an. Für alle hörbar forderte
sie spöttisch: „Nun, edler Ritter, haben Sie die Gelegenheit, mir
Ihre Liebe zu beweisen. Holen Sie mir meinen Handschuh herauf!"
„Ich bin gespannt, was er sich einfallen lässt", dachte sie sich.
Anstatt jedoch zu antworten, sprang der junge Mann schnell wie
ein Pfeil über die Mauer und landete genau zwischen den verdutzt
wirkenden Tieren. Ein Raunen ging durch die Menge. Würde er
...? Was, wenn ...? Niemand wagte, diese Gedanken zu Ende zu
denken. Doch innerhalb von Sekunden schnappte sich der Ritter
das begehrte Stück und schwang sich geschickt wieder nach oben.
Die erleichterten Zuschauer applaudierten begeistert, und Kunigunde wandte sich dem Ritter ganz verzückt zu. Da geschah es. Mit
den Worten: „Von Ihnen brauche ich kein Dankeschön!", warf
Delorges ihr den Handschuh wütend ins Gesicht und eilte davon.

**1** Untersucht die Einleitung der Erzählung (Z. 1–3).
   **a** Welche Informationen enthält sie? Nennt sie.
   **b** Begründet, inwiefern die Einleitung neugierig auf den Rest der Erzählung macht.

**2** Schillers Ballade endet sehr plötzlich. Deshalb bietet es sich an, eine Abrundung zu erfinden.
 a Begründet, welche der beiden Erweiterungsmöglichkeiten euch geeigneter erscheint, um die
  Erzählung zu beenden.
 b Übertragt den besser geeigneten Schluss in euer Heft oder schreibt eine eigene Abrundung.

> **A** *Kunigunde lief dem Ritter nach und entschuldigte sich für ihr Verhalten. Nach einigem Zögern nahm der Mann die Entschuldigung an, schloss die schöne Frau in seine Arme und küsste sie. Sie versprach ihm, ihn nie wieder auf die Probe zu stellen.*

> **B** *Kunigunde errötete vor Scham und verließ ebenfalls den Zuschauerbalkon. Sie versuchte noch, den Ritter einzuholen, aber von ihm war weit und breit keine Spur. Da ihr der Vorfall sehr peinlich war, reiste die junge Frau noch am Abend überstürzt ab.*

**3** Worauf kommt es an, wenn ihr eine Erzählung zu einer Ballade schreibt? Untersucht dazu den Musteraufsatz auf Seite 161f. genauer.
 a Welche Inhalte wurden aus der Ballade „Der Handschuh"
  übernommen? Stellt W-Fragen und notiert die Antworten. Die unterstrichenen Wörter in der Ballade „Der Handschuh" helfen euch dabei.
 b Notiert, was in der Erzählung neu dazuerfunden wurde, und begründet, warum solche Ergänzungen in einer Erzählung sinnvoll sind.
 c Fehlende Namen solltet ihr ergänzen. Untersucht, welche Namen
  in der Erzählung hinzugefügt wurden.

> Ihr könnt mit einer **Kopie** der Erzählung arbeiten und darauf wichtige Textstellen markieren oder unterstreichen.

**4** Eure Erzählung soll sich vom Wortlaut des Originaltexts unterscheiden.
Lest die beiden Auszüge aus Schülertexten, die zu der abgedruckten Strophe geschrieben wurden,
und begründet, welcher besser gelungen ist.

*Zögernd betrat ein mächtiger Löwe mit einer gewaltigen Mähne den Zwinger. Das wilde Tier blickte sich aber nur ge- langweilt um und legte sich schließlich träge auf den Boden.*

...
Ein Löwe tritt
Und sieht sich stumm
Rings um,
Mit langem Gähnen,
Und schüttelt die Mähnen
Und streckt die Glieder
Und legt sich nieder.

*Nun trat ein Löwe ein. Er sah stumm rings um sich, gähnte lange und schüttelte seine Mähne. Schließlich streckte das Tier seine Glieder aus und legte sich nieder.*

**5** Wörtliche Rede lässt eure Erzählung lebendig wirken. Vermeidet auch hierbei wörtliche
Übernahmen aus dem Originaltext.
 a Unterstreicht die wörtlichen Reden in der Ballade auf einer Kopie oder schreibt sie heraus.
 b Vergleicht diese Textstellen mit den wörtlichen Aussagen in der Erzählung auf Seite 161f.

# Einen Schreibplan entwickeln

**1** Um eine Erzählung zu einer Ballade vorzubereiten, müsst ihr euch zuerst die wichtigsten Handlungsschritte der Textvorlage bewusst machen.

a Schreibt zu jeder Strophe ein bis zwei Handlungsschritte in Stichpunkten in euer Heft.

**Tipp:** Die gelben Unterstreichungen im Gedicht (▶ S. 159 f.) heben bereits Wichtiges hervor.

b Überlegt, welche Stelle sich besonders als Höhepunkt der Erzählung eignet.

**2** In der Erzählung sollte deutlich werden, was die Figuren fühlen und denken.
Markiert entsprechende Textstellen im Musteraufsatz (▶ S. 161 f.) und überprüft, ob diese auch schon in der Ballade enthalten sind.

**3** So sieht der Anfang eines Schreibplans zum Musteraufsatz „Der Machtkampf" aus:

a Beschreibt, wie er aufgebaut ist und was darin festgehalten wird.

b Erstellt für die Erzählung „Der Machtkampf" einen vollständigen Schreibplan im Heft.

> _Einleitung:_
> _König Franz hat Geburtstag →     Tierkampf auf Burg Hohenstein, Köder???_
>
> _Hauptteil:_
> _Zuschauer nehmen ihre Plätze ein →   Wo? Im Löwengarten_
> _Kunigunde von Kaltenberg              − selbstbewusst, stolz, schön_
> _→  sieht Ritter Delorges              − groß und schlank,_
> _                                         verliebt in Kunigunde_
>
> _…_
>
> _Höhepunkt: …_

**Wissen und Können**   **Eine Ballade in eine Erzählung umwandeln**

Erschließt den **Inhalt der Ballade:**
- Lest den Text genau, klärt unbekannte Begriffe aus dem Zusammenhang oder mit Hilfe eines Wörterbuchs.
- Schreibt wichtige Textstellen (Schlüsselwörter) heraus oder markiert sie auf einer Kopie.
- Beantwortet W-Fragen _(Wer? Wo? Wann? …)_ zur Handlung.

Erstellt einen **Schreibplan:**
- Schreibt alle wichtigen **Handlungsschritte** in Stichpunkten auf. Überlegt, welche Angaben ihr übernehmen könnt und welche ihr verändern oder dazuerfinden müsst.
- Versetzt euch in die **Figuren** hinein und notiert ihre **Eigenschaften** und **Gefühle.**

Verfasst mit Hilfe eures Schreibplans eure Erzählung.

# Sprachliche Besonderheiten einer Erzählung

Eure Erzählung sollte möglichst abwechslungsreich klingen. Untersucht dazu die Sprache der Erzählung „Der Machtkampf" (▶ S. 161 f.).

**1** Schreibt aus dem Musteraufsatz unterschiedliche Satzanfänge heraus.

**2** Durch eine treffende Wortwahl wird eine Erzählung anschaulicher.
a Sucht im Aufsatz Verben, die eine Bewegung ausdrücken, und notiert sie im Heft.
b Findet zu folgenden Nomen die passenden Adjektive aus der Erzählung und schreibt sie zusammen auf:
*Nachmittag (Z. 4), Adlige (Z. 7), Löwe (Z. 16), Gebrüll (Z. 18), Tiger (Z. 19), Leoparden (Z. 23)*
●● Notiert zu jedem Nomen ein weiteres passendes Adjektiv.
c Erklärt, welche Besonderheit die folgenden Nomen haben, und beschreibt ihre Wirkung:
*Raubkatzen (Z. 20), Kampfgeschrei (Z. 26), Totenstille (Z. 30), Samthandschuh (Z. 31)*

**3** Auch besondere sprachliche Mittel wurden in der Erzählung eingesetzt.
Bestimmt die folgenden Stilmittel und beschreibt jeweils die Wirkung:
*„die aussah wie ein Engel." (Z. 8), „die mörderischen Monster" (Z. 28), „schnell wie ein Pfeil" (Z. 38 f.)*

**4** Aus einer anderen Erzählung zur Ballade „Der Handschuh" stammt folgender Ausschnitt:

| | |
|---|---|
| *Kunigunde suchte nach einem Sitzplatz. Sie konnte keinen finden.* | *W, Sb!* |
| *Sie setzte sich schließlich neben einen Herrn.* | *W, Sb* |
| *Der Herr warf ihr einen Blick zu.* | *W, Sb* |

*Achte auf Abwechslung im Satzbau, füge treffende Adjektive ein und vermeide Wiederholungen!*

Überarbeitet den Text mit Hilfe der Anmerkungen und schreibt ihn verbessert auf:
– Ersetzt die Wörter „sie" und „Herr" durch geeignetere Formulierungen.
– Ergänzt anschauliche Adjektive, die zu den Nomen passen.
○○ In Zeile 32–43 des Musteraufsatzes (▶ S. 161 f.) findet ihr Anregungen.

**5** In diesem Textauszug fehlen anschauliche Verben. Setzt passende Verben ein und entscheidet jeweils, ob ihr das Präteritum oder das Plusquamperfekt verwenden müsst.

Reges Treiben ? auf der Burg. Feuerschlucker und Fahnenschwinger ? sich unter die Menge und ? ihre Kunststücke. Der Klang einer Posaune ? und ? den Kampf. Nachdem
5 alle ihre Plätze ? , wurde das erste Raubtier in die Arena ? . Ein Raunen ? durch die Reihen. Majestätisch ? ein mächtiger Löwe am Rande des Zwingers entlang. Fräulein Kunigunde ? fürchterlich, als ein lautes Brüllen
10 das Kommen einer zweiten Bestie ? .

○○○ Diese Verben könnt ihr passend in die Lücken einsetzen:

schreiten • präsentieren • ankündigen • gehen • erschrecken • lassen • herrschen • einnehmen • eröffnen • mischen • ertönen

**VORSICHT FEHLER!**

*Für alle hörbar forderte sie spöttisch: Nun, edler Ritter, haben Sie die Gelegenheit, mir Ihre Liebe zu beweisen. Holen Sie mir meinen Handschuh herauf! (Z. 34 f.) Ich bin gespannt, was er sich einfallen lässt, dachte sie sich. (Z. 37) Mit den Worten Von Ihnen brauche ich kein Dankeschön!, warf Delorges ihr den Handschuh wütend ins Gesicht. (Z. 46 f.)*

**6** Hier fehlt die Zeichensetzung bei der wörtlichen Rede.
  a Schreibt die Sätze ab und ergänzt alle fehlenden Satzzeichen.
  b Tauscht eure Hefte aus und überprüft eure Ergebnisse am Text (▶ S. 161 f.).
●●● c Ergänzt auch bei den folgenden Sätzen die Zeichensetzung.
  *Eine Zuschauerin schrie Um Gottes Willen! Wie geschmeidig sich der Tiger bewegt dachte sich Kunigunde. Unter der Ankündigung Und jetzt kommen die Leoparden öffnete sich das dritte Tor.*

> Die Regeln zur Zeichensetzung bei der wörtlichen Rede könnt ihr im Grundwissen (▶ S. 325) nachlesen.

---

**Wissen und Können**   **Sprachliche Besonderheiten einer Erzählung**

- Verwendet **treffende Verben** sowie **anschauliche Adjektive** und **sprachliche Bilder**.
- Achtet auf **unterschiedliche Satzanfänge** und **abwechslungsreichen Satzbau**.
- **Wörtliche Rede** lässt den Text lebendiger wirken. Achtet auf die korrekte Zeichensetzung!
- Haltet die Zeitform **Präteritum** ein. Verwendet das **Plusquamperfekt,** wenn ein Ereignis bereits vor dem erzählten Geschehen stattgefunden hat, z. B.:
  *König Franz hatte Gäste eingeladen, die nun eintrafen.*

# Eine Erzählung zu einer Ballade schreiben

Theodor Fontane

## John Maynard

1   John Maynard!
       „Wer ist John Maynard?"

  „John Maynard war unser Steuermann,
  Aus hielt er, bis er das Ufer gewann,
5   Er hat uns gerettet, er trägt die Kron',
  Er starb für uns, unsre Liebe sein Lohn.
       John Maynard."
          *

2   Die „Schwalbe" fliegt über den Eriesee,
  Gischt schäumt um den Bug wie Flocken von Schnee;
10   Von Detroit fliegt sie nach Buffalo –
  Die Herzen aber sind frei und froh,
  Und die Passagiere mit Kindern und Fraun
  Im Dämmerlicht schon das Ufer schaun,
  Und plaudernd an John Maynard heran
15   Tritt alles: „Wie weit noch, Steuermann?"
  Der schaut nach vorn und schaut in die Rund':
  „Noch dreißig Minuten … Halbe Stund'."

3   Alle Herzen sind froh, alle Herzen sind frei –
  Da klingt's aus dem Schiffsraum her wie ein Schrei,
20   „Feuer!" war es, was da klang,
  Ein Qualm aus Kajüt' und Luke drang,
  Ein Qualm, dann Flammen lichterloh,
  Und noch zwanzig Minuten bis Buffalo.

4   Und die Passagiere, bunt gemengt,
25   Am Bugspriet[1] stehn sie zusammengedrängt,
  Am Bugspriet vorn ist noch Luft und Licht,
  Am Steuer aber lagert sich's dicht,
  Und ein Jammern wird laut: „Wo sind wir? Wo?"
  Und noch fünfzehn Minuten bis Buffalo. –

**Theodor Fontane** wurde 1819 in Neuruppin (Brandenburg) geboren.
Seinen Beruf als Apotheker gab er auf, um sich ganz dem Schreiben widmen zu können. Fontane verfasste insgesamt 16 Romane sowie zahlreiche Gedichte und Erzählungen. 1898 starb er in Berlin.

---

1  Bugspriet: Mast, der über den vorderen Teil des Schiffes (den Bug) hinausragt

30  5 Der Zugwind wächst, doch die Qualmwolke steht,
Der Kapitän nach dem Steuer späht,
Er sieht nicht mehr seinen Steuermann,
Aber durchs Sprachrohr fragt er an:
„Noch da, John Maynard?"
35           „Ja, Herr. Ich bin."
„Auf den Strand! In die Brandung!"
           „Ich halte drauf hin."
Und das Schiffsvolk jubelt: „Halt aus! Hallo!"
Und noch zehn Minuten bis Buffalo. –

40  6 „Noch da, John Maynard?" Und Antwort schallt's
Mit ersterbender Stimme: „Ja, Herr, ich halt's!"
Und in die Brandung, was Klippe, was Stein,
Jagt er die „Schwalbe" mitten hinein.
Soll Rettung kommen, so kommt sie nur so.
45 Rettung: der Strand von Buffalo!
           *

7 Das Schiff ist geborsten. Das Feuer verschwelt.
Gerettet alle. Nur *einer* fehlt!
           *

8 Alle Glocken gehn; ihre Töne schwell'n
Himmelan aus Kirchen und Kapell'n,
50 Ein Klingen und Läuten, sonst schweigt die Stadt,
Ein Dienst nur, den sie heute hat:
Zehntausend folgen oder mehr,
Und kein Aug' im Zuge, das tränenleer.

9 Sie lassen den Sarg in Blumen hinab,
55 Mit Blumen schließen sie das Grab,
Und mit goldner Schrift in den Marmorstein
Schreibt die Stadt ihren Dankspruch ein:
           „Hier ruht John Maynard! In Qualm und Brand
           Hielt er das Steuer fest in der Hand,
60           Er hat uns gerettet, er trägt die Kron,
           Er starb für *uns,* unsre Liebe sein Lohn.
           John Maynard."

1 a Sprecht zunächst über die letzten beiden Strophen der Ballade:
Beschreibt das Geschehen und die Stimmung in der Stadt.
b Klärt, wer in der ersten Strophe fragt und wer antwortet.
c Fasst den Inhalt der Ballade in eigenen Worten zusammen.

**2**
   a  Schreibt auf, wer in den wörtlichen Reden jeweils spricht.
   b  Überlegt euch, wie viele Personen für einen Gedichtvortrag mit verteilten Rollen nötig sind.
   c  Bereitet einen wirkungsvollen Vortrag des Gedichts vor: Macht euch Notizen zu Lautstärke, Pausen, Mimik, Gestik usw.

---

*In der Nacht vom 8. zum 9. August 1841 geriet der Raddampfer „Erie" auf der Fahrt von Buffalo nach Erie (Pennsylvania) in Brand, nachdem eine Ladung von Terpentin und Farbe Feuer gefangen hatte. Das Schiff nahm daraufhin Kurs auf die acht Meilen entfernte Küste, ohne sie jedoch zu erreichen. Von den etwa 200 Menschen an Bord wurden nur 29 gerettet. Der Steuermann Luther Fuller, der bis zuletzt auf seinem Posten ausgeharrt haben soll, verstarb.*

---

**3**
  Fontanes Ballade liegt ein wahres geschichtliches Ereignis zugrunde.
   a  Lest die Informationen über die Schiffskatastrophe und beantwortet wichtige W-Fragen in Stichpunkten, z. B.: *Wo …?, Wann…?, Wer …?*
   b  Vergleicht diese Angaben mit denen in der Ballade:
     – Welche Angaben hat Fontane übernommen, welche weggelassen?
     – Was wurde in der Ballade verändert oder neu dazuerfunden?

> Manchmal wird in Balladen ein wahres Ereignis verarbeitet, z. B. ein Unglück oder eine Naturkatastrophe. Die Dichter schmücken das Geschehen aber oft fantasievoll aus und verändern Fakten.

**4**
  Sucht in einer Karte der Vereinigten Staaten die im Infotext genannten Orte und vergleicht sie mit der in der Ballade genannten Route.

**5**
  Bereitet eine Erzählung zur Ballade „John Maynard" vor.
   a  Unterstreicht die wichtigsten Handlungsschritte auf einer Kopie oder notiert sie.
   b  Überlegt, was ihr übernehmen könnt und was verändert oder ergänzt werden muss.
   c  Erstellt einen Schreibplan, in dem ihr die Handlungsschritte sowie die Gefühle und Gedanken der einzelnen Figuren notiert, z. B.:

---

*Einleitung:* (Wer? Wo? Wann? Köder?)

*Hauptteil:*
*Passagiere* → fragen, wann …      *Vorfreude, Aufregung, …*
*Steuermann* → gibt Auskunft, dass …   *kräftig/muskulös, gelassen, …*
…

*Höhepunkt:* …

---

**6**
  Schreibt eure Erzählung und denkt auch an eine passende Überschrift.
∞ So könnt ihr anfangen:
*Die Dämmerung hatte schon eingesetzt. Das voll besetzte Passagierschiff „Schwalbe" befand sich auf dem Weg von Detroit nach Buffalo. Da man am Horizont schon das Ufer erkennen konnte, fragten …*

# 9.3 Fit in ...? – Zu einer Ballade eine Erzählung schreiben

Zu dieser Ballade wurde in einer Schulaufgabe folgender Arbeitsauftrag gestellt:

Schreibe eine spannende und lebendige Erzählung aus der Er-Perspektive.
Greife dabei die inhaltlichen Vorgaben dieser Ballade auf. Ergänze, wenn nötig, passende Einzelheiten. Verwende eine abwechslungsreiche Sprache, achte auf eine saubere Form und vermeide Rechtschreibfehler.

Detlev von Liliencron

### Das Kind mit dem Gravensteiner[1]

Ein kleines Mädchen von sechs, sieben Jahren,
Mit Kornblumenaugen und strohgelben Haaren,
Kommt mit einem Apfel gesprungen,
Hat ihn wie einen Ball geschwungen,
5 Von einer Hand in die andre geflitzt,
Dass er blendend im grellen Sonnenlicht blitzt.

Sie sieht im Hofe hoch aufgetürmt
Einen Holzstoß und ist gleich hingestürmt.
Und wie ein Kätzchen, katzenleicht,
10 Hat sie schnell die Spitze erreicht
Und hockt nun dort und will mit Begehren
Den glänzenden, goldgelben Apfel verzehren.

Da, holterdipolter! pardauz! pardau!
Bricht zusammen der künstliche Bau.
15 Wie bei Bergrutsch und Felsenbeben
Haben Bretter und Scheite nachgegeben;
Wie alle neun im Kegelspiel,
So alles übereinanderfiel.
Die Leute im Hofe haben's gehört
20 Und laufen hin entsetzt und verstört;
Die Mutter liegt ohnmächtig, Gott erbarm,
Einem raschen Nachbarn im hilfreichen Arm.
Nun geht's ans Räumen der Trümmer von oben,
Vorsichtig wird Stück für Stück gehoben,

**Detlev von Liliencron** wurde 1844 in Kiel geboren. Nach einer kurzen Militärkarriere und einigen Jahren in der Verwaltung wurde er freier Schriftsteller. Er starb 1909 bei Hamburg.

---

1 Gravensteiner: eine Apfelsorte

25 Vorsichtig geht's weiter in dumpfem Schweigen,
Der Atem stockt: Was wird sich zeigen?
Da – sitzt in einer gewölbten Halle
Das lächelnde Kind wie die Maus in der Falle,
Hat schon vergessen den Purzelschrecken
30 Und beißt in den Apfel und lässt sich's schmecken.

Zu der Schulaufgabe wurde folgender Aufsatz geschrieben:

### Gibt es jemanden, der den Tod bezwingen kann?

*Überschrift*
*Zu dramatisch*

An einem sonnigen Nachmittag in einem verschlafenen Dorf in der Nähe eines Bauernhofs lief die siebenjährige Lisa vergnügt über ein blühend gelbes Rapsfeld. Der Nachbarsjunge, den sie so sehr bewunderte, hatte ihr einen großen Apfel geschenkt, den
5 sie nun verzehren wollte.

*Einleitung*
*Satzbau*
*Köder fehlt*

Sie sah sich um, und da erblickten ihre strahlend blauen Augen einen hoch aufgetürmten Holzstoß kurz vor ihrem Elternhaus. Vorsichtig sah sie sich um. Niemand sah zu ihr. Mit prüfendem Blick messte sie den Stapel. Lisa nahm Anlauf und stürmte mit
10 Höchstgeschwindigkeit auf den Holzstoß zu und kletterte flink wie ein Spatz hinauf. Nun thronte sie auf der Spitze.
Da bewegte sich plötzlich ein Holzscheit. Verzweifelt mit den Armen rudernd, versuchte das Mädchen, sich irgendwo festzuhalten. Aber da war es schon zu spät. Mit einem Schrei stürzte sie zu
15 Boden. Schnell stürzten einige Leute herbei, da sie ein gewaltiges Krachen vernahmen. Unter ihnen befinden sich auch Lisas Bruder Tom und seine Mutter. Der Junge, der gesehen hatte, wie seine Schwester auf den Holzstoß geklettert war, stammelte: „Lisa, Lisa ist unter dem …" Er zeigte in die Richtung des zusammengefalle-
20 nen Turms. Die Frau wurde von einer Sekunde auf die andere bleich wie ein Handtuch. Starr vor Schreck stand sie da. Auf einmal zog es ihr den Boden unter den Füßen weg. Dem Nachbarn, Herrn Fisch, gelang es in letzter Sekunde, die schwankende Lady aufzufangen. Langsam und vorsichtig machten sich die übrigen

*Hauptteil*
*W (= Wiederholung)*

*W, W*
*Gr (falsches Präteritum)*
*Satzbau*
*falscher Vergleich*
*W*
*falsches Pronomen*
*W*
*Gr (Plusquamperfekt)*
*T*

*A (=Ausdruck)*
*falscher Vergleich*

*A*

25 Anwohner daran, die Holzscheite wegzuräumen. Niemand wollte sehen, was sich unter dem Holz verbarg. *V* Trotzdem machten sie weiter. Kein Laut war zu hören. Da rief plötzlich einer der Nachbarn mit einem Jubelruf in die Stille hinein: „Sie lebt!" Alle Nachbarn rannten zu der Stelle und sahen in ein Loch hinein. Da
30 saß doch tatsächlich Lisa *V*, sah verdattert in die Runde und biss dann, ohne die Dorfbewohner auch nur eines weiteren Blickes zu würdigen, in den köstlichen goldgelben Apfel.

Sie hatte ihre Lektion gelernt. Von diesem Tag an dachte nicht ein einziges Mal ein Kind daran, auf einen Holzstoß zu klettern.

*V Spannung, Gefühle beschreiben!*
*W*
*ungenau*
*V (Kind ist unverletzt)*

*Schluss*
*Logik? (dachte sie nie mehr daran, ...)*

**1** a Überprüft mit Hilfe der Anmerkungen in der Randspalte, welche Stellen noch verbessert werden sollen.

b Schreibt den Aufsatz in euer Heft und überarbeitet dabei die markierten Stellen.

**2** Prüft mit Hilfe der Checkliste, ob eure Überarbeitung gelungen ist.

## Checkliste

### Eine Erzählung zu einer Ballade schreiben

**Einleitung**
- Führt sie in die Erzählung ein?
- Werden die wichtigsten W-Fragen *(Wer? Wo? Wann? Was?)* beantwortet?
- Enthält sie einen Köder (▶ S. 302), der auf das Weitere neugierig macht?

**Hauptteil**
- Sind alle **Handlungsschritte** der Ballade enthalten?
- Ist das, was ich ergänzt und verändert habe, sinnvoll und logisch?
- Gibt es einen **Höhepunkt,** der die Geschichte besonders interessant macht?

**Schluss**
- Rundet er die Erzählung sinnvoll ab, oder lässt er Fragen bewusst offen?
- Passt meine **Überschrift** zum Aufsatz? Weckt sie Neugier?

**Sprache**
- Habe ich die **Erzählperspektive** durchgehalten (Er-/Sie-Form)?
- Habe ich **abwechslungsreiche Verben** und **treffende Adjektive** eingesetzt?
- Sind **Vergleiche** und **sprachliche Bilder** enthalten?
- Habe ich berücksichtigt, was die **Figuren** fühlen, sehen, hören und denken?
- Enthält meine Geschichte **wörtliche Rede?**
- Habe ich unterschiedliche **Satzanfänge** verwendet?
- Habe ich auf einen abwechslungsreichen **Satzbau** geachtet?
- Benutze ich die richtige **Zeitform** (Präteritum, bei Vorvergangenheit Plusquamperfekt)?
- Habe ich **Rechtschreibung** und **Zeichensetzung** gewissenhaft überprüft?

# 10 „Die Kusskrise" –
## Ein Jugendtheaterstück in Szene setzen

**1** Habt ihr schon einmal ein Schülertheaterstück gesehen? Erzählt davon.

**2** Eine Klasse will gemeinsam das Theaterstück „Die Kusskrise" aufführen.
Das Foto oben zeigt eine Szene daraus.
Überlegt, worum es in dem Stück gehen könnte und welche Schauplätze denkbar sind.

**3** Der Untertitel des Stückes lautet „Ritter, Räuber & Randale". Untersucht diesen Untertitel
inhaltlich und sprachlich.

# 10.1 Von der Szene zum Theaterstück – Szenen erschließen, sprechen und spielen

**1** Lest die erste Szene des Theaterstücks.
Gebt kurz wieder, worum es geht, und beschreibt Corinnas Stimmung.

## Szene 1: Corinna liest den Anfang ihrer Rolle

Hans-Peter Tiemann

### Die Kusskrise oder Ritter, Räuber & Randale

**Rollen:** Familie Trillmich: Corinna, ihr Bruder Ulf, ihre Eltern Hannelore und Rüdiger, Schülerinnen und Schüler aus Corinnas Klasse, Lehrerin, Radiomoderator/in, Mitarbeiter/innen der „Putzkolonne"
**Schauplätze der Handlung:** Wohnung der Familie Trillmich, Theaterbühne in der Schule

*(Corinna geht in ihrem Zimmer hin und her und übt ihren Theatertext. Sie liest ihn noch ab, unterstützt aber ihre Rolle schon durch passende Gestik und Mimik.)*

5 CORINNA *(in der Rolle der Prinzessin):* Es klingt wie ein heftiges Sommergewitter. Vorm Schlosse beginnt wohl das große Turnier, es kämpfen die kühnsten und edelsten Ritter. Komm schnell, meine Zofe[1], hierher zu mir. *(Mit ver-*
10 *änderter Stimme):* Seht nur, Prinzessin, der Blonde, zum Stoße erhebt er die Lanze, doch knapp nebenher. *(Wieder als Prinzessin):* Der andere traf besser, er stieß ihn vom Rosse, jetzt liegt er im Blute und rührt sich nicht mehr. *(Es*
15 *klopft.)*
MUTTER *(von draußen):* Corinna?
CORINNA *(als Zofe):* Da vorn auf dem Schimmel, da reitet ein Recke. Er stürmt auf die Wiese im wilden Galopp!
20 MUTTER *(besorgt):* Corinna, Schatz, ist alles in Ordnung?
CORINNA *(als Prinzessin):* Oh weh, er dreht ab, Richtung Hainbuchenhecke. Da geht es nicht weiter, mein Ritter! Stopp!

MUTTER *(energisch):* Corinna, was ist denn los? 25
CORINNA: Er sinkt in den Graben, das Eisen ist schwer, er paddelt nervös und ganz hastig. Es gluckert und brodelt, ich seh ihn nicht mehr, kein Wunder, der Teich ist morastig!
MUTTER *(kommt herein):* Kann ich dir irgend- 30
wie helfen, Kind?

---

1 die Zofe: Dienstmädchen einer adligen Frau

CORINNA: Nein, Mama, ich lerne nur meine Rolle.
MUTTER *(interessiert):* Was denn für eine Rolle?
35 CORINNA *(zeigt auf die Textmappe):* Beim Schulfest führt unsere Klasse das Theaterstück „Ritter, Räuber und Randale" auf. Rate mal, welche Rolle ich heute beim Casting bekommen habe?
MUTTER: Vielleicht den Räuber? Oder die Ran-
40 dale?

CORINNA: Eiskalt, Mama! Halt dich fest: Ich spiele Prinzessin Zicka vom Zauberschloss!
MUTTER *(erfreut):* Das klingt ja nach einer Hauptrolle!
CORINNA *(stolz):* Prinzessin Zicka ist die Haupt- 45
rolle, Mama!
MUTTER *(gibt ihr die Hand):* Na, dann gratuliere ich, Corinna!

**2** Neben dem zu sprechenden Text findet ihr hier auch Regieanweisungen (= die Angaben in Klammern). Besprecht, wozu sie dienen und warum sie wichtig sind.

**3** Übt die Szene zu zweit ein und führt sie der Klasse vor.
Lasst euch eine Rückmeldung dazu geben:
– Wie versuchten die Darsteller/innen zu zeigen, dass sie Tochter oder Mutter spielen?
– Wie lebendig und überzeugend wirkten die Vorträge?
– Was könnte man an der Darstellung noch verbessern?

**4** Schreibt eine eigene kurze Szene auf. Wählt dazu eine der folgenden Möglichkeiten aus:

A Monolog: Corinna denkt laut darüber nach, was ihr an der Rolle gefällt und was ihr weniger gefällt.
B Monolog: Corinnas Mutter ist stolz darauf, dass ihre Tochter eine Hauptrolle spielen darf. Überlegt euch mehrere Gründe, warum sie sich darüber freut.
C Dialog: Corinna ruft ihre Freundin Laura an und erzählt ihr von der Rollenbesetzung. Legt vorher fest, wie Laura dazu steht.

> Auf der Bühne können zwei Figuren in einem **Dialog** miteinander sprechen, wie hier Corinna und ihre Mutter. Eine Figur kann aber auch in einem **Monolog** zu sich selbst sprechen und Gedanken oder Gefühle äußern.

## Szene 2: Ulf informiert die Eltern

**1** Lest die zweite Szene mit verteilten Rollen (Vater, Mutter und Sohn) vor.

*(Die Eltern sitzen beisammen, der Sohn kommt von der Schule.)*
ULF: Stellt euch vor, Corinna muss demnächst mit Ricardo rumknutschen!
5 VATER: Wie bitte?
MUTTER: Was heißt hier „muss"?
ULF: Corinna spielt doch diese Zicke vom Schloss!
MUTTER: Das weiß ich! Das ist die Hauptrolle
10 im neuen Stück!

VATER: Unsere Tochter wurde frisch gecastet!
ULF: Ja, aber was sie noch nicht weiß: In der letzten Szene kommt es zu einer Kussszene mit Ricardo Böckstiegel! So richtig „schlabberschlürf!" Corinna muss sagen: „Oh, mein 15
Ritter, nimm mich in deine starken Arme und küss mich!" Oder so ähnlich ...
VATER: Was sollen denn diese Albernheiten, Ulf? Theater ist Theater! Dann küsst sie ihn eben! 20

ULF: Der Böckstiegel ist ein absolut unangesagter Knabe, ein Mädchenschreck! Ein Streber! So einen küsst man nicht freiwillig.
VATER: Wie heißt der, Ulf?
25 ULF: Sag ich doch: Ricardo Böckstiegel!
VATER: Der aus der Schillerstraße?
ULF: Ich glaube, ja!
VATER: Das gibt's nicht! Ausgerechnet der Sohn von diesem Böckstiegel, von dem Autohändler!
30 MUTTER: Der dich mit dem Toyota so übers Ohr gehauen hat!
VATER: Der Rostlaubenbetrüger! Der hat mir vor ein paar Jahren den tiefergelegten Toyota verkauft. Den hatte er so tief gelegt, dass ich
35 mit dem Hintern auf dem Gullideckel klebte. Außerdem verreckte kurz darauf der Motor und dann auch das Getriebe.

ULF: Hat dir Böckstiegel das Geld zurückgegeben?
VATER: Keinen müden Cent! Und jetzt will er 40 mir auch noch die Tochter wegschnappen! Na warte!
MUTTER: Rüdiger, der Junge kann aber doch nichts dafür!
VATER: Der Alte wird sich im Publikum schlapp- 45 lachen, während sein Sohn auf der Bühne meine Tochter vernascht! Wo ist sie?
MUTTER: In ihrem Zimmer! Sie lernt!
VATER: Wir müssen sie warnen!
ULF: Das mach ich schon: „Oh, mein Ritter, 50 komm …!" (Kussgeräusch) Die kriegt die Krise!
VATER: Nein, du bleibst hier, Ulf! Mama und ich regeln das! (Beide ab)

**2** a Beschreibt, wie sich die Einstellung der Eltern zu Corinnas Hauptrolle im Verlauf dieser Szene verändert, und nennt Gründe dafür.
b Beurteilt das Verhalten des Vaters.

**3** In dieser Szene fehlen die Regieanweisungen. Überlegt euch passende Hinweise für die Schauspieler in dieser Szene (Wie sprechen die Figuren?, Was tun sie?) und schreibt sie zusammen mit der entsprechenden Zeilenangabe auf.

**4** Wie könnte sich die Handlung weiterentwickeln?

Einigt euch in der Gruppe auf eine Fortsetzung und schreibt eine kleine Spielszene dazu auf.

Wenn ihr Anregungen braucht, könnt ihr einen der folgenden Vorschläge auswählen:

**A** Ulf geht doch als Erster ins Zimmer seiner Schwester und informiert sie über ihren Bühnenpartner.
*(Wie tritt Ulf Corinna gegenüber auf? Wie reagiert Corinna?)*

**B** Der Vater spricht alleine mit seiner Tochter und …
*(Wie erklärt er ihr die Situation? Wie reagiert Corinna? Welchen Vorschlag macht der Vater?)*

**C** Die Mutter erzählt Corinna, wer ihr Ritter sein wird, und …
*(Wie übermittelt die Mutter die Nachricht? Was erzählt sie über den Autokauf? Was rät sie Corinna? Wie reagiert diese?)*

**5** Das Stück könnte lustig oder auch ernst enden.

a Entscheidet euch für eine der beiden Möglichkeiten und notiert eure Ideen in Stichpunkten.

b Stellt einige Ideen in der Klasse vor und begründet, warum ihr euch für ein Happy End oder für einen traurigen Schluss entschieden habt.

c Diskutiert über die Vor- und Nachteile der beiden Möglichkeiten.

> Eure Notizen könnt ihr beim Verfassen von weiteren Szenen als Vorlage nutzen.

## Szene 3: Die Eltern wirken auf Corinna ein

*(Corinna lernt, Vater und Mutter kommen dazu.)*

CORINNA: Was ist denn? Ist was passiert?

MUTTER: Es ist wegen eures Theaterstücks …

VATER: Mama hat mir erzählt, dass du eine
5 Hauptrolle bekommen hast.

CORINNA: Ja, ich bin Prinzessin Zicka vom Zauberschloss!

VATER: So eine Zicke ist bestimmt nicht einfach zu spielen. Da muss man sich doch sicher
10 sehr überwinden!

MUTTER: Und man muss sich sehr genau auf seine Partner einstellen …

CORINNA: Kein Problem! Ich habe nur eine einzige Partnerin. Das ist meine Zofe Agathe.

15 VATER: Aber es gibt doch sicher auch ein paar männliche Darsteller?

CORINNA: Ja, die tollpatschigen Ritter! Die schlagen sich gegenseitig die Köpfe ein.

VATER: Du weißt sicher, wer die Ritter sind,
20 oder?

CORINNA: Die Jungen streiten sich zurzeit noch um die Rollen. Wir Mädchen durften heute schon eher nach Hause gehen.

MUTTER: Aha …

CORINNA: Stellt euch vor, sämtliche Loser aus 25 unserer Klasse haben sich beim Casting beworben. Sogar Ricardo Böckstiegel, diese Nullnummer!

VATER *(lacht gequält)*: Ah ja, der Rostlauben-Böckstiegel … 30

CORINNA: Der kriegt bestimmt 'ne stumme Rolle als mittelalterlicher Dorftrottel.

MUTTER: Schön wär's! Vielleicht aber auch nicht!

CORINNA: Was soll das heißen?

MUTTER *(dramatisch)*: Sag du es ihr, Rüdiger! 35

VATER: Dieser Ricardo spielt Ritter Robert, das hat uns Ulf erzählt.

MUTTER: Und du musst ihn auf der Bühne …

CORINNA: Ich muss ihn wahrscheinlich umbringen! Ich kenne den Schluss noch gar nicht. 40
Bin gespannt, ob ich ihn vergiften oder erwürgen darf!

**VATER:** Es ist schlimmer, Corinna, viel schlimmer!

45 **CORINNA:** Muss ich ihn vierteilen?

**MUTTER:** Du musst ihn mit dem Mund ...

**CORINNA:** Beißen?!

**MUTTER:** Nein, küssen!!

**CORINNA** *(überlegt):* Na und? Muss ich mich

50 eben damit abfinden! Wenn ich dafür die Hauptrolle bekommen habe!

**VATER:** Ja, aber ... Hast du denn da gar keine Bedenken?

**CORINNA:** Meint ihr, er hat Windpocken oder

55 Lippenscharlach?

**MUTTER:** Aber, Corinna!

**VATER:** Wir können es durchaus verstehen, wenn du deine unangenehme Rolle abgeben möchtest und statt der Zicke lieber die Zofe

60 spielst!

**CORINNA:** Das kommt gar nicht in Frage!

**VATER:** Und das Gerede der Leute stört dich gar nicht?

**CORINNA:** Welches Gerede? Ich betrachte die

65 ganze Geschichte einzig und allein professo... äh ...

**MUTTER:** Professionell ... So, so ...

**VATER:** Hmm ... *(Beide gehen ab.)*

---

**1** Tauscht euch in der Klasse über diese Szene aus.

   a  Überlegt, was die Eltern von Corinna erwarten.

   b  Beschreibt Corinnas Verhalten.

   c  Die Eltern versuchen, Corinna zu beeinflussen. Zeigt die Mittel auf, die sie dafür einsetzen.

   d  Beurteilt das Verhalten der Eltern und das von Corinna.

**2** Lest die Szene mit verteilten Rollen vor: Sprecht die erste Texthälfte (▶ S. 177) auf Hochdeutsch, die zweite Hälfte (▶ S. 178) in eurem Dialekt. Wie verändert sich die Wirkung? Beschreibt eure Eindrücke beim Sprechen bzw. Zuhören.

**3** Überlegt, was in den beteiligten Figuren vorgeht, und schreibt Monologe, die diese nach dem Familiengespräch halten könnten.

**4** Denkt euch zu den folgenden Situationen einen Dialog aus und tragt ihn vor.

   **A**  Corinna telefoniert mit ihrer Freundin und erzählt ihr vom Gespräch mit den Eltern.

   **B**  Ulf ruft seinen Freund an und berichtet ihm von dem geplanten Schultheaterstück.

# Rollenkärtchen erstellen

**1** Die Figuren im Stück haben unterschiedliche Ansichten und stehen in einem bestimmten Verhältnis zueinander. Dies könnt ihr anhand von Rollenkärtchen verdeutlichen.

a Legt für jede Figur ein Kärtchen an. Notiert darauf in Stichpunkten alles, was ihr über sie wisst.

b Ordnet die Kärtchen auf einem Plakat an: Zeigt durch größeren oder kleineren Abstand zwischen den Kärtchen und durch Pfeile, in welchem Verhältnis die Personen zueinander stehen.

c Schreibt auf die Pfeile, wie das Verhältnis der Personen zueinander ist, z.B.: *ist stolz auf*

Hier findet ihr Hilfen

> wütend auf … • will … beeinflussen • hasst … • hält zu … • freut sich über … •
> nimmt … in Kauf • verachtet … • hält nichts von …

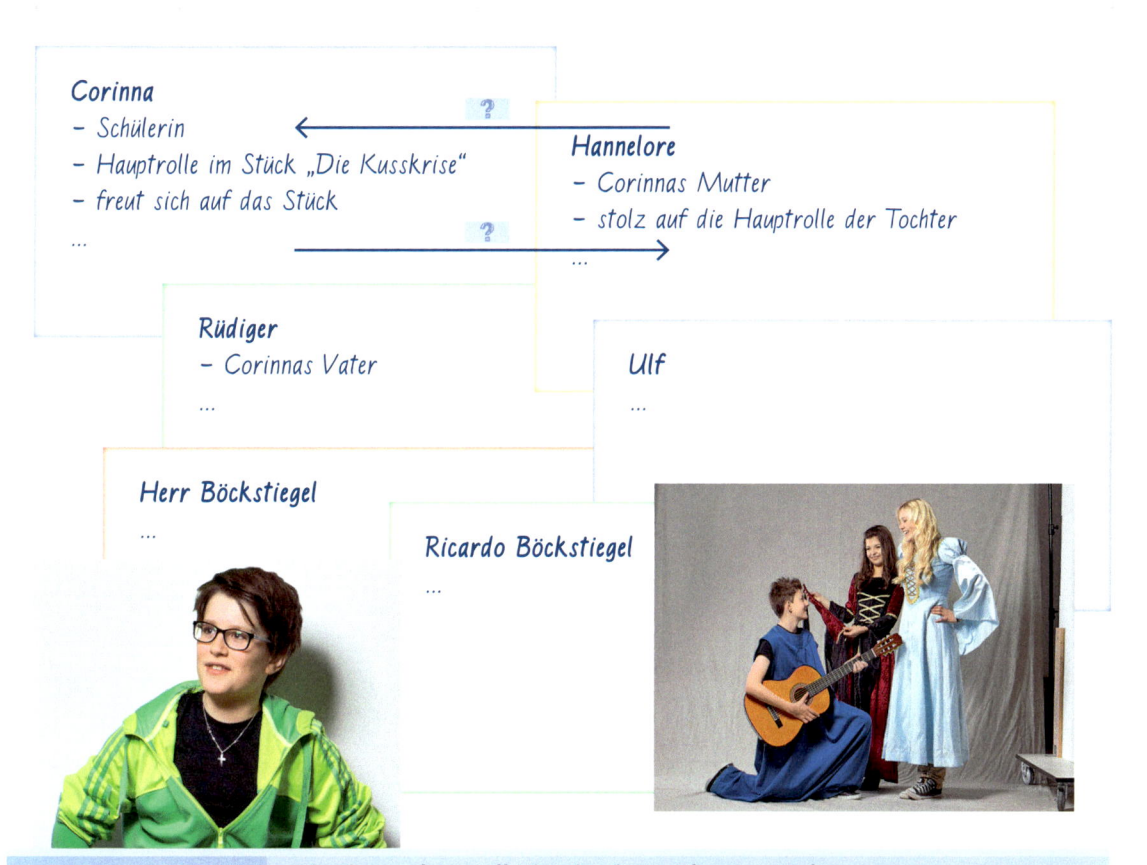

Corinna
- Schülerin
- Hauptrolle im Stück „Die Kusskrise"
- freut sich auf das Stück
…

Hannelore
- Corinnas Mutter
- stolz auf die Hauptrolle der Tochter
…

Rüdiger
- Corinnas Vater
…

Ulf
…

Herr Böckstiegel
…

Ricardo Böckstiegel
…

---

**Wissen und Können**  **Die Figurenkonstellation in einem Theaterstück**

**Figurenkonstellation** (oder **Personenkonstellation**) nennt man das Verhältnis, in dem die Personen in einem Theaterstück zueinander stehen: Einige sind verwandt, befreundet oder verliebt, andere mögen sich nicht, stehen in Konkurrenz zueinander oder hassen sich sogar. Diese Beziehungen müssen die Schauspieler/innen durch überzeugendes Spiel auf der Bühne glaubwürdig darstellen.
Mit Hilfe von **Rollenkärtchen** kann man die Figurenkonstellation verdeutlichen.

# Ein Standbild bauen

**1** In einem Standbild (einem unbewegten
Szenenbild) kann man Gefühle und
Beziehungen zwischen zwei Figuren zeigen.

**a** Beschreibt den Gesichtsausdruck und die
Körperhaltung der Schauspieler.
Welche Gefühle könnt ihr herauslesen?

**b** Baut ein Standbild zu einer Szene des
Stücks „Die Kusskrise" auf (Szene 1–3 oder
die nachfolgende Szene 5).
Beachtet dazu die Hinweise im Merkkasten.

### Wissen und Können — Ein Standbild bauen

In einem **Standbild** könnt ihr das **Verhältnis zwischen Figuren** veranschaulichen.
So geht ihr dabei vor:

- Wählt zwei oder mehr Figuren aus dem Stück aus und bestimmt, wer sie darstellen soll.
- Die Spieler stellen sich stumm auf, die Zuschauer aus der Klasse geben ihnen **Anweisungen,**
  welche Position sie einnehmen sollen. Achtet vor allem auf die **Entfernung** zwischen den
  Personen, die **Körperhaltung,** die **Mimik** (Gesichtsausdruck) und die **Gestik** (Haltung des
  Kopfes, der Arme und der Hände).
- Wenn das Standbild fertig ist, dürfen die Darsteller sich nicht mehr bewegen: Dieses
  Erstarren nennt man **„freeze"** (engl. „einfrieren").
- Die Zuschauer beschreiben nun, wie das Standbild auf sie wirkt und was daran deutlich
  wird. Die Darsteller teilen mit, wie sie sich in ihrer Position gefühlt haben.

### Szene 5: Felix und Corinna nach der Probe

*[In Szene 4 wird Corinna von mehreren Mitschü-
lerinnen und -schülern angerufen, die sie wegen
ihrer Rolle aufziehen.]*

*(Nach der Probe auf der Bühne)*
**FELIX:** Aua, ich krieg den verdammten Helm
nicht ab!
**CORINNA:** Warte, Felix, ich helf dir …!
5 **FELIX:** Danke, Corinna, das ist wirklich nett von
dir!
**CORINNA:** Eigentlich schade, dass du als Ritter

Die **Szenen** eines Theaterstücks setzen sich
aus verschiedenen **Auftritten** zusammen.
Ein neuer Auftritt beginnt, wenn eine weitere
Person auf die Bühne kommt.

Leichtsinn schon in der ersten Szene vom
Pferd fällst und dir den Hals brichst.
**FELIX:** Daran kann man leider nichts ändern. 10
Aber dafür hast du eine Traumrolle!

CORINNA: Na ja ...

FELIX: Ich wollte dir schon beim Casting sagen, dass du auf der Bühne ... total süß bist.

15 CORINNA: Findest du?

FELIX: Ja.

CORINNA: Du spielst aber auch sehr ... überzeugend!

FELIX: Ich habe ja nur einen mickrigen Satz, 20 bevor ich ins Gras beiße. Mein Pferd geht mit mir durch und prescht auf den Graben zu,

während ich wie ein Irrer rufe: „Oh weh, das ist das Ende, im Leben und im Gelände!"

CORINNA: Du sagst das aber sooo cool!

FELIX: Wenn die Aufführung ein Erfolg wird, 25 geht dann vielleicht die Prinzessin Zicka mit dem Ritter Leichtsinn ... ein Eis essen?

CORINNA: Meinst du ... ich ... mit dir ...?

FELIX: Erraten!

CORINNA: Einverstanden! 30

## Szene 7: Corinnas Vater gibt nicht auf

*[In Szene 6 sprechen einige Mädchen über ihre Nebenrollen. Sie sollen am Ende des Stücks einigen männlichen Darstellern einen Kuss geben, wogegen sie sich zunächst wehren.]*

*(Die Eltern warten auf Corinna.)*

MUTTER *(fröhlich, freundlich):* Corinna, wir haben die Lösung! Es wird alles gut!

VATER: Setz dich und pass auf!

5 CORINNA: Was wird gut?

VATER: Meinst du, wir hätten neulich nicht gemerkt, wie peinlich es dir in Wirklichkeit ist, diesen Ritter zu küssen?

CORINNA: Das ist mir gar nicht peinlich!

10 MUTTER: Corinna, ein Kuss ist etwas anderes als ein Händedruck! Beim Küssen berührt man sich mit den Lippen!

CORINNA: Sag bloß. Und ich hab immer gedacht, man küsst mit den Ohren.

15 VATER: Es kann sogar so weit kommen, dass man Körperflüssigkeit austauscht!

CORINNA: Papa, ich will keine Bluttransfusion. Ich werde meine Lippen zusammenpressen wie ein Fahrradventil und sie für eine Zehntel-20 sekunde auf Böckstiegels ebenfalls zusammengepresste Lippen drücken. Alles bleibt trocken und sauber. Klingt ungefähr so. *(Kussgeräusch)*

MUTTER: Papa hat den Text geändert!

CORINNA: Welchen Text? 25

VATER *(zieht eine Textmappe hervor und deutet darauf):* Ritter, Räuber und Randale, 3. Akt, fünfter Auftritt. Ricardo Böckstiegel sitzt unten auf seinem Toyota, und du stehst oben auf dem Burgbalkon. 30

CORINNA: Auf seinem Pferd, Papa, er sitzt unten auf seinem Pferd.

VATER: Sage ich doch.

MUTTER: Papa hat die Szene ein bisschen verbessert. Es kommt gar nicht erst zum Kuss. 35

CORINNA: Wollt ihr etwa, dass ich vom Balkon kotze?

VATER: Nein, nein, Corinna! Ich habe den rostigen Ritter nur ein wenig ... sagen wir ... tiefer gelegt. Hör zu: Im Original heißt es *(zitiert):* 40 Ach, wüsstest du, Robert, mein mutiger Recke, wie sehr sich mein Herz nach deinem verzehrt. Komm, fass meine Hand, die ich hier nach dir strecke. Siehst du nicht, wie sehr dieser Mund dich begehrt? 45

CORINNA: Und? Was hast du geändert?

MUTTER: Nur die letzte Zeile, aber genial!

VATER: Statt „Siehst du nicht, wie sehr dieser Mund dich begehrt?" sagst du: „ 🔲 "

---

**1** Überlegt, wie diese neue letzte Zeile lauten könnte.

**Tipp:** Was reimt sich auf „begehrt"?

## Eine zusätzliche Szene entwerfen

Im Originaltext „Die Kusskrise" erfährt man zwar einiges über die Familie Böckstiegel, doch tritt sie auf der Bühne nicht selbst in Erscheinung.

**1** Überlegt, wie Familie Böckstiegel darauf reagieren könnte, dass Ricardo ausgerechnet mit Corinna Trillmich, deren Vater Herr Böckstiegel übers Ohr gehauen hat, eine Liebesszene spielen soll.

**2** Schreibt in Kleingruppen eine kurze Szene. Jede Gruppe wählt eine Situation aus:

- **A** Ricardo erzählt daheim vom geplanten Theaterstück und von seiner Rolle.
- **B** Ricardos Vater berichtet seiner Frau vom Verkauf des alten Toyotas an Herrn Trillmich.
- **C** Ricardos Schwester ist mit Corinna befreundet. Sie unterhält sich mit Corinna über die ganze Angelegenheit und macht Vorschläge, wie es weitergehen soll.
- **D** Die Klasse unterhält sich über das Theaterstück.

**3** a Spielt der Klasse eure Szene vor und lasst euch Rückmeldungen geben.
b Diskutiert darüber, welche Szene besonders gelungen ist und warum.

## Eine Szene fortsetzen

### Szene 11: Eine Katastrophe?

*[In den Szenen 8, 9 und 10 des Originaltexts geht es um Gespräche der Schauspielerinnen untereinander. Hauptthema ist das Küssen.]*

*(Auf der Schulbühne. Die letzte Probe unmittelbar vor der Aufführung. Große Aufregung.)*
**SÖREN** *(kommt von draußen, aufgeregt):* Frau Barthelheimer, es ist etwas ganz Schlimmes passiert!
**FRAU B.:** Was ist denn los?
**SÖREN:** Ricardo hat die Windpocken!
**FRAU B.:** Windpocken?
*(Alle werden aufmerksam und kommen zusammen.)*

**Sören:** Er liegt seit heute Morgen im Bett.

**Anna:** Dann hol ihn raus, er soll sich beeilen!

**Sören:** Geht nicht, er hat Fieber!

**Anna:** Wir haben alle Fieber – Lampenfieber!

15 **Sören:** Ricardo hat medizinisches, richtiges Fieber!

**Isabell:** Dann war's das wohl. Die Aufführung können wir vergessen!

**Frau B.:** Zum Absagen ist es jetzt zu spät! Draußen stehen die Gäste schon Schlange! 20

**Max:** Wir streichen einfach Ricardos Rolle.

**Anna:** Und was wird aus Corinna? Soll sie das Pferd heiraten?

**Max:** Sie geht zurück ins Schloss und bleibt ... Single! 25

**Anna:** So ein Unsinn! Nein, wir ...

**4** Anna macht einen Vorschlag, wie die Theateraufführung noch gerettet werden könnte.
   a Überlegt, welche Idee sie haben könnte.
   b Es gäbe noch weitere Möglichkeiten, was die Theatergruppe tun könnte. Sammelt Ideen und schreibt sie auf.

## Szene 13: Der Schluss der „Kusskrise"

*[Szene 12 des Originaltexts spielt unmittelbar vor der Aufführung. Corinna weint.]*

*(Auf der Bühne ist die Aufführung in vollem Gange. Im Publikum sitzen die Eltern von Corinna hinter den Eltern von Ricardo. Corinnas Eltern flüstern miteinander.)*

5 **Vater:** Ich sehe nur den Rücken vom alten Böckstiegel. Der unverschämte Kerl hat sich genau vor uns aufgepflanzt.

**Mutter:** Pssst, jetzt kommt Corinnas Auftritt. Sie sieht wunderbar aus, was?

**Vater:** Wo denn? Ich seh ja gar nichts! 10

**Corinna** *(sehr aufgeregt)*: Ach, wüsstest du, Robert, mein mutiger Recke, wie sehr sich mein Herz nach dem deinen verzehrt. Komm, fass meine Hand, die ich hier nach dir strecke! Siehst du nicht, wie ... 15

**5** Jetzt ist eure Fantasie gefragt: Wie soll das Theaterstück enden?
   a Schreibt die Szene zu Ende. Überlegt euch, welche Figuren hier besonders wichtig sind und was sie sprechen sollen. Denkt auch an passende Regieanweisungen.
   b Spielt eure Schlussfassungen vor.
   c Sprecht darüber, welche Fassung euch am besten gefällt. Begründet eure Einschätzung.

# 10.2 Bühnenreif! – Eine Aufführung vorbereiten

Nun könnt ihr das Theaterstück „Die Kusskrise" auf die Bühne bringen.

**1**  a Entscheidet gemeinsam, ob ihr Szenen aus dem Originaltext oder eure eigenen Fassungen verwenden möchtet.
   b Verteilt nun endgültig alle Rollen. Wer nicht so gerne auftreten möchte, kann Nebenrollen mit kurzen Textpassagen übernehmen oder sich um Kostüme, Beleuchtung oder Musik kümmern.

**2**  Entwerft für die größeren Rollen ein ausführliches „Rollenprofil" wie im folgenden Beispiel. Überarbeitet eure Aufzeichnungen, wenn sich im Verlauf der Proben Änderungen ergeben.

> ### Rollenprofil: Corinna/Prinzessin Zicka vom Zauberschloss
> #### Meine Rolle
> – Darstellung: Eine Schülerin aus der 7. Klasse/eine Prinzessin aus dem Mittelalter
> – Aufgabe: Ich zeige, dass ich mich über meine Rolle freue. Dabei nehme ich in Kauf, dass ich Ricardo küssen muss. Von meinen Eltern lasse ich mich nicht davon abbringen. Ich verliebe mich in Felix.
> – Partner (als Prinzessin): die Zofe, Ritter Robert
> – Partner (als Corinna): meine Eltern, mein Bruder, Felix
> #### Mein Verhalten
> – Bewegung: als Corinna lebhaft, temperamentvoll, als Zicka etwas würdiger, damenhafter
> – Sprache: als Corinna wie ein „normales" junges Mädchen, als Zicka würdevoller, gestelzter
> #### Mein Aussehen
> – Kleidung: Corinna trägt Alltagskleidung (Jeans, T-Shirt), Zicka ein Burgfräuleingewand
> – Requisiten: Schultasche, Textmappe für Corinna
> – Frisur, Maske: Corinna: moderne Frisur, Zicka: Locken, evtl. einen Spitzhut

**3**  Damit eure Aufführung erfolgreich wird, solltet ihr frühzeitig mit der Planung beginnen. Klärt gemeinsam die folgenden organisatorischen Fragen und notiert die Ergebnisse auf einem Plakat.

✓ **Termine:** Wie lange sollen die Darsteller Zeit bekommen, bis sie den Text auswendig können? Wie viele Deutschstunden/Nachmittagstermine habt ihr zur Verfügung? Wann soll die Aufführung stattfinden? Gibt es mehrere Aufführungen?

✓ **Publikum:** Spielt ihr nur vor der Klasse? Spielt ihr auch vor anderen Klassen? Sollen Eltern zuschauen? Wie informiert ihr euer Publikum (z. B. schriftliche Einladungen, Plakate)?

✓ **Absprachen:** Wer muss vorab informiert werden (z. B. Deutschlehrkräfte, Klassenleiter/innen anderer Klassen, Schulleitung, Sekretariat, Hausmeister/in, örtliche Presse)?

✓ **Aufgabenverteilung:** Wer ist zuständig für die Technik (Ton, Beleuchtung, Bühnenbild), wer für Requisiten und Maske? Welche anderen Aufgaben sollen verteilt werden (z. B. Souffleur/Souffleuse, Kostümwart/in, Plakatgestalter/in)?

# 10.3 Von Profis profitieren – Anregungen durch einen Theaterbesuch

Für eine eigene Theateraufführung könnt ihr euch Anregungen von richtigen Schauspielern holen. Dazu habt ihr verschiedene Möglichkeiten:

Seht gemeinsam einen **Film** von einer Theateraufführung an.

Ladet eine **Tourneetheatergruppe** an eure Schule ein. Dies sind Theatergruppen, die an verschiedenen Orten Stücke aufführen. Lasst euch verschiedene Angebote zukommen und prüft zusammen mit eurer Lehrkraft, welche Aufführung für eure Schule geeignet wäre.

Staatstheater am Gärtnerplatz, München

– Plant einen gemeinsamen **Besuch einer Aufführung in einem Theater in eurer Nähe.**
– Schaut im Internet das Programm an und sucht euch ein passendes Theaterstück aus.

**1** Damit ihr dem Theaterstück gut folgen könnt, solltet ihr euch darauf vorbereiten.
a Informiert euch über den Autor/die Autorin und den Inhalt des gewählten Theaterstücks.
b Stellt dazu einen Hefteintrag zusammen.
c Haltet Kurzreferate (▶ S. 283 ff.) oder fertigt ein Informationsplakat (▶ S. 132) an.

**2** Falls ihr die Möglichkeit haben werdet, mit einer Darstellerin/einem Darsteller aus dem Stück zu sprechen: Notiert W-Fragen, die ihr einer Berufsschauspielerin/einem Berufsschauspieler gern stellen würdet.

Probt das Interview vorher zu zweit. Achtet dabei vor allem auf die Art der Fragestellung. Stellt offene Fragen, auf die euer Interviewpartner ausführlich antworten muss. Vermeidet geschlossene Fragen, auf die man nur mit Ja oder Nein antworten kann (▶ S. 293).

**3** Überlegt, was ihr vor der Veranstaltung organisieren müsst.

a Prüft, welche der folgenden Schritte zur Planung notwendig sind.

b Legt eine sinnvolle Reihenfolge fest und erstellt einen Plan.

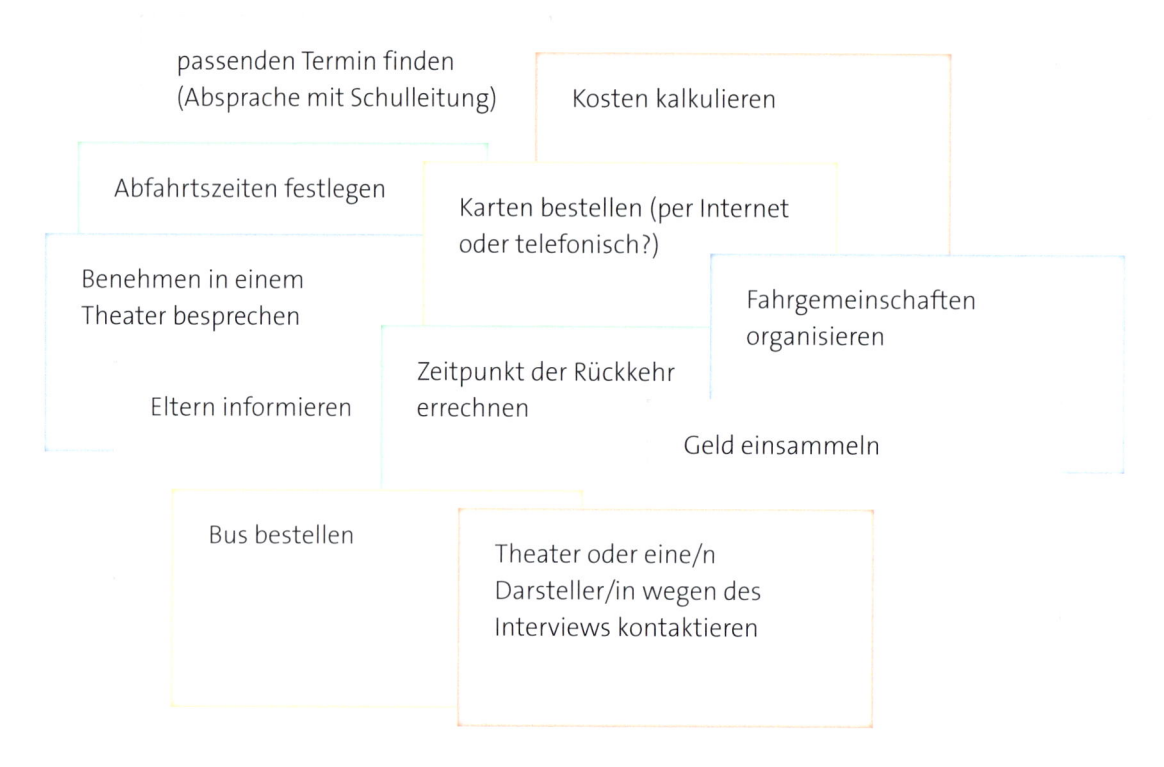

passenden Termin finden
(Absprache mit Schulleitung)

Kosten kalkulieren

Abfahrtszeiten festlegen

Karten bestellen (per Internet
oder telefonisch?)

Benehmen in einem
Theater besprechen

Fahrgemeinschaften
organisieren

Zeitpunkt der Rückkehr
errechnen

Eltern informieren

Geld einsammeln

Bus bestellen

Theater oder eine/n
Darsteller/in wegen des
Interviews kontaktieren

**4** Fertigt einen Beobachtungsbogen an, den jeder mitbringt und in der Pause oder nach dem Ansehen des Theaterstücks in Stichpunkten ausfüllt (▶ Techniken des Mitschreibens S. 297).

### Beobachtungsbogen zur Aufführung des Theaterstücks

Programmheft (Übersichtlichkeit, Inhalt, Gestaltung): …
Bühnenbild/Kulissen: …
Requisiten: …
Kostüme: …
Musik/Geräusche: …
Beleuchtung: …
Beobachtete Rolle: …
Was fällt an der Darstellung besonders auf (z.B. Mimik/Gestik/Sprechweise)? …

**5** Wertet eure Eindrücke aus.

a Stellt eure Beobachtungen in der Klasse vor und vergleicht sie.

b Überlegt, was ihr aus diesem Theaterbesuch gelernt habt: Welche Anregungen könntet ihr für euer Schülertheater übernehmen?

Bald heißt es auch für euch und für die „Kusskrise": VORHANG AUF!

# 11 Medien unter der Lupe –
## Internet, Jugendzeitschriften, Werbung untersuchen

**1** Diese Jugendlichen surfen gemeinsam im Internet.
   **a** Beschreibt die Körperhaltung und Blickrichtung der Jugendlichen.
   **b** Welche Seite sehen sie möglicherweise gerade an? Äußert Vermutungen.

**2** Kennt ihr solches Verhalten in eurer Clique? Berichtet in der Klasse davon.

# 11.1 Angebote prüfen und bewerten

## Nutzung von Internetangeboten

**1** Das Internet wird täglich von Menschen in aller Welt genutzt.
a Was kann man im Internet alles machen?
Sammelt möglichst viele Beispiele und erstellt eine Mind-Map.
b Wofür nutzt ihr selbst das Internet? Berichtet.

### Internetnutzung in den 7. Klassen der Realschule Höchberg
(110 Befragte, jeder durfte 3 Stimmen abgeben)

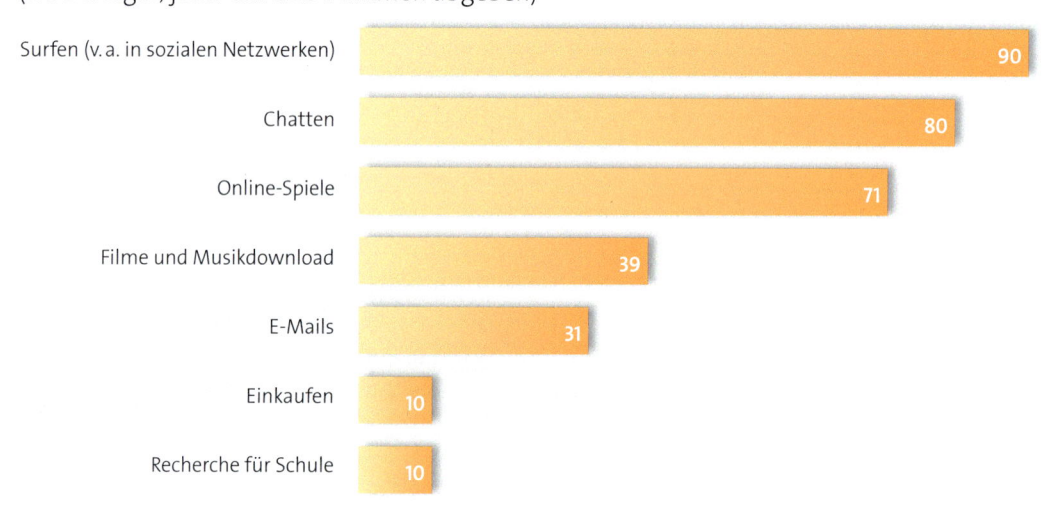

| | |
|---|---|
| Surfen (v. a. in sozialen Netzwerken) | 90 |
| Chatten | 80 |
| Online-Spiele | 71 |
| Filme und Musikdownload | 39 |
| E-Mails | 31 |
| Einkaufen | 10 |
| Recherche für Schule | 10 |

**2** Dieses Diagramm entstand nach einer Befragung in den 7. Klassen einer Realschule.
a Erklärt, was darin gezeigt wird.
b Mit welchen Ergebnissen hättet ihr gerechnet, welche überraschen euch? Begründet.

**3** Führt eine ähnliche Befragung in eurer Klasse durch.
a Sammelt möglichst viele unterschiedliche Tätigkeiten im Internet an der Tafel.
b Jeder vergibt insgesamt drei Striche oder Klebepunkte für die häufigsten Tätigkeiten.
c Zählt die Striche zusammen und zeichnet ein Diagramm in euer Heft.
d Wertet das Ergebnis aus: Warum sind bestimmte Seiten besonders beliebt bei euch?

**4** Das Internet kann auch für die Schule nützlich sein.
a Welche Aufgaben für die Schule habt ihr schon einmal mit Hilfe des Internets erledigt?
Erstellt gemeinsam eine Liste an der Tafel.
b Sammelt nützliche Internetadressen für Schülerinnen und Schüler und überprüft die Angebote.
c Nennt Vor- und Nachteile dieser Internetangebote.

# Gefahren im Internet

## Verbraucherzentrale: Online-Gefahren für Jugendliche

Das Verbraucherschutzministerium hat erneut vor den Gefahren des Internets für Jugendliche gewarnt. Und die Verbraucherschutzministerin Ilse Aigner hat angeregt, das Thema „Umgang
5 mit dem Internet" stärker in den Unterricht zu integrieren.

Anlass war die Vorstellung einer Studie zu Gefahren aus dem Internet für Jugendliche. Dafür waren 5564 Schüler an 26 Schulen des Landes
10 befragt worden. Besonders Jugendliche im Alter von 13 bis 18 Jahren sind demnach für die Gefahren im Internet anfällig. Das trifft zum Beispiel auf sogenannte Vertragsfallen wie Abofallen, angeblich kostenlose Downloads oder
15 ungewollte Mitgliedschaften zu. Der dadurch entstandene Schaden betrage allein in Bayern zirka 1,8 Millionen Euro; bundesweit seien es über 39 Millionen Euro, so die Studie. Wenn die bestehenden Gesetze nicht strenger umgesetzt
20 beziehungsweise verbessert würden, um diese Gefahren einzuschränken, werde sich der Schaden für die Wirtschaft in Zukunft vervielfachen, warnen die Autoren.

Auf der anderen Seite zeigt die Untersuchung
25 auch, dass viele Jugendliche, ohne darüber nachzudenken, Musik oder Filme aus dem Netz rechtswidrig herunterladen. Denn mehr als die Hälfte der befragten Schüler (54 Prozent) hat bereits auf illegale Inhalte zugegriffen.
30 „Es ist daher davon auszugehen, dass zukünftig

viele der hier genannten 54 Prozent sich mit Forderungen der Musikindustrie auseinanderzusetzen haben", heißt es in der Studie.

Ein weiteres Ergebnis: 90 Prozent aller befrag-
35 ten Schüler sind bereits in sozialen Netzwerken vertreten, und 33 Prozent haben öffentliche Profile. Nicht nur persönliche Daten, sondern auch intime Details, so die Studie, würden dabei häufig bedenkenlos ins Netz gestellt.

**1**
a Welche Gefahren des Internets werden in dem Bericht erwähnt? Nennt Textstellen.
b Führt weitere Probleme oder Gefahren des Internets auf und erstellt eine Liste.
c Seid ihr im Internet selbst schon einmal in Schwierigkeiten geraten? Berichtet über eure Erfahrungen und geht dabei auch auf die Folgen ein.

**2**
a Wie kann man sich vor den Gefahren des Internets schützen? Sammelt Vorschläge.
b Sucht im Internet nach Seiten, die Informationen und Tipps für das sichere Surfen im Internet anbieten. Notiert sie auf einem Plakat (▶ S. 132) für euer Klassenzimmer.

# Chatten – Plaudern am Monitor

**1** Chatten ist „in". Sowohl in speziellen Chatforen als auch über soziale Netzwerke kann man sich online in kurzen schriftlichen Nachrichten austauschen.
a Welche Erfahrungen habt ihr mit dem Chatten? Sprecht darüber in der Klasse.
b Nennt Vorteile und Nachteile dieser Art der Kommunikation.

**2** Es gibt Inhalte, über die man in einem Chat besser nicht schreiben sollte. Zählt verschiedene Punkte auf und begründet eure Meinung.

## Lesetipp: „Chatroom-Falle" von Helen Vreeswijk

Marcia und Floor sind 15 Jahre alt und beste Freundinnen. Marcia ist sehr aufgeschlossen und kontaktfreudig. Sie flirtet täglich mit fremden Jungen im Internet-Chat. Die schüchterne
5 Floor dagegen ist eher skeptisch und findet die zweideutigen Angebote der Chatpartner unangenehm. Schließlich lässt sie sich aber doch von Marcia überreden, mit den „netten Jungen" in der Cyberwelt Kontakt aufzunehmen.
10 Beim Chatten lernt sie zwielichtige Gestalten kennen, erhält aber eines Tages auch eine Mail mit dem Angebot, als Model zu arbeiten.
Begeistert und ohne Misstrauen lassen sich die beiden Mädchen gemeinsam auf die Einladung
15 zu dem Fotoshooting ein. Doch sie geraten an ein skrupelloses Ehepaar, werden betäubt und missbraucht. Nachdem sie bewusstlos hinter einer Bushaltestelle gefunden werden, fahndet die Polizei fieberhaft nach den Tätern …
20 Dieser spannende Krimi wird aus wechselnden Perspektiven erzählt: aus der Sicht der Mädchen, der Täter und der Polizei.

**3** a Besprecht in der Klasse, welche Gefahren des Internets in diesem Buch thematisiert werden.
b Würdet ihr das Jugendbuch gerne lesen? Begründet eure Meinung.

**4** Diskutiert in kleinen Gruppen über den Inhalt des Jugendbuchs.
a Überlegt euch Gründe dafür, warum die beiden Freundinnen in diese Lage geraten.
b Wie hätte das Problem verhindert werden können? Notiert verschiedene Tipps und stellt pro Gruppe einen Ratschlag in der Klasse vor.

## Chatregeln beachten

**Erklärbär:** Ey, geht euch die Schule auch so auf den Wecker?

**Mädelsauschecker:** Sers, Erklärbär, geht so, könnt schlimmer sein.

**Supertussi:** Was SOLL DER TEXT, ALTER! ☺ Hör' auf zu lullen, Mann!

**Erklärbär:** Wenn du schlechte Laune hast, lass mich bitte in Ruhe.

**Mädelsauschecker:** Weichei!

**Supertussi:** Wer? ICH????

**Erklärbär:** Mir doch egal! Das checkt doch eh KEINER!

**Bayernhase:** Was'n hier los? Seid ihr alle gaga oder was?!!! :-P *grummel*, *motz*, *keul* :-D

**Schokokeks:** Moment mal, so geht das nicht. Es gibt hier eine Netiquette.

**5** Hier unterhalten sich Schülerinnen und Schüler in einem Chatforum.

a Was läuft in diesem Gespräch falsch? Erstellt eine Liste an der Tafel.

b Beurteilt die Wahl der Nicknamen und erklärt, was sie über die einzelnen Personen verraten.

c Wie ließe sich das Gespräch verbessern? Lest die folgenden Chatregeln und ordnet sie passend zu.

### „Netiquette" – Chatregeln für das Internet

Auch im Internet gelten Verhaltensregeln. Höflichkeit, Respekt und Toleranz sind in der virtuellen Welt genauso wichtig wie im realen Leben!

☆ Verhaltet euch im Internet immer so, wie ihr es auch von anderen erwartet. Seid **rücksichtsvoll,** achtet auf einen **sachlichen Ton** und **unterlasst Beleidigungen.**

5 ☆ Die **Wahl des Nicknamens** sollte gut überlegt sein: Er ist der erste Eindruck, den die anderen von euch bekommen. Ihr solltet euren wirklichen Namen nicht verraten, könnt aber im Nicknamen etwas über eure Vorlieben aussagen, z. B.: *Leseratte, Star-Wars-Freak*

☆ Gebt eure **wirkliche Identität** (Name, Wohnort, Adresse) nicht an andere weiter. Die Teilnehmer im Chat sind letztendlich fremde Leute, deren Absichten ihr nicht kennt.

10 ☆ Beim **Betreten eines Chatraums** solltet ihr die anderen freundlich begrüßen – aber euch nicht gleich in laufende Gespräche einmischen.

☆ Haltet euch bei euren Beiträgen an das **Thema** der jeweiligen Diskussion.

☆ Wenn ihr **jemanden ansprechen** möchtet, dann adressiert ihn direkt mit seinem Nicknamen, z. B.: „Hi Erklärbär, welche Musik hörst Du gerne?" Sonst weiß derjenige unter Umstän-

15 den nicht, dass eure Frage an ihn gerichtet war – und wird daher auch nicht antworten.

☆ Achtet bei **Späßen und Humor** darauf, dass er für alle verständlich ist. Smileys wie ☺ und ;-) können helfen, Missverständnisse zu vermeiden.

☆ **Smileys und Sonderzeichen** sind nur als Betonung und in Maßen zu verwenden.

☆ Das **Schreiben in Großbuchstaben** gilt in Chats als SCHREIEN und sollte daher nur in

20 seltenen Fällen verwendet werden.

**6** Sucht in der Bibliothek Ratgeber für Jugendliche zum Thema „Internetnutzung" und stellt sie in der Klasse vor.

# Jugendzeitschriften – gedruckt und online

## Die Titelseite – eine Art Werbeplakat

(1983)

(1956)

(1993)

(2012)

**1** Diese Titelseiten (Cover) der Jugendzeitschrift „Bravo" stammen aus verschiedenen Jahrzehnten.
  a Beschreibt, wie sie auf euch wirken.
  b Sticht ein Cover besonders heraus? Begründet, warum es euch ins Auge fällt.
  c Vergleicht die Titelseiten und nennt die Gemeinsamkeiten und Unterschiede.

**2** Mit einigen der folgenden Begriffe kann man die Titelseite einer Zeitschrift beschreiben. Wählt sie aus und ordnet sie einer Zeitschrift auf dem Bild oben zu.

Erscheinungsdatum • Reporter • Titelbild • Preis • Impressum • Zeitschriftentitel • Ausgabennummer • Werbung • Untertitel • Schlagzeile • Inhaltsankündigungen

**Tipp:** Vier Begriffe bleiben übrig. Sie gehören in den Innenteil der Zeitschrift.

**3** *Die Titelseite ist das Schaufenster einer Zeitschrift.*

a Erklärt diesen Satz, indem ihr auf die Aufgaben eines Covers eingeht. Denkt dabei an die Aufgaben, die das Schaufenster eines Geschäfts erfüllen soll.

b Nennt weitere Aufgaben der Titelseite.

**4** Die Cover von Jugendzeitschriften veralten schnell.

a Nennt Gründe dafür, warum manche Themen nach kurzer Zeit für die Leserinnen und Leser uninteressant werden.

b Welche Inhalte verlieren besonders schnell an Aktualität, welche Themenbereiche haben sich mit den Jahren kaum verändert? Sammelt konkrete Beispiele.

**5** Bringt von zu Hause Jugendzeitschriften mit.

a Stellt die Titel, die ihr dabeihabt, in der Klasse vor.

b Sprecht über euer Leseverhalten:
- Was lest ihr zuerst?
- Welche Themen interessieren euch, welche nicht?
- Welche Rolle spielen Bilder und Überschriften?

**6** Untersucht die mitgebrachten Zeitschriften genauer.

a Übertragt dazu die folgende Tabelle in euer Heft und füllt die mittlere Spalte aus.

| | Zeitschrift | Homepage |
|---|---|---|
| Wichtige Rubriken (= die Kapitelüberschriften im Inhaltsverzeichnis) | *Dr. Sommer, Top Ten,* | *Sport, Bravo family, fun, specials …* |
| Layout (= Gestaltung) | … | … |
| Inhalte/Themen | … | … |
| Zielgruppe (= z. B. Mädchen, Sportler, Fans usw.) | … | … |
| … | … | … |

○○ Folgende Punkte könntet ihr z. B. eintragen:

leuchtende Farben • besondere Schriftart • Aktuelles • Fotos • Fettdruck • Leserbriefe • Bilder • Sprechblasen • Star-News • Modetipps • Tiere

●● b Ergänzt weitere Untersuchungskriterien in der linken Spalte und sucht Beispiele.

c Vergleicht eure Ergebnisse in der Klasse.

**7** a Seht euch die Internetseite (Homepage) zu eurer Jugendzeitschrift an und füllt die rechte Spalte eurer Tabelle aus.

b Wertet eure Ergebnisse in der Klasse aus: Wie unterscheiden sich die gedruckten Zeitschriften von den Internetseiten? Nennt Gemeinsamkeiten und Unterschiede.

# 11.2 Verlocken, verführen, verkaufen – Mittel und Ziele der Werbung

## Das Zusammenspiel von Bild und Text

**1** a Betrachtet die Werbeanzeige.
Was fällt euch als Erstes ins Auge?
b Wie wirkt diese Werbung auf euch?
Findet passende Adjektive.

**2** a Beschreibt die Abbildung genauer.
b Erklärt, wofür hier geworben wird und welcher
Eindruck von dem Produkt entstehen soll.
c Welche Zielgruppe soll wohl von dieser
Werbung angesprochen werden?
Begründet eure Meinung.

**3** In der Werbung wird oft mit Doppeldeutigkeiten gearbeitet.
– Inwiefern ist dieses Bild doppeldeutig?
– Auf welche verschiedenen Arten kann man
die Schlagzeile „Natürlich besser leben"
verstehen?

**4** Beschreibt die Werbung in einem kurzen Text.
Vervollständigt die folgenden Satzanfänge in
eurem Heft.

*Diese Werbeanzeige wirbt für das Mineralwasser „...". Beim Betrachten fällt der Blick sofort
auf* ❓ *. Wenn man sich das Bild genauer ansieht, stellt man fest, dass* ❓ *. Auch die Schlagzeile
„..." ist mehrdeutig: Das Wort „..." bedeutet zum einen „* ❓ *", zum anderen steht es für* ❓ *.
Die Werbung vermittelt insgesamt den Eindruck von* ❓ *. Sie richtet sich vor
allem an die Zielgruppe* ❓

● ○ ○   Im Wortspeicher findet ihr Hilfen:

das Foto einer jungen blonden Frau in einem leuchtend roten Kleid •
gesundheitsbewusster Kunden • Frische und Energie •
das Bild doppeldeutig ist: Der untere Teil des Kleides besteht aus
klarem, spritzendem Wasser • die Reinheit dieses Wassers •
selbstverständlich/ohne Zweifel

**Zielgruppe:**
Werbung ist meist
auf eine bestimmte
**Gruppe von Käufern**
ausgerichtet, z. B.
Jugendliche, ältere
Menschen, Sport-
begeisterte,
gesundheits-
bewusste Kunden.

Mit **Farben** werden bestimmte Vorstellungen verbunden, z. B.:
- Blau: Frische, Sauberkeit
- Rot: Liebe, Signalfarbe
- Grün: Natürlichkeit, Umwelt

*Strom aus Wasserkraft hat immer mehr Anhänger.*

www.swm.de

M-Wasser   M-Bäder   **M-Strom**   M-Fernwärme   M-Erdgas       **Besser leben mit M.**

**5**
a Die meisten Werbeanzeigen haben einen „Eye-catcher" – einen Blickfang, der sofort ins Auge fällt und den Betrachter neugierig macht. Benennt den Eye-catcher auf diesem Bild.

b Wer wirbt auf diesem Werbeplakat – und wofür? Sucht die Antworten in der Werbeanzeige.

c Beschreibt, welcher Eindruck von dem Produkt entstehen soll.

**6**
a Lest die Informationen im Merkkasten unten und ordnet den Bestandteilen der Werbeanzeige die passenden Fachbegriffe zu.

b Diese Werbung enthält keinen Informationstext. Welche Bestandteile finden sich stattdessen?

c Formuliert eine kurze Beschreibung des Werbeplakats in eurem Heft, z. B.:
*Den größten Raum nimmt das Foto ein, das … zeigt. Eye-catcher im Zentrum des Bildes sind …, die … Links oben befindet sich … Unten rechts … Rechts oben … Ein … fehlt …, stattdessen …*

**7** Die Führung des Auges auf Werbeplakaten folgt meist der Reihenfolge **Bild → Text → Logo.**
a Überprüft dies anhand der Werbeanzeige oben.

b Überlegt, was durch die Lenkung des Auges erreicht werden soll.

**8** Untersucht, welche Doppeldeutigkeiten das Bild und die Schlagzeile enthalten.
**Tipp:** Setzt die Wörter „Wasserkraft", „Anhänger" und „M-Strom" in Beziehung zu dem Bild.

---

**Wissen und Können**     **Aufbau und Gestaltung von Werbeanzeigen**

Werbeanzeigen und -plakate enthalten meist ein Bild und verschiedene Textteile, z. B.:
- **Schlagzeile (Headline):** eine Art Überschrift, die auf die Anzeige aufmerksam machen soll. Sie ist neben dem Bild das wichtigste Element einer Werbeanzeige.
- **Bild:** Foto (oder Abbildung), das mit dem Produkt in Verbindung gebracht werden soll.
- **Informationstext:** Text, der das Produkt näher beschreibt oder Zusatzinformationen gibt.
- **Slogan:** einprägsamer Werbespruch, der fest zu einer Marke oder Firma gehört, z. B.: *Just do it! (Nike); Ich liebe es. (Mc Donald's)*
- **Logo:** symbolische Darstellung des Firmennamens, z. B.:

# Die Sprache der Werbung

**Have a break, have a kitkat**    Mars macht mobil.
3...2...1... meins!    Mit dem Verwöhnaroma.    *Be a star.*
HARIBO MACHT KINDER FROH UND ERWACHSENE EBENSO
QUADRATISCH. PRAKTISCH. GUT.    GEIZ IST GEIL!    *Nur das Beste sehen.*
Actimel aktiviert Abwehrkräfte    *Alles Müller oder was?*

**1** a Welche dieser Werbeslogans könnt ihr sofort einem Produkt oder einer Firma zuordnen? Nennt sie und erklärt, woran das liegt.

b Beschreibt, welche Eigenschaften ein guter Werbeslogan haben muss.

**2** a Untersucht, welche sprachlichen Mittel in den Slogans verwendet werden. Nutzt dazu den Merkkasten unten. Achtung: Manche Slogans enthalten mehrere Stilmittel!

b Bestimmt, welche Wirkung durch die sprachlichen Mittel jeweils erzielt werden soll, z. B.:
*Der Produktname soll sich einprägen. Die hohe Qualität des Produkts soll deutlich werden.*
*Der Verbraucher soll direkt angesprochen werden. Das Produkt soll modern wirken.*
*Der Slogan soll sofort auffallen.*

c Wählt drei Slogans aus und beschreibt sie in einem kurzen Text, z. B.:
*Mit dem Slogan „Be a star" wird für einen privaten Fernsehsender geworben. Durch die Verwendung des Imperativs wird der Verbraucher direkt angesprochen, die englische Sprache soll den Sender modern wirken lassen und junge Leute ansprechen.*

**3** Zu welchen Produkten könnten folgende Werbeslogans passen? Begründet eure Vorschläge.
„So bleibt Wolle wollig" „Locker, luftig, lecker"

a Erfindet selbst Slogans, z. B. für ein Waschmittel, eine Schokolade oder einen Sportschuh.

b Lest eure Slogans vor – die Klasse errät das Produkt und bestimmt die sprachlichen Mittel.

---

**Wissen und Können**    **Werbesprache**

Damit die Werbebotschaft beim Verbraucher in Erinnerung bleibt, ist die Sprache der Werbung **auffällig und einprägsam.** Typische sprachliche Mittel der Werbung sind:

- **Fremdwörter,** vor allem aus dem Englischen, z. B.: *Always Coca-Cola!*
- **Neologismen** (Wortneubildungen), z. B.: *Supersaugweg-Wischkraftrolle; unkaputtbar*
- **Wortspiele,** z. B.: *Die klügere Zahnbürste gibt nach.*
- **Reime,** z. B.: *Wer Swiffer benutzt, hat clever geputzt.*
- **Alliterationen** (Wörter mit gleichem Anfangslaut), z. B.: *Spiel, Spaß und Spannung*
- **Ellipsen** (Auslassung von Satzteilen, die vom Hörer/Leser leicht ergänzt werden können), z. B.: *Nikon Kamera. Automatisch gut. Weil von Nikon.*
- **Imperative** (Befehlsform des Verbs), z. B.: *Befrei dein Haar vom Kalk-Schleier!*
- **Fragen/rhetorische Fragen** (Scheinfragen), z. B.: *Wohnst du noch oder lebst du schon?*
- **Superlative** (höchste Steigerungsstufe), z. B.: *Die besten Angebote!*

# AIDA: Ziele der Werbung

**1**

a Äußert erste Eindrücke zu diesem Werbeplakat: Benennt den/die Eye-catcher, bestimmt die mögliche Zielgruppe und überlegt, welche Werbebotschaft deutlich werden soll.

b Benennt die Bestandteile der Werbeanzeige mit den richtigen Fachbegriffen (▸ S. 195).

c Bestimmt die verwendeten sprachlichen Mittel und ihre Wirkung.

**2** Häufig folgen Werbeanzeigen der sogenannten „AIDA-Formel".

a Lest die Informationen im Merkkasten und ordnet der OBI-Werbung die AIDA-Bausteine zu.

b Vervollständigt die folgenden Sätze zu den Elementen der AIDA Formel in eurem Heft:

*In dieser Werbeanzeige sind alle Bausteine der AIDA-Formel zu erkennen: Aufmerksamkeit weckt auf dem Plakat die Abbildung eines …, außerdem … Das weitere Interesse des Betrachters entsteht durch … Daraus ergibt sich der Wunsch, … Der Kunde soll schließlich dazu gebracht werden, …*

**3** Gestaltet zu zweit eine eigene Werbeanzeige. Wählt ein Produkt, für das ihr werben wollt, und erfindet einen kurzen, einprägsamen Slogan. Überlegt euch ein Bild und eine passende Schlagzeile. Denkt an eine sinnvolle Anordnung der Elemente.

---

**Wissen und Können**   **Wie Werbung funktioniert: Die AIDA-Formel**

Die wichtigsten Aufgaben von Werbung werden mit der AIDA-Formel zusammengefasst:

- **A**ttention (engl. „Aufmerksamkeit"): Die Aufmerksamkeit soll erregt werden, z. B. durch ein ungewöhnliches Bild.
- **I**nterest (engl. „Interesse"): Das Interesse soll geweckt werden, z. B. durch einen witzigen Text.
- **D**esire (engl. „Wunsch, Begierde"): Es soll der Wunsch geweckt werden, das Produkt zu besitzen, z. B. indem bestimmte Vorteile des Produkts genannt werden.
- **A**ction (engl. „Handlung"): Der Verbraucher soll aktiv werden und sich weiter über das Produkt informieren oder es kaufen, z. B. durch Internet-Links oder Sonderangebote.

# Imagewerbung und Mitmachkampagne

**1** Nicht immer zielt eine Werbeanzeige auf den Verkauf eines Produkts. Untersucht dazu die Werbeplakate des Deutschen Roten Kreuzes und der Berliner Stadtreinigung.
a Beschreibt, was euch als Erstes ins Auge fällt.
b Überlegt, wofür jeweils geworben wird.
c Lest die Informationen im Merkkasten unten und bestimmt, um welche Form von Werbung es sich jeweils handelt.

**2** a Beschreibt die abgebildeten Personen.
b Wie gut passen diese Personentypen zu den Unternehmen, die hier werben? Nehmt Stellung und sucht Gründe, warum die Werbemacher sich für diese Personen entschieden haben.

**3** Entscheidet euch für eines der beiden Plakate und untersucht es in Partnerarbeit.
a Macht euch Notizen zu den folgenden Fragen:
  – Was ist auf dem Bild zu sehen? Was fällt besonders auf? Wie sind die Personen dargestellt?
  – Wie ist die Werbeanzeige aufgebaut? Welche typischen Bestandteile enthält sie?
  – Welche sprachlichen Mittel werden verwendet? Was soll durch die Texte zum Ausdruck gebracht werden?
  – An wen richtet sich die Werbung vor allem? Welches Werbeziel soll erreicht werden?
b Präsentiert eure Ergebnisse vor der Klasse und vergleicht eure Einschätzungen.

**4** Verfasst mit Hilfe eurer Notizen aus Aufgabe 3 eine vollständige schriftliche Werbeanalyse in eurem Heft. Ergänzt am Ende eine persönliche Beurteilung der Werbeanzeige, z. B.:
*Mir persönlich hat die Werbeanzeige (nicht) gefallen, weil … Vermutlich war diese Kampagne (nicht) erfolgreich, denn … Ich fände wünschenswert, …*

| Wissen und Können | Imagewerbung und Mitmachkampagne |
| --- | --- |

**Imagewerbung** verfolgt das Ziel, den Ruf (das Image) einer Marke oder eines Unternehmens zu erhalten oder zu verbessern.
**Mitmachkampagnen** (Mitmachwerbung) fordern die Bevölkerung auf, sich an einer Aktion zu beteiligen, z. B. Müll trennen, zur Wahl gehen, Blut spenden.

# Ein Gedicht zum Thema „Werbung" erschließen

Michail Krausnick

**Werbespott**

ALLES!
Kaufen Sie ALLES!
ALLES – immer ein Gewinn!
ALLES! Ich hätt gern ALLES!
5 Für ALLES geb ich alles hin.
ALLES! Kaufen Sie ALLES!

Wer ALLES kauft, muss sich nicht sorgen,
Wer ALLES hat, der muss nichts borgen,
Wer ALLES hat, der kann gut lachen:
10 Mit ALLES kann man alles machen!

ALLES! Kaufen Sie ALLES!
ALLES – immer ein Gewinn!

ALLES! Ich hätt gern ALLES!
Mit dem ich sehr zufrieden bin
15 Und das ich niemals tauschen würde!
ALLES! Ich bleib bei ALLES!

**1**
a Erklärt den Titel des Gedichts. **Tipp:** Achtet auf die Rechtschreibung.
b Setzt für „ALLES" bestimmte Produktnamen ein und lest das Gedicht betont vor (▸ S. 155).
   Beschreibt, wie sich die Wirkung des Textes verändert.
c Was soll mit dem Gedicht zum Ausdruck gebracht werden? Formuliert einen Satz.

**2**
a Listet auf, wo euch Werbung innerhalb eines Tags überall begegnet, z. B.: *Radio, Plakate ...*
b Habt ihr euch selbst schon einmal durch Werbung beeinflussen lassen? Berichtet.

# Testet euer Wissen!

## Mittel und Ziele der Werbung

**1** Wie heißen die gesuchten Fachbegriffe? Notiert die richtigen Antworten zu den Vorgaben und
markiert jeweils den angegebenen Lösungsbuchstaben.
Es ergibt sich ein Lösungswort, das zum Thema „Werbestrategien" passt.

1 Nach dieser Formel wird Werbung geplant: ? ? ? ?
2 Textbestandteil der Werbung/eingängiger Spruch, der für ein Produkt immer gleich lautet:
   ? ? ? ? ? ?
3 Besonders angesprochene Werbekunden: ? ? ? ? ? ? ? ? ? ?
4 „Blickfang" auf Englisch: ? ? ? - ? ? ? ? ? ? ? ?
5 Werbung in gedruckter Form: ? ? ? ? ? ? ? ? ? ? ? ?
6 Kleines Symbol, das für die Marke steht: ? ? ? ?
7 „Die kleinsten Preise!" Wie heißt das Stilmittel? ? ? ? ? ? ? ? ? ? ?
8 „Lauter lustige Lutschbonbons" – benennt das Stilmittel. ? ? ? ? ? ? ? ? ? ? ?

## 11.3 Fit in …? – Werbung gestalten und untersuchen: Ein Projekt als Schulaufgabenersatz

### Teil 1: In Gruppenarbeit ein Werbeplakat erstellen

**1** Jetzt könnt ihr selbst zu Werbemachern werden!
Bildet Gruppen von maximal vier Personen. Wählt gemeinsam eine der folgenden Vorgaben, zu der ihr ein Werbeplakat erstellt:

Fruchtbonbon • Erfrischungsgetränk • Jugendbuch • ein AK eurer Schule • Füller • eine Freizeitbeschäftigung • Turnschuhe

**2** Plant in eurer Gruppe ein Werbeplakat für euer Produkt bzw. für euer Thema.
a Macht euch zunächst Notizen zu den folgenden Schritten:
  – Bestimmt die Zielgruppe.
  – Erfindet einen Slogan und ein Logo für euer Produkt, ggf. auch einen Produktnamen.
  – Wählt ein passendes Motiv und legt einen Eye-catcher fest, der neugierig macht.
  – Überlegt euch eine Schlagzeile, die zum Bild und zum Produkt passt und Interesse weckt.
  – Beachtet die AIDA-Bausteine: Welche Werbeziele wollt ihr umsetzen und auf welche Weise?
  – Erprobt auf einer Skizze, wie ihr die Gestaltungsmittel anordnen wollt.
b Übertragt eure Ideen auf ein großes Plakat.

### Teil 2: In einer Präsentation die Werbestrategien darlegen

**3** a Stellt das fertige Werbeplakat als Gruppe der Klasse vor. Erläutert eure Werbestrategie Schritt für Schritt. Jedes Gruppenmitglied sollte einen Teil der Präsentation übernehmen.
  – Benennt das Produkt und beschreibt die Zielgruppe, z. B.:
    *Auf unserem Plakat wird … beworben. Als Zielgruppe sollen vor allem … angesprochen werden.*
  – Erläutert die AIDA-Bausteine:
    *Durch … wird die Aufmerksamkeit des Betrachters gewonnen. … soll sein Interesse wecken. Ziel unserer Werbung ist es, die Betrachter dazu zu bringen, …*
  – Benennt die jeweiligen Gestaltungsmittel und die beabsichtigte Wirkung. Geht dabei auch auf die Farbgebung ein!
    *Unser Plakat enthält die folgenden typischen Gestaltungsmittel:*
    *Das Motiv im Zentrum des Plakats … Besonders auffällig … Oben … Unten … Am Rand erkennt man …*
  – Stellt euren Slogan und die Schlagzeile vor, erläutert die sprachlichen Mittel und ihre Wirkung:
    *Die Schlagzeile bezieht sich auf … Durch sie soll zum Ausdruck gebracht werden, dass …*
    *Der Slogan enthält … Dies soll … Außerdem …*
b Die Zuschauer beurteilen die Präsentation, z. B. mit einer Checkliste, und geben eine Rückmeldung (▸ S. 296–298).

Nutzt **dicke Filzstifte und Marker** in gut lesbaren Farben!
Ihr könnt auch **Fotos aus Zeitschriften** ausschneiden oder **Textteile am Computer** schreiben und **ausdrucken**.

## Teil 3: Eine schriftliche Werbeanalyse verfassen (TGA)

Zu dieser Werbeanzeige wurde folgende Schulaufgabe gestellt:

Untersuche die vorliegende Werbeanzeige und schreibe eine vollständige Werbeanalyse.
– Beschreibe das Bild und gehe auf den Aufbau und die Gestaltungsmerkmale ein.
– Benenne die verwendeten sprachlichen Mittel und beschreibe ihre Wirkung.
– Überprüfe, welche AIDA-Schritte beachtet wurden.
– Bestimme die mögliche Zielgruppe und die beabsichtigte Wirkung der Werbeanzeige.
– Beurteile die Werbeanzeige.

| | |
|---|---|
| *Die Werbeanzeige V zeigt einen tropischen Strand mit klarem, türkis-farbenem Wasser und zwei Palmen, die über das Wasser ragen. Der besondere Eye-catcher in dieser Werbung ist ein kleiner Pinguin, der völlig unpassend auf der Palme wirkt und den Betrachter zu einem weiteren Blick zwingt.* | *V (Name der werbenden Firma fehlt)* |
| *Der Spruch „Vom Südpol zur Südsee sausen – lassen Sie sich auf die Palme bringen!", in großer auffälliger Schrift in der Mitte platziert, fällt als Nächstes ins Auge. Unten rechts findet sich ein kleingedruck-ter Text mit näheren Informationen und der Internetseite des Unter-nehmens, rechts unten der Firmenname, das Logo V und der Slogan V.* | *Fachbegriff*<br><br>*V Logo beschreiben, Slogan benennen* |

5

10

*Die Texte der Anzeige enthalten mehrere Stilmittel, z.B. die Allitera-*     V benennen
*tion in der Schlagzeile V. Die Redewendung „jemanden auf die Palme*
*bringen" bedeutet normalerweise „jemanden wütend machen". Doch im*
*Zusammenspiel mit dem Bild entsteht eine Doppeldeutigkeit, die witzig*
15    *wirkt und Aufmerksamkeit erregt. V* <u>*Durch die*</u> *Jmperativform „Las-*     V genauer erklären
*sen Sie sich auf die Palme bringen!" wird der Betrachter hier direkt*
*zum Handeln aufgefordert.* <u>*Durch die*</u> *Verwendung des Begriffs „Süd-*     Wdh.
*pol" wird eine weitere Verbindung zwischen Text und Bild (Pinguin)*
*hergestellt wird, die einen zum Schmunzeln bringen soll.*
20    *Die Umsetzung des Werbeplakats folgt der AIDA-Formel: Die Auf-*
*merksamkeit* <u>*wurde*</u> *durch das große Bild des Traumstrands erreicht,*     Tempus (Präsens)
*und der „Angelhaken" für die Augen* <u>*war*</u> *der kleine Pinguin, der hier*
*völlig unerwartet das Auge* <u>*traf*</u>*. Dieser weckt damit das Jnteresse,*
*denn man möchte ja nun erfahren, was* <u>*der da*</u> *sucht. Sehnsucht bzw.*     A
25    *Wunsch werden schließlich durch den Begriff „Südsee" geschürt,* <u>*was*</u>     Gr
*für viele Menschen den Jnbegriff eines Traumurlaubszieles darstellt. V*     V „action" ergänzen

*Die vorliegende Werbeanzeige richtet sich an ein breites Publikum,*
*da Werbung für Urlaub in der Südsee gemacht wird. Entsprechend*
30    *werden alle Leute angesprochen die von einem Urlaub am Strand träu-*     Z
*men.*
*Mich persönlich hat diese Anzeige sehr angesprochen,* <u>*denn sie ist*</u>     genauer ausführen
<u>*witzig*</u>*.*

**1** Überprüft den Schüleraufsatz mit Hilfe der Checkliste.

**2** Überarbeitet den Text und schreibt ihn in euer Heft. Ergänzt im Schlussteil eure eigene Meinung und begründet sie ausführlich.

## Checkliste ✔

**Eine Werbeanzeige untersuchen**
- Habe ich die **Zielgruppe** beschrieben und den **Eye-catcher** benannt?
- Habe ich alle **Bestandteile der Anzeige** mit den richtigen Fachbegriffen benannt?
- Habe ich die **wichtigsten Bildelemente** benannt, die besonders ins Auge springen, und die Wirkung beschrieben?
- Habe ich die **Farbgebung** untersucht und ihre Wirkung beschrieben?
- Habe ich die Werbung auf Bestandteile der **AIDA-Formel** überprüft und ihre Wirkung beschrieben?
- Bin ich auf die Sprache in der Werbung eingegangen und habe **besondere Stilmittel** und ihre Wirkung benannt?
- Habe ich **meine Meinung** zu der Werbeanzeige formuliert und sie **begründet?**
  (Warum spricht mich diese Anzeige (nicht) an? Wie passt sie meiner Meinung nach zum beworbenen Produkt? Was hätten die Werbegestalter anders machen sollen?)

# 12 Nichts für Langweiler! Ungewöhnliche Freizeittrends –
## Sachtexte erschließen

1. Welche Freizeitbeschäftigungen habt ihr schon einmal ausprobiert, welche würdet ihr gern kennen lernen? Tauscht euch in der Klasse aus.

2. Was habt ihr in der letzten Zeit in Zeitungen, im Fernsehen oder im Internet über außergewöhnliche Sportarten oder Freizeitbeschäftigungen erfahren? Berichtet darüber.

# 12.1 Mit Talent und Tatendrang –
## Journalistische Texte untersuchen

## Die Textsorten Meldung, Nachricht und Bericht

**Zu jung für Solo-Weltumsegelung:**
Gericht stoppt geplanten Segeltörn einer 13-Jährigen

**Laura kämpft: 14-jährige Niederländerin will segeln**

**Riskante Weltumsegelung – Laura Dekker darf in See stechen**

**1** Eine Schlagzeile (Headline) informiert über den Inhalt eines Zeitungsartikels.
  a Lest die Schlagzeilen oben und stellt Vermutungen an, worüber die Texte jeweils berichten.
  b Versucht wiederzugeben, was sich im Laufe eines Jahres ereignet hat.

**2** Die folgenden Zeitungstexte berichten über den Ausgang von Laura Dekkers Weltumsegelung.
Überfliegt (▶ S. 287) die Texte zunächst und beschreibt, worin sie sich äußerlich unterscheiden.

Die jüngste Weltumseglerin Laura Dekker hat ihren Rekord-Segeltörn erfolgreich beendet.

Die 16-jährige Niederländerin Laura Dekker ist im Hafen der Karibikinsel St. Maarten eingelaufen und hat ihre Weltumsegelung erfolgreich beendet. Damit ist sie die jüngste Solo-Weltumseglerin. Vor einem Jahr war sie mit ihrem Zweimaster von Gibraltar aus in See gestochen. Ihre Fahrt hatte wegen ihrer Jugend auch für Kritik gesorgt.

# Jüngste Weltumseglerin Laura Dekker ist am Ziel

*22. 01. 2012 – Als jüngste Weltumseglerin der Geschichte hat Laura Dekker nach einem Jahr ihr Ziel erreicht. Im Hafen der Karibikinsel St. Maarten wurde die sechzehn Jahre alte Niederländerin mit Jubel und Beifall begrüßt.*

Laura Dekker hat ihr Ziel erreicht: Die 16-jährige Niederländerin hat als bisher jüngster Mensch allein die Welt umsegelt. Dekker erreichte am Samstag mit ihrem Boot „Guppy" in Begleitung einer kleinen Flottille von Sportbooten den Hafen Philipsburg auf der Karibikinsel Sint Maarten. Am Ziel empfingen ihre Eltern und Freunde die 16-Jährige, wie niederländische Medien berichteten. Am 20. Januar 2011 hatte sie von Sint Maarten zu ihrem großen Abenteuer abgelegt, begonnen hatte ihre 27 000 Seemeilen lange Reise aber schon am 4. August 2010 in den Niederlanden.

Mit lautem Hupen begrüßten die Jachten im Hafen von Philipsburg das „Mädchen mit Meersalz im Blut", wie die niederländische Presse Laura bezeichnet. Ihre Familie – ihr Vater ist Niederländer und die von ihm geschiedene Mutter Deutsche – empfing sie am Nachmittag zusammen mit der Ministerpräsidentin Sara Wescot-Williams. Das Guinness-Buch der Rekorde lehnt eine Anerkennung ihrer Leistung allerdings ab, um Minderjährige nicht zur Nachahmung zu ermuntern.

Obwohl sie eine Reihe von paradiesischen Inseln wie die Kanaren, die Galapagos, Tonga, Bora Bora und Fidschi zu sehen bekam, war Lauras Abenteuer kein unterhaltsamer Segeltörn. Das Jugendamt in den Niederlanden wollte die Reise verhindern, weil es unwägbare Gefahren für die Minderjährige befürchtete. Laura hatte Schulbücher mit an Bord, um bei ruhiger See den ausgefallenen Unterricht zumindest teilweise wieder aufzuholen.

Am 4. August 2010 war das Mädchen im niederländischen Brouwershaven mit ihrem 11,5 Meter langen Zweimaster in See gestochen. Ursprünglich wollte Laura ihre Reise in Gibraltar beenden. Doch die Gefahr war zu groß, im Indischen Ozean auf Piraten zu stoßen. Deshalb segelte sie nonstop von Darwin in Australien nach Port Elisabeth in Südafrika – 47 Tage brauchte sie für die rund 6 000 Seemeilen. Danach überquerte sie zum zweiten Mal in 14 Monaten den Atlantik mit Kurs auf Sint Maarten, einem Insel-Teilstaat, der zum Königreich der Niederlande gehört.

*Aus: www.faz.net, 22. 01. 2012*

---

**3** Ist Laura Dekker ein Vorbild für Jugendliche? Diskutiert darüber in der Klasse.

**4** Bei den drei Texten handelt es sich um eine Meldung, eine Nachricht und einen Bericht. Überprüft, welche W-Fragen darin jeweils beantwortet werden, und schreibt sie in der richtigen Reihenfolge auf, z. B.:

| Meldung | Nachricht | Bericht |
|---|---|---|
| *Wer?* | … | … |
| … | … | … |

**5** Vergleicht eure Ergebnisse aus Aufgabe 2 und beschreibt, wie sich die Textsorten Meldung, Nachricht und Bericht inhaltlich unterscheiden. Geht dabei auf die folgenden Fragen ein:
- Welche W-Fragen werden immer beantwortet?
- Wie unterscheiden sich Meldung und Nachricht?
- Wie unterscheiden sich Nachricht und Bericht?

**6** Mit welcher Absicht wird eine Meldung, eine Nachricht oder ein Bericht jeweils geschrieben? Ordnet die folgenden Vorgaben zu:

> berichtet umfassend über den Sachverhalt und die Hintergründe • informiert so kurz wie möglich über das Allerwichtigste • gibt wichtige Informationen knapp und sachlich wieder

**7** Welche Informationen über Laura Dekker findet ihr besonders interessant oder erstaunlich? Nennt sie und gebt jeweils an, welchem der drei Texte ihr sie entnommen habt.

**8** a Der Aufbau einer Nachricht oder eines Berichts lässt sich anhand eines solchen Nachrichten-dreiecks veranschaulichen. Seht euch die Abbildung genau an und erklärt sie.
b Ordnet die Bestandteile 1–4 den Textsorten Meldung, Nachricht und Bericht zu.

|  | wichtige Informationen |  |
|---|---|---|
| Schlagzeile (Headline) | 1 | Kern (Worum geht es?) |
| Wichtigste Informationen | 2 | Wer? Was? Wo? Wann? Welches Ergebnis? |
| Einzelheiten | 3 | Wie genau? Warum? Wer noch? Womit? usw. |
| Hintergrund/Vorgeschichte | 4 | Was passierte zuvor? Was ist noch wissenswert? |
|  | weniger wichtige Informationen |  |

**9** Untersucht die Verben in der Nachricht (▸ S. 204) und bestimmt die Tempusformen.

**Journalistische Textsorten: Meldung – Nachricht – Bericht**

**Meldung, Nachricht** und **Bericht** gehören zu den **informierenden Texten**. Sie geben Informationen zu einem aktuellen Thema **wahrheitsgetreu** und **sachlich** wieder.
- Eine **Meldung** gibt nur den Kern des Ereignisses in aller Kürze wieder. Eine **Nachricht** enthält noch weitere wichtige Informationen. Ein **Bericht** informiert ausführlich über alle Einzelheiten des Geschehens und liefert oft auch Hintergrundinformationen.
- Damit man beim Lesen der Zeitung schnell das Wichtigste erfasst, haben Nachrichten und Berichte einen bestimmten, festgelegten **Aufbau:**
  - Die **Schlagzeile (Headline)** informiert in knapper Form über den Kern der Nachricht.
  - Zu Beginn des Textes werden die **wichtigsten Informationen** genannt, **Einzelheiten** folgen später, und erst am Schluss wird die **Vorgeschichte** zusammengefasst.

# Das Layout eines journalistischen Textes beschreiben

## Hip-Hop-Band *Lingulistig* gewinnt SchoolJam
Schülerbandturnier bietet den Siegern große Chancen

**Der Sieger steht fest: Die Leserinnen und Leser des *SchulSPIEGEL* schicken die Schülerband *Lingulistig* nach Frankfurt zum Finale im Bandwettbewerb SchoolJam. Wenn**
5 **die Freiburger sich dort gegen die anderen Finalisten durchsetzen, warten große Auftritte auf sie.**

Die Hip-Hop-Band *Lingulistig* darf beim Finale des SchoolJam auftreten. Das haben
10 die Leser des *SchulSPIEGEL* im Online-Voting entschieden. Die Freiburger haben damit gute Chancen, von der Jury des Nachwuchsbandwettbewerbs in Frankfurt am Main zur „besten Schülerband Deutsch-
15 lands" gekürt zu werden.
„Das ist super, wir freuen uns riesig", sagte Sänger Julian Schwizler. Den Erfolg habe seine Band vor allem den vielen Fans zu verdanken, die den Aufruf zum Voting über
20 ein soziales Netzwerk im Internet geteilt haben. Außerdem hätten die regionalen Medien die Aktion sehr unterstützt.

Nun wollen die sechs Jungs ausgiebig feiern, am liebsten mit allen, die mitgefiebert haben. Julian, Nicolas, Florian, Hans-Chris-
25 tian, Linus und Steffen kommen von verschiedenen Schulen und haben sich in einem Freiburger Jazz-Orchester kennengelernt. Seit einigen Jahren machen sie in dieser Besetzung Hip-Hop. Bald kommt ihr
30 erstes Album heraus.

### Kopf-an-Kopf-Rennen
Es war knapp in der Endrunde beim Online-Voting: Auch die Band *Jamshot* aus Taunusstein holte eine Menge Stimmen.
35 Weil es in der Abstimmung nicht erlaubt war, mehrmals für seinen Favoriten zu klicken, mussten beiden Bands ein paar Stimmen abgezogen werden.
Die Sieger treffen in Frankfurt auf die
40 Bands, die das Voting auf den anderen fünf Portalen, auf denen abgestimmt wurde, für sich entschieden haben. Wer die Jury aus deutschen Musikern, Talentscouts[1] und Produzenten im Finale auf der Frankfurter
45 Musikmesse überzeugt, darf bei den beiden Festivals *Southside* und *Hurricane* spielen und außerdem auf Bühnen in China, Los Angeles und London.
*Aus: www.spiegel.de, 28.08.2012*

1 Talentscout: Talentsucher, der begabte Musiker an Firmen vermittelt

---

**1**
  **a** Fasst den Inhalt des Textes knapp in eigenen Worten zusammen.
  **b** Was erfahrt ihr alles über die Band *Lingulistig*? Nennt Fakten aus dem Text.
  **c** Bestimmt die Textsorte des Artikels und begründet.

**2**
  Der Text hat eine Schlagzeile und einen Untertitel (= zweite Überschrift). Beschreibt, worin diese sich inhaltlich und gestalterisch unterscheiden und welche Funktion sie haben.

**3** Sprecht in der Klasse über die folgenden Fragen und begründet eure Einschätzungen:
— Mit welchem Ziel wurde der Text wohl geschrieben?
— Wo könnte er veröffentlicht worden sein?
— Welche Leserinnen und Leser sollen angesprochen werden?

**4** Beschreibt das Layout des Artikels.
a Ordnet die folgenden Bezeichnungen den entsprechenden Textelementen zu.

> Schlagzeile (Headline) • Untertitel • Vorspann • Absätze • Spaltentext •
> Zwischenüberschrift(en) • Fettdruck • Kursivdruck

b Welche Funktion haben die einzelnen Bestandteile des Layouts? Erstellt eine Übersicht, z. B.:
*Bestandteile des Layouts und ihre Wirkung*
*— Schlagzeile: Interesse wecken, ...*
*— Untertitel: ...*
*— Vorspann: ...*

●○○ Im Wortspeicher findet ihr Vorgaben, die ihr passend zuordnen könnt.

> Wörter/Sätze hervorheben • in Kürze über das Thema informieren •
> Inhalte veranschaulichen • Lesbarkeit/Übersicht erleichtern • lange Texte gliedern •
> den zentralen Inhalt des Textes zusammenfassen • Interesse am Thema wecken •
> einen Ausblick auf den Inhalt des folgenden Absatzes geben

**5** Beschreibt die wichtigsten Layout-Bestandteile des Berichts auf Seite 207 in einem
zusammenhängenden Text. Geht dabei auch jeweils auf die Wirkung oder Funktion der
einzelnen Elemente ein.
So könnt ihr anfangen:
*Der Sachtext „Hip-Hop-Band Lingulistig gewinnt School Jam" weist Merkmale auf, die für einen Bericht
typisch sind. Als Erstes fällt der Blick auf die fett gedruckte Schlagzeile („...."), die Interesse am Inhalt
weckt. ... informiert bereits beim ersten Lesen über das Thema des Artikels.
Der Text verteilt sich auf zwei Spalten. Dies ...*

●○○ Die folgenden Formulierungshilfen könnt ihr bei eurer Beschreibung nutzen:

> Der fettgedruckte Vorspann ... • In der zweiten Spalte fällt ... ins Auge, die ... •
> ... wecken die Aufmerksamkeit der Leserinnen und Leser und machen neugierig auf ... •
> ... fasst zusammen, ... • ... kann man auf den ersten Blick Informationen entnehmen •
> Durch ... wird der Blick auf ... gelenkt.

**6** Wie klingt die Musik der Band *Lingulistig* – und wie hat sich ihre musikalische Karriere entwickelt?
Recherchiert dazu im Internet und stellt ein Hörbeispiel in der Klasse vor.

## Bilder und ihre Wirkung beurteilen

**7** Zu dem Artikel auf Seite 207 muss noch ein passendes Bild gefunden werden.
Aus den abgebildeten Vorschlägen sollt ihr in Partnerarbeit ein Foto auswählen.

a Untersucht die Fotos genauer und macht euch Notizen zu den folgenden Fragen:
– Was ist jeweils abgebildet?
– Was fällt zuerst ins Auge?
– Wie wirkt das Bild auf euch?
– Inwiefern passt das Motiv zum Text?

b Wählt eines der drei Bilder für den Artikel aus und notiert eine Begründung.
Ihr könnt dazu folgende Anregungen verwenden:

> Wir haben uns für Bild ... entschieden, weil es unserer Meinung nach besonders gut zeigt, ... •
> Bild ... ist für uns die beste Wahl, da man hier gut erkennen kann, wie ... •
> Ich würde Bild ... wählen. Es passt vor allem zur Textstelle ... und veranschaulicht, wie ...

---

**Wissen und Können**   **Das Layout eines Sachtextes beschreiben**

Wenn ihr das **Layout** (= die äußere Textgestaltung) eines Sachtextes beschreibt, solltet ihr die richtigen Fachbegriffe verwenden und auch auf ihre **Wirkung** eingehen.

■ Die **Schlagzeile** (Headline) weckt das Interesse des Lesers, der Untertitel informiert in Kürze über das Thema des Artikels. Im **Vorspann** (Lead) werden meist die zentralen Informationen zusammengefasst. **Zwischenüberschriften** gliedern lange Texte und geben einen Ausblick auf den Inhalt des Artikels.

■ **Bilder** oder **Grafiken,** oft mit **Bildunterschrift,** machen den Inhalt anschaulicher.

■ Der Artikel kann als **Fließtext (Blocksatz)** oder zur Auflockerung in **Spalten** gesetzt werden.

■ Zur besseren Übersicht ist der Text in inhaltlich zusammengehörige **Absätze** unterteilt.

■ Die Schrift kann im **Fettdruck** oder im *Kursiv*druck gesetzt sein. So kann man bestimmte Wörter oder Sätze vom Rest des Textes abheben, um sie besonders zu betonen.

## 12.2 Sachtexte in einem textgebundenen Aufsatz (TGA) zusammenfassen und beschreiben

## Den Inhalt eines Sachtextes wiedergeben

### Die Schnell-Stapler
*von Merlin Scholz*

*Beim Sport-Stacking werden Becher blitzschnell zu Pyramiden auf- und wieder abgebaut. Immer mehr Schulen fördern mit dem Sport die Konzentration ihrer Schüler.*

Die Geschwindigkeit, mit der die Becher beim Sport-Stacking auf- und abgebaut werden, ist für das menschliche Auge kaum nachzuvollziehen.

5 Wenn Moritz Eckstein seine Hände in Bewegung setzt, dann möchte der Betrachter seine Augen am liebsten in einen Zeitlupenmodus versetzen können. Die Geschwindigkeit, mit der er die Hände von links nach rechts und über
10 Kreuz durch die Luft wirbelt, erinnert ein wenig an den Film „Matrix", in dem sich der Protagonist Neo in übermenschlichem Tempo mit seinen Gegnern im Faust- und Waffenkampf duelliert. Doch Moritz Eckstein ist kein Science-
15 Fiction-Held, sondern ein 14 Jahre alter Schüler aus Gelsenkirchen.

In den Händen hält er auch keine Automatikpistolen, sondern rote Plastikbecher. Und Moritz muss auch nicht die Welt retten, nein, er soll
20 aus den Gefäßen eine Pyramide auf- und wieder abbauen. Der Name dieser Figur – zumindest das klingt nach Hollywood – lautet „Cycle". Was der Schüler da mit den Bechern anstellt, nennt sich „Sport-Stacking", zu Deutsch: Sport-
25 Stapeln. Bei dieser Geschicklichkeitssportart geht es darum, spezielle Becher zu einer kartenhausähnlichen Figur auf- und dann gleich wieder abzubauen – so schnell wie möglich und ohne das Spielgerät auf den Boden fallen zu la-
30 sen. Bei erfahrenen Stackern geht das mitunter so flink, dass das Auge des Zuschauers nicht mehr mitkommt.

Beim Cycle, der Königsdisziplin, hat der Stacker zwölf Becher vor sich stehen. Je drei davon auf
35 dem linken und rechten, sechs auf dem mittleren Stapel. Diese müssen zuerst zu zwei Pyramiden mit drei Bechern und einer Pyramide mit sechs Bechern auf- und abgebaut werden. Nun gilt es zwei Sechser-Pyramiden zu bauen, die
40 Becher anschließend zu einem großen Turm zu stapeln und als krönenden Abschluss eine zehn Becher starke Pyramide, flankiert von zwei einzelnen, aufzubauen.

Das klingt nicht nur kompliziert, sondern ist es
45 auch. Moritz schafft den Cycle auf einem Video, das er im Internet veröffentlicht hat, in 7,91 Sekunden. Der von einem Amerikaner gehaltene Weltrekord liegt bei gerade einmal 5,91 Sekunden.

Dennoch ist Stacking ein Sport, den jeder
50 schnell lernen kann. „Innerhalb von zehn Minu-

ten hat man eine Figur drauf, dann fängt man an, auf Geschwindigkeit zu stapeln", sagt Frank Böker von der International Sport Stacking Federation (ISSF). Der erst vor vier Jahren gegründete deutsche Dachverband der Sport-Stacker organisiert hierzulande die Schnellstapel-Turniere. Mehr als 500 Teilnehmer kamen schon zu den Wettbewerben. Die jüngste Stackerin war vier Jahre alt, die älteste 74.

Als Sportgerät dienen spezielle Kunststoffbecher, deren Böden durchlöchert sind, damit sich die gestapelten Behälter nicht ineinander festsaugen. „Für den Anfang kann man es aber auch mal mit Bechern aus dem Küchenschrank versuchen", meint Frank Böker. Das richtige Sport-Stacking-Set ist im Sporthandel erhältlich und kostet um die 15 Euro.

*Aus: www. süddeutsche.de, 20. 06. 2009*

**1** Erschließt den Text mit der Fünf-Schritt-Lesemethode (▶ S. 291).

**2** In einem textgebundenen Aufsatz (TGA) beschreibt ihr einen Sachtext genau.
Die **Einleitung** informiert über die Art, die Herkunft und das Thema des Textes.

> Ein **textgebundener Aufsatz (TGA)** besteht immer aus **Einleitung, Hauptteil** und **Schluss.**

a Lest die folgende Einleitung aus einem TGA und ordnet die Begriffe aus dem Wortspeicher den passenden Stellen zu:

*Im Sachtext „Die Schnellstapler", der am 20. 06. 2009 in der „Süddeutschen Zeitung" erschienen ist, informiert Merlin Scholz über den neuen Trend „Sport-Stacking". Dabei geht es um das möglichst schnelle Stapeln von Plastikbechern, das viel Geschicklichkeit erfordert.*

Quellenangabe • Kernaussage • Titel • Textsorte • Autorenname • Erscheinungsdatum

b Formuliert eine weitere Fassung dieser Einleitung, indem ihr die einzelnen Bestandteile umstellt, z. B.: *Der Sachtext „..." ist am ... in ...*

**3** Bereitet eine Zusammenfassung des Textes vor, indem ihr euch den Inhalt der einzelnen Abschnitte klarmacht.

a Teilt den Text „Die Schnell-Stapler" in Sinnabschnitte ein. Ihr könnt euch dabei an den Absätzen im Artikel orientieren.

> Der **Vorspann** des Originaltextes wird in der Zusammenfassung normalerweise **nicht berücksichtigt.**

b Formuliert für jeden Abschnitt eine passende Überschrift.
- *Sinnabschnitt 1 (Z. 5–16): Moritz beim Sport-Stacking*
- *Sinnabschnitt 2 (Z. 17–xx): ...*

> Markiert beim Lesen **Schlüsselwörter** auf einer Kopie.

Folgende Überschriften könnt ihr passend zuordnen:

Ein Sport für alle • Moritz' persönliche Bestzeit • Die Sportgeräte • Ziel des Spiels • Cycle – Die „Königsdisziplin"

**4** Fasst den Inhalt des Artikels „Die Schnell-Stapler" zusammen.

a Formuliert zu jedem der Abschnitte 2–3 vollständige Sätze.

So könnt ihr anfangen:

*Abschnitt 1 (Z.5–16) „Moritz beim Sport-Stacking"*

*Der 14-jährige Schüler Moritz Eckstein bewegt seine Hände beim Sport-Stacking in enormer Geschwindigkeit. Beim Zusehen erinnert er an einen Science-Fiction-Helden. Er baut in extrem hohem Tempo eine Pyramide aus Plastikbechern auf und wieder ab.*

*Abschnitt 2 (Z.17–32) „Ziel des Spiels"*

*Beim „Sport-Stacking" geht es darum, …*

*…*

b Damit euer Text möglichst knapp wird, fasst ihr die einzelnen Sätze weiter zusammen. Der folgende Ausschnitt aus einer Zusammenfassung wurde überarbeitet. Beschreibt, wie der Text gekürzt wurde.

Im ersten Sinnabschnitt (Z.5–16) berichtet der Autor Merlin Scholz über den 14-jährigen Schüler Moritz Eckstein. Er bewegt seine beiden Hände beim Sport-Stacking in enormer Geschwindigkeit. Beim Zusehen erinnert er den Beobachter an einen Science-Fiction-Helden.

→ *Im ersten Sinnabschnitt (Z. 5–16) berichtet der Autor Merlin Scholz über den 14-jährigen Moritz Eckstein, der seine Hände beim Sport-Stacking so schnell bewegt, dass er an einen Science-Fiction-Helden erinnert.*

Verwendet sinnvolle **Einleitungen,** z.B.:
- *Im … Sinnabschnitt (Z. x–y) erklärt der Autor …*
- *Anschließend (Z. x–y) wird gezeigt, …*
- *Der Leser erfährt außerdem, … (Z. x–y)*
- *Im … Absatz (Z. x–y) wird deutlich …*

c Überprüft, ob ihr eure Sätze (▸ Aufgabe 4 a) verkürzen oder weiter zusammenfassen könnt.

Nutzt passende **Satzverknüpfungen,** z.B.:
*wenn, während, dass, trotz, wegen, bei, deshalb*

**5** Tauscht eure Zusammenfassungen aus und überprüft sie mit Hilfe dieser Checkliste:

- Ist alles Wichtige enthalten?
- Wurde die Abfolge der Sinnabschnitte eingehalten?
- Gibt es noch unwichtige Details, die man streichen könnte?
- Ist der Inhalt sachlich wiedergegeben, also ohne Wertungen oder Kommentare?
- Wurde durchgehend das Präsens verwendet, bei Vorzeitigkeit das Perfekt?
- Kann man nachvollziehen, worum es in dem Artikel geht, auch wenn man den Originaltext nicht kennt?

**6** Eure Zusammenfassung soll in euren eigenen Worten formuliert sein. Wörtliche Aussagen von Personen müssen in indirekter Rede wiedergegeben oder umschrieben werden.

a Prüft, welche Wörter bei der Wiedergabe des folgenden Satzes verändert wurden:

> „Für den Anfang kann man es aber auch mal mit Bechern aus dem Küchenschrank versuchen", meint Frank Böker. (Z. 64 ff.)

→ *Frank Böker schlägt vor, das Stacking zunächst mit gewöhnlichen Plastikbechern auszuprobieren.*

b Der Satz aus dem Originaltext wurde hier auf zwei weitere Arten wiedergegeben: einmal in indirekter Rede (▶ S. 237) und einmal als *dass*-Satz. Beschreibt die Unterschiede.

> **A** *Zunächst könne man das Stacking auch mit gewöhnlichen Plastikbechern ausprobieren, rät Frank Böker.*
>
> **B** *Frank Böker weist darauf hin, dass man das Stacking zunächst mit gewöhnlichen Plastikbechern ausprobieren kann.*

c Gebt die folgende Aussage auf verschiedene Weise wieder. Vermeidet dabei wörtliche Übernahmen aus dem Originaltext und verwendet abwechslungsreiche einleitende Verben.

> Vermeidet das Wort „sagen". Verwendet stattdessen **treffende Verben,** z. B.: *erklären, verraten, erläutern, behaupten*

> Moritz sagt: „Obwohl ich lange trainiere, bin ich vor Wettbewerben immer noch nervös!"

Hier findet ihr Hilfen:

> trotz des langen Trainings • vor Wettkämpfen • angespannt • bekennen • zugeben • gestehen • berichten

| **Wissen und Können** | **Indirekte Rede** |
| --- | --- |

Wichtige wörtliche Aussagen von Personen gibt man in einer Zusammenfassung in der **indirekten Rede** wieder. Zur Bildung wird der **Konjunktiv I** (= Möglichkeitsform) verwendet. Häufig ändern sich die Personalpronomen, z. B.:
*„Ich **kann** teilnehmen."* → *Er sagt, er **könne** teilnehmen.*
*„Wir **sind** gut in Form."* → *Sie behaupten, sie **seien** gut in Form.*
*„Ich **habe** ein gutes Ergebnis erzielt."* → *Sie teilt mit, sie **habe** ein gutes Ergebnis erzielt.*
- Anstelle der indirekte Rede kann man auch einen dass-Satz formulieren, z. B.:
  *Er bestätigt, dass er teilnehmen kann.*
- Achtet darauf, statt „sagen" treffendere einleitende Verben einzusetzen, z. B.:
  *raten, warnen, berichten, gestehen, bedauern, einräumen, vorschlagen*

# Einen Sachtext erschließen

## Geocacher suchen den Schatz

Geocaching (sprich: „Geo-Käsching") ist ein Outdoor-Phänomen, das innerhalb nur eines Jahrzehnts bis in die Innenstädte der Metropolen[1] vorgedrungen ist.

**Geocaching ist in den letzten Jahren zu einem einzigartigen Trend geworden. Dabei gehen die Teilnehmer auf Schatzsuche und irren teilweise durch die ganze Stadt.**

Vor drei Monaten hat Johannes Eisen seinen ersten Schatz gesucht. Einen Schatz, von dem er aus dem Internet wusste, dass es ihn gab – und dass er ihn zwar suchen und finden, aber die Schatzkiste keinesfalls mit nach Hause nehmen durfte. Johannes Eisen ist seit Kurzem Geocacher, den das GPS[2]-Fieber gepackt hat. „Ich gehe gern wandern und bin technisch interessiert", erklärt der Mediziner sein neues Hobby, dem er in Frankfurt mit seinem Mobiltelefon nachgeht. „Die Verstecke sind oft sehr kreativ; sie sind der Anreiz, rauszugehen und Orte kennen zu lernen, die man vorher noch nicht kannte."

### Stadtmenschen auf Pirsch[3]

Geocaching ist ein Outdoor-Phänomen, das innerhalb nur eines Jahrzehnts bis in die Innenstädte der Metropolen vorgedrungen ist. „Die Cache-Dichte in Frankfurt ist sehr hoch", sagt

Till Sommerfeld, der eine der bislang größten GPS-Schnitzeljagden im Rhein-Main-Gebiet organisiert hat. Wenn man sich Frankfurt auf den einschlägigen[4] Webseiten ansieht, ist die Innenstadt mit Caches gespickt wie ein Rosinenkuchen. Wobei die eiserne Regel gilt: Innerhalb eines 150-Meter-Umkreises darf sich nur ein einzelnes Versteck befinden – was die Verstecke gut in der Stadt verteilt.

Ein „Cache" ist nichts anderes als ein „geheimes Lager", das von einem anderen Geocacher angelegt wurde – wasserdicht verpackt in einer Plastikdose etwa. Die ungefähren Koordinaten des Verstecks stehen im Internet und können von modernen Handys ausgelesen werden. Das Telefon (oder ein anderer GPS-Empfänger) führt die Schatzsucher dann in die Nähe des Ziels. Wie bei „richtigen" Schnitzeljagden auch

---

1 die Metropole: Großstadt

2 GPS (Global Positioning Sytem): Satellitensystem zur genauen Ortsbestimmung

3 die Pirsch: Jagd

4 einschlägig: zu diesem Bereich gehörend

gibt es oft Zwischenstationen, an denen Rätsel gelöst oder Puzzlestücke gesammelt werden müssen. „Die Aufgaben können sehr anspruchsvoll sein. Manchen Cache kann man aber auch nebenbei in der Mittagspause suchen."

### Auch Oma und Opa cachen

Der Rhein-Main-Verkehrsverbund (RMV) hat Geocaching ebenfalls für sich entdeckt. Bereits an zwei Dutzend Orte wurden die Schatzsucher in dem 14 000 Quadratkilometer großen Gebiet geführt. „Das ist ein Hobby – oder fast schon ein Sport", sagt Till Sommerfeld, der die ÖPNV[5]-Schatzsuche konzipiert hat und regelmäßig Puzzlestücke in die speziellen Multicache-Plastikdosen legen musste. „Man muss körperlich fit sein, um den Cache zu finden." Es kommt vor, dass man in Baumwipfel klettern oder in fünf Meter Wassertiefe tauchen muss, aber meistens sind die Verstecke sowohl für Kinder wie für Senioren zugänglich.

### „Muggles" lauern in Frankfurt

In der Frankfurter Innenstadt finden sich besonders viele „Caches" – und das ist schon ein wenig verwunderlich. Denn wo viele Touristen, Straßenkehrer und Hundehalter unterwegs sind, ist auch die „Muggles"-Gefahr sehr hoch. „Muggles" – entlehnt aus „Harry Potter" – sind Unwissende, die den Cache gefährden. Und damit sind sie der größte natürliche Feind eines jeden Geocachers. „Muggles" oder ihre Hunde könnten ein Versteck aufstöbern und den Cache achtlos in den Müll werfen. Oder ihn für einen Sprengsatz halten. Es kam schon vor, dass die Polizei ausrückte wegen einer dubio-

sen[6] Dose. Daher ist „Heimlichkeit" das oberste Gebot für jeden Schatzsucher – das gibt dem Ganzen einen Hauch von Geheimwissenschaft.

Mittlerweile sind die Boxen beschriftet, damit auch ein „Muggle" erkennt: Pfoten weg!

### Geo-Caching dank GPS

Geocaching – so die noch junge Legende – hat der Amerikaner Dave Ulmer am 3. Mai 2000 erfunden: Er habe einen Pott mit Krimskrams in den Wäldern bei Portland/Oregon versteckt und die Position und seine Spielidee in einer sogenannten „Newsgroup" veröffentlicht. Ulmer wollte mit dieser Aktion den damaligen US-Präsidenten Bill Clinton feiern: Dieser hatte kurz zuvor die Satellitendaten des Global Positioning Systems (GPS) des amerikanischen Militärs auch für private Nutzer frei gegeben. Ulmers Idee umrundete die Welt wie eine Rakete: Mitte Mai sammelte bereits die erste Webseite Geo-Daten für das frisch entdeckte Hobby, nach weiteren zwei Wochen war bereits der erste Cache „down under" in Australien vergraben.

*Aus: www.welt.de, 28. 08. 2012*

---

5 ÖPNV: öffentlicher Personennahverkehr (= Beförderung mit Bussen und Bahnen)

6 dubios: verdächtig

---

**1**  a  Erschließt den Zeitungsartikel mit Hilfe der Fünf-Schritt-Lesemethode (▶ S. 291).
  b  Fasst die Kernaussage des Textes in einem Satz zusammen.
  c  Der Artikel weist Merkmale eines Berichts auf. Belegt dies.

**2**  Formuliert W-Fragen zum Textinhalt und lasst sie von der Klasse beantworten, z. B.:
  *Was macht man beim Geocaching? Welche …? Wo …? Seit wann …? Wer …?*
  Belegt jede Antwort mit einer passenden Textstelle.

**3** Was haltet ihr von einem solchen Freizeitangebot? Nehmt Stellung zum Textinhalt und bezieht euch dabei auf entsprechende Textstellen.

**4** Fasst den Text in eigenen Worten zusammen.

●○○ Folgende Fragen sollten dabei der Reihenfolge nach beantwortet werden:
– Wen stellt der Autor im ersten Sinnabschnitt vor?
– Worum geht es beim Geocaching?
– Was braucht man für das Geocaching?
– Worüber informiert Till Sommerfeld?
– Welchen „Gefahren" sind Geocacher ausgesetzt?
– Wie ist die Sportart entstanden?

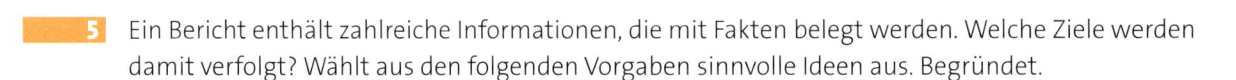

**5** Ein Bericht enthält zahlreiche Informationen, die mit Fakten belegt werden. Welche Ziele werden damit verfolgt? Wählt aus den folgenden Vorgaben sinnvolle Ideen aus. Begründet.

glaubwürdig sein • vollständig informieren • Leser verwirren • erklären • Leser beeinflusssen • W-Fragen beantworten • unterhalten • Beweise liefern • viel schreiben • vorhersagen

**6** Beschreibt das **Layout des Textes** mit den passenden Fachbegriffen (▶ S. 209). Geht dabei auf die Funktion oder Wirkung der einzelnen Bestandteile ein.
*Die Schlagzeile „...." weckt zum einen das Interesse des Lesers, zum anderen soll sie auch ...*
*Der fettgedruckte Vorspann ...*
*Der Text ist in zwei Spalten abgedruckt. Dies ...*
*Beim Lesen fallen sofort ... ins Auge, die ...*

> Damit man euren Text flüssig lesen kann, solltet ihr **Wiederholungen vermeiden** und sinnvolle **Satzverknüpfungen** einsetzen.

## Die Sprache untersuchen und ihre Wirkung beschreiben

**1** In einem TGA beschreibt ihr auch die **sprachlichen Besonderheiten** eines Sachtextes.
a Welche sprachlichen Besonderheiten sind euch beim Lesen des Sachtextes „Geo-Cacher suchen den Schatz" aufgefallen? Tauscht euch in der Klasse aus.
b Untersucht den Artikel nun genauer. Notiert für die folgenden sprachlichen Besonderheiten je zwei Beispiele aus dem Text in einer Tabelle.

Fachbegriffe • Fremdwörter • Abkürzungen (mit Erklärung) • wörtliche Rede • lange und komplizierte Sätze • Redewendungen • Stilmittel (z. B. Vergleich, Metapher)

| Sprachliche Besonderheit | Beispiele aus dem Text | Wirkung |
| --- | --- | --- |
| *Fachbegriffe* | *Geocaching* | ... |

Folgende Beispiele könnt ihr – mit passender Zeilenangabe – in die Tabelle einordnen.

„Muggles" • „Outdoor-Phänomen" • „RMV" (= „Rhein-Main-Verkehrsverbund") • „konzipiert" • „,Ich gehe [...] interessiert'" • „gespickt wie ein Rosinenkuchen" • „eiserne Regel" • „Vor drei Monaten [...] nehmen durfte." • „umrundete die Welt wie eine Rakete" • „GPS" (= „Global Positioning System") • „Multicache-Plastikdose"

c Bestimmt die Wirkung der sprachlichen Besonderheiten. Ordnet dazu die folgenden Vorgaben in die rechte Tabellenspalte ein.

klingt modern/aktuell • wirkt sachlich/wissenschaftlich • Text informiert ausführlich über das Thema • zeigt Fachkenntnis der Autorin/des Autors • lässt den Text anschaulich/lebendig klingen

**2** Die Begriffe „Fremdwort" und „Fachbegriff" lassen sich nicht immer eindeutig voneinander unterscheiden. Erklärt dies anhand der Begriffe „Geocaching" (Z.1) und „GPS" (Z.11).

**3** Beschreibt die sprachlichen Besonderheiten des Textes auf Seite 214 f. in einem zusammenhängenden Text. Nutzt dabei eure Ergebnisse aus Aufgabe 1.
Belegt jede Beobachtung mit zwei passenden Textbeispielen (mit Zeilenangabe) und beschreibt die Wirkung, z. B.:

Die folgenden **Formulierungen** können euch helfen:
- … *lässt den Text … wirken.*
- … *zeigen, dass es sich um einen … Text handelt.*
- … *deutet darauf hin, dass der Text sich an … richtet.*
- … *betont …*
- … *bewirkt, dass …*

*Der Artikel behandelt ein aktuelles Thema. Dies wird auch daran deutlich, dass mehrere Fremdwörter aus dem Englischen vorkommen: Neben dem Begriff „Geocaching" selbst (z.B. Z.1) ist beispielsweise von „Outdoor-Phänomen" (Z.19) die Rede. Darüber hinaus finden sich im Text auch weitere Fremdwörter aus anderen Sprachen, z.B. „dubios" (Z.73) oder „Metropole" (Bildunterschrift S.214), wodurch der Artikel sachlich und wissenschaftlich wirkt. Beim Satzbau fällt die häufige Verwendung von … auf. Dies deutet darauf hin, dass der Text sich an … wendet, die sich ausführlich über das Thema informieren wollen …*

**Wissen und Können** **Die Sprache eines Sachtextes beschreiben**

Wenn ihr die Sprache eines Sachtextes beschreibt, solltet ihr euch auf **besonders auffällige Merkmale** beschränken. Ihr könnt z.B. auf folgende Besonderheiten eingehen:
- **Wortwahl:** Wurden Fremdwörter, Fachbegriffe oder Abkürzungen verwendet?
- **Satzbau:** Wie ist das Verhältnis zwischen sehr langen und sehr kurzen Sätzen? Kommen Frage- oder Ausrufesätze vor?
- **Sonstiges:** Wie häufig kommt wörtliche Rede vor? Erscheint sie auch als indirekte Rede? Finden sich sprachliche Bilder (z.B. Vergleiche, Metaphern) oder Redewendungen?

**Wichtig:** Geht in eurer Beschreibung der sprachlichen Besonderheiten immer auch auf die **Wirkung der Sprachmittel** ein!

**4** Überprüft eure Lösungen aus Aufgabe 3 in einer Schreibkonferenz (▶ S. 305) mit Hilfe dieser Leitfragen:
- Wurden verschiedene sprachliche Bereiche berücksichtigt?
- Wurden zu jeder Beobachtung mindestens zwei Beispiele angeführt?
- Sind jeweils die dazugehörigen Zeilenangaben vermerkt?
- Wurden abwechslungsreiche Formulierungen verwendet?

### Den Schluss schreiben

**5** Im Schlussteil eures TGA sollt ihr selbst zu dem Zeitungsartikel Stellung nehmen.

**a** Beurteilt die folgenden Schlussteile aus verschiedenen Schüleraufsätzen.

**A** *„Mir hat der Text gut gefallen, weil ich Geocaching selbst schon einmal mit meinem Cousin gemacht habe und durch den Artikel noch mehr über diese Freizeitbeschäftigung erfahren habe.*

**B** *„Der Text enthält viel Wissenswertes zum Thema ‚Geocaching‘. Besonders interessant fand ich die Information, dass es diese junge ‚Sportart‘ ohne die Verbreitung des GPS gar nicht geben würde. Nicht so gut gefallen hat mir, dass der Autor nicht auf die Nachteile des Geocachings eingeht, z. B. die mögliche Gefährdung der Natur durch die Geocacher.*

**C** *Der Text ist uninteressant, weil ich Geocaching selbst nie machen würde. Ich selbst spiele lieber am Computer. Da kann man auch Schätze finden, aber es gibt mehr Hindernisse und Gefahren!*

**b** Verfasst einen Schlussteil für den TGA, in dem ihr eure Meinung zum Text begründet darlegt. Hier findet ihr Formulierungshilfen:

> Meiner Meinung nach …, denn … • Als ich den Text gelesen habe, … •
> Allerdings muss ich kritisieren, dass … • Ich muss zugeben, dass…

## Testet euer Wissen!

### Mit Sachtexten umgehen

Richtig oder falsch? – Prüft die folgenden Aussagen und schreibt Falsches verbessert auf.
Die Buchstaben hinter den richtigen Sätzen ergeben als Lösung ein Fremdwort aus diesem Kapitel.

| | | |
|---|---|---|
| **1** | Eine Meldung muss alle W-Fragen beantworten. | S |
| **2** | Das Nachrichtendreieck zeigt, wie informierende Textformen aufgebaut sind. | C |
| **3** | Am Anfang eines Berichts wird die Vorgeschichte des Ereignisses zusammengefasst. | H |
| **4** | Eine Nachricht informiert in relativ knapper Form über alles Wesentliche eines Ereignisses. | A |
| **5** | Im Gegensatz zu Nachricht und Meldung beantwortet der Bericht sämtliche W-Fragen. | C |
| **6** | Ein Sachtext hat immer nur eine Überschrift. | M |
| **7** | Bei der Zusammenfassung von Sachtexten gibt man wörtliche Aussagen von Personen in indirekter Rede oder in Form einer Umschreibung wieder. | H |
| **8** | Die Beschreibung des Layouts im TGA beschränkt sich auf Headlines und Bilder. | R |
| **9** | Bei der Beschreibung der Sprache in einem TGA geht man nur auf die Stilmittel ein. | A |
| **10** | Nur im Schlussteil eines TGA soll die eigene Meinung deutlich werden. | E |

# 12.3 Fit in …? – Einen Sachtext beschreiben (TGA)

So lautete eine Schulaufgabe:

Verfasse einen textgebundenen Aufsatz (TGA) zum vorliegenden Text.

1 Schreibe eine vollständige Einleitung.
2 Fasse den Inhalt des Textes in eigenen Worten zusammen.
3 Beschreibe das Layout des Textes und seine Funktion.
4 Beschreibe sprachliche Auffälligkeiten des Textes und ihre Wirkung.
5 Formuliere einen Schlussteil mit eigener Meinung.

### Neu erfunden: Mountainboards
**Eine junge, neue Sportart für alle, die auch im Sommer nicht auf Pistenspaß verzichten wollen**

*Mountainboarding heißt die neue Trendsportart, die ausgedehnte Abfahrten und waghalsige Sprünge im Sommer möglich macht. Ausgestattet mit luftgefüllten Reifen, lässt sich mit den Boards fast jede Wiese meistern. Die Sportart entstand Mitte der 1980er-Jahre in Amerika und fand später ihren Weg über England nach Deutschland.*

**Nervenkitzel ohne Bremsen**

5 Das Mountainboarding habe viel mit dem Snowboarding gemein, sagt Winfried Turner, Vorsitzender der „All Terrain Board Association"[1] (ATBA). Der besondere Reiz lie-ge darin, auch im Frühling und Sommer Wiesen herunterzufahren. Der richtige 10

---

1 All Terrain Board Association: Verband für Mountainboarding

Kick entstehe dadurch, dass die Boards keine Bremse haben. Die Geschwindigkeit lasse sich wie beim Snowboarden nur durch Kurvenfahren verringern.

Mountainboards unterscheiden sich von Skateboards auch darin, dass sie eine andere Bindung haben. Meistens handelt es sich dabei um eine Art Schlaufe, in die der Fuß hineingeschoben wird. Sie gibt Halt, trotzdem ist der Absprung vom Board möglich. Mountainboarding sei heute vor allem in England populär[2], erklärt Florian Leber, Inhaber des „Rock.On"-Mountainboard-Parks in Winterberg. Seit vergangenem Jahr sei allerdings auch eine größere Szene[3] in Deutschland entstanden. Anfänger können Stundenkurse nehmen. Auch als Einsteiger komme man mit geringem Zeitaufwand schnell rein.

### Freestyle und Downhill

Beim Mountainboarding werden zwei Kategorien unterschieden: Freestyle und Downhill. „Beim Freestyle geht es vor allem um ausgefallene Sprünge und Tricks über Rampen und Kicker", sagt Turner. Von Drehungen bis zum Backflip sei alles möglich. Je wilder, desto besser, laute hier das Motto. Downhill sei eher darauf ausgelegt, längere Strecken zu meistern. Hier stehe das Gefühl für Geschwindigkeit und Kurven im Vordergrund.

Die deutsche Meisterschaft im Mountainboarding wird noch in einer dritten Kategorie ausgetragen – dem Boarder-Cross. „Dabei fahren zwei oder drei Fahrer nach dem K.-o.-System[4] in einem Parcours", erklärt Marcel Bender, der schon zweimal die German Open gewann. Die Fahrer bekommen in allen Disziplinen Punkte und müssen sich deshalb auch in allen Bereichen messen.

„Inzwischen wächst die Szene stetig", sagt Bender.

### Deutschlandweite Vernetzung

„Mountainboarder organisieren sich meistens in Internetforen", sagt Turner. Viele reisen dann in kleinen Cliquen ins Sauerland, in den Schwarzwald oder in den Bayerischen Wald. Denn im Prinzip könne man überall Mountainboard fahren, solange der Boden nicht zu felsig ist. In den Parks nutze man im Sommer einfach die leeren Skiwiesen. Sportlich gesehen sei es reizvoll, dass noch kaum jemand die Sportart kennt, erklärt Bender.

*dpa – Deutsche Presseagentur, 2011*

---

2  populär: beliebt, verbreitet

3  die Szene: (hier:) Anhänger dieser Sportart

4  das K.-o.-System: Wettkampfform, bei der der Verlierer ausscheidet

Zu der Schulaufgabe wurde der folgende Aufsatz geschrieben:

Der Zeitungsartikel „Neu erfunden: Mountainboards" erschien 2011 über die Deutsche Presseagentur (dpa). Der Artikel stellt Mountainboarding als neue Sommersportart vor, die sich in England großer Beliebtheit erfreut.

*(5)* Zu Beginn des Textes (Z. 5–20) legt Winfried Turner dar, dass Mountainboarding viel mit dem Snowboarden gemeinsam habe. V Der Reiz bestehe darin, dass den Boards die Bremsen fehlen. Im Gegensatz zum Skateboard haben die Mountainboards lose Schlaufen, welche die Füße halten. Der nächste Abschnitt (Z. 21–29) klärt darüber

*(10)* auf, dass es vor allem in England sehr populär ist, wie Florian Leber, Inhaber eines Mountainboarding-Parks, darlegt. Doch auch hierzulande gibt es inzwischen viele Anhänger, und interessierte Einsteiger haben hier die Möglichkeit, ohne großen Zeitaufwand Anfängerkurse zu belegen. Im Folgenden (Z. 30–52) wird der Leser über die drei

*(15)* verschiedenen Disziplinen dieser Sportart informiert. Marcel Bender, zweimaliger Sieger der German Open, erläutert diese genauer. V Im letzten Abschnitt (Z. 53–65) wird verdeutlicht, dass die Mountainboarder über das Internet vernetzt sind. Die Anhänger würden in kleinen Gruppen ins Sauerland, in den Schwarzwald oder in den

*(20)* Bayerischen Wald reisen. Denn Mountainboarding sei im Prinzip überall möglich, z.B. auf leeren Skiwiesen in Parks.
Der Bericht enthält typische Layoutmerkmale eines journalistischen Textes: Als Erstes fällt die große, fettgedruckte Headline ins Auge, die auf das Thema „Mountainboarding" als neuen Trend neugierig

*(25)* macht. Die Unterzeile informiert genauer über den Kern des Artikels. Eröffnet wird der Text durch einen fett gedruckten Vorspann, der alle wesentlichen Informationen in knapper Form wiedergibt. Durch den zweispaltigen Druck wirkt der Text übersichtlich. Zusätzlich wird das Lesen durch zwei Zwischenüberschriften (vor Zeile 5 und

*(30)* 30) erleichtert, die den Inhalt der nachfolgenden Abschnitte knapp zusammenfassen. Die Fotos passen gut zum Text, und man erfährt noch mehr über die Sportart.
Der vorliegende Artikel enthält auch zahlreiche sprachliche Besonderheiten: Es fällt auf, dass für die Wiedergabe wörtlicher Aussagen fast

*(35)* durchgehend die indirekte Rede verwendet wird. An drei Stellen V finden sich allerdings auch Aussagen in wörtlicher Rede. Dies vermittelt einen unmittelbaren Eindruck von den Sprechern. Die Wortwahl ist insgesamt wenig kompliziert, es finden sich allerdings eine Reihe von englischen Fremdwörtern wie zum Beispiel „Freestyle" (Z. 31)

*(40)* oder „Downhill" (Z. 31), die auch in Deutschland als Fachbegriff für diese Sportart verwendet werden. Daneben gibt es vereinzelt auch geläufige Fremdwörter, die nicht aus dem Fachbereich dieses Sports

---

*Randnotizen:*

Kernaussage gibt wesentlichen Inhalt nicht korrekt wieder

Wer ist Turner?
V (Information fehlt)

Bezug (was?)
zu nah am Text
indirekte Rede
verknappen

Disziplinen nennen und kurz erläutern!
zu nah am Text,
zu detailliert →
straffen!

gut: Einleitungssatz

falsche Angabe
Was ist jeweils abgebildet?
Zu welchen Textstellen passen die Fotos?
gut: Einleitungssatz

V (Zeilen angeben)

Wirkung der Fremdwörter?

*stammen. V Auffallend ist zudem noch die englische Bezeichnung „All Terrain Board Association" mit der sich anschließenden Abkürzung, die zeigt, dass es sich um eine professionelle Sportart handelt. Interessant ist auch die Aufzählung verschiedener Gegenden („Sauerland", „Schwarzwald", „Bayerischer Wald") im letzten Absatz. Abschließend möchte ich bemerken, dass ich das Thema des Artikels interessant fand. Ich kenne viele Sportarten, aber von dieser habe ich noch nie etwas gehört. Umso interessanter war für mich der Text. Ich muss zugeben, direkt ein bisschen neugierig geworden zu sein. Als Snowboarder dürfte es mir gar nicht allzu schwerfallen, diesen Sport zu betreiben. Was mich noch interessiert hätte, wären die Kosten für so ein Mountainboard. Darüber gibt der Text leider keine Auskunft.*

*V (zwei Beispiele und Zeilenangaben ergänzen)*

*Was wird daran deutlich?*

*W Bezug*
*Was war besonders interessant?*
*→ Beispiel(e) nennen!*

**1** Überarbeitet den Aufsatz mit Hilfe der Korrekturhinweise und schreibt ihn verbessert auf. Im Schlussteil könnt ihr auch eure eigene Meinung formulieren.

**2** Überprüft euer Ergebnis mit der folgenden Checkliste. Geht sie Punkt für Punkt durch und vergleicht mit eurem Aufsatz.

**Checkliste**

### Einen Sachtext beschreiben

**Einleitung**
- Habe ich die **Verfasserin**/den **Verfasser**, den **Titel**, die **Textsorte** und die genaue **Quelle** genannt?
- Informiere ich in der **Kernaussage** knapp darüber, worum es in dem Text geht?

**Hauptteil**
- Habe ich die einzelnen Abschnitte des Hauptteils sinnvoll **eingeleitet?**
- Gibt meine **Zusammenfassung** die wichtigsten Inhalte der einzelnen Sinnabschnitte knapp und verständlich wieder?
- Habe ich zur **Begründung der Textsorte** mehrere Merkmale herangezogen? Wurden diese mit Textbeispielen belegt und wurde ihre **Wirkung** beschrieben?
- Habe ich die wichtigsten **Besonderheiten des Layouts** erkannt und ihre **Funktion** erklärt? Bin ich auch auf den Inhalt der **Bilder** und deren **Wirkung** eingegangen?
- Habe ich **sprachliche Auffälligkeiten** beschrieben und mit Textbeispielen belegt?

**Schlussteil**
- Habe ich meine **Meinung zum Text oder zum Thema** überzeugend dargestellt und **begründet?**

**Sprache und Form**
- Habe ich immer das **Präsens** verwendet?
- Habe ich **Verknüpfungen** und **abwechslungsreiche Satzanfänge** benutzt?
- Habe ich die **Rechtschreibung** und **Zeichensetzung** überprüft?
- Habe ich **deutliche Absätze** gemacht und auf eine **saubere Form** geachtet?

# Grammatiktraining –
## Wörter und Wortarten

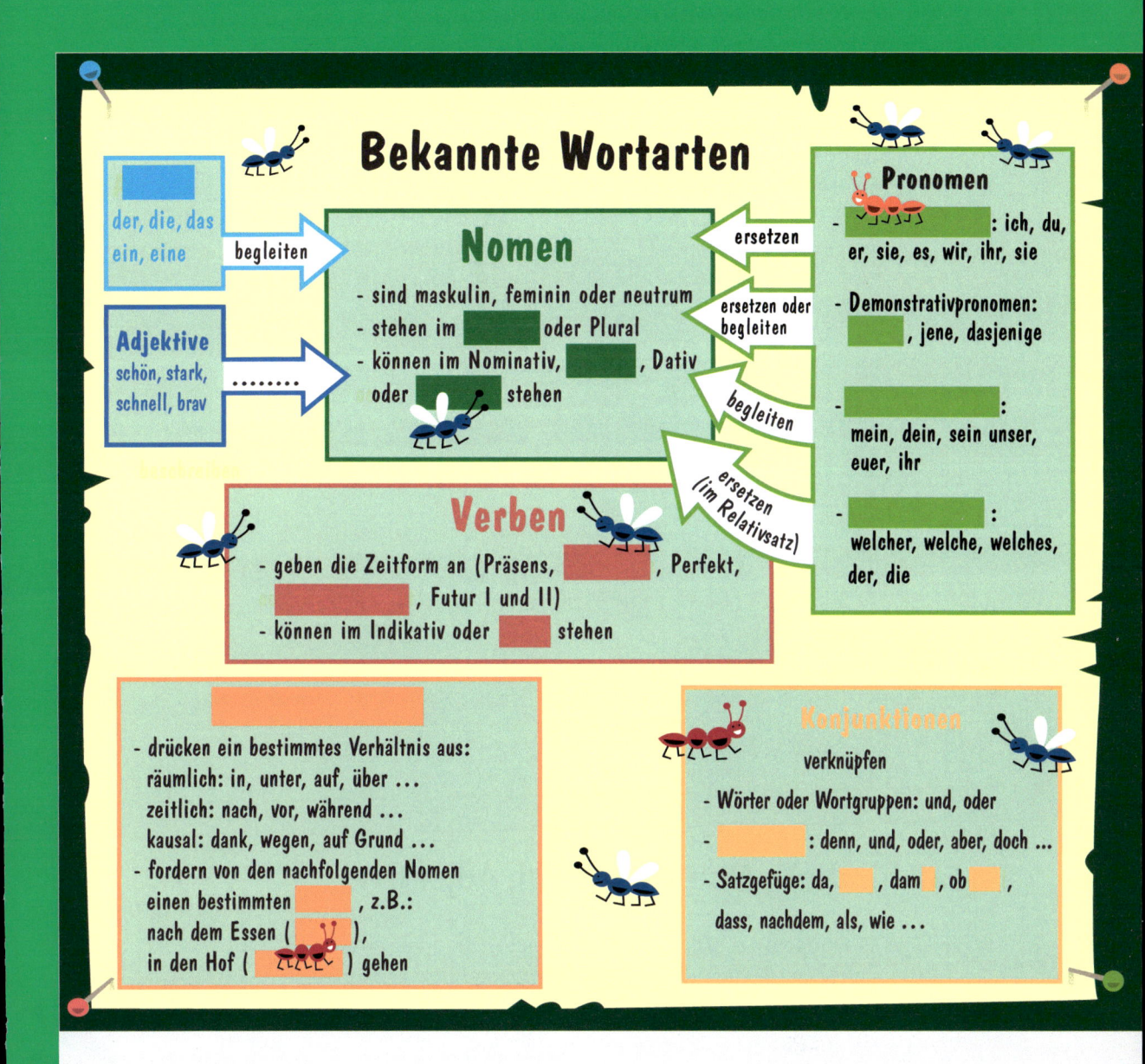

## Bekannte Wortarten

**der, die, das ein, eine** — begleiten →

### Nomen
- sind maskulin, feminin oder neutrum
- stehen im ▮▮▮ oder Plural
- können im Nominativ, ▮▮▮, Dativ oder ▮▮▮ stehen

**Adjektive** schön, stark, schnell, brav ·········→

### Pronomen
- ▮▮▮: ich, du, er, sie, es, wir, ihr, sie
- Demonstrativpronomen: ▮▮▮, jene, dasjenige
- ▮▮▮: mein, dein, sein unser, euer, ihr
- ▮▮▮: welcher, welche, welches, der, die

ersetzen
ersetzen oder begleiten
begleiten
ersetzen (im Relativsatz)

### Verben
- geben die Zeitform an (Präsens, ▮▮▮, Perfekt, ▮▮▮, Futur I und II)
- können im Indikativ oder ▮▮▮ stehen

### ▮▮▮
- drücken ein bestimmtes Verhältnis aus:
  räumlich: in, unter, auf, über ...
  zeitlich: nach, vor, während ...
  kausal: dank, wegen, auf Grund ...
- fordern von den nachfolgenden Nomen einen bestimmten ▮▮▮, z.B.:
  nach dem Essen (▮▮▮),
  in den Hof (▮▮▮) gehen

### Konjunktionen
verknüpfen
- Wörter oder Wortgruppen: und, oder
- ▮▮▮: denn, und, oder, aber, doch ...
- Satzgefüge: da, ▮▮▮, dam▮, ob▮, dass, nachdem, als, wie ...

**1 a** Seht euch das Lernplakat an und erklärt, was darauf veranschaulicht wird.
**b** Auf dem Plakat fehlen einige Begriffe und Beispielwörter. Nennt sie.

**2 a** Worauf sollte man bei der Erstellung eines solchen Plakats achten? Sammelt Tipps.
**b** Erstellt in Gruppen ein Lernplakat, das ihr im Laufe des Schuljahres immer weiter ergänzt.

# 13.1 Wortarten – Alte Bekannte

## Wer bin ich? – Wortarten kurz erklärt

**1** Hier stellen sich verschiedene Wortarten vor. Wie heißen sie?
Findet mit Hilfe des Lernplakats (▶ S. 223) die richtigen Begriffe.

Ich begleite Nomen und versuche, z. B. Gegenstände und Personen möglichst genau zu beschreiben. Ich kann auch gesteigert werden und helfe dabei, Dinge miteinander zu vergleichen.

Ich muss mich danach richten, ob das Wort, das ich begleite, Maskulinum, Femininum oder Neutrum ist. Außerdem gebe ich an, ob es sich bei meinem Bezugswort um einen bestimmten oder unbestimmten Gegenstand handelt.

Ich bestehe manchmal aus zwei Teilen. Meine Grundform heißt Infinitiv. An meiner Form kann man erkennen, welche Personen an einer Handlung beteiligt sind. Ich gebe auch an, ob etwas in der Vergangenheit, der Gegenwart oder der Zukunft geschieht.

Ich begleite meist Nomen, und durch mich erfährt man, wem das Wort, das ich begleite, gehört.

Ich gebe vor, in welchem Fall die Wörter stehen müssen, die nach mir kommen. Ich bin oft sehr kurz und ändere nie meine Form. Ich gebe zum Beispiel zeitliche oder räumliche Verhältnisse an.

**2** Formuliert zu weiteren Wortarten ähnliche Rätseltexte. Lest eure Texte in der Klasse vor und lasst die Wortart erraten.

## Ein Fall für drei – Nomen, Artikel, Adjektive

**VORSICHT FEHLER!**

**Sorgen eines 13-Jährigen:** „Ich würde gerne in den Schulpausen mein Handy benutzen, aber die strengen Lehrer gefällt das nicht. Sie sagen, dass nur in sehr dringende Notfällen das Mobiltelefon benutzt werden darf. Dabei könnten die anderen gestresste Schüler und ich uns gut entspannen, wenn wir ein wenig Musik hören oder etwas spielen dürften."

**1** Bei diesem Text stimmt etwas nicht.
a Findet die drei Fehler und erklärt, welche Regel jeweils missachtet wurde.
  **Tipp:** Die Überschrift kann euch helfen.
b Schreibt den Text richtig ab und markiert die Änderungen farbig.
c Formuliert eine passende Regel in einem Satz.

**Sorgen einer 13-Jährigen:** „Am liebsten würde ich mich (der ganze Tag) mit (die anderen Jugendlichen) im Chat unterhalten. Aber ich habe selbst schon gemerkt, dass sich meine Noten verschlechtert haben. Ich verbringe einfach zu viel Zeit vor (der Rechner) und bewege mich nicht genügend. Vielleicht sollte ich doch einmal (die ständigen Ratschläge) meiner Mutter Glauben schenken und mehr Sport treiben. "

**2** Schreibt den Text ab und setzt die grün gedruckten Wortgruppen in den passenden Kasus. Ergänzt in Klammern jeweils den richtigen Fachbegriff (*Akkusativ* oder *Dativ*).

**VORSICHT FEHLER!**

**Sorgen einer Mutter:** „Seit mein Sohn ein eigenes Smartphone bekommen hat, beschäftigt er sich den ganzen Tag mit dem neuem Gerät. Er verschanzt sich in seinem Zimmer und auch dem kleinem Bruder schenkt er keine Beachtung mehr. "

**3** Sucht mit Hilfe des Tipps die beiden Fehler in den Sätzen und schreibt sie korrigiert ab.

> Steht der Begleiter (z. B. ein Artikel) im **Dativ**, darf das darauf folgende Adjektiv kein „m" als Endung besitzen, z. B.: *in meinem schönen Dorf*

**Meinung eines Vaters:** „Ich sehe das alles nicht so eng. Man muss sich (das neue Zeitalter) anpassen. Handys und Internet sind heute Teil des Alltags. Um (der rasante Fortschritt) folgen zu können, müssen sich die jungen Leute auch mit (ein modernes Gerät) beschäftigen dürfen. Anders sieht es natürlich bei (ein suchtgefährdetes Kind) aus. In so einem Fall sollten (der betroffene Jugendliche) deutliche Grenzen aufgezeigt werden. "

**4** Schreibt den Text in euer Heft und achtet auf die richtigen Adjektivendungen im Dativ.

**5** Wie viel Zeit sollten Jugendliche in eurem Alter mit modernen Medien verbringen? Diskutiert darüber.

## Passende Begleiter gesucht! – Artikel

**VORSICHT FEHLER!**

**Lehrer überflüssig? Roboter-Lehrerin unterrichtet japanische Grundschüler**

Die Kinder der Grundschule in Tokio heben erstaunt die Köpfe: Auf einem Stundenplan steht Technikunterricht, aber auf einem Stuhl vorne am Lehrerpult nimmt gerade die unbekannte junge Frau Platz. Sie stellt sich einer Klasse als Saya vor. Die Kinder staunen noch mehr, als sie erfahren, dass ihre neue Techniklehrerin selbst der vollautomatische Roboter ist.

**1** a Lest diesen Anfang eines Zeitungsartikels laut vor. Beschreibt, was an den farbig markierten Textstellen stört.
b Schreibt den Text ab und setzt an den markierten Stellen die passenden Artikel ein.
c Erklärt, wann man den bestimmten und wann man den unbestimmten Artikel verwendet.

Hier erfahrt ihr noch mehr über Saya, die Roboter-Lehrerin:

Saya ist kaum größer als ihre japanischen Schüler selbst und hat ein hübsches/das hübsche Puppengesicht. Das kurze rötliche Haar/Ein kurzes rötliches Haar und der schmale Körperbau/ein schmaler Körperbau lassen sie fast kindlich aussehen. Aber das weiße Mäntelchen/ ein weißes Mäntelchen, das bis unter das Kinn/ ein Kinn zugeknöpft ist, lässt Saya merkwürdig ernst wirken. Auch das Lächeln/ein Lächeln wirkt unecht. Kein Wunder, denn Sayas Mimik wird von 18 Motoren erzeugt.

**2** Bestimmter oder unbestimmter Artikel?
a Schreibt den Text ab und entscheidet euch jeweils für die passende Möglichkeit.
b Lest den ganzen Text vor und begründet jeweils eure Entscheidung.

Wie zu erwarten war, verläuft ❓ (erste) Unterrichtstunde der Roboter-Lehrerin nicht ganz reibungslos: Als sie ❓ (kichernd) Schüler ermahnt, still zu sein, und dabei ❓ (böse) Gesicht macht, fangen sogar einige Kinder vor Schreck an zu weinen. Doch für Mitgefühl fehlt Saya das passende Programm. ❓ (japanisch) Erfinder Hiroshi Kobayashi hat Saya zwar programmiert, auch Überraschung, Angst, Empörung, Wut, Trauer und Freude zu zeigen, doch im Grunde lassen Saya ihre Schüler kalt. ❓ (wirklich) Vorbild ist Saya also nicht. Und so freuen sich ❓ (achtjährig) Kinder am Ende ❓ (ungewöhnlich) Stunde, als sie aufstehen und ihrer Lehrerin zum Abschied in ❓ (künstlich) Nase kneifen dürfen!

**3** Schreibt den Textabschnitt in euer Heft: Ergänzt den passenden Artikel und fügt bei den Adjektiven und Partizipien in Klammern die richtigen Endungen hinzu.

---

**Wissen und Können**   **Nomen und ihre Begleiter**

Nomen und ihre Begleiter (z. B. Artikel, Adjektive, Possessivpronomen) stehen immer im gleichen Kasus, z. B.: *Die Familie betritt unseren schönen Garten.* (Akkusativ)
*Die Fenster des alten Hauses sind zersprungen.* (Genitiv)
**Tipp:** Steht der Begleiter (z. B. ein Artikel) im Dativ, darf das darauf folgende Adjektiv nicht auf „m" enden, z. B.: *Ich schenke dem alten Mann ein Buch.*
- Der **bestimmte Artikel** wird gebraucht, wenn ein Gegenstand, eine Situation oder eine Person schon bekannt ist, z. B.: *Ich gehe in das Haus meiner Großmutter.*
  *Ich kaufe die roten Blumen.*
- Den **unbestimmten Artikel** verwendet man, wenn es sich um noch nicht näher bestimmte Gegenstände, Ereignisse, Situationen oder Personen handelt, z. B.: *Ich gehe in ein Haus.*
  Beim Plural lässt man anstelle eines unbestimmten Artikels den Begleiter ganz weg, z. B.:
  *In der Stadt stehen Häuser. Ich kaufe Blumen.*

# Begleiter oder Ersatz für Nomen: Pronomen

**Sind Roboter die besseren Lehrer?**

Vielleicht steht *ihr* eines Tages vor *dieser* Situation: Am Morgen kommt etwas in *euer* Klassenzimmer hinein, *das* zwar aussieht wie ein Mensch, aber keiner ist. *Es* fährt, ruckelt oder geht ein wenig steif ans Pult und begrüßt *deine* Klasse mit einer Stimme, *die* etwas mechanisch klingt. Danach beginnt der Unterricht, *der* natürlich perfekt vorbereitet ist. *Diejenigen* Schüler, *die* stören, werden sofort mit einem eingebauten Stimmerkennungs- und Ortungsgerät erfasst und ermahnt. Bei einer erneuten Störung erfolgt umgehend *ihre* Bestrafung. Die Schülerinnen und Schüler sind deshalb

natürlich mucksmäuschenstill. *Sie* arbeiten konzentriert mit, und niemand hat *seine* Hefte vergessen, denn *dies* würde *jener* allwissende neue Lehrertyp sofort merken.

---

**1** In dem Text wurden vier verschiedene Arten von Pronomen markiert, die ihr bereits kennt. Legt eine Tabelle an und tragt die Beispiele aus dem Text ein. Ergänzt bei den Possessivpronomen und Relativpronomen in Klammern das Bezugswort.

| Personalpronomen | Demonstrativpronomen | Possessivpronomen | Relativpronomen |
|---|---|---|---|
| *ihr* | *dieser* | *euer (Klassenzimmer)* | *(etwas), das …* |

**1** „ **?** würde stören, dass der Roboter-Lehrer gar keine Späße mit **?** macht."

**2** „ **?** würde das schon gefallen, wenn **?** endlich einmal leise in **?** Klasse wäre."

**3** „Und bei Problemen, **?** es ja in jeder Klasse einmal gibt, weiß **?** Maschine bestimmt, wie **?** damit umgehen soll."

**4** „Da hast du recht. Aber wie würde **?** Roboter wohl reagieren, wenn **?** mit **?** einen Wandertag in die Berge machen soll?"

**5** „ **?** dürft auch nicht vergessen, dass ja nicht alle Schüler gleich alles beim ersten Mal verstehen. Ob **?** Maschine, **?** ja darauf programmiert ist, **?** Stunde durchzuziehen, auch wirklich auf **?** Schüler eingehen kann? Außerdem haben alle Lehrerinnen und Lehrer **?** Eigenarten, **?** **?** ja gerade so menschlich machen. Ein Roboter wäre **?** zu perfekt."

**2** **a** Schreibt die fünf Schüleraussagen ab und ergänzt passende Pronomen.
 **b** Benennt die Art der verwendeten Pronomen.
 **c** Vergleicht eure Ergebnisse in der Klasse: Wo gibt es verschiedene Lösungen?

**Ansicht eines Erziehungswissenschaftlers:**

„Roboter im Unterricht sind Quatsch. Diejenigen sind unnötig. Denn ein Roboter, wo ja keine echten Gefühle hat, kann Schülern nicht das geben, die sie brauchen: nämlich menschliche Wärme und Aufmerksamkeit. Lehrer können auch auf Schüler eingehen. Er kann ihr Mut zusprechen, trösten, motivieren oder aber auch streng und konsequent sein, wenn sie einmal über die Stränge geschla-

5  gen haben. Aber dazu muss die Lehrkraft seine Schülerinnen und Schüler kennen und manchmal auch je nach Situation unterschiedlich entscheiden. Eine Maschine kann dasjenige nicht.“

**3** Dieser Text wirkt eigenartig, weil an einigen Stellen falsche Pronomen verwendet wurden.

  **a** Findet die sieben Fehler heraus und schreibt den Text verbessert in euer Heft. Manchmal müsst ihr auch noch weitere Stellen im Satz verändern.

  **b** Benennt die Pronomen, die ihr eingesetzt habt, mit dem richtigen Fachbegriff.

**Überlegungen eines Lehrers:**

„Wie das wohl sein würde, wenn meine Schüler Roboter wären? Ich würde am Morgen das Klassenzimmer betreten, und alle säßen auf ihrem Platz. Die Frage, wer die Hausaufgaben vergessen hat, wäre überflüssig. Ich müsste die Hausaufgaben auch nie verbessern, weil jeder sämtliche Aufgaben richtig hätte. Wann immer ich eine Frage stellte, würden sich viele melden, und falsche Antworten

5  gäbe es auch nicht mehr. Niemand würde mehr wissen wollen, welche Farbe man für das Unterstreichen der Überschrift benutzen soll oder wie lange es noch bis zur Pause dauert. Und was auch sehr schön wäre: Niemand würde mehr im Unterricht trinken wollen, und keiner müsste mehr auf die Toilette. Bleibt nur die Frage: Warum und wofür bräuchte man mich dann eigentlich noch?“

**4**  **a** In diesem Text sind Fragewörter und Indefinitpronomen (= unbestimmte Fürwörter) markiert. Ordnet sie in eine Tabelle im Heft ein.

| Fragewörter | Indefinitpronomen |
| --- | --- |
| *wie* | *alle* |

●●●  **b** Ergänzt weitere Fragewörter in der linken Spalte. **Tipp:** Sie beginnen immer mit „w“.

---

**Wissen und Können**   **Pronomen**

Pronomen können Nomen ersetzen, sie begleiten oder Verknüpfungen im Satz herstellen:

- **Personalpronomen** (persönliche Fürwörter), z. B.: *ich, du, er/sie/es, wir, ihr, sie*
- **Demonstrativpronomen** (hinweisende Fürwörter), z. B.: *dieser, jenes, der, die, das*
- **Possessivpronomen** (besitzanzeigende Fürwörter), z. B.: *mein, dein, euer, unser*
- **Indefinitpronomen** (unbestimmte Fürwörter), z. B.: *etwas, manche, niemand, kein*
- **Relativpronomen,** z. B.: *Das Buch, das ich lese, … Der Arzt, dessen Rat ich befolgte, …*

# Wörter für alle Umstände: Adverbien

Die Klasse 7d hat ein Mittelalter-Projekt durchgeführt und präsentiert die Ergebnisse vor den Eltern. Der Klassensprecher hat eine Begrüßung vorbereitet:

Liebe Eltern,

herzlich willkommen zu unserem Mittelalter-Abend! Wie Sie wissen, haben wir uns lange auf diesen Tag vorbereitet. Daher freuen wir uns umso mehr, dass Sie heute hier sind.

5  Glücklicherweise konnten fast alle von Ihnen kommen. Sie werden hier gleich ein spannendes Programm zu sehen bekommen: Zunächst gibt Ihnen unser Mittelalter-Expertenteam einen Überblick über die Epoche des Mittelalters. Dann führen wir Sie in die Geheimnisse einer mittelalterlichen Stadt ein:

10  Sie erfahren, welche Bevölkerungsgruppen dort lebten, und werden erkennen, dass das Leben für die Menschen damals oft äußerst anstrengend war. Interessant wird auch der Rundgang durch eine „virtuelle Stadt". ❓ haben wir eine Präsentation entworfen, die Sie ❓

15  bringt, wo im Mittelalter etwas los war. ❓ gibt es erst einmal eine kleine Stärkung mit mittelalterlichen Spezialitäten. Sie sollen ja nicht ❓ hierhergekommen sein! Doch wird ❓ auch die Unterhaltung nicht zu kurz kommen. Deshalb tragen namhafte Künstlerinnen und Künstler unserer Klasse ❓

20  mittelalterliche Lieder und Gedichte vor. ❓ findet der Höhepunkt des Mittelalter-Abends statt: Ausgewählte Mittelalter-Models werden Ihnen die Mode-Akzente der damaligen Zeit vorführen. Und ❓ wünschen wir Ihnen ❓ viel Vergnügen!

**1**  **a** Im ersten Textabschnitt (Z.1–12) sind Wörter markiert, die alle zur Wortart „Adverb" gehören: Sie beschreiben die näheren Umstände eines Geschehens. Auf welche Fragen antworten sie jeweils? Nennt diese.

**b** Legt eine Tabelle an und tragt die Fragen und die Beispielwörter aus dem Text passend ein.

| Adverbien der Zeit (Temporaladverbien) | des Ortes (Lokaladverbien) | der Art und Weise (Modaladverbien) | des Grundes (Kausaladverbien) |
|---|---|---|---|
| *(Wann?)* | *(...?)* | *(...?)* | *(...?)* |
| *heute* | ... | ... | ... |

**2**  Schreibt den Text ab Zeile 13 ab. Ergänzt die Lücken durch passende Adverbien aus dem Wortspeicher.

dazu • danach • dahin • natürlich • umsonst • abschließend • zuletzt • besonders • dabei

*Liebe Klasse 7d,*

*im Namen aller Eltern möchte ich mich bei euch für den gelungenen Mittelalter-Abend bedanken.*
*Selten haben wir eine solche Schulveranstaltung erlebt! Als wir draußen von zwei Schülerinnen* (2)
*in Mittelalter-Kostümen mit selbst gemachten Fladenhäppchen begrüßt wurden, ahnten wir, dass*
5 *uns etwas Einmaliges bevorsteht. Dass ihr aber ein so professionelles Programm präsentieren* (1)
*würdet, hätten wir niemals geglaubt. Alle Eltern waren hinterher außerordentlich begeistert.* (2)
*Gestern habe ich mich mit einer anderen Mutter unterhalten, die mir verriet, dass sie das The-* (1)
*ma „Mittelalter" zuerst wenig interessant fand. Nun gab sie zu, sie habe sich besonders gut* (2)
*amüsiert und wisse jetzt viel mehr über diese Epoche. Also noch einmal: großes Lob an euch!* (1)
10 *Wir Eltern versprechen, dass wir uns gern gegen Ende des Schuljahres revanchieren und ein* (1)
*Sommerfest für euch vorbereiten werden ...*

**3** Dieser Brief der Elternsprecherin enthält 10 Adverbien. Tragt sie in eure Tabelle aus Aufgabe 1
●●● (▶ S. 229) ein.
**Tipp:** Am rechten Rand ist die Zahl der Adverbien pro Zeile angegeben.

**4** Ergänzt mit Hilfe der Informationen aus dem Merkkasten euer Lernplakat (▶ S. 223).

**Wissen und Können**    **Das Adverb** (Umstandswort; Plural: Adverbien)

**Adverbien** (von lat. *adverbium* = bei dem Verb) beziehen sich auf das Verb in einem Satz und
beschreiben die genaueren Umstände eines Geschehens, nämlich:
- **wann?** – Adverbien der Zeit (Temporaladverbien), z. B.: *neulich, manchmal, danach*
  → *Wir waren neulich im Kino.*
- **wo?** – Adverbien des Ortes (Lokaladverbien), z. B.: *draußen, seitwärts, links, überall*
  → *Draußen ist es windig.*
- **wie?** – Adverbien der Art und Weise (Modaladverbien), z. B.: *umsonst, gern, sowieso*
  → *Ich habe dir gern geholfen.*
- **warum?** – Adverbien des Grundes (Kausaladverbien), z. B.: *deshalb, deswegen, darum*
  → *Deswegen konnte ich nicht kommen.*

Adverbien sind meist **unveränderlich** in ihrer Form.

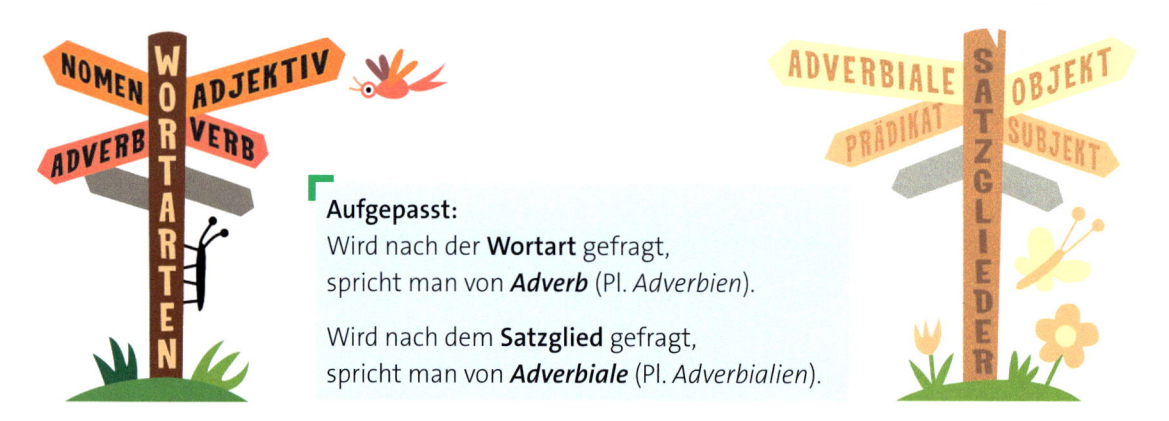

**Aufgepasst:**
Wird nach der **Wortart** gefragt,
spricht man von ***Adverb*** (Pl. *Adverbien*).

Wird nach dem **Satzglied** gefragt,
spricht man von ***Adverbiale*** (Pl. *Adverbialien*).

# Kleine Wörter, großer Einfluss: Präpositionen

**1** Was wisst ihr über Vulkane? Erklärt mit Hilfe des Bildes die Begriffe „Lava" und „Magma".

## Was ist ein Vulkan?

Vulkane sind Öffnungen **?** der Erdkruste, aus denen geschmolzenes Gestein **?** dem Erdinneren entweicht. Geschieht das in Form **?** heftigen Explosionen, nennt man diesen Vorgang Vulkanausbruch. Das geschmolzene Gestein lässt sich am besten **?** flüssigem Eisen aus einem Hochofen vergleichen. Solange sich das glühende Gestein **?** der Erde befindet, wird es Magma genannt. Tritt das Magma **?** die Erdoberfläche, heißt es Lava. Wenn die Lava abgekühlt ist, wird sie **?** einem festen Gestein. Große Teile der Erdoberfläche und die Ozeanböden bestehen **?** erkaltetem Vulkangestein.

**2** **a** In dem Text fehlen neun Präpositionen. Schreibt den Text ab und ergänzt die Lücken.

Die folgenden Präpositionen könnt ihr passend zuordnen:

> von • in • aus • unter • mit • an • zu • aus

**b** Die einzelnen Präpositionen erfordern unterschiedliche Kasus (Fälle).
Ordnet die eingesetzten Präpositionen mit dem dazugehörigen Nomen in eine Tabelle ein:

| **Präposition** + Nomen im Dativ | **Präposition** + Nomen im Akkusativ |
|---|---|
| *in der Erdkruste* | ... |

---

**Wissen und Können** **Präpositionen**

**Präpositionen** (Verhältniswörter) drücken Beziehungen oder Verhältnisse aus. Sie stehen in der Regel vor Nomen, Artikeln und Pronomen, z. B.:
*auf dem Dach, in unserer Schule, nach dem Sport, während des Gewitters*

Die Präposition bestimmt den **Kasus** (den Fall) des folgenden Nomens, z. B.:

*aus dem Stein*      *durch die Explosion*      *wegen des Drucks*
*Wem? – Dativ*      *Wen? – Akkusativ*      *Wessen? – Genitiv*

**Wissenswertes über Vulkane**

△ **?** (der Vulkan) liegt ein Herd von heißem Magma.

Zum Vulkanausbruch kommt es **?** (der hohe Druck) im Erdinneren.

△ Der Vulkan Vesuv in Süditalien ragt **?** (die Stadtmauern Pompejis) empor. Die Stadt Pompeji war **?** (ein Vulkanausbruch) 79 n. Chr jahrelang verschüttet, die Ruinen wurden erst Jahrhunderte später zufällig entdeckt.

△ Der Vesuv wirkt heute **?** (die Baumgrenze) wie eine Mondlandschaft: Wer ihn ersteigt, findet sich plötzlich **?** (ein erkaltetes Lavafeld) wieder.

△ Der Vulkan Stromboli liegt **?** (die Insel Sizilien). Er spuckt regelmäßig Asche, aber **?** (diese Aktivität) wohnen rund 600 Inselbewohner am Fuße des Vulkans.

△ In der Eifel findet man heute **?** (die Vulkane) runde Kraterseen, die so genannten Maare.

**3** In den Sätzen fehlen neun Präpositionen, die alle den Genitiv erfordern. Vervollständigt die Lücken mit passenden Präpositionen aus dem Wortspeicher und setzt die Wortgruppen in Klammern in den Genitiv.

> Es gibt sehr viele **Präpositionen mit Genitiv.** In der gesprochenen Sprache verwendet man sie selten, doch sie kommen häufig in Sachtexten vor.

statt • innerhalb • infolge • inmitten • unweit • oberhalb • jenseits • wegen • trotz

**4** Bildet sinnvolle Sätze mit den folgenden Präpositionen (+ Genitiv): *wegen, laut, dank, innerhalb, trotz*
●○○ Hier findet ihr Hilfen:

des intensiven Trainings • ihrer Aussage • des schlechten Wetters • seines Geständnisses • einer Sekunde

**5** a Vergleicht die Sätze: In welchem Fall stehen die Nomen nach der Präposition jeweils?
  – Mehrere Tonnen Gestein fielen **auf** die Dächer Pompejis.
    Mehrere Tonnen Gestein lagen **auf** den Dächern Pompejis.
  – Glühende Lava floss **in** die Straßen.    Glühende Lava befand sich **in** den Straßen.
  – Die Bewohner flohen **unter** die Gebäude.    Die Bewohner kauerten **unter** den Gebäuden.
  b Formuliert mit Hilfe folgender Stichwörter eine Regel für den Gebrauch von Wechselpräpositionen.

Dativ • <u>Wohin</u>? • <u>Wo</u>? • Richtung • Akkusativ • Lage/Position

**Wissen und Können**  **Wechselpräpositionen**

Die neun **Wechselpräpositionen** *in, auf, vor, hinter, unter, über, neben, an, zwischen* fordern manchmal den **Dativ,** manchmal den **Akkusativ.** Antwortet der Satz auf die Frage **„Wo?",** steht der **Dativ,** bei der Frage **„Wohin?"** steht der Akkusativ, z.B.:
*Ich lege das Buch <u>auf **den** Tisch</u>. / Er sprang <u>hinter **die** Mauer</u>. (wohin? → Akkusativ)*
*Das Buch liegt <u>auf **dem** Tisch</u>. / Er saß <u>hinter **der** Mauer</u>. (wo? → Dativ)*

# 13.2 Auf Zeitreise gehen – Formen des Verbs

## Zeitformen für Vergangenes, Gegenwärtiges und Zukünftiges

### Quer durch alle Zeiten

Es ist der Traum aller Forscher, einmal mit einer Zeitmaschine in die Vergangenheit zu reisen. Viele moderne Filmemacher setzten diese Idee in ihren Drehbüchern um. Aber auch schon zuvor hatten Schriftsteller Geschichten dazu erfunden: Da waren die Hauptfiguren plötzlich auf den Pyramiden des alten Ägyptens gelandet oder hatten sich inmitten wilder Mammutjagden von Steinzeitmenschen wiedergefunden. Oder Menschen aus der Gegenwart hatten versucht, Verbrechen in der Vergangenheit zu verhindern.
Und manch einer von uns ist sicher in Gedanken auch schon mal in die Zukunft gereist ...
Ob eine Zeitreise im wirklichen Leben wohl immer ein Traum bleiben wird? Oder werden wir tatsächlich eines Tages einmal unsere eigenen Eltern besuchen und sehen, wie sie als Kinder waren?

Das meint der berühmteste Physiker unserer Zeit, Stephen Hawking, dazu: „Wenn wir in die Zukunft reisen wollen, müssen wir uns nur schnell bewegen. Richtig schnell." Dazu braucht es „nur" eine Art Schienensystem rund um die Erde und ein Gefährt, das sich auf Lichtgeschwindigkeit beschleunigen lässt. „Stellen Sie sich einen Zug vor, der den Bahnhof am 1. Januar 2050 verlässt. Mit Lichtgeschwindigkeit rast er um die Erde, wieder und wieder, 100 Jahre lang. Wenn die Passagiere am Neujahrstag 2150 aussteigen werden, haben sie nur eine Woche im Zug verbracht. Im Vergleich zum Rest der Welt hat sich die Zeit an Bord des Zuges enorm verlangsamt." Aha! Leider hat die Sache einen Haken: Laut Hawking kommt man nur in die Zukunft. Eine Zeitmaschine für die Vergangenheit hält auch der Experte für unwahrscheinlich.

**1** Die 16 markierten Personalformen der Verben im Text lassen sich fünf Zeitformen (Tempora) zuordnen. Tragt sie – jeweils mit passendem Personalpronomen – in eine Tabelle ein.

| Präsens | Präteritum | Perfekt | Plusquamperfekt | Futur I |
|---|---|---|---|---|
| ... | *sie setzten um* | ... | *sie hatten erfunden* | ... |

**2** Präsens oder Perfekt? Lest die folgende Zusammenfassung des Romans „Die Zeitmaschine" von H.G. Wells und setzt jeweils die passende Zeitform ein. Achtung: Bei den Perfektformen müssen zwei Bestandteile des Verbs in die Lücke gesetzt werden!

Der Wissenschaftler George verkündet seinen Freunden im Jahr 1899, dass er eine Zeitmaschine **?** (erfinden). Als diese daran **?** (zweifeln), **?** (präsentieren) er ihnen ein kleines Modell der Maschine, das er in die Zukunft reisen **?** (lassen). Die Gäste halten dies jedoch für einen Trick. Nachdem seine Freunde ihn **?** (verlassen), **?** (begeben) sich George in seiner Zeitmaschine auf eine Reise in die Zukunft. Er landet im Jahr 802 701 und erfährt, dass inzwischen alle Bücher mit dem Wissen über die Menschheit zu Staub **?** (zerfallen). Da die Menschen viele Jahre lang Kriege **?** (führen), ist die Erde verseucht, und zwei Menschengruppen **?** (sich entwickeln): Die Eloi **?** (leben) an der Oberfläche, die feindseligen Morlocks unter der Erde. George **?** (geraten) in einen Konflikt mit den Morlocks und **?** (können) am Ende gerade noch zurück in seine eigene Zeit fliehen.

**3** Stellt euch vor, ihr wärt selbst gerade von einer Zeitreise zurückgekehrt. Schreibt einen „Reisebericht" im Präteritum und Plusquamperfekt, z.B.:
*Nachdem die Maschine gelandet war, schaute ich mich neugierig um. Ich wollte wissen, wo ich mich genau befand – und wie die Menschen wohl aussahen. Ich bog in eine Gasse ein und entdeckte …*

**4** Stellt euch vor, ihr könntet per Zeitmaschine in die Zukunft reisen. Formuliert Sätze, was ihr in der Zukunft tun wollt. Schreibt jeden Satz einmal im Präsens und einmal im Futur I, z.B.:
*Ich besuche meine Kinder.* (Präsens)
*Ich werde meine Kinder besuchen.* (Futur I)

> Zukünftiges drückt man mit dem **Futur I** aus, z.B.: *Ich werde morgen verreisen.*
> Auch das **Präsens** kann diese Funktion erfüllen, wenn Zeitadverbien darauf hinweisen, z.B.: *Ich verreise morgen.*

**5** Was wird wohl in eurem Leben bis zum Jahr 2050 passiert sein? Formuliert Voraussagen im Futur II, z.B.: *Ich werde geheiratet haben. Die Menschen werden Häuser auf dem Mars gebaut haben.*

**6** Das Futur II wird auch verwendet, um Vermutungen auszusprechen.
Schreibt zu den folgenden Situationen Vermutungen im Futur II auf wie im Beispiel:
- Mervin kommt gut gelaunt aus der Schule. → *Er wird wohl eine gute Note bekommen haben.*
- Luisa trifft zu spät im Unterricht ein. → *Sie wird wohl …*
- Oskar verlässt humpelnd den Fußballplatz. → *…*
- Ein Polizeiauto biegt mit Blaulicht um die Ecke. → *…*

| **Wissen und Können** | **Das Futur II** |
| --- | --- |

- Das Futur II drückt aus, dass eine **Handlung in der Zukunft abgeschlossen** ist, z.B.:
  *Im Jahr 2050 werden die Menschen neue Fahrzeuge entwickelt haben.*
- Im alltäglichen Gebrauch drückt man mit dem Futur II auch **Vermutungen** aus, oft zusammen mit den Wörtern „wohl" oder „schon", z.B.:
  *Sie wird die Prüfung schon bestanden haben! / Er wird den Weg wohl gefunden haben.*

# Per Zeitmaschine zum Helden werden –
# Verben im Aktiv und Passiv

**Der Kult-Filmtipp:**

**„Zurück in die Zukunft"**

*Der Forscher Doc Brown weiht Marty in ein Geheimnis ein.*
*Marty wird vom Forscher Doc Brown in ein Geheimnis eingeweiht.*

**1** Diese Sätze haben denselben Inhalt, aber dennoch unterscheiden sie sich.
Erklärt den Unterschied genau. Bestimmt dazu auch die Satzglieder der beiden Sätze.

Hill Valley, 1985. Als der 15-jährige Marty McFly [?] angerufen wird, entrüstet sich seine Mutter Lorraine darüber. Sie ahnt nicht, dass Marty und Jennifer sich längst küssen. Lorraine behauptet, dass sie selbst nie einem Jungen hinterhergelaufen sei. „Dein Vater George ist zufällig [?] angefahren worden", behauptet sie. Seinen eigenen Vater George hält Marty für einen Versager. George wird
5 nämlich immer [?] herumkommandiert. Zu Martys Bekannten gehört auch der verrückte Forscher Doc Brown. Dieser führt ihm seine neueste Erfindung vor: ein zur Zeitmaschine umgebautes Auto. Für einen Start mit der Zeitmaschine ist sehr viel Energie erforderlich. Deshalb hat der Erfinder von Terroristen Plutonium gestohlen. Als diese plötzlich auftauchen, wird Doc Brown [?] getötet, und Marty flieht mit der Zeitreisemaschine. Er landet im Jahre 1955 und lernt seine späteren Eltern kennen. Sein
10 Vater George wird schon damals [?] gehänselt. Seine Mutter ist von Marty sehr angetan und verliebt sich schon nach kurzer Zeit in ihren eigenen Sohn. Damit [?] nicht die eigene Zukunft zerstört wird, muss Marty nun also versuchen, seine Eltern miteinander zu verkuppeln. Gleichzeitig versucht er natürlich, zurück in die Zukunft zu gelangen. Vorher muss aber noch der Forscher Doc Brown [?] gerettet werden.

> vom Auto meines Vaters • von Marty • durch sein Verhalten •
> von seinem Chef Biff • von seiner Freundin Jennifer • von ihnen • von Biff

**2** Manche Informationen aus der Filmbeschreibung bleiben unklar, weil man nicht erfährt, wer der „Handelnde" ist. Ordnet die betreffenden Informationen aus dem Wortspeicher zu.

**3** Bei welchen dieser Sätze könnten die Informationen über den „Handelnden" auch weggelassen werden? Nennt sie und begründet eure Wahl.

**4** Die Sätze mit den farbigen Hervorhebungen sind im Passiv formuliert.
  **a** Formt alle Passivsätze aus dem Text ins Aktiv um. Behaltet die Zeitform bei.
●● **b** Formt folgende Aktivsätze aus dem Text ins Passiv um: „Seinen eigenen Vater ..." (Z. 4),
  „Dieser führt ihm ..." (Z. 6), „Deshalb hat ..." (Z. 7 f.), „Gleichzeitig versucht er ..." (Z. 12 f.)

## Interessante Details zum Film „Zurück in die Zukunft"

Einige Filmgesellschaften lehnten den Film ab, weil sich hier eine Mutter in ihren eigenen Sohn verliebt.

Die Rolle des Marty McFly ist nach Drehbeginn vom Regisseur noch einmal ausgetauscht worden. Weil der neue Hauptdarsteller Michael J. Fox so klein war, wurde auch die Rolle seiner Freundin vom Filmteam neu besetzt.

In Australien hat Michael J. Fox die Kinder in einem Fernsehspot davor gewarnt, sich wie Marty McFly mit einem Skateboard von Autos ziehen zu lassen.

Ein aus 98 Musikern bestehendes Orchester spielte die von Alan Silvestri komponierte Filmmusik ein.

Anfangs sollte ein Kühlschrank als Zeitmaschine eingesetzt werden. Weil von Pädagogen befürchtet wurde, dass der Film Kinder anstiften könnte, in Kühlschränke zu klettern, wurde am Ende von den Filmemachern ein Sportwagen ausgewählt.

Am Ende der Oscar-Verleihung zeigte sich der Regisseur etwas enttäuscht. Denn nur für den Tonschnitt war dem Film „Zurück in die Zukunft" von den Juroren ein Oscar verliehen worden.

**5** **a** Bestimmt, welche der farbig markierten Textstellen im Aktiv und welche im Passiv formuliert sind, und benennt jeweils die verwendete Zeitform. **Tipp:** Der Merkkasten unten hilft euch.

**b** Verändert die farbig markierten Sätze in die jeweils andere Form und behaltet auch die Tempora bei. In den Passivsätzen könnt ihr die handelnden Personen auch weglassen.

---

**Wissen und Können** **Aktiv und Passiv**

Wir unterscheiden Sätze im **Aktiv** und Sätze im **Passiv.** Im Aktivsatz erfährt man, wer etwas tut. Im Passivsatz wird die Handlung betont; die handelnde Person kann unerwähnt bleiben.

**Aktiv:**
Der Blick wird auf die handelnde Person gerichtet.

**Passiv:**
Der Blick wird auf den Vorgang, das Geschehen gerichtet. Das Objekt im Aktivsatz wird nun zum Subjekt, z. B.:

*Der Architekt plant ein Haus.*

Subjekt    Prädikat    Akkusativobjekt

*Ein Haus wird (von dem Architekten) geplant.*

Subjekt                                    Prädikat

Wenn man die handelnde Person im Passivsatz nennen will, verwendet man eine Wortgruppe mit „von" oder „durch", z. B.: *von dem Architekten*

Das Passiv besteht aus der **Personalform von „werden" + Partizip II:**

Präsens: *Ich werde verfolgt.*
Präteritum: *Ich wurde verfolgt.*
Perfekt: *Ich bin verfolgt worden.*

Plusquamperfekt: *Ich war verfolgt worden.*
Futur I: *Ich werde verfolgt werden.*
Futur II: *Ich werde verfolgt worden sein.*

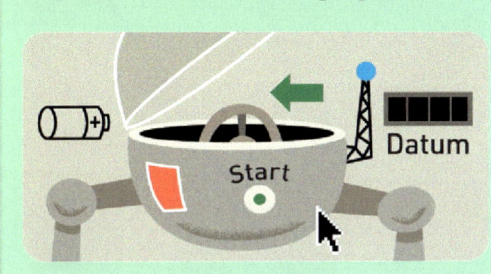

## SAVE – Das neue PC-Spiel!

*Wir schreiben das* **Jahr 2200:**

*Die Erde wird von einer gewaltigen Umweltkatastrophe bedroht. Doch DU kannst die Menschheit retten! Mit der Zeitmaschine „Save" reist du in die Vergangenheit …*

**Spielanleitung**

So machst du die Zeitmaschine „Save" startklar:

1. Du baust die Batterie in die Maschine ein: Du klickst das Batteriesymbol an und ziehst es zu dem roten Feld in der Zeitmaschine.
2. Klicke die Zeitfunkantenne an. Du löst ein blaues Licht aus. Dieses zeigt dir an, dass du alles richtig gemacht hast.
3. Gib das Datum des gewünschten Ankunftstages ein.
4. Du richtest die Maus auf den grünen Pfeil neben dem Steuerrad. Dadurch löst du ein Startgeräusch aus.
5. Du schließt das Glas-Cockpit und betätigst die Start-taste. Die Maschine befördert dich nun in die Vergangenheit.

Gute Reise und viel Erfolg bei deiner Mission!

**6**

a Formt die Sätze in Punkt 1 und 2 der Spielanleitung in Passivsätze um.

b Schreibt nun die gesamte Spielanleitung so um, dass sie abwechslungsreicher klingt: Verwendet abwechselnd Sätze im Aktiv und im Passiv und verknüpft die Sätze sinnvoll.

c Vergleicht eure Ergebnisse in der Schreibkonferenz (▶ S. 305).

> Ihr könnt die folgenden Verknüpfungen verwenden: *zunächst, nun, als Nächstes, schließlich, zuletzt, nachdem, wenn*

# Nicht alles wörtlich nehmen – Die indirekte Rede

**Parkour – Trendsportart für Durchgeknallte?**

Die Grundidee ist einfach: Man sucht sich einen Startpunkt und einen Zielpunkt. Und dann läuft man los. Das Problem dabei: Hindernissen darf man nicht ausweichen. Die begeisterten Anhänger dieser Sportart geben zu, man müsse also zwangsläufig Häuser, Zäune, Mauern und sogar Hochhausschluchten überwinden. „Für Parkour braucht man extreme Fitness", sagt der 17-jährige Jonas Müller über sein Hobby. „Vor allem Sprung- und Abrolltechniken sind wichtig", betont er.

**1** Was haltet ihr von dieser Sportart? Tauscht euch aus.

**2** Jonas' wörtliche Aussage aus dem Text wurde hier auf verschiedene Weisen wiedergegeben.

– *Jonas sagt, für Parkour braucht man extreme Fitness. Er betont, dass vor allem Sprung- und Abrolltechniken wichtig sind.*

– *Jonas sagt, für Parkour brauche man extreme Fitness. Er betont, dass vor allem Sprung- und Abrolltechniken wichtig seien.*

a Indirekte Rede oder Umschreibung mit „dass"? Ordnet zu.

b Beschreibt, worin sich die Redewiedergaben grammatikalisch und inhaltlich unterscheiden.

c Welche der beiden Formen eignet sich besser für einen sachlichen Text? Begründet.

## „Parkour bedeutet für mich Freiheit"

**Ben Scheffler, einer der ersten Parkour-Sportler in Deutschland, über sein Hobby**

**1 Ben, wie bist du zu diesem Sport gekommen?**
Parkour war damals, Anfang 2005, in Deutschland noch nicht so weit verbreitet. Ich bin jedoch auf ein Video von David Belle (dem Erfinder von Parkour) gestoßen und habe daraufhin mit meinem Freund Martin angefangen zu trainieren.

**2 Wie oft trainierst du?**
Das ist eine schwere Frage, denn Parkour bezieht sich ja nicht nur auf das körperliche Training. Eigentlich trainiere ich immer – ich suche nach neuen Sprüngen, mein Kopf verarbeitet auch nachts das Training der vergangenen Tage. Meine Sprünge gehe ich dabei im Geist noch einmal durch.

**3 Hast du dich schon mal verletzt?**
Abgesehen von ein paar Schürfwunden und Prellungen am Schienbein und Knie ist mir zum Glück noch nichts passiert. Parkour sieht immer sehr spektakulär aus, allerdings steht Sicherheit bei uns an erster Stelle!

**4 Muss man sich vorm Training besonders vorbereiten oder aufwärmen?**
Aufwärmen beinhaltet bei uns Joggen, Krafttraining, viel Dehnen und kleinere Sprünge.

Erst dann beginnen wir mit dem wirklichen Techniktraining.

**5 Welche Bedeutung hat Parkour für dich?**
Parkour bedeutet für mich Freiheit. Sowohl die Freiheit, dahin zu gehen, wohin ich will, als auch die Freiheit im Kopf, alle Gedanken ausschalten zu können, um mich nur auf meinen Parkour zu konzentrieren.

**6 Gibt es ein Mindestalter, das man für Parkour haben sollte?**
Parkour sollte man nicht unter etwa 12 Jahren beginnen. Bei Kindern befindet sich der gesamte Körper noch bis zum 18. Lebensjahr in der Entwicklungsphase. Ist der Körper in dieser Phase starken Belastungen wie etwa durch Parkour ausgesetzt, kann sich das sehr, sehr schädlich auf das Wachstum auswirken.

**7 Und zum Schluss: Was würdest du jemandem empfehlen, der Parkour ausprobieren möchte?**
Fangt klein an. Bevor wir Sprünge aus mehr als einem Meter Höhe gemacht haben, sind etwa anderthalb Jahre vergangen. Macht niemals etwas, was ihr euch nicht traut. Angst ist sehr wichtig bei unserem Training, da sie uns nichts Dummes anstellen lässt.

**3** Bestimmt, um welche Textsorte es sich hier handelt, und nennt ihre Besonderheiten.

> *Ben Scheffler sagt, er hat „Parkour" Anfang 2005 zum ersten Mal kennen gelernt, als diese Sport-*
> *art in Deutschland noch nicht so verbreitet gewesen ist. Er erzählt, er ist auf ein Video des Erfinders*
> *von „Parkour" gestoßen und hat dann angefangen, mit seinem Freund Martin zu trainieren.*

**4** Bens erste Antwort hätte in der indirekten Rede wiedergegeben werden müssen.
a Prüft die markierten Stellen: Wie müsste die Redewiedergabe überarbeitet werden?
b Untersucht auch die Verben in Antwort 2 und schreibt den Text in der indirekten Rede auf.

**5** a Vergleicht die Personal- und Possessivpronomen aus der Redewiedergabe oben mit denen im Interview und beschreibt die Unterschiede.
b Gebt die folgende Aussage in indirekter Rede wieder. Welche Pronomen müssen verändert werden? *„Aufwärmen beinhaltet bei uns Joggen und Krafttraining. Erst dann beginnt unser Techniktraining."* → *Ben sagt, …*

---

**Wissen und Können**   **Der Konjunktiv in der indirekten Rede**

Um wörtliche Aussagen sachlich wiederzugeben, verwendet man die **indirekte Rede.**
- Verben, die in der indirekten Rede im **Indikativ** (Wirklichkeitsform) stehen, formt man dazu in den **Konjunktiv** (Möglichkeitsform) um, z. B.:
  *Ben sagt: „Parkour bedeutet für mich Freiheit."* (wörtliche Rede im Indikativ)

  *Ben sagt, Parkour bedeute für ihn Freiheit.* (indirekte Rede im Konjunktiv I)
- Durch den Konjunktiv kann man sich von dem Gesagten distanzieren oder zeigen, dass man am Wahrheitsgehalt einer Aussage zweifelt.
- Beim Wechsel von der direkten Rede zur indirekten Rede verändert sich oft auch das **Personalpronomen**, z. B.: direkte Rede: *Inga sagt: „Ich bewege mich gern."*
  indirekte Rede: *Inga sagt, dass sie sich gern bewege.*

---

**6** Formt die folgenden Verbformen im Indikativ in den Konjunktiv I um. Der Merkkasten hilft euch.
*er trägt, ihr rennt, du kannst, sie hat, wir sind, ihr nehmt, sie glänzen*

---

**Wissen und Können**   **Bildung des Konjunktivs I**

Bei der indirekten Rede verwendet man normalerweise den **Konjunktiv I.**
Man bildet ihn, indem man an den **Stamm des Verbs** (= Infinitiv ohne „en" bzw. „n") die entsprechende **Personalendung** anfügt, z. B.: *er kommt* (Inf. *kommen*) → *er komme; sie ist* (Inf. *sein*) → *sie sei; es hat* (*haben*) → *es habe; ich kann* (*können*) → *ich könne*

| Indikativ Präsens | | Konjunktiv I | |
|---|---|---|---|
| Infinitiv: fahren | | Infinitiv: fahren → fahren | |
| ich fahr-e | wir fahr-en | ich fahr-e | wir fahr-en |
| du fähr-st | ihr fahr-t | du fahr-est | ihr fahr-et |
| er/sie/es fähr-t | sie fahr-en | er/sie/es fahr-e | sie fahr-en |

**7**
a Versucht, diese Aussage im Konjunktiv I wiedergeben. Was fällt euch auf?

b Lest die Informationen im folgenden Merkkasten und gebt die Aussage durch drei verschiedene Ersatzformen wieder.
*Sie behaupten, sie ...*

> „Wir kommen jeden Tag zum Training."

> ### Wissen und Können — Ersatzformen des Konjunktivs I
>
> Bei manchen Verbformen ist der **Konjunktiv I nicht vom Indikativ Präsens zu unterscheiden,**
> z. B.: *„Wir schwimmen jeden Tag."* → *Sie behaupten, sie schwimmen jeden Tag.*
> Dann ist es sinnvoll, eine **Ersatzform des Konjunktivs I** zu verwenden.
> Es gibt dabei mehrere Möglichkeiten:
> - indirekte Rede mit **Ersatzform „würden":** *Sie behaupten, sie würden jeden Tag schwimmen.*
> - Wiedergabe im **Indikativ mit „dass"-Satz:** *Sie behaupten, dass sie jeden Tag schwimmen.*
> - indirekte Rede mit **Konjunktiv II:** *Sie behaupten, sie schwämmen jeden Tag.*
> Den **Konjunktiv II** bildet man aus der Präteritumform der Verben (+ Umlaut), z. B.:
> *fahren →* **Prät.** *ich fuhr*
> → **Konj. II** *ich für-e, du für-est, er für-e, wir für-en, ihr für-et, sie für-en*

**8** Bildet den Konjunktiv II zu folgenden Formen. **Tipp:** Nutzt die Verbtabelle hinten im Buch.
*wir dachten, wir nehmen, sie brachten, wir treten, du brauchst, sie lesen, ihr schlaft*

**9** Auch Frage- und Aufforderungssätze können in die indirekte Rede übertragen werden.
Dabei verwendet man passende Fragepronomen oder Konjunktionen und geeignete Verben.

a Lest die folgenden Beispiele und erklärt, wie sich die Wiedergabe von Entscheidungsfragen, W-Fragen und Aufforderungssätzen (▶ S. 319) unterscheidet.

> *Peter: „Wo kann man sich über Parkour informieren? Gibt es darüber Filme?"*
> *Cem: „Recherchier doch im Internet!"*

> → *Peter fragt, wo man sich über Parkour informieren kann. Er möchte wissen, ob man Filme im Internet findet. Cem schlägt Peter vor, dass er im Internet recherchieren solle.*

b Wandelt nun den folgenden Dialog in die indirekte Rede um. Ihr könnt Verben aus dem Wortspeicher auswählen.

> *Peter: „Wie oft trainieren die Parkour-Sportler?"*
> *Cem: „Lies noch einmal in dem Interview nach!"*
> *Peter: „Soll ich diese Sportart einmal ausprobieren?"*
> *Cem: „Bleib lieber beim Fußballspielen!"*
> *Peter: „Machst du dir Sorgen wegen der Verletzungsgefahr?"*
> *Cem: „Frag das besser deine Eltern!"*

> fragen • wissen wollen • sich erkundigen • auffordern • vorschlagen • erwidern • entgegnen • auftragen

# Aussagen in indirekter Rede wiedergeben

**1** Schreibt Ben Schefflers Antwort auf Frage 3 des Interviews (▶ S. 238) in der indirekten Rede auf. Verwendet passende einleitende Verben. Ihr könnt auch Ersatzformen der indirekten Rede nutzen.

> Achtet bei der indirekten Rede auf **abwechslungsreiche einleitende Verben,** z. B.:
> *mitteilen, der Auffassung sein, bekennen, berichten, erklären*

**2** a Untersucht Ben Schefflers Antwort auf Frage 4 (▶ S. 238): Welche der beiden Verbformen muss man mit einer Ersatzform des Konjunktivs I umschreiben? Nennt das Wort.

b Schreibt diesen Satz in den drei möglichen Ersatzformen auf.

**VORSICHT FEHLER!**

> *Ben Scheffler rät, dass man Parkour am besten nicht unter zwölf Jahren beginnt, weil sich der Körper noch im Wachstum befindet und sich dies schädlich auswirken kann. Zum Schluss gibt er Empfehlungen für Fortgeschrittene. Er sagt, Sprünge macht man wegen der Angst am besten erst nach anderthalb Jahren.*

**3** Diese Zusammenfassung der letzten beiden Abschnitte des Interviews muss sprachlich und inhaltlich überarbeitet werden. Lest noch einmal genau im Text (▶ S. 238, Fragen 6 und 7) nach und schreibt die Zusammenfassung verbessert auf.

**4** Interviewt euch zu zweit über eure Lieblingssportart.

a Überlegt euch dazu drei W-Fragen, die eine ausführlichere Antwort erfordern (▶ S. 293).

b Führt nacheinander die beiden Interviews und schreibt die Antworten eures Gegenübers mit.

c Schreibt aus den Antworten einen Text, in dem keine wörtliche Rede mehr vorkommt.

**5** Der Konjunktiv wird auch verwendet, wenn der Sprecher an dem, was er berichtet, Zweifel hat.

a Gebt die folgenden Aussagen im Konjunktiv wieder, um zu zeigen, dass ihr den Wahrheitsgehalt anzweifelt, z. B.:
*Peter: „Gestern bin ich mit dem Skateboard auf der Autobahn gefahren."*
→ *Peter behauptet, dass er am Tag zuvor mit dem Skateboard auf der Autobahn gefahren sei.*

> Leo: „Ich kann mit einem Tennisball ein Flugzeug treffen."
> Julia: „Mein Pferd sitzt bei uns immer auf dem Sofa."
> David: „Ich habe von meinem Vater ein Auto geschenkt bekommen."
> Cem: „Mein Opa wird nächstes Jahr 140 Jahre alt."
> Simona: „Ich reinige mein Handy im Geschirrspüler."

b Schreibt selbst unglaubliche Behauptungen auf. Lest sie vor und lasst sie von der Klasse in der indirekten Rede wiedergeben.

# 13.3 Fit in …? – Wörter und Wortarten

**1** Wer einen IQ von über 130 hat, gilt als hochbegabt.   **2** In Deutschland gibt es davon mehr als 300 000 Kinder und Jugendliche.   **3** Diese haben es nicht immer leicht in unserer Gesellschaft.   **4** Viele werden schon früh als Streber gehänselt, und das Überspringen von Klassen führt oft dazu, dass sie nicht mit Gleichaltrigen in die Klasse gehen.   **5** Eine jener besonderen Menschen ist die 13-jährige Marie Feihl, die bereits mit sechs Jahren multiplizieren und dividieren konnte.

**1**  a  Ordnet den markierten Wörtern im Text die passende Wortart zu:
- Demonstrativpronomen, das ein Nomen begleitet
- Demonstrativpronomen, das ein Nomen ersetzt
- Indefinitpronomen
- Fragewort
- Possessivpronomen
- Relativpronomen
- Adverb

   b  Nennt die Zeitformen, die im Text vorkommen, und gebt als Nachweis je eine Verbform an.

   c  Welcher Satz im Text enthält eine Passivform? Notiert die Nummer.

**2**  Schreibt den folgenden Text ab und setzt die in Klammern vorgegebenen Wortarten ein.

Marie geht inzwischen in die 9. Klasse und **?** (Possessivpronomen) Stärken liegen vor allem in Mathematik. **?** (Präposition) ihren Klassenkameradinnen wird sie zwar nicht gehänselt, aber sie unternimmt nicht viel mit **?** (Personalpronomen). **?** (Demonstrativpronomen) liegt vor allem am Altersunterschied und den unterschiedlichen Interessen. **?** (Adverb, kausal) verbringt sie auch **?** (Adverb, modal) viel Zeit auf der Pferdekoppel.

**3**  Ergänzt passende Präpositionen und fügt den Ausdruck in den Klammern im richtigen Kasus ein.

Marie erzählt: „ **?** (mein eigenes Pferd) reite ich oft stundenlang aus. **?** (die geringe Entfernung) **?** (mein Elternhaus) kann ich eigentlich jederzeit dorthin gehen. Und ich liebe es, mich **?** (die Natur) aufzuhalten und erst **?** (später Abend) wieder nach Hause zu kommen.“

**4**  Formuliert die folgende Anleitung zum Vokabellernen ins Passiv um. Behaltet die Zeitform bei.

Marie beschreibt einen Trick, wie sie sich sehr schnell Vokabeln einprägen kann:
„Ich schreibe die Vokabeln mit ihrer Bedeutung auf einen Zettel. Jede Vokabel verknüpfe ich in Gedanken mit einem Bild. Nun kombiniere ich die Vokabeln mit ihrer Bedeutung zu einer spannenden Geschichte.“

**5**  Gebt Maries Aussage in indirekter Rede wieder: *Marie fragt sich, …*

Sagt der Begriff „hochbegabt“ eigentlich wirklich etwas aus? Ich bin doch genauso durchgeknallt wie alle anderen Jugendlichen auch. Außerdem gefällt mir der Begriff „hochbegabt“ nicht! Ich finde es wenig sinnvoll, Intelligenz anhand einer IQ-Zahl zu bestimmen.

Ich möchte diesen Drachen zurückgeben, denn er hat Flugangst!

1 Erklärt den Witz in der Bildergeschichte.

2 a Ermittelt die Satzglieder in der Satzreihe und benennt sie mit den Fachbegriffen.
b Erklärt, welche Proben euch dabei geholfen haben.

3 a Ergänzt die folgenden zusätzlichen Satzglieder an sinnvollen Stellen im Satz:
*an Sie, sofort, hier*
b Benennt die Satzglieder mit dem richtigen Fachbegriff. Führt dazu die passende Probe durch.

243

# 14.1 Satzglieder, die Bausteine von Sätzen

## Schon bekannt: Subjekt, Objekt, Prädikat, Adverbiale

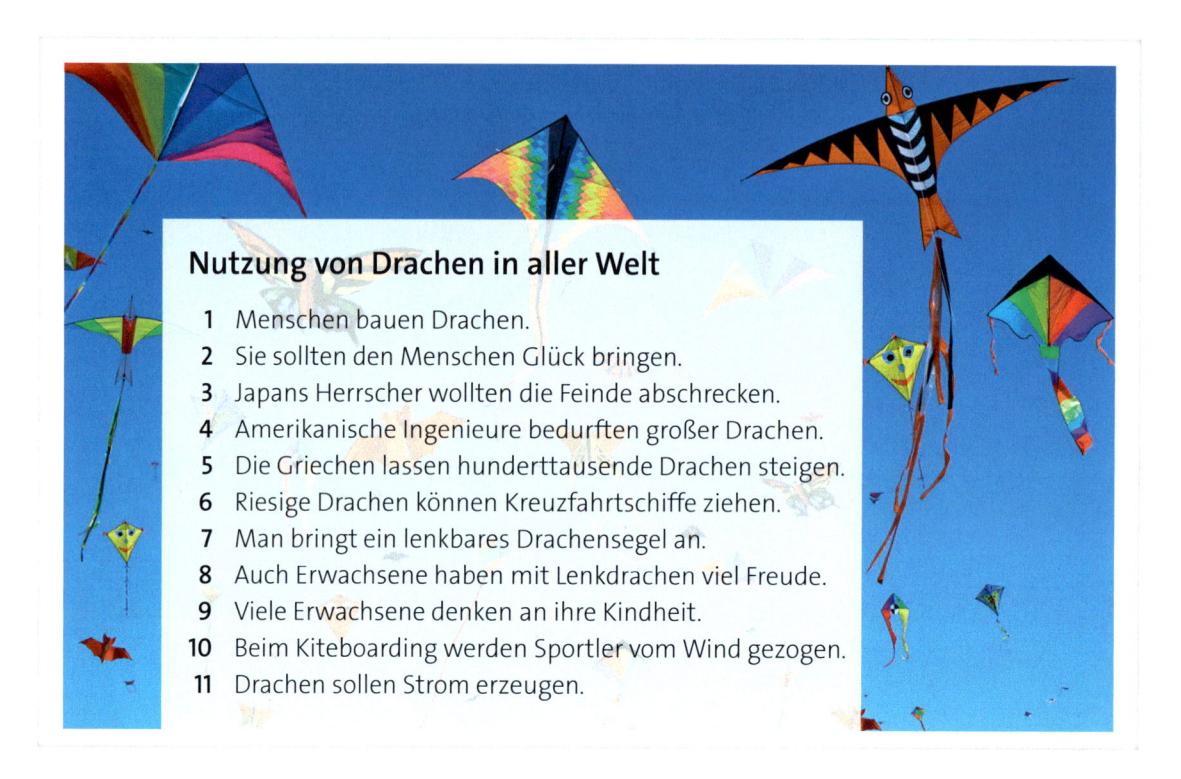

**Nutzung von Drachen in aller Welt**

1 Menschen bauen Drachen.
2 Sie sollten den Menschen Glück bringen.
3 Japans Herrscher wollten die Feinde abschrecken.
4 Amerikanische Ingenieure bedurften großer Drachen.
5 Die Griechen lassen hunderttausende Drachen steigen.
6 Riesige Drachen können Kreuzfahrtschiffe ziehen.
7 Man bringt ein lenkbares Drachensegel an.
8 Auch Erwachsene haben mit Lenkdrachen viel Freude.
9 Viele Erwachsene denken an ihre Kindheit.
10 Beim Kiteboarding werden Sportler vom Wind gezogen.
11 Drachen sollen Strom erzeugen.

**1** Die Sätze informieren über die Nutzung von Drachen in aller Welt.
Beschreibt, wie sie auf euch wirken, und erklärt, weshalb dieser Eindruck entsteht.

**2** Untersucht, aus wie vielen Satzgliedern diese Sätze bestehen.
Führt dazu die Umstellprobe durch.

> In der Umgangssprache erfragt man Präpositional-objekte oft mit „Von was …?", „Mit was …?" usw.

**3** Ordnet die Satzglieder in eurem Heft in folgende Tabelle ein.
Satz 2 wurde als Beispiel schon vorgegeben.

| Subjekt Wer oder Was …? | Prädikat Was tut …? (Satzkern) | Genitiv-objekt Wessen …? | Dativ-objekt Wem …? | Akkusativ-objekt Wen oder was …? | Präpositional-objekt Wovon …? Worüber …? Worauf …? Woran …? Womit …? usw. |
|---|---|---|---|---|---|
| *Sie* | *sollten … bringen* | | | *den Menschen* | *Glück* |

> **Wissen und Können**    **Satzglieder: Subjekt, Prädikat und Objekte**
>
> Ein Satz setzt sich aus verschiedenen **Satzgliedern** zusammen.
> Die Satzglieder kann man durch die **Umstellprobe** ermitteln: Die Wörter, die zusammen ein Satzglied bilden, können nur gemeinsam umgestellt werden.
> Um zu bestimmen, um welches Satzglied es sich handelt, verwendet man die **Frageprobe.**
> - Das **Prädikat** bildet den Kern des Satzes. Prädikate können aus einem Teil oder aus mehreren Teilen bestehen, z. B.: *Er trägt den Drachen. Er wird den Drachen tragen.*
> - Das **Subjekt** steht im **Nominativ** und gibt Antwort auf die Frage: „**Wer** oder **was** tut etwas?"
> - Das **Akkusativobjekt** erhält man auf die Frage „**Wen?** oder **Was?**".
> - Das **Dativobjekt** wird erfragt mit „**Wem?**".
> - Das **Genitivobjekt** findet man mit Hilfe der Frage „**Wessen?**".
> - Das **Präpositionalobjekt** erfragt man mit einem Fragewort, das eine Präposition enthält, z. B.: *„An wen?" „Worüber?" „Wofür?" „Worauf?"*

**4** Mit Adverbialien könnt ihr Sätze informativer und abwechslungsreicher gestalten.

**a** Formuliert Fragen, die in den Sätzen auf Seite 244 nicht beantwortet werden, z. B.:
*Wie lange bauen Menschen schon Drachen?*

**b** Erweitert die Sätze 1 bis 11 um die Angaben aus dem Wortspeicher, z. B.:
*Menschen bauen schon seit tausenden Jahren Drachen.*

> **1** seit tausenden Jahren • **2** im alten China • **3** mit Drachen •
> **4** beim Bau der Brücke über die Niagarafälle • **5** zu Beginn der Fastenzeit •
> **6** auf hoher See • **7** zu diesem Zweck • **8** am Strand • **9** beim Anblick von Drachen •
> **10** zum Vergnügen • **11** neuerdings

**5** Legt im Heft eine Tabelle an und ordnet die eingefügten Angaben aus Aufgabe 4 ein.

| Lokaladverbiale | Temporaladverbiale | Modaladverbiale | Kausaladverbiale |
|---|---|---|---|
| ... | *seit tausenden Jahren* ... | ... | ... |

> **Wissen und Können**    **Satzglieder: Adverbialien** (Singular: das Adverbiale)
>
> **Adverbialien** (Umstandsbestimmungen) beantworten die Fragen nach dem **Wo?**, dem **Wann?**, dem **Warum?** und dem **Wie?** eines Geschehens.
> Sie werden durch die **Umstellprobe** ermittelt und durch die **Frageprobe** bestimmt.
> Man unterscheidet:
> - **Lokaladverbiale** (Angabe zum Ort), z. B.: *Wo? Wohin? Woher?*
> - **Temporaladverbiale** (Angabe zur Zeit), z. B.: *Wann? Wie lange? Seit wann? Wie oft?*
> - **Modaladverbiale** (Angabe zur Art und Weise), z. B.: *Wie? Wodurch? Womit?*
> - **Kausaladverbiale** (Angabe zum Grund), z. B.: *Warum? Wozu? Weshalb?*

## Windbeutel

**Zutaten:**
¼ Liter Wasser, 1 Prise Salz,
50 Gramm Margarine,
150 Gramm Mehl, 4 Eier,
1 Becher Sahne

**Zubereitung:**
- Wasser, Salz und Fett in Topf zum Kochen bringen
- Topf von der Platte nehmen
- Mehl auf einmal hineingeben, Topf sofort wieder auf Herd stellen
- auf der Platte „abbrennen": Teig mit Kochlöffel gleichmäßig rühren (Masse wird zum Kloß, am Topfboden bildet sich eine weiße Haut)
- abkühlen lassen
- verquirlte Eier nach und nach hineinrühren
- Häufchen vorsichtig mit Löffel aufs Backblech setzen
- bei 225°C auf der mittleren Schiene 30–40 Min. backen
- herausnehmen, abkühlen lassen
- mit einer Spritztülle Sahne einfüllen

**Tipps:**
- genügend Platz zwischen den einzelnen Häufchen lassen
- Ofentür niemals vorzeitig öffnen, sonst fällt das Gebäck zusammen

**6** Bestimmt die unterstrichenen Satzglieder in dem Rezept.

### Geburtstagsüberraschung

Vor Kurzem wollte ich meiner Mutter an ihrem Geburtstag eine Freude machen. Sie isst gern Windbeutel. Also las ich heimlich im Kochbuch nach und suchte die Zutaten in der Vorratskammer. Bei der ersten Gelegenheit legte ich los. Doch es traten sehr schnell Probleme auf ...
Zuerst stellte ich den Topf mit Wasser, Salz und Fett auf den Herd und drehte die Platte auf.
5 Lange Zeit tat sich gar nichts. Also holte ich gemächlich die Eier. In diesem Augenblick kochte der Topf jedoch über. Deshalb griff ich schnell zum Lappen und reinigte alles. In der Küche stank es nun fürchterlich!
Während des Putzens rollte das Ei weg und zerschellte auf dem Fußboden. Das durfte doch nicht wahr sein! Ich holte den Putzeimer. Bei meiner Rückkehr in die Küche traf mich fast der Schlag.
10 Dort loderte gerade ein Feuer auf – ich hatte den Spüllappen auf der Herdplatte vergessen, und er hatte sich entzündet. Nervös begann ich zu zittern. Meine Mutter würde bald heimkommen! Ich sah mich verzweifelt in der Küche um, die einem Schlachtfeld glich. In diesem Moment klingelte es an der Tür ...

**7** a Ordnet die im Text unterstrichenen Adverbialien in eine Tabelle ein (▸ Aufgabe 5, Seite 245).

●●● b Sucht aus dem Text ab Zeile 8 zehn weitere Adverbialien heraus und ergänzt eure Tabelle.

# Das Präpositionalobjekt

Das Kochbuch liegt auf dem Tisch.

Carla freut sich auf die Windbeutel.

**1** a Bestimmt die Satzglieder in den beiden Sätzen mit Hilfe der Frageprobe.
b Beschreibt, worin der Unterschied besteht.

> *Sehr geehrte Redaktion des „Backbuchs für jeden Tag",*
>
> *leider muss ich mich* wegen/über/gegen *Ihr Backbuch beschweren. Ich möchte dazu* von/über/auf Grund
> *einem Erlebnis berichten: Um meine Mutter zu erfreuen, habe ich* auf/neben/mit *dem Backen begonnen.*
> *Sie schwärmt* für/auf/von *Windbeutel und schwört* über/in/auf *Ihr Backbuch.*
> 5  *Ich verzichtete daher* ? *eine Internetrecherche und verließ mich völlig* ? *Ihr Rezept. Ich bereite-*
> *te alle Zutaten* ? *den Teig vor. Dabei hielt ich mich genau* ? *die Angaben, passte* ? *jedes De-*
> *tail auf und konzentrierte mich ganz* ? *das Backen. Doch alles ging schief, und am Ende war die*
> *Küche komplett verwüstet. Meine Mutter hat sich zwar trotzdem* ? *meinen Einsatz gefreut. Aber*
> *ich bitte Sie, in Ihrem Backbuch ungeübten Köchen künftig* ? *Windbeuteln abzuraten. Ich möchte*
> 10 *andere Jungbäcker* ? *ähnlichen Katastrophen bewahren. Daher hoffe ich* ? *Ihre Unterstützung!*
>
> *Mit freundlichen Grüßen*

**2** Dieser Brief enthält viele Präpositionalobjekte, allerdings fehlen die passenden Präpositionen.
Schreibt den Text ab und lasst dabei jeweils eine Zeile im Heft frei.
a Wählt im ersten Teil aus den drei Vorgaben die jeweils passende Präposition aus.
b Ergänzt im zweiten Abschnitt selbst passende Präpositionen.
○○ Folgende Präpositionen könnt ihr zuordnen:
an • auf (5x) • für • über • von • vor

**3** Markiert die Präpositionalobjekte und unterstreicht das dazugehörige Verb.
Stellt die passenden Fragen und notiert sie unter dem jeweiligen Objekt, z. B.:
*... leider muss ich mich über Ihr Kochbuch beschweren.*
      *Worüber?/Über was?*

---

**Wissen und Können    Das Präpositionalobjekt**

Wenn die **Präposition** eine **feste Beziehung zum Verb** hat, dann leitet sie ein **Präpositional-objekt** ein. Diese Präposition kann nicht durch eine andere ersetzt werden, z. B.:
*Ich warte auf den Bus* (nicht: *an den Bus*).  *Ich wundere mich über dich* (nicht: *auf dich*).
Erfragt man das Satzglied, ist die Präposition in der Fragestellung enthalten, z. B.:
*Worauf/Auf wen wartest du? Über wen/Worüber wunderst du dich?*

# Das Attribut – Teil eines Satzglieds

Die Klasse 7b möchte auf dem Schulfest einen Basar veranstalten. Zwei Schülergruppen haben Plakate dafür entworfen.

**1** a Beurteilt die Gestaltung der beiden Plakate.
b Untersucht die Sprache auf den Plakaten: Wie unterscheiden sich die Texte?

*Auf dem Basar werden Münzen verkauft!*
*Auf dem Basar der 7b werden alte Münzen in DM-Währung verkauft!*

**2** a Vergleicht die beiden Sätze mit Hilfe der folgenden Fragen:
    – Welche Ergänzungen enthält der zweite Satz?
    – Wo stehen die Ergänzungen im Satz?
    – Wozu dienen sie?
b Bestimmt die Satzglieder beider Sätze mit Hilfe der Umstellprobe. Was fällt euch auf?

**3** Solche Ergänzungen im gleichen Kasus nennt man **Attribute.** Findet weitere Beispiele für Attribute im zweiten Plakat.

**4** Auf dem Basar sollen noch weitere Gegenstände verkauft werden:

a Preist diese Gegenstände auf ähnliche Weise an wie auf den Plakaten auf Seite 248. Wählt dazu aus folgendem Wortspeicher die passenden Angaben heraus.

> Technikzubehör • Briefmarken • Tücher • Fotos • Spiele • Kleidungsstücke

> ungestempelt, von 1911 • aus Seide, selbst bemalt • verschiedene, der 7 b • ungetragen, für Kleinkinder • spannend, für die ganze Familie • nützlich, für den Computer

b Überlegt euch weitere Gegenstände, die auf einem Schülerbasar verkauft werden könnten, und schreibt sie mit passenden Attributen auf.

**5** a Lest die Informationen im Merkkasten und erklärt, was mit dem Pfeilschema verdeutlicht wird.

b Erstellt ein Schema zu den Wortgruppen auf dem zweiten Plakat auf ▶ Seite 248. Bestimmt die Bezugswörter und markiert die dazugehörigen Attribute durch Pfeile, z. B.:

*alte* ⟶ *Münzen* ⟵ *in DM-Währung*
Attribut   Bezugswort   Attribut

**6** a Bildet Sätze mit Gegenständen, die auf dem Plakat angepriesen werden. So könnt ihr anfangen:

*Wir verkaufen ...   Bei uns sind ... günstig zu erwerben.   Sucht ihr ...?*

b Führt zu jedem Satz eine Umstellprobe durch.

---

**Wissen und Können   Das Attribut**

Um sich genau und abwechslungsreich auszudrücken, beschreibt man Gegenstände, Personen oder Sachverhalte näher. Dabei wird das **Bezugswort** durch **zusätzliche Angaben näher bestimmt.** Solche Angaben nennt man **Attribute.**

- Man erfragt Attribute mit der Frage „**Was für ein ...?**" bzw. „**Was für ...?**"
- Ein Attribut kann **vor** oder **nach** dem Bezugswort stehen, z. B.:

*spannende*   *Bücher*   *mit Gespenstergeschichten*
Attribut   Bezugswort   Attribut

- Attribute können bei der **Umstellprobe** nur zusammen mit dem Bezugswort verschoben werden. Das bedeutet, dass Attribute **Teil eines Satzgliedes** sind.

| Die Klasse 7 b | verkauft | spannende Bücher mit Gespenstergeschichten. |

| Spannende Bücher mit Gespenstergeschichten | verkauft | die Klasse 7 b. |

Auf dem Schulfest möchte die 7 b auch frisch gepressten Orangensaft ausschenken. Einige Schülerinnen und Schüler der Klasse beraten sich dazu im Online-Chat.

**Bea:** Hi, ihr! Mir ist gerade was eingefallen. Das Auspressen der Orangen wird eine komplizierte Angelegenheit. Hat jemand eine schlaue Idee?
**Julian:** Wo liegt das Problem? Wir schneiden die Orangen auf, pressen sie in einen großen Krug und schenken den Saft dann aus.
5 **Bea:** Julian, der Checker, hat alles im Griff! *grins* Rechne doch mal nach: Für ein Glas mittlerer Größe brauchen wir drei Orangen. Was machen wir, wenn zehn Leute anstehen?
**Andrea:** Ich könnte die Saftpresse meiner Mutter mitbringen! ☺
**Bea:** Hm ... Eine Presse für den Hausgebrauch schafft leider auch nur kleine Mengen. ☺
**Moritz:** Süßer Saft ist doch sowieso nur etwas für die Kleinen!
10 **Julian:** Also hör mal. Ich bin 1,72 m groß und liebe gepressten O-Saft! lol
**Andrea:** Ihr seid ja eine echte Hilfe.
**Julian:** Ich hab die perfekte Lösung! Herr Monti, Paolos Onkel, hat doch eine Eisdiele. Und dort steht eine professionelle Orangenpresse ...
**Bea:** Meinst du die Eisdiele neben der Kirche?
15 **Julian:** Genau! Diese Presse, ein tolles Ding, kann riesige Mengen in kurzer Zeit auspressen. ☺
**Bea:** SUPER, das ist die Rettung! Die Helden der Stunde heißen Julian – und Paolo! ☺

**7 a** Im ersten Teil des Textes sind verschiedene Attribute unterstrichen. Tragt sie zusammen mit ihrem Bezugswort in eine Tabelle ein:

| Adjektiv-/ Partizipialattribut (Bezugswort + Adjektiv/Partizip) | präpositionales Attribut (Bezugswort + Präpositionalausdruck) | Genitivattribut (Bezugswort + Nomen im Genitiv) | Apposition (Bezugswort + nachgestelltes Nomen im gleichen Kasus) |
|---|---|---|---|
| *schlaue Idee* | ... | ... | ... |

**b** Der zweite Textabschnitt enthält weitere 8 Attribute. Findet sie und ergänzt sie in eurer Tabelle.

**Julian:** Und wer holt die Maschine dann ab?
**Andrea:** Diese Aufgabe kann nur von Männern geleistet werden! ;-)
**Moritz:** Och nee, das ist das Ende, ihr Mädels! :–D
**Bea:** Nein, das ist der Anfang!

**8** Ergänzt die markierten Wörter durch passende Attribute. Achtet auf die passenden Endungen. Folgende Begriffe könnt ihr dazu nutzen.

fantastisch • verantwortungsvoll • tüchtig • unsere Freundschaft • faul • ein erfolgreiches Kleinunternehmen

# Testet euer Wissen!

## Satzglieder und Attribute erkennen und bestimmen

Vor Kurzem wurde in einer Zeitschrift eine Statistik über die Wirksamkeit von Alarmanlagen veröffentlicht. Die Polizei muss sehr oft wegen eines Fehlalarms ausrücken. Meistens lösen
5 die Besitzer der Anlagen den Alarm versehentlich aus. Oft ertönt der Alarm wegen Temperaturschwankungen oder offen gelassener Fenster. Haustiere oder Insekten lösen öfter einen Alarm aus als Einbrecher. Die Besitzer von Alarmanlagen sind über diese Tatsache nicht 10 erfreut. Theoretisch kann ein Spatz während der Abwesenheit der Hausbesitzer den Alarm in der Polizeistation auslösen. Dann bedarf es eines Polizeieinsatzes, um die Anlage abzuschalten. 15

**1** Der Text enthält 4 Akkusativobjekte, 1 Genitivobjekt, 7 Temporaladverbialien, 2 Kausaladverbialien, 2 Lokaladverbialien und 2 Präpositionalobjekte. Schreibt zu jedem dieser Satzglieder die entsprechenden Textbeispiele auf, z. B.: *Temporaladverbiale: Vor Kurzem, … Lokaladverbiale: in einer Zeitschrift, …*

In einer Stadt erhielt die Polizei nachts einen Anruf von einer Frau. Sie hatte einen Mann beobachtet, der einen Bauzaun einreißen wollte. Er habe einen Kühlschrank dabei. Am Tatort
5 bemerkten die Polizisten, dass es sich bei dem Gegenstand nicht um einen Kühlschrank handelte, sondern um einen Tresor. Der Dieb wollte diesen mit einem Brecheisen knacken. Der Tresor stammte aus einem Café und war von dem Räuber mit einer Schubkarre durch die Stadt 10 transportiert worden.

**2** **a** Schreibt den Text in euer Heft und ergänzt die unterstrichenen Wörter um passende Attribute. Verwendet die Begriffe aus dem Wortspeicher. Achtet auf die richtige Endung, z. B.: *In einer Stadt in Süddeutschland … einen Anruf von einer aufgeregten Frau.*

in Süddeutschland • aufgeregt • Zipfelmütze • rostig • groß • beschrieben • alten • mitgebrachten • nahe gelegen • vermummt • gestohlen

**b** Unterstreicht die Attribute und bestimmt, um welche Attributform es sich jeweils handelt.

**3** Erweitert die unterstrichenen Satzglieder durch die angegebenen Wörter und setzt sie in der jeweiligen Attributform ein.

Die Polizisten beobachteten den Täter aus dem Polizeiauto.  parken (Partizipialattribut)
Der Mann kam ihnen verdächtig vor.  Brecheisen (präpositionales Attribut)
Sie verhafteten ihn, noch bevor er den Tresor öffnen konnte.  stählern (Adjektivattribut)
Der Cafébesitzer war Frau M. sehr dankbar.  wachsame Bürgerin (Apposition)

# 14.2 Sätze – abwechslungsreich formulieren

## Schon bekannt: Satzreihe und Satzgefüge

| | | |
|---|---|---|
| 1 Früher konnte man ein Buch nicht einfach in der Buchhandlung kaufen. | + | Man musste manchmal Jahre darauf warten. |
| 2 Buchbesitzer zeigten damit ihren Reichtum. | + | Herrscher demonstrierten so ihre Macht. |
| 3 Nur gebildete Menschen verstanden den Inhalt der Bücher. | + | Diese waren meistens in der lateinischen Sprache verfasst. |
| 4 Analphabeten konnten mit Büchern nichts anfangen. | + | Sie enthielten Bilder. |
| 5 Johannes Gutenberg verwendete bewegliche Metallbuchstaben statt Holzdruckstöcke. | + | Er setzte Papier als Ersatz für Pergament aus Tierhaut ein. |
| 6 Bücher wurden von da an billiger. | + | Die meisten Menschen konnten sie sich dennoch nicht leisten. |
| 7 Man war jetzt bei der Herstellung von Büchern viel schneller. | + | Das Drucken der ersten 180 Bibeln dauerte trotzdem etwa zwei Jahre. |

**1** a Bildet sinnvolle Satzreihen, indem ihr die Sätze links und rechts mit je einer der folgenden Konjunktionen verbindet:

sondern • und • denn • außer • und • doch • aber   Achtet auf die Satzzeichen.

b Bildet Satzgefüge, indem ihr die Sätze 2, 3 und 6 mit folgenden Konjunktionen verbindet:

während • sodass • obwohl   Zwei Sätze müsst ihr umstellen, damit sie einen Sinn ergeben!

c Markiert in den Lösungen der Aufgaben 1a und b die Personalform des Verbs und kreist die Konjunktionen ein.

d Beschreibt, worin sich die Sätze unterscheiden.

**2** a Ergänzt die folgenden Satzanfänge zu Satzreihen oder Satzgefügen. Verwendet verschiedene Konjunktionen oder Relativpronomen. Achtet auf die Zeichensetzung!

*Lesen macht Spaß, weil …*
*Am liebsten lese ich Bücher, …*
*Wir verdanken Johannes Gutenberg viel, …*
*Vielleicht werde ich selbst einmal ein Buch schreiben, …*
*In Zukunft werden viele Menschen E-Books nutzen, …*

b Vergleicht eure Lösungen. Sind Satzreihen oder Satzgefüge entstanden?

Judith möchte einen Schülerzeitungsartikel über die Anfänge des Zeitungswesens schreiben.
Zu ihrem ersten Entwurf hat sie sich am Rand ergänzende Notizen gemacht.

| | | |
|---|---|---|
| *Jahrhundertelang waren Bücher nur per Hand geschrieben worden.* | V Um das Jahr 1450 erfand Johannes Gutenberg V den Buchdruck. Er war allerdings nicht der Erste, der bewegliche Lettern verwendete. V<br><br>In Europa entstanden im 16. Jahrhundert viele Druckereien. | *Er stammte aus Mainz.*<br>*In China gab es diese Technik schon im 11. Jahrhundert.* |
| *Sie erschien regelmäßig.* | Eine der ältesten Zeitungen V stammt übrigens aus Straßburg. | |
| *Die Machthaber ließen keine Kritik zu.* | Lange Zeit jedoch unterlag die Presse einer strengen Kontrolle. V<br>Es durften nur bestimmte Zeitungen erscheinen. V | *Sie waren von den Fürsten genehmigt worden.* |

**3**
a Überlegt, was Judith sprachlich verbessern sollte.
b Schreibt den Text neu und fügt an den markierten Stellen sinnvolle Nebensätze ein.
c Lest die Informationen im Merkkasten. Unterstreicht dann die Hauptsätze und die Nebensätze in eurem Text in verschiedenen Farben.
**Tipp:** Markiert zunächst die Personalform der Verben. Kreist Konjunktionen und Relativpronomen ein.

> Zwischen zwei Sätzen muss immer ein **Komma** gesetzt werden. Nur bei „und" bzw. „oder" kann es entfallen.

## Wissen und Können — Satzreihe und Satzgefüge

Einen Satz, der es aus **zwei oder mehr Hauptsätzen** besteht, nennt man **Satzreihe.**
- Die Teilsätze werden durch ein Komma voneinander getrennt, z. B.:
  *Gutenberg hat den Buchdruck erfunden, er hat damit die Welt verändert.*
- Meist werden die Teilsätze durch **nebenordnende Konjunktionen** *(aber, denn, und, doch ...)* verbunden, z. B.:
  *Gutenberg war ein Vorreiter in Europa, _aber_ in Asien war der Buchdruck längst bekannt.*

Sätze, die aus **Haupt- und Nebensatz** bestehen, nennt man **Satzgefüge.**
- **Nebensätze** werden durch **unterordnende Konjunktionen** *(weil, wenn, dass ...)* eingeleitet. Die **Personalform** des Verbs steht immer **am Ende**, z. B.:

  ———————— HS ————————  ,
  *Der Buchdruck war revolutionär,* ———————— NS ————————
  *weil er dem Volk Zugang zu Bildung ermöglichte.*

- Eine besondere Form des Nebensatzes ist der **Relativsatz** (Attributsatz). Er beschreibt ein Bezugswort im Hauptsatz genauer, z. B.:

  *Die Bibel war das erste Buch,*
  *das gedruckt wurde.*

Relativsätze beginnen mit einem **Relativpronomen** *(der, die das, welche ...).*

# Sätze verkürzen, verlängern, verbinden

## Nebensätze sind nicht nebensächlich

### Ein Ei in der Flasche

**Material**

1 gekochtes, gepelltes Ei
1 Flasche mit nicht zu enger Öffnung
1 Schüssel mit heißem Wasser

**Durchführung:** Du beginnst den Versuch, indem du die Flasche in das heiße Wasser stellst. Damit die Luft in der Flasche warm wird, lässt du sie eine Zeit lang darin stehen. Nachdem du das Ei gepellt hast, legst du es mit der Spitze nach unten auf die Flaschenöffnung. Wenn du nun die Flasche aus dem heißen Wasser nimmst, rutscht das Ei mit einem „Plopp" in die Flasche.

**Erklärung:** Weil das heiße Wasser die Flasche erwärmt, dehnt sich die Luft darin aus. Wenn du danach das Ei auf die Öffnung setzt und die Flasche aus dem Wasser nimmst, kühlt sich die Luft darin wieder ab. Es entsteht ein Unterdruck. Da der Luftdruck außerhalb der Flasche größer ist, drückt er das Ei in das Gefäß hinein. Nachdem das Ei durch den Hals gerutscht ist, kann Luft in die Flasche strömen und den Druck ausgleichen.

**1** Diese Versuchsbeschreibung besteht fast ganz aus Haupt- und Nebensätzen.

a Bestimmt in jedem Satzgefüge den Nebensatz. Legt dazu in eurem Heft folgende Tabelle an:

| Hauptsatz | Nebensatz |
|---|---|
| *Du beginnst den Versuch,* | *indem du die Flasche in das heiße Wasser stellst.* |

b „Warum?", „Wann?", „Wie?", „Zu welchem Zweck?" oder „Unter welcher Bedingung?" – Entscheidet, auf welche Fragen die Nebensätze Antworten liefern.

c Nennt die Fachbegriffe für die Adverbialien, die diese Fragen beantworten.

---

**Wissen und Können**     **Adverbialsätze (▸ S. 320)**

Wenn ein **Adverbiale** in Form eines **Nebensatzes auftritt**, nennt man diesen Satz **Adverbialsatz.** Adverbialsätze werden vom Hauptsatz mit einem **Komma** abgetrennt. Man unterscheidet:

- Ein **Temporalsatz** gibt an, **wann** sich das Ereignis des Hauptsatzes zugetragen hat.
  → Konjunktionen: *während, solange, seit, sobald, nachdem, bevor, bis*
- Ein **Modalsatz** gibt an, **wie** das Geschehen im Hauptsatz abläuft. → Konjunktion: *indem*
- Ein **Kausalsatz** gibt an, **warum** das Ereignis des Hauptsatzes eintritt. → Konjunktionen: *weil, da*
- Ein **Finalsatz** gibt an, **zu welchem Zweck** das Ereignis des Hauptsatzes eintritt.
  → Konjunktion: *damit*
- Ein **Konditionalsatz** gibt an, **unter welcher Bedingung** das Ereignis des Hauptsatzes eintritt.
  → Konjunktion: *wenn, falls, sofern*

## Ein U-Boot in der Flasche

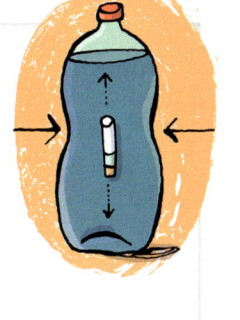

1   Man benötigt ein Backaroma-Fläschchen als „U-Boot", eine Plastik-
     flasche mit Schraubverschluss und einen Becher mit Wasser.
2   In die Plastikkappe des leeren Fläschchens bohrt man ein feines Loch.
3   Das geht am besten, **?** man eine heiße Nadel benutzt.
4   Nun füllt man etwas Wasser in das Fläschchen. Es darf nicht zu voll sein,
     **?** es nachher unter Wasser nicht ganz untergeht.
5   Die genaue Wassermenge findet man heraus, **?** man das Fläschchen verschlossen
     in den Becher mit Wasser setzt.
6   Vielleicht muss die Wassermenge noch einmal geändert werden, **?** das „U-Boot"
     gerade an der Wasseroberfläche schwebt.
7   Die große Plastikflasche wird fast ganz mit Wasser gefüllt.
8   **?** das „U-Boot" mit dem Verschluss nach unten in die volle Plastikflasche gesetzt
     worden ist, wird diese verschlossen.
9   **?** man nun die Plastikflasche seitlich zusammendrückt, geschieht etwas Überraschendes.
10  Eine zweite Veränderung zeigt sich, **?** man die Flasche wieder losgelassen hat.
11  **?** man die Plastikflasche zusammendrückt, dringt Wasser in das „U-Boot" ein.
12  Das „U-Boot" wird schwerer, **?** Wasser eindringt, und es sinkt dann.
13  **?** man die Plastikflasche wieder loslässt, weicht das Wasser aus dem „U-Boot".
14  **?** das „U-Boot" leichter wird, schwebt es wieder nach oben.
15  Ähnlich wird bei richtigen U-Booten die Tauchtiefe geregelt, **?** man Wasser oder Luft
     in ihre Tanks leitet.

**2** In dieser Versuchsanleitung fehlen alle unterordnenden Konjunktionen.
**a** Untersucht die Satzgefüge im Text. Welche Informationen fügen die Nebensätze dem Hauptsatz
   hinzu? Stellt die Fragen „Warum?", „Wann?", „Wie?", „Zu welchem Zweck?" oder „Unter welcher
   Bedingung?".
**b** Schreibt die Versuchsanleitung in euer Heft und ergänzt die passenden Konjunktionen:
   *bis, indem, nachdem, wenn, sobald, weil, damit.* Achtet auf die richtige Zeichensetzung!

| | |
|---|---|
| Max studiert <u>nach dem Unterricht</u> gern Zaubertricks ein. | Max studiert gern Zaubertricks ein, <u>nachdem der Unterricht vorbei ist</u>. |
| <u>Zur Geheimhaltung seiner Tricks</u> probt er sie zunächst ohne Zuschauer. | <u>Damit seine Tricks geheim bleiben</u>, probt er sie zunächst ohne Zuschauer. |
| <u>Durch mehrmaliges Wiederholen seiner Kunststücke</u> wird er immer sicherer. | <u>Indem er seine Kunststücke mehrmals wiederholt</u>, wird er immer sicherer. |

**3** Die Sätze links und rechts haben jeweils den gleichen Sinn, sind aber anders aufgebaut.
**a** Erklärt, worin der Unterschied besteht.
**b** Beschreibt, wie die Sätze auf euch wirken.

## Vom Überlisten der Schwerkraft

1 Normalerweise rollt eine Büchse auf einer schiefen Ebene bergab. <u>Durch Anwenden eines Tricks</u> kann sie sich aber auch bergauf bewegen.

2 <u>Vor der Durchführung des Zaubertricks</u> muss man eine Konservendose öffnen.

3 <u>Nach der Leerung der Dose</u> befestigt man in ihrem Inneren einen Stein oder einen Magnet.

4 <u>Für das Gelingen des Experiments</u> ist etwas sehr wichtig: Die Zuschauer dürfen nur die geschlossene Seite der Dose sehen.

5 <u>Durch vorsichtiges Ausprobieren</u> wird die Büchse so auf das Brett gesetzt, dass sich das Gewicht etwas über dem oberen Scheitelpunkt befindet.

6 <u>Nach dem Loslassen</u> rollt die Büchse nach oben.

7 <u>Weil es durch den Stein eine Hebelwirkung gibt</u>, entsteht dieser Effekt.

8 <u>Wenn man etwas Glück hat</u>, macht die Büchse eine Dreivierteldrehung.

9 Man kann das beeinflussen, <u>indem man die Größe des Gewichts passend wählt</u>.

10 <u>Damit die perfekte Illusion entsteht</u>, muss die schiefe Bahn die richtige Länge haben.

11 <u>Obwohl der Versuch einfach aufgebaut ist</u>, wird dieser Trick eure Zuschauer faszinieren!

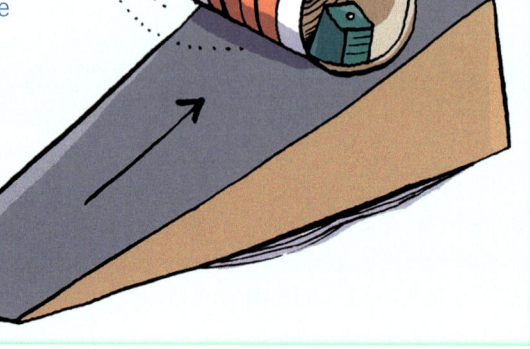

**4** Diese Anleitung enthält Adverbialien und Adverbialsätze.

a Wandelt die unterstrichenen **Adverbialien** in Zeile 1–6 in Nebensätze (Adverbialsätze) um. Das Nomen wird dabei zu einem Verb umgeformt, z. B.:

*1) <u>Durch Anwenden eines Tricks</u> kann… → Indem man einen Trick anwendet, kann sie sich aber auch bergauf bewegen.*

Achtet darauf, die Nebensätze durch ein Komma abzutrennen!

b Formt die unterstrichenen **Adverbialsätze** in Zeile 7–11 in Adverbialien um. Nun müsst ihr die Verben in passende Nomen umformen.

**Präpositionen in Konjunktionen umformen:**
durch → indem
vor → bevor
nach → nachdem
für, zur → damit
wegen → weil
mit, bei → wenn
trotz → obwohl

---

**Wissen und Können**  **Adverbialien in Adverbialsätze umformen und umgekehrt**

Viele **Adverbialien** könnt ihr in **Adverbialsätze** umformen: Wandelt das **Nomen** zu einem Ausdruck mit einem **Verb** um und ersetzt die Präposition durch eine **Konjunktion,** z. B.:
*<u>**Wegen** des Gewichts im Innern</u> rollt die Dose bergauf.* → *<u>**Weil** sich ein Gewicht im Innern befindet</u>, rollt die Dose bergauf.*
Denkt daran, den Adverbialsatz durch ein **Komma** abzutrennen!
Umgekehrt könnt ihr **adverbiale Nebensätze** auch in **Adverbialien** umformen, z. B.:
*<u>**Obwohl** ich nervös war</u>, gelang der Trick.* → *<u>**Trotz** meiner Nervosität</u> gelang der Trick.*

1   Michael Faraday hielt anschauliche Vorträge vor Jugendlichen.
    Jugendliche begeisterten sich für die Naturwissenschaften.
2   Michael Faraday wollte den wissenschaftlichen Nachwuchs fördern.
    Er nahm diese Aufgabe sehr ernst.
3   Die Jugendlichen fanden die Vorträge sehr spannend.
    Die Vorträge wurden von Experimenten begleitet.
4   Sehr beliebt ist bei den Jugendlichen bis heute ein Versuch.
    Wasser steigt in einer Flasche nach oben.

**5** Diese Notizen informieren über Michael Faraday, einen englischen Naturforscher aus dem 19. Jahrhundert.

a Verbindet die Sätze so miteinander, dass ein zusammenhängender Text entsteht, den man gut lesen kann. Vermeidet Wiederholungen und achtet auf die Kommasetzung!
   **Tipp:** Ihr könnt Adverbial- oder Relativsätze bilden.

b Vergleicht eure Sätze: Welche Konjunktionen habt ihr verwendet?

## *Das* und *dass* – wie unterscheidet sich das?

> „Die Freiheit des Menschen liegt nicht darin, dass er tun kann, was er will.
> Die Freiheit besteht darin, dass er das, was er nicht will, nicht tun muss.“

„Das Geld, das man besitzt, ist das Mittel zur Freiheit;
das Geld, dem man nachjagt, ist das Mittel zur Knechtschaft.“

*Jean-Jacques Rousseau
(1712–1778)*

**6** a Erklärt in eigenen Worten, was der Philosoph Rousseau zum Ausdruck bringen will.

b Artikel, Demonstrativpronomen, Relativpronomen oder Konjunktion? – Bestimmt die Wortart der markierten Wörter.

– Das Tierreich ist voller Rätsel.
– Zahlreiche Tiere sind vom Aussterben bedroht.
– Verschiedene Tiere benutzen „Radarsysteme“.
– Einige Tiere verbringen mehr Zeit schlafend als wach.
– Manche Tiere sind meisterhafte Baukünstler.
– Nicht nur Spinnen produzieren Seide.

**7** a Gebt die Inhalte des Lexikons in dass-Sätzen wieder, z. B.:
   *Das Buch macht deutlich, dass das Tierreich voller Rätsel ist.*
   Wählt dazu Verben aus dem Wortspeicher aus.

deutlich machen • zeigen •
erfahren • belegen • beweisen

**●●●** b Sammelt weitere Verben, die dass-Sätze einleiten, und erstellt eine Liste.

# Testet euer Wissen!

## Satzglieder und Sätze

### Erkenntnisse berühmter Männer

> **1** Winston Churchill, der Anfang des 20. Jahrhunderts in England Premierminister war, war bekannt für seine originellen Aussprüche. **2** Er hatte auch ein gesundes Selbstbewusstsein, das zeigt folgender Ausspruch: **3** „Wir sind alle Würmchen, aber ich bin meiner Meinung nach ein Glühwürmchen."

**1** Untersucht die Sätze in diesem Text.
   **a** Satzreihe oder Satzgefüge? Bestimmt den Satzbau der Sätze 1–3.
   **b** Schreibt den Relativsatz mit seinem Bezugswort ab und markiert die Merkmale, an denen ihr ihn erkannt habt.

**VORSICHT FEHLER!**

Isaac Newton war erst 24 Jahre alt als er die Schwerkraft entdeckte.
Während er im Garten Mittagspause machte fiel ein Apfel vom Baum.
Der Apfel fiel nach unten in Richtung Erdmittelpunkt weil die Erde ihn angezogen hatte.
Newton hat die Physik grundlegend geändert indem er seine Überlegungen veröffentlichte.

**2** In diesen Satzgefügen fehlen alle Kommas.
   **a** Schreibt die Sätze ab, unterstreicht die Nebensätze und setzt die fehlenden Kommas.
   **b** Formuliert die Adverbialsätze zu Adverbialien um.

### Unglaubliche Nachrichten

Ein Vater bemerkte erst, nachdem er daheim angekommen war, dass er sein Baby im Supermarkt vergessen hatte.

Ein Verdächtiger widersetzte sich der Polizei, indem er seinen Personalausweis zerbiss.

**3** **a** Schreibt die Sätze ab, unterstreicht die Adverbialsätze und bestimmt sie.
   **b** Formt die Adverbialsätze in Adverbialien um.

1884 erhielt Harry Fell ein Patent, ❓ ihm die Herstellung von Gold erlaubte. Er glaubte, ❓ man aus Weizen Gold gewinnen könnte. Dazu wässerte er Weizen zehn Stunden lang. ❓ sollte seiner Meinung nach dazu führen, ❓ echtes Gold entsteht.

**4** *Das* oder *dass?* – Schreibt den Text ab, ergänzt die Lücken und benennt jeweils in Klammern dahinter die entsprechende Wortart.

# 14.3 Fit in …? – Satzglieder und Sätze

### Andere Zeiten – andere Sitten

In England war es im 19. Jahrhundert angeblich verboten ~~weil~~ Bücher von weiblichen Autoren neben denen männlicher Autoren standen. Eine Ausnahmegenehmigung gab es ~~indem~~ Autorin und Autor verheiratet waren.

Im 18. Jahrhundert trugen die englischen Frauen bis zu 1,20 Meter hohe Perücken ~~weil~~ sie damit nur im Sitzen schlafen konnten. ~~Obwohl~~ die Frisuren mit ausgestopften Vögeln oder sogar Obsttellern geschmückt worden waren wurden sie mit Schweineschmalz gefestigt.

In manchen afrikanischen Kulturen galt es als besonders attraktiv ~~während~~ die Frau zwischen den beiden Schneidezähnen eine große Zahnlücke hatte. Manche Frauen schufen deshalb künstliche Lücken zwischen den Schneidezähnen, indem sie die Zähne abfeilten. Sie taten dies ~~obwohl~~ es der Mode entsprach.

**1** Der Text enthält sechs falsche Konjunktionen, außerdem fehlen fast alle Kommas.
  **a** Schreibt den Text ab und verwendet passende Konjunktionen. Lasst jeweils eine Zeile frei.
  **b** Setzt alle fehlenden Kommas und unterstreicht die Nebensätze.
  **c** Sucht alle Adverbialsätze heraus und schreibt die richtige Bezeichnung in die Zeile darunter.
  **d** Wandelt den Adverbialsatz im Satzgefüge „Manche Frauen …" (Z. 17 ff.) in einen Satz mit einem Adverbiale um.

### „Police speaking – what's the time, please?"

  **1** Die Londoner Polizei hat innerhalb von zwei Jahren mehr als 42 000 Euro für Anrufe bei der Zeitansage ausgegeben.
  **2** Der Polizeisprecher nannte verschiedene Gründe. (Entstehung der Kosten/eilig)
  **3** Die Polizisten sind unterwegs. (Auto/stundenlang)
  **4** Sie haben nicht immer einen Zugriff. (Internet/dieser Grund)
  **5** Der Sprecher konnte nicht erklären, warum die Polizisten auf den Gebrauch von Armbanduhren verzichten.

**2** Diese Zeitungsmeldung informiert über eine ungewöhnliche Vorliebe der Londoner Polizei.
  **a** Ermittelt die Satzglieder von Satz 1 mit Hilfe der Umstellprobe und bestimmt sie.
  **b** Die Sätze 2–4 sind unvollständig. Ergänzt sie sinnvoll durch die in den Klammern angegebenen Wortgruppen und bestimmt deren grammatische Funktion.
  **c** Fertigt zu Satz 5 einen Satzbauplan an.

## Milliardär für einen Tag

**1** Die Medien berichteten vor Kurzem <u>von einem Überweisungsfehler der besonderen Art</u>.   **2** Wegen eines Irrtums seiner Bank hatte ein indischer Lehrer vorübergehend <u>mehrere Milliarden</u> auf seinem Konto.   **3** Morgens hatte <u>der Mann, der nur über ein kleines Einkommen verfügt</u>, sein Konto am Bankautomaten überprüft.   **4** <u>Dem Mann</u> stockte der Atem, als auf dem Bildschirm <u>die Summe von 496 Milliarden Rupien (über 7 Milliarden Euro)</u> angezeigt wurden.   **5** Niemand bezichtigte den Mann <u>des Betruges</u>.   **6** Die Bank erkannte wegen der Höhe des Betrags sofort beschämt <u>den eigenen Fehler</u>.   **7** Noch am Abend wurde das Geld vollständig vom Konto abgebucht.

**3**  **a** Bestimmt die unterstrichenen Satzglieder mit Hilfe der Frageprobe.
   **b** Legt in eurem Heft eine Tabelle an. Tragt alle Adverbialien aus dem Text darin ein.

| Temporaladverbiale | Lokaladverbiale | Modaladverbiale | Kausaladverbiale |
|---|---|---|---|
| ... | ... | ... | ... |

## Hund schießt auf Herrchen

Dass man mit **?** Schusswaffen vorsichtig umgehen muss, belegt die **?** Geschichte.
Im **?** Salt Lake City verletzte der Hund sein Herrchen **?** mit einer Ladung Schrot.
Der **?** Unfall ereignete sich, während zwei Männer **?** in einem Boot auf der Jagd **?** waren.

geladen
folgend
amerikanisch
ein Jäger
ungewöhnlich/beide Amerikaner
Enten

**4**  **a** Schreibt den Text ab und ergänzt die Lücken mit den rechts vorgegebenen Attributen. Achtet auf die richtige grammatikalische Form und auf die Kommasetzung.
   **b** Bestimmt, um welche Attributformen es sich jeweils handelt.

**1** Um neue Köder zu holen, stieg der Mann <u>aus dem Boot</u>.

Sein Hund saß noch in dem Boot.
Die Schrotflinte lag am Boden.

**2** Während das Herrchen die Köder auslegte, trat der Hund <u>auf die Schrotflinte</u> und es löste sich ein Schuss.

**3** <u>Der Jäger</u> wurde von 27 Schrotkugeln getroffen.

Der Jäger war drei Meter entfernt.
Die Hose war dick wattiert.

**4** Der Mann wurde nicht schwer verletzt, da <u>die Hose</u> Schlimmeres verhinderte.

**5** Trotzdem ließ er sich <u>vom Notarzt</u> in ein Krankenhaus bringen.

Den Notarzt hatte er eilig angerufen.

**5**  Bildet Satzgefüge, die Relativsätze enthalten. Ergänzt dazu die Sätze 1–5 sinnvoll durch die rechts stehenden Informationen. Die Unterstreichungen helfen euch. Achtet auf die richtige Zeichensetzung!

# 15 Rechtschreibtraining

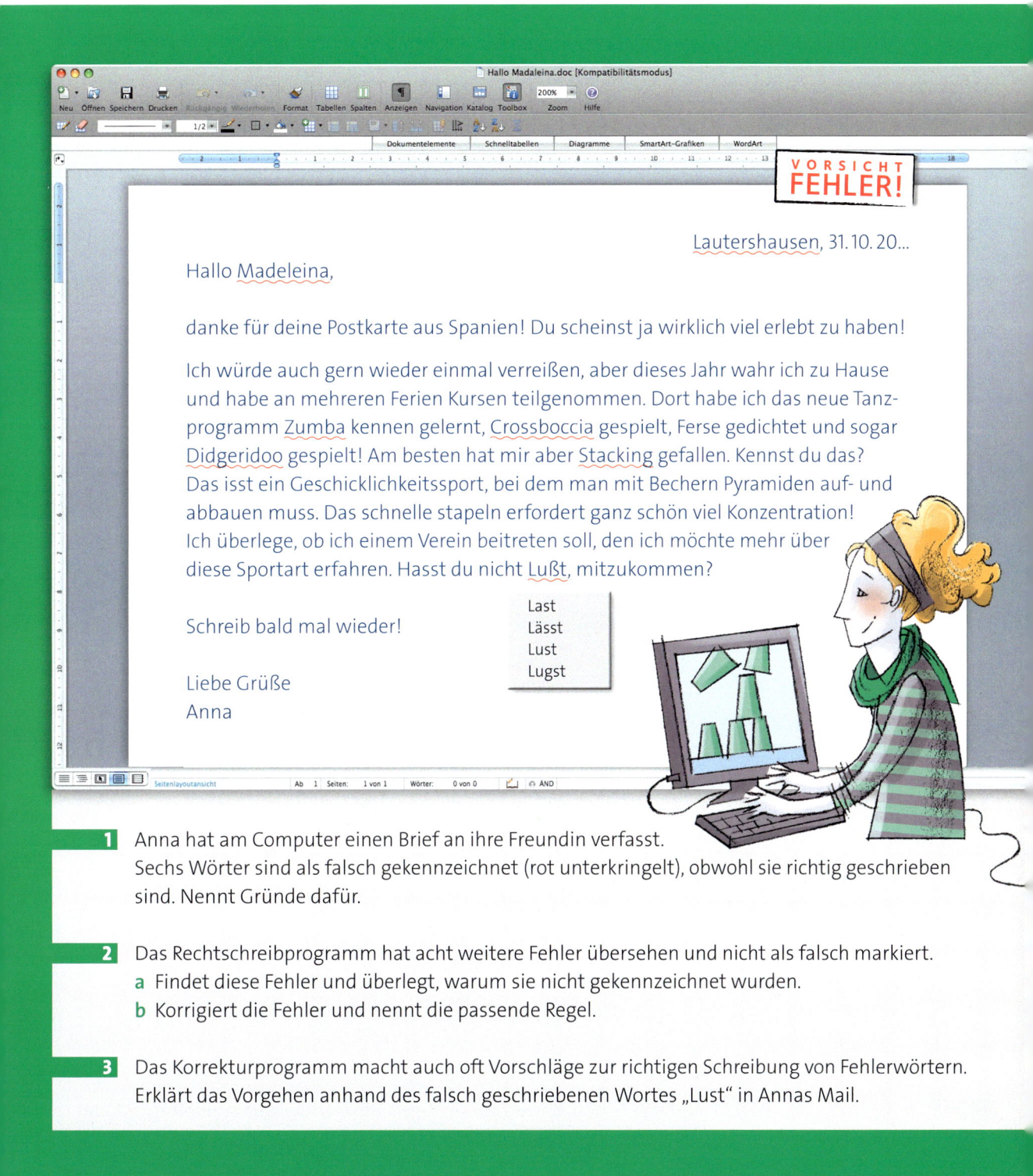

Lautershausen, 31.10. 20...

Hallo Madeleina,

danke für deine Postkarte aus Spanien! Du scheinst ja wirklich viel erlebt zu haben!

Ich würde auch gern wieder einmal verreißen, aber dieses Jahr wahr ich zu Hause und habe an mehreren Ferien Kursen teilgenommen. Dort habe ich das neue Tanzprogramm Zumba kennen gelernt, Crossboccia gespielt, Ferse gedichtet und sogar Didgeridoo gespielt! Am besten hat mir aber Stacking gefallen. Kennst du das? Das isst ein Geschicklichkeitssport, bei dem man mit Bechern Pyramiden auf- und abbauen muss. Das schnelle stapeln erfordert ganz schön viel Konzentration! Ich überlege, ob ich einem Verein beitreten soll, den ich möchte mehr über diese Sportart erfahren. Hasst du nicht Lußt, mitzukommen?

Schreib bald mal wieder!

Last
Lässt
Lust
Lugst

Liebe Grüße
Anna

VORSICHT FEHLER!

**1** Anna hat am Computer einen Brief an ihre Freundin verfasst.
Sechs Wörter sind als falsch gekennzeichnet (rot unterkringelt), obwohl sie richtig geschrieben sind. Nennt Gründe dafür.

**2** Das Rechtschreibprogramm hat acht weitere Fehler übersehen und nicht als falsch markiert.
**a** Findet diese Fehler und überlegt, warum sie nicht gekennzeichnet wurden.
**b** Korrigiert die Fehler und nennt die passende Regel.

**3** Das Korrekturprogramm macht auch oft Vorschläge zur richtigen Schreibung von Fehlerwörtern. Erklärt das Vorgehen anhand des falsch geschriebenen Wortes „Lust" in Annas Mail.

# 15.1 Die Rechtschreibung verbessern

### Nominalisierte Verben und Adjektive

**Himbeertraum** (Rezept für vier Personen)

Wollt ihr einen leckeren Nachtisch zaubern? Das Anfertigen dieses Desserts ist einfach.

**Ihr benötigt:** 250 g Quark, 250 g Sahne, etwas Zucker, 250 g Himbeeren, 1 Packung Baiser

⁵ Nach dem Bereitstellen der Zutaten dürft ihr euer Können beweisen.

Der erste Arbeitsschritt heißt: grobes Zerkrümeln der Baisers! Diese Baiserkrümel stellt ihr beiseite. Jetzt könnt ihr den Quark in eine ¹⁰ Schüssel geben. Beim Einrühren des Zuckers in den Quark müsst ihr darauf achten, dass die Masse glatt wird. Beginnt nun mit dem Schlagen der Sahne in einer anderen Schüssel. Euer Rühren reicht, wenn die Sahne steif ist. Danach ist kräftiges Mischen der ¹⁵ Sahne mit dem Quark gefragt! Daraufhin geht's ans Schichten: Gebt in eine Schüssel abwechselnd Quark, Himbeeren und Baiserkrümel. Stellt das Dessert zum Kühlen für drei Stunden in den Kühlschrank. Das abschließende Dekorie- ²⁰ ren des Himbeertraums ist schnell gemacht: Streut vor dem Servieren Baiserkrümel darüber! Hat das Zubereiten Spaß gemacht? Wir wünschen guten Appetit! ²⁵

**1** In dem Rezept sind fünf Verben farbig gedruckt, die hier als Nomen gebraucht und deshalb großgeschrieben werden.

**a** Seht euch die Signalwörter vor den nominalisierten Verben genauer an und bestimmt, zu welcher Wortart sie jeweils gehören.

**b** Notiert alle weiteren nominalisierten Verben aus dem Text mit den Signalwörtern in einer Tabelle:

| Artikel + Verb | Präposition + Verb | Adjektiv + Verb | Pronomen + Verb |
|---|---|---|---|
| das Anfertigen | nach dem Bereitstellen | … | … |

1. VOR DEM GEMEINSAMEN KOCHEN SIND DAS WASCHEN DER HÄNDE UND DAS ANZIEHEN EINER KOCHSCHÜRZE PFLICHT.
2. UNNÖTIGES LÄRMEN UND PLAUDERN STÖRT DIE LEHRKAFT BEIM UNTERRICHTEN UND IST ZU UNTERLASSEN.
3. ZUM ABDECKEN VON LEBENSMITTELN UND ZUM EINWICKELN VON ESSENSRESTEN WIRD ALUFOLIE VERWENDET.
4. AM STUNDENENDE HILFT JEDER BEIM AUFRÄUMEN UND GRÜNDLICHEN ABSPÜLEN DES GESCHIRRS.

**2** **a** Schreibt diese Regeln aus einer Schulküche in der richtigen Groß- und Kleinschreibung auf und umkreist die Signalwörter der nominalisierten Verben.

**b** Notiert weitere Regeln, die in einer Schulküche gelten. Verwendet dabei nominalisierte Verben, die von verschiedenen Signalwörtern begleitet werden.

Ihr könnt Verben aus dem Wortspeicher auswählen:

kehren • telefonieren • backen • wegwerfen • umrühren • kochen • probieren • decken • braten • schneiden • rennen

Ich möchte meinem Vater etwas Besonderes zum Geburtstag schenken. Für ihn ist das Wichtigste, dass Geschenke selbstgemacht sind.

Wie wär's mit ein wenig Süßem? Am liebsten verschenke ich Karamellbonbons aus 125 g Zucker, 1/8 l Sahne, 30 g Margarine, 1 Päckchen Vanillezucker und 1 TL Honig.

Oh ja, sein Liebstes sind wirklich Bonbons! Ich muss diese Idee nur aufs Strengste geheim halten! Und es darf nichts Kompliziertes sein ...

Das Rezept ist im Großen und Ganzen einfach: Zuerst rührst du die Zutaten 25 Minuten lang bei mittlerer Hitze. Nun gießt du die Masse in eine flache Form und lässt sie abkühlen. Zuletzt schneidest du das Ganze in kleine Stücke.

**3** Dieses Gespräch enthält mehrere großgeschriebene Adjektive, die als Nomen gebraucht werden. Schreibt alle nominalisierten Adjektive mit ihren Begleitern auf und ergänzt dahinter die Grundform der Adjektive, z. B.: *etwas Besonderes – besonders*

> ### Wissen und Können — Nominalisierte Verben und Adjektive
>
> Verben und Adjektive schreibt man **groß,** wenn sie wie Nomen gebraucht werden. Dann nennt man sie **nominalisierte Verben** bzw. **nominalisierte Adjektive.** Oft haben sie als Begleiter
> - einen Artikel, z. B.: *das Kochen; das Gute*
> - eine Präposition, die oft mit einem Artikel verschmolzen ist, z. B.: *beim Kochen*
> - ein Pronomen, z. B.: *euer Kochen; ihr Bestes*
>
> Nominalisierte Verben können auch ein Adjektiv als Begleiter haben, z. B.:
> *gelungenes Kochen, das langsame Rühren*
> Nominalisierte Adjektive haben auch häufig eine Mengenangabe als Begleiter, z. B.:
> *etwas Gutes, wenig Erfreuliches, viel Grün, nichts Besonderes*
>
> **Achtung:** Der Superlativ des Adjektivs mit „am" wird kleingeschrieben, z. B.:
> *am besten, am liebsten*

**4** **a** Schreibt die folgenden Redensarten in der richtigen Groß- und Kleinschreibung ab und notiert dahinter jeweils die richtige Bedeutung aus den Vorgaben rechts, z. B.:
*etwas zum Besten geben: etwas zur Unterhaltung vortragen.*

| | |
|---|---|
| ~~ETWAS ZUM BESTEN GEBEN~~ | über alle Neuigkeiten informiert sein |
| AUF DEM LAUFENDEN SEIN | vorsichtig sein, aufpassen |
| ETWAS INS LÄCHERLICHE ZIEHEN | verlieren, Pech haben |
| IM DUNKELN TAPPEN | etwas zur Unterhaltung vortragen |
| DEN KÜRZEREN ZIEHEN | einen Sachverhalt nicht aufklären können |
| SICH IN ACHT NEHMEN | alles verloren haben |
| DAS WEITE SUCHEN | eine große Auswahl haben |
| VOR DEM NICHTS STEHEN | etwas schlechtmachen, sich lustig machen |
| AUS DEM VOLLEN SCHÖPFEN | fliehen, abhauen |

**b** Schreibt zu fünf der Redensarten je einen sinnvollen Satz auf.

Wusstet ihr, dass Deutschland zu den Ländern mit dem größten Pro-Kopf-Verbrauch an Schokolade gehört? Jeder Deutsche vertilgt täglich etwa 51 Gramm dieser kalorienreichen Süßigkeit. Von den zahlreichen verschiedenen Naschereien, die angeboten werden, ist Schokolade die beliebteste. Die wichtigste Zutat, die gleichzeitig die aromatischste ist, ist Kakao. Einige der größten Schokoladenhersteller Deutschlands sind auch international verbreitet und verkaufen die bekannten Markenprodukte in vielen Ländern.

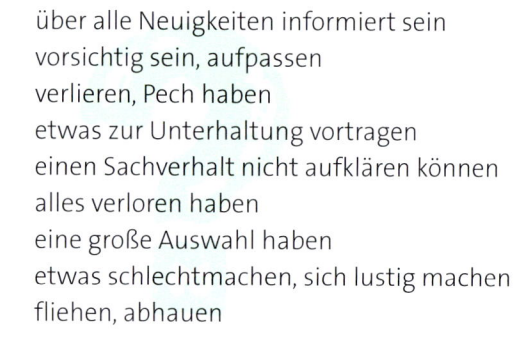

**5** Im Text findet ihr Adjektive, die kleingeschrieben werden, obwohl ein Begleiter davorsteht. Schreibt den Text ab und lasst immer eine Zeile frei. Markiert jeweils mit einem Pfeil, auf welches Wort sich der Artikel bezieht.

> Ein Adjektiv mit Artikel davor wird trotzdem kleingeschrieben, wenn sich der Artikel auf ein folgendes oder vorangehendes Nomen bezieht:
> *Die Jugendlichen ziehen die **süßen** Bonbonsorten den **sauren** vor.*

**6** Diktiert euch die folgenden Sätze gegenseitig und überprüft anschließend die Schreibweise der in Großbuchstaben gedruckten Wörter.

1 Nicht jeder ist sich darüber im KLAREN, dass Deutschland eines der Länder mit dem HÖCHSTEN Schokoladenverbrauch ist.
2 Am HÄUFIGSTEN werden die international BEKANNTEN und BELIEBTEN Marken gekauft.
3 Nur die WENIGSTEN Menschen wissen, dass es nicht nur eine KALORIENARME Schokolade, sondern auch eine LAKTOSEFREIE gibt.
4 Das BESTE ist, dass zwar nicht die HELLEN Sorten, wohl aber die DUNKLEN sogar GESUND sind.

# Zeitangaben richtig schreiben

**Tagesablauf eines Arbeiterkindes im 19. Jahrhundert**
- am frühen Morgen zwischen vier und fünf Uhr aufstehen
- ab sechs Uhr früh in der Fabrik arbeiten
- am Mittag schnell für eine Stunde zum Essen nach Hause laufen, während dieser Zeit Hausaufgaben von gestern Abend machen
- bis zum Abend hin (19 Uhr) weiterarbeiten
- spätabends (20 bis 22 Uhr) für zwei Stunden die Schule besuchen
- lernen für den Schulbesuch morgen Abend
- eine Stunde vor Mitternacht schlafen gehen
- samstags und sonntags keine Fabrikarbeit
- am Sonntagmorgen in die Kirche gehen, sonntagnachmittags frei

**1**
a Wie unterscheidet sich dieser Tagesablauf von eurem? Vergleicht.
b Legt folgende Tabelle an und ordnet die Zeitangaben nach Groß- und Kleinschreibung.
c Bestimmt die Signalwörter vor den großgeschriebenen Zeitangaben mit Hilfe des Merkkastens unten.

> **Kombinierte Zeitangaben**
> schreibt man zusammen, z. B.:
> *der Montag + der Morgen*
> *= der Montagmorgen*

| **großgeschriebene Zeitangaben** | **kleingeschriebene Zeitangaben** |
|---|---|
| *am frühen Morgen* | *früh* |

**2** Verfasst einen Bericht über die vergangene Woche. Verwendet dafür folgende Zeitangaben:

AM FREITAGNACHMITTAG • LETZTEN DONNERSTAG • AM SAMSTAG GEGEN ABEND •
AM VORMITTAG • JEDEN MORGEN • GESTERN MITTAG • MONTAGMORGENS • HEUTE FRÜH

---

**Wissen und Können** **Zeitangaben**

**Zeitangaben,** die **Nomen** sind, werden **großgeschrieben,** z. B. Wochentage *(Montag, Dienstag)* oder Tageszeiten *(Morgen, Mittag, Abend)*. Ihnen gehen folgende Signalwörter voraus:
- Artikel, z. B.: *der Abend, eines Abends*
- Präposition (+ Artikel), z. B.: *am Abend, am Dienstagabend, zum Abend, über Nacht*
- Zeitadverbien, z. B.: *heute Abend, gestern Nachmittag*

Andere Zeitangaben **(Zeitadverbien)** werden **kleingeschrieben,** z. B.:
*heute, gestern, wochenlang, immer, spät, früh*
Zeitangaben schreibt man meist klein, wenn sie auf **-s** enden, z. B.: *montags, abends*

# Getrennt- und Zusammenschreibung

## Wortgruppen aus Nomen + Verb

### Besucht die Jugendherberge Oberdorf!

Oberdorf ist ein malerischer Ort in den Allgäuer Alpen. Unseren Sommer-
gästen bieten wir ein vielseitiges Programm. Entscheidet selbst, ob ihr Kanu
fahren, Tennis und Fußball spielen oder am Lagerfeuer Brot backen wollt! Im Winter kommen Sport-
fans voll auf ihre Kosten: Ihr könnt Ski fahren, Schlittschuh laufen oder Eishockey spielen.

**1** Schreibt alle Verbindungen aus Nomen und Verb aus dem Werbetext auf, z. B.: *Kanu fahren, …*

**2** Sucht zu jedem Nomen im Wortspeicher ein passendes Verb und notiert die Wortgruppen, z. B.:
*Angst haben*

Recht • Sport • Schlitten • Minigolf • Hilfe • Bonbon • Gitarre • Samba • Rat • Kuchen • Musik

*Unser Schullandheimaufenthalt in Oberdorf war einfach super! Das Kanufahren, Brotbacken am Lager-
feuer und Fußballspielen haben uns allen riesigen Spaß gemacht. Nur für das Tennisspielen blieb leider
keine Zeit mehr. Danke für das tägliche Kochen und Geschirrabspülen! ☺
Wir kommen wieder – Ihre Klasse 7c*

**3** Vergleicht diesen Eintrag im Gästebuch des Schullandheims mit dem Werbetext oben.
Wann werden Ausdrücke aus Nomen und Verb zusammengeschrieben? Formuliert eine Regel
und schreibt die Beispiele aus dem Text auf.

*Während der Wintersportwoche konnten wir wegen des Wetters nicht oft (Ski/laufen) und auch das
(Snowboard/fahren) blieb auf der Strecke. Stattdessen gingen wir in der Halle (Schlittschuh/laufen).
Das lange (Schlange/stehen) hat uns wenig ausgemacht, denn wir konnten uns mit (Musik/hören)
die (Zeit/vertreiben). Beim (Tischtennis/spielen) am Abend gewannen immer die Mädchen!*

**4** Schreibt den Text ab und entscheidet, ob getrennt oder zusammengeschrieben wird.

| Wissen und Können | Verbindungen aus Nomen + Verb |
|---|---|

**Wortgruppen aus Nomen und Verb** werden meist getrennt geschrieben, z. B.: *Rad fahren*
Werden diese Verbindungen wie **Nomen gebraucht (nominalisiert),** schreibt man sie
zusammen, z. B.: *Das Radfahren macht mir Spaß. Beim Radfahren kann ich gut entspannen.*

## Wortgruppen aus Verb + Verb, Verb + Partizip

**Popstar hat fünf Stunden auf sich warten lassen**

Zum Kennenlernen des Museums sollte man sich Zeit lassen

**Das Bestehenbleiben der Denkmäler ist beschlossene Sache**

*Diva hat sich Haare schneiden lassen*

*Jugendliche sollen Natur schätzen lernen*

**1**  a  Diese Schlagzeilen enthalten Verbindungen aus Verb + Verb und Verb + Partizip. Begründet, wann man sie getrennt und wann man sie zusammenschreibt.

b  Ergänzt die folgende Regel in eurem Heft und notiert die Beispiele aus den Schlagzeilen.
*Verbindungen aus … schreibt man normalerweise …, z.B.:*
*Werden Verbindungen aus … wie ein … gebraucht, schreibt man sie …, z.B.: …*

tanzen • spazieren • einkaufen • lesen • essen • schwimmen • schlafen • wandern

gehen • können • lernen • üben

**2**  a  Wählt Verben aus den Kästen links und rechts aus und verbindet sie zu einer Wortgruppe, z.B.: *lesen lernen.* Tipp: Manche Verben könnt ihr mehrfach verwenden.

b  Bildet fünf Sätze mit einer Verb-Verb-Wortgruppe und fünf Sätze, in denen diese Verb-Verb-Verbindung als Nomen gebraucht wird, z.B.:
*Meine Schwester wird bald lesen lernen. – Ich möchte sie beim Lesenlernen unterstützen.*

Viele Schulen bieten heute einen Schüleraustausch an. Diese Fahrten sind nicht allzu teuer, man muss deshalb also nicht den Familienurlaub AUSFALLEN ❓ . Während des Aufenthalts kann man neue Freunde KENNEN ❓ und eine neue Sprache BEHERRSCHEN ❓ . Das KENNEN ❓ einer neuen Kultur ist für manche aber auch ein Schock. Um möglichst viel zu erleben, solltet ihr zeitig SCHLAFEN ❓ und in der Früh nicht lange LIEGEN ❓ . Stattdessen könnt ihr beim SPAZIEREN ❓ mit den Gastfamilien in der Fremdsprache SPRECHEN ❓ .

**3**  Schreibt den Text ab und ergänzt passende Verben. Achtung: An manchen Stellen müsst ihr den Ausdruck aus Verb und Verb groß- und zusammenschreiben!
◖○○  Folgende Verben könnt ihr passend in die Lücken einsetzen:

lernen (3x) • gehen (2x) • bleiben • lassen • üben

---

**Wissen und Können**    **Verbindungen aus Verb + Verb und Verb + Partizip**

Wortgruppen aus **Verb + Verb** und **Verb + Partizip** werden meist **getrennt geschrieben,** z.B.:
*Willst du mit mir spazieren gehen? Wir sind doch erst gestern spazieren gegangen.*
Werden diese Verbindungen **wie Nomen gebraucht (nominalisiert),** schreibt man sie **zusammen,** z.B.: *Das Spazierengehen hat mir gutgetan.*

## Wortgruppen aus Adjektiv + Verb

*Hi Tim,*

*entschuldige, dass ich mich erst jetzt melde, aber ich hatte in letzter Zeit viel zu tun.*
*Wir waren heute mit der Schule im Gericht. Das war sehr interessant. Keiner der Beteiligten musste auf seinen Notizzettel schauen – sie konnten* frei sprechen*. Letztendlich musste der Richter den Angeklagten aufgrund der fehlenden Beweise* freisprechen*.*
*Morgen haben wir ein Pokalspiel gegen Ansbach. Wir wollen unbedingt ihren gefährlichen Stürmer* kaltstellen*. Für unsere Vereinsfeier abends werden wir Getränke* kalt stellen*.*
*Hast du Lust, mit uns zu feiern?*
*Melde dich doch bitte bald bei mir!*

*Viele Grüße*
*Konstantin*

**1** Erklärt die unterschiedlichen Bedeutungen der markierten Wörter.
Formuliert im Heft eine Regel, wann die Verbindung aus Adjektiv und Verb zusammengeschrieben wird:
*Verbindungen aus Adjektiv und Verb werden zusammengeschrieben, wenn ...*

1 Die Tür kann offen/bleiben. Diese Frage wird immer offen/bleiben.
2 Der Boden ist nicht rutschig, du kannst hier sicher/gehen. Ich will sicher/gehen, dass du heute Abend kommst.
3 Ich muss das Seil ganz fest/halten. Wir werden die wichtigsten Informationen schriftlich fest/halten.
4 Auf glattem Boden wirst du leicht/fallen. Es wird mir leicht/fallen, auf Cola zu verzichten.
5 Du musst den wackligen Tisch richtig/stellen. Diese Behauptung muss ich richtig/stellen.
6 Die Bank wird mir Zinsen gut/schreiben. Mit diesem Füller kann man gut/schreiben.

**2** **a** Prüft, ob bei diesen Sätzen die Wortgruppen aus Adjektiv + Verb getrennt oder zusammengeschrieben werden. Beachtet dazu auch den Tipp im Merkkasten.
**b** Schreibt die Sätze in der richtigen Schreibweise in euer Heft.

---

**Wissen und Können**    **Verbindungen aus Adjektiv + Verb**

- **Verbindungen aus Adjektiv + Verb** schreibt man meist **getrennt,** z. B.:
  *lang schlafen, deutlich sprechen*
- Wenn man Adjektiv + Verb nicht wörtlich, sondern nur im **übertragenen Sinn** versteht, schreibt man sie **zusammen,** z. B.: *Heute werde ich* schwarzfahren (= ohne Fahrschein fahren).
  *Die Schulaufgabe wird mir* schwerfallen (= Probleme bereiten).
- **Tipp:** Als Probe könnt ihr die Adjektive steigern. Wenn eine **Steigerung nicht möglich** ist, handelt es sich um eine **Verwendung im übertragenen Sinn.**

# Testet euer Wissen!

## Groß- und Kleinschreibung, Getrennt- und Zusammenschreibung

### Interview mit dem Koch einer Schulmensa

**Reporterin:** auf was kommt es ihnen beim zubereiten der gerichte an?

**Koch:** das herstellen von etwas besonders leckerem, aber auch gesundem wird immer unser großes ziel sein. die qualität unserer speisen wird daher immer auf das strengste überwacht. wir wollen nicht nur die frischesten zutaten verwenden, sondern auch die vitaminreichsten. erneutes aufwärmen von speisen von gestern wird hier im allgemeinen nicht vorkommen. des weiteren versuchen wir auch hinsichtlich der neusten, aber auch besten rezepte immer auf dem laufenden zu bleiben. das eingehen auf schülerwünsche sehen wir als pflicht an.

**Reporterin:** was erwarten sie von uns schülern?

**Koch:** ach, nichts außergewöhnliches. am wichtigsten finde ich, dass die schüler keine scheu davor haben, des öfteren auch mal unbekannte speisen auszuprobieren. zum kritisieren und loben der gerichte können sie in der früh oder am freitagnachmittag zu mir kommen. sie können auch gern vormittags in freistunden beim zubereiten der speisen helfen oder zum vorkosten vorbeischauen.

**Reporterin:** gutes gelingen!

**1** Schreibt dieses Interview in der richtigen Groß- und Kleinschreibung ab.

### Das Leben auf der Straße

Viele wollen die folgenden Fakten nicht (wahr haben), aber man konnte (fest stellen), dass es weltweit etwa 100 Millionen Straßenkinder gibt. Oft leben sie unter Brücken oder in Gebäuden, die (leer stehen). Für diese Kinder ist das (baden gehen) unbekannt. Auch können sie nicht zur (Schule gehen) und (lesen lernen). Das (schreiben lernen) bleibt ihnen ebenfalls oft ihr Leben lang vorenthalten. Stattdessen müssen Straßenkinder (arbeiten gehen) und kleine Jobs, wie (Zeitungen verkaufen), (Autos bewachen) oder (Autoscheiben waschen), erledigen, damit sie ein wenig (Geld verdienen). Selbst das (Müll sammeln) und (Schuhe putzen) nehmen die Kinder auf sich. Viele müssen auch betteln oder (Geld stehlen). Wer beim (Geld stehlen) erwischt wird, muss mit harten Strafen rechnen.

Um sich von Kälte und Hunger abzulenken, beginnen viele Straßenkinder mit dem (Klebstoff schnüffeln), das zur gesundheitsschädigenden Sucht wird.

**2** Von einer Schulküche können Straßenkinder in manchen Ländern nur träumen. Sie sorgen sich täglich darum, überhaupt etwas zu essen zu finden.
Schreibt den Text ab und entscheidet, ob die Begriffe in Klammern getrennt oder zusammengeschrieben werden. Manche Begriffe müssen auch großgeschrieben werden!

# Fremdwörter

## Merkfähigkeit trainieren

Aktuelle Untersuchungen haben ergeben: Die Motivation und die Fähigkeit zur Konzentration haben entscheidenden Einfluss auf gute Leistungen in der Schule. Da die Konzentrationsfähigkeit nicht angeboren ist, sollten Schüler täglich spezielle Gedächtnisübungen durchführen, da somit auch die Reaktion, Logik und Kreativität verbessert werden und das Gehirn dauerhaft aktiv ist. Für dieses Training muss man zwar ein paar Minuten investieren, aber diese Zeit wird sich spätestens bei der nächsten Prüfung in der Schule auszahlen.

Findet ihr dieses Thema interessant und möchtet auch einmal eine Gehirnjogging-Aufgabe durchführen? Dann schaut euch die unten abgebildeten Gegenstände eine Minute lang genau an. Schließt danach euer Buch und versucht, innerhalb von zwei Minuten möglichst viele Begriffe zu notieren.

**1** a Führt die oben beschriebene Gedächtnisübung durch. Wer ist der beste Gedächtniskünstler?
   b Überprüft die Schreibung der Wörter mit einem Wörterbuch.

**2** Die markierten Wörter im Text sind Fremdwörter (▶ S. 326).
   a Klärt ihre Bedeutung in der Klasse.
   b Seht euch die Fremdwörter eine Minute lang an und prägt sie euch gut ein.
     Schließt nun euer Buch und schreibt die Fremdwörter in der richtigen Schreibung auf.
   c Überprüft eure Ergebnisse in Partnerarbeit.

**3** a Tragt die markierten Fremdwörter aus dem Text sortiert nach Wortarten in eine Tabelle ein.
   b Ergänzt die Zeilen, soweit möglich, durch weitere Wörter aus der gleichen Wortfamilie.

| Nomen | Verb | Adjektiv |
| --- | --- | --- |
| *die Aktualität* | *aktualisieren* | *aktuell* |

**4** Auch das folgende Suchrätsel dient dem Gehirntraining.

**a** Sucht waagerecht und senkrecht 13 Verben, die mit *-ieren* enden, und notiert sie untereinander.

| A | P | A | K | Z | E | P | T | I | E | R | E | N | Q | D | A |
|---|---|---|---|---|---|---|---|---|---|---|---|---|---|---|---|
| N | R | B | A | N | Z | E | M | A | S | S | I | E | R | E | N |
| E | O | R | G | A | N | I | S | I | E | R | E | N | I | K | E |
| A | D | I | S | K | U | T | I | E | R | E | N | E | O | O | R |
| E | U | R | I | L | E | A | N | H | E | B | F | I | P | R | E |
| I | Z | E | D | I | K | T | I | E | R | E | N | D | E | I | I |
| R | I | I | C | B | G | R | A | T | U | L | I | E | R | E | N |
| R | E | S | E | N | I | N | E | R | E | I | S | A | I | R | U |
| K | R | I | T | I | S | I | E | R | E | N | T | I | E | E | K |
| D | E | R | B | L | A | M | I | E | R | E | N | A | R | N | S |
| E | N | F | E | U | R | E | P | A | R | I | E | R | E | N | I |
| A | E | B | N | E | R | A | D | D | I | E | R | E | N | U | D |

**b** Sucht aus dem Wortspeicher die deutschen Entsprechungen für die oben gefundenen Fremdwörter heraus und schreibt sie neben das jeweilige Verb.

> herstellen • beglückwünschen • ein Thema besprechen • verbessern/beheben • beanstanden • sich lächerlich machen • planen • annehmen/dulden • einen chirurgischen Eingriff vornehmen • den Rücken durchkneten • zusammenzählen • schmücken • jemandem etwas vorsprechen, damit er es mitschreiben kann

**c** Notiert zu jedem Verb das entsprechende Nomen, z. B.: *operieren – die Operation*
Falls ihr Schwierigkeiten bei der Bildung der Nomen habt, hilft euch das Wörterbuch.

**d** Bildet mit den Nomen jeweils einen sinnvollen Satz, z. B.:
*Der Patient hat die Operation gut überstanden.*

**5 a** Notiert die folgenden Fremdwörter mit der korrekten Pluralform. Schlagt gegebenenfalls im Wörterbuch nach.

> die Party • das Baby • die Lady • das Hobby • die Story • das Pony

**b** Vergleicht die deutschen Pluralformen mit den englischen:
„Ladies, I love parties!"
„My hobbies are horses and ponies, reading stories and looking after babies."

**c** Ergänzt die folgende Regel in eurem Heft:
*Nomen, die auf -y enden, bilden im Englischen den Plural auf -* ? *, im Deutschen dagegen auf -* ? *.*

> Manche Fremdwörter haben **zwei Schreibweisen:**
> - **ph** oder **f**, z. B.: *Delphin/Delfin, Geographie/Geografie*
> - **c** oder **k**, z. B.: *Club/Klub*
> - (in wenigen Fällen) **rh** oder **r**, **th** oder **t**, **gh** oder **g**, z. B.: *Panther/Panter, Ghetto/Getto, Thunfisch/Tunfisch*
> Im Zweifelsfall hilft ein Blick ins Wörterbuch.

# Schriftlich zitieren

> *Hinsichtlich der Sprache fällt sofort auf, dass der Autor viele kurze Sätze verwendet hat, z.B. „Die Feuerwehr konnte den Brand löschen" (Z. 14) oder „Es gibt immer weniger Mitglieder" (Z. 18). Zu Beginn des Textes werden einige Fragesätze eingesetzt, z.B. „Wolltest du früher [...] Feuerwehrmann werden?" (Z. 2), „Bist du schon Mitglied bei der Jugendfeuerwehr?" (Z. 4). Diese Fragen richten sich an jugendliche Leserinnen und Leser und sollen zum Nachdenken anregen. Allerdings erschweren einige Fachbegriffe der Feuerwehr, z.B. „Atemschutzgerät" (Z. 12) oder „Zugtrupp" (Z. 22), die Verständlichkeit des Textes.*

**1** Dies ist ein Ausschnitt aus einem Aufsatz über einen Artikel zum Thema „Feuerwehr".

a Erklärt, woran man erkennt, dass Stellen aus dem Originaltext wörtlich wiedergegeben (zitiert) wurden.

b An einer Stelle wurde ein Zitat gekürzt. Nennt diese Textstelle und erklärt, wie man Auslassungen kennzeichnet.

> *In dem Text kommen viele Adjektive vor, z.B. wagemutig (Z. 40), hilfsbereit (Z. 43), furchtlos (Z. 44), schnell (Z. 45). Dies verdeutlicht, welche Charaktereigenschaften Feuerwehrmänner haben sollten. Da nur wenige Fremdwörter vorkommen (stationär, Z. 23, Defekt, Z. 27, Diskussion, Z. 30), ist der Bericht für jedermann verständlich. Durch die Wiedergabe einer Aussage des Feuerwehrkommandanten (Es ist [...] mitzuwirken., Z. 38) wirkt der Text glaubwürdiger. Der Schlusssatz endet mit einem Ausrufezeichen und somit mit einer Aufforderung an alle Jugendlichen: Tretet der Jugendfeuerwehr bei! (Z. 65)*

**2** Schreibt diese Fortsetzung des Aufsatzes ab und kennzeichnet die Zitate.

**3** Es gibt verschiedene Möglichkeiten, ein Zitat in einen Text einzubinden:

**A** *Es werden Fachbegriffe der Feuerwehr verwendet: „Atemschutzgerät" (Z. 12), „Zugtrupp" (Z. 22).*
**B** *Es werden Fachbegriffe der Feuerwehr („Atemschutzgerät", Z. 12, „Zugtrupp", Z. 22) verwendet.*
**C** *Es werden Fachbegriffe der Feuerwehr verwendet, z.B. „Atemschutzgerät" (Z. 12), „Zugtrupp" (Z. 22).*
Ordnet den drei Beispielen A, B und C die folgenden Beschreibungen zu:

Zitat in Klammern • Zitat wird mit *z. B.* eingeleitet • Zitat folgt nach einem Doppelpunkt

---

| **Wissen und Können** | **Richtig zitieren** |
| --- | --- |

**Zitate** sind **wörtlich wiedergegebene Textstellen.** Beim Zitieren gelten folgende Regeln:
- Zitate werden in **Anführungszeichen** gesetzt.
- Das Zitat muss **wortwörtlich** wiedergegeben werden, der Text darf nicht geändert werden.
- **Auslassungen** im Zitat werden durch **[...]** gekennzeichnet.
- Es wird angeben, in welcher **Zeile** die **Textstelle im Originaltext** zu finden ist.

## Vietnamesen ersteigern kleinste Stadt der USA

Don Sammons, der einzige Bürger Bufords, will seinen Bürgermeistertitel abgeben und wegziehen.

Zwei anonyme Bieter haben die beschauliche Stadt Buford ersteigert. Der einzige Einwohner, Don Sammons, der gleichzeitig inoffizieller Bürgermeister des winzigen Örtchens ist, will in den Ruhestand gehen und zu seinem Sohn nach Colorado ziehen.

„Buford ist wirtschaftlich attraktiv und bietet den romantischen Lebensstil einer aufstrebenden Stadt", bewarb Maklerin Amy Bates die ungewöhnliche Auktion. Menschen aus mehr als 70 Ländern interessierten sich demnach bereits für das idyllische Dorf.

Nun gehört die kleinste Stadt der USA zwei Vietnamesen. Die anonymen Bieter ersteigerten für 900 000 Dollar (680 000 Euro) die ruhige Ein-Einwohner-Stadt Buford in Wyoming. Die Männer dürfen eine Tankstelle, einen Gemischtwarenladen, ein Schulhaus, eine Garage, eine Werkstatt, vier Hektar Land und ein Haus mit drei Zimmern ihr Eigen nennen. Zudem bekommen die neuen Besitzer die Pacht, die der Telefonanbieter „Union Wireless" für einen Mobilfunkmast auf dem Gelände zahlt. Wäre das nichts für Sie gewesen?

*Der Bericht „Vietnamesen ersteigern kleinste Stadt der USA" enthält nur wenige Fremdwörter* [?] *. Deshalb ist der Text leicht verständlich und für die breite Leserschaft der Zeitung geeignet. Weiterhin sind in einem Satz Aufzählungen zu finden* [?] *. Diese verdeutlichen, welche Gebäude zu Buford gehören. Außerdem kommen viele Adjektive vor* [?] *, durch welche die Stadt Buford genauer beschrieben wird. Durch das Nennen von Namen realer Personen* [?] *und die Wiedergabe der Aussage einer Maklerin in wörtlicher Rede* [?] *wirkt der Bericht glaubwürdig. Der Text endet mit einem Fragesatz* [?] *. Hierdurch wird der Leser mit einbezogen und direkt angesprochen.*

**4** In diesem Aufsatz zu dem oben abgedruckten Zeitungstext fehlen passende Zitate.
a Sucht zu den markierten Stellen passende Beispiele aus dem Text heraus.
b Schreibt den Text ab und ergänzt jeweils passende Zitate aus dem Bericht.
   Achtet darauf, eure Zitate abwechslungsreich einzubinden (▶ S. 272, Aufgabe 3), z. B.:
   *Der Bericht „Vietnamesen ersteigern kleinste Stadt der USA" enthält einige Fremdwörter, z. B. „anonym"*
   *(Z. 1), „inoffiziell" (Z. 3). Deshalb ist ...*

# Individuelle Fehlerschwerpunkte erkennen und üben

### Das Erzeugen eines Blitzes

Zuerst zieht ihr einen Gummihandschuh an. Mit dieser Hand nehmt ihr eine Metallschüssel und reibt sie kräftig und schnell ein paar Minuten lang über einen Wollpullover. Achtet darauf,
5  dass ihr die Schale nicht mit der anderen Hand berührt. Habt ihr lange genug gerieben, müsst ihr euch der Schüssel langsam mit einem Schraubenzieher nähern. Seid ihr nah genug dran, passiert es: Es gibt einen kleinen Blitz! Am
10  besten sieht man das Leuchten im Dunkeln, daher ist das Herunterlassen der Rollläden ein Muss.

Wie funktioniert der Trick? Durch die Reibung wird das Metall aufgeladen: Vom Pulli gehen
15  Elektronen, negativ geladene Teilchen, auf das Gefäß über. An der Schüssel befinden sich nach dem Bearbeiten mit der Wolle mehr Elektronen als vorher. Dieses Ungleichgewicht soll beim ersten Anlass wieder ausgeglichen werden. Ein Schraubenzieher ist hierfür geeignet, 20 denn er ist aus Metall und daher ein guter Leiter. Er bezweckt, dass die Elektronen schleunigst die Schale verlassen. Diese Entladung kann man als Blitz sehen.

**1** Diktiert euch gegenseitig diesen Text und korrigiert ihn anschließend.

**2** Die richtige Schreibung eurer Fehlerwörter könnt ihr euch mit Hilfe einer Rechtschreibkartei oder eines Fehlerbogens einprägen.

### Training mit der Rechschreibkartei

Ihr könnt Wörter, die ihr oft falsch schreibt, in eure Rechtschreibkartei aufnehmen:

- Schreibt das Fehlerwort auf die Vorderseite der Karteikarte und markiert euren Fehlerschwerpunkt.
- Sucht drei bis vier verwandte Wörter zu eurem Fehlerwort und schreibt sie auf die Rückseite.
- Bildet mit dem Fehlerwort Wortgruppen oder Sätze.
- Wenn es zu eurem Fehlerwort eine Regel gibt, schreibt sie dazu.

> *Doppelkonsonanten*
> *das Metall*
>
> ---
>
> *metallfarben, das Edelmetall, metallisch,*
> *das Metallteil*
> *Er hatte eine metallene Stimme.*
> **Regel:** *Nach betontem kurzem Vokal folgen*
> *zwei Konsonantenbuchstaben.*

## Mit einem Fehlerbogen arbeiten

| Fehlerart | Beispiele | Rechtschreibregel |
|---|---|---|
| Schreibung nach kurz gesprochenem Vokal | *brennen* *Hocker* *Hitze* | Nach kurzem Vokal folgen meist zwei Konsonanten. Hört ihr nur einen Konsonanten, wird er beim Schreiben verdoppelt *(Mitte)*. Aber: *k* wird zu *ck (Mücke)*; *z* wird zu *tz (Mütze)*. |
| Schreibung nach lang gesprochenem Vokal | *mehr* *das Meer* *lieben* *Tiger* | Nach langem Vokal folgt meist ein Konsonant. Bei manchen Wörtern gibt es folgende Dehnungskennzeichen: <br> – Dehnungs-*h (Sohle, Mahnung)* <br> – verdoppelter Vokal *(Fee, Moos, Saal)* <br> – langes *i* als *ie (Ziege)*, *ieh (ziehen)*, *ih (ihren)* oder einfaches *i (Kantine)* |
| Schreibung des s-Lautes *s – ss – ß* | *zerreißen* *der Riss* *der Riese* | – nach kurzem Vokal stimmloses *s → ss: Kasse* <br> – nach langem Vokal oder Diphthong *(ei, äu, eu, au)* stimmloses *s → ß: beißen, Fuß* <br> – stimmhaftes *s → s: Wiese, Rasen* |
| gleich und ähnlich klingende Laute *b – p    ä – e* *g – k    äu – eu* *d – t* *v – f* | *Stab* *Krug* *Handstand* *Vollpension* *Bedrängnis* *gebräuchlich* | – Verlängerungsprobe machen: *Krug – Krüge; klug – klüger* <br> – verwandte Wörter suchen (Ableitungsprobe): *lesen – Leserschaft – Leser – Leseratte* *Maus – Mausefalle – Mäuse – Mäuserich* |
| Großschreibung <br> – Nomen <br> – nominalisierte Verben <br> – nominalisierte Adjektive | *die Erkenntnis beim Lernen* *der Größte* | – Artikelprobe anwenden: *das Kind, die Mutter, der Vater* <br> – Nomenendungen beachten: *Freundschaft, Hindernis, Heiterkeit, Begeisterung, Altertum* <br> – auf Begleiter achten: *das Kauen, beim Gehen, etwas Schönes* |
| Getrennt- und Zusammenschreibung | *Fahrrad fahren* *beim Fahrradfahren ...* | Nominalisierungen schreibt man zusammen. |
| Fremdwörter | *reparieren, Maschine* | Im Wörterbuch nachschlagen! |
| Komma <br> – bei Aufzählungen <br> – in Satzreihen <br> – in Satzgefügen | *Ich möchte wandern, baden, segeln.* *Ich konnte nicht zur Schule, denn ich war krank.* | – auf Satzmelodie und Sprechpausen achten <br> – auf Konjunktionen *(obwohl, weil, dass, denn ...)* und Relativpronomen *(der, die, welches ...)* achten |
| sonstige Fehler, z. B.: vergessene/vertauschte Buchstaben | | Mit einer Wörterkartei üben! |

# 15.2 Grammatische Kenntnisse bewusst zur Lösung von Rechtschreibfragen einsetzen

## Das Komma in Satzreihen

### Ulli (1)

Seit der ersten Klasse sitzt Ulli Ullermann hinter mir. Bisher habe ich keinen einzigen Gedanken an diese Person verschwendet. Bis zu den letzten Ferien war sie mir völlig gleichgültig. Meine zwei besten Freunde in der Klasse sind Harri und Florian. Wir unternehmen immer alles gemeinsam. Kurz vor den Sommerferien gingen Harri und Florian plötzlich mit Anette und Marion. An den beiden Mädchen ist nichts auszusetzen. Sie sind mit Ulli befreundet. Nach den Sommerferien waren wir plötzlich zu sechst unterwegs. Bald hieß es in meiner Klasse:
„Der Wolfgang geht mit der Ulli!" Das war unangenehm genug. Ulli war genau der gleichen Ansicht. Das ärgerte mich. Natürlich hätte ich das abstellen können. Dezent leistete ich ja auch Widerstand. Ulli ist nicht sensibel. Sie hielt mich für ungeheuer schüchtern. Ich liebte sie nicht. Dafür konnte sie ja schließlich nichts. Sich ungeliebt fühlen muss für ein

Mädchen entsetzlich sein. Das weiß ich von meinen Schwestern. Die können deshalb die ganze Nacht durchheulen.

**1** Dieser Text besteht nur aus Hauptsätzen.

a Schreibt den Text neu auf und verknüpft dabei inhaltlich zusammengehörige Sätze zu einer Satzreihe mit oder ohne Konjunktion, z. B.:

*Seit der ersten Klasse sitzt Ulli Ullermann hinter mir, bisher habe ich keinen einzigen Gedanken an diese Person verschwendet (,) und bis zu den letzten Ferien war sie mir völlig gleichgültig.*

b Überprüft mit Hilfe des Tipps, ob ihr die Kommas richtig gesetzt habt.

---

**Wissen und Können**   Das Komma in Satzreihen

Eine **Satzreihe** besteht aus **zwei oder mehreren Hauptsätzen.** Man trennt sie durch ein Komma oder verbindet sie durch Konjunktionen, z. B.: *aber, denn, doch, und, oder*
Vor den Konjunktionen steht immer ein Komma. Nur vor *und* bzw. *oder* kann das Komma weggelassen werden.

# Das Komma in Satzgefügen

**Ulli (2)**

Ich kann kaum sagen wie blöd ich mir vorkam. Richtig schwierig wurde es aber als Anette und Marion mit Harri und Florian kein Wort mehr redeten. Ich war zuerst unheimlich erleichtert als ich merkte dass die Beziehungen meiner Freunde zu Ende waren. Aber diese Erleichterung dauerte nicht lange weil Ulli sagte dass ihr die Beziehung zu mir wichtiger als die Freundschaft mit Anette und Marion ist. „Wenn die so blöd sind dass sie das nicht einsehen kann ich auch nichts machen!"

Ich fragte meine Schwester Doris um Rat da die eine Sachverständige für komplizierte Liebesangelegenheiten ist. Doris erklärte mir dass ich die Ulli absolut nicht seelisch verletzen darf. Sehr sanft sollte ich ihr beibringen dass ich sie nicht mehr mag. „Die beste Lösung ist es wenn du wartest bis die Ulli einen anderen Jungen liebt. Ewig halten erste Lieben ja ohnehin nicht", tröstete mich Doris. Obwohl ich die Idee von Doris gar nicht übel fand wollte ich nicht so lange warten.

**2**    Dieser Textausschnitt besteht aus Satzgefügen, allerdings fehlen alle Kommas.
Schreibt die Sätze ab, unterstreicht in jedem Nebensatz die Konjunktion und umkreist das Prädikat.
Setzt die fehlenden Kommas.

**Ulli (3)**

Ich versuchte, in der Klasse einen zu finden der sich in Ulli verlieben könnte. Harri dessen Interesse nur großen Mädchen galt kam nicht in Frage. Deshalb kam ich auf Axel der mein Banknachbar ist. Die beiden würden sicher ein gutes Paar abgeben, und Axel der nett ist wür- de Ulli auch nicht mehr hergeben. Ich kaufte zwei Kinokarten welche ich Axel geben wollte. Axel dem der Vorschlag nicht gefiel wollte die Karten deshalb nicht annehmen. So ging eben ich mit Ulli die sich riesig über meine Einladung freute ins Kino.

**3**    Hier fehlen die Kommas vor und nach Relativsätzen. Schreibt den Text ab, unterstreicht die eingefügten Relativsätze, die sich auf ein Nomen beziehen, und setzt die fehlenden Kommas.

---

**Wissen und Können**    **Das Komma in Satzgefügen**

Ein **Satzgefüge** besteht aus einem **Hauptsatz** und einem **Nebensatz.**
Hauptsatz und Nebensatz werden immer durch ein Komma voneinander getrennt.

- Ein Nebensatz wird meistens mit einer **Konjunktion** eingeleitet, z. B.:
  *weil, da, obwohl, wenn*

- Nebensätze können auch durch **Relativpronomen** eingeleitet werden, z. B.:
  *Ich wollte jemanden finden, der sich in Ulli verlieben könnte.*
  Diese Nebensätze nennt man **Relativ-** oder **Attributsätze.**

# das – dass

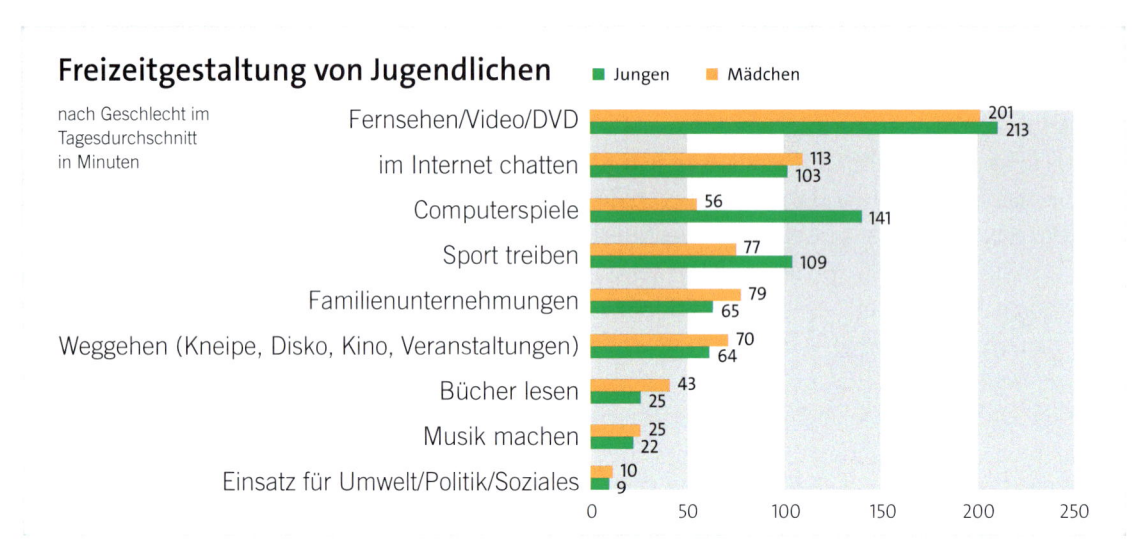

## Freizeitgestaltung von Jugendlichen

■ Jungen   ■ Mädchen

nach Geschlecht im
Tagesdurchschnitt
in Minuten

Fernsehen/Video/DVD — 201 / 213

im Internet chatten — 113 / 103

Computerspiele — 56 / 141

Sport treiben — 77 / 109

Familienunternehmungen — 79 / 65

Weggehen (Kneipe, Disko, Kino, Veranstaltungen) — 70 / 64

Bücher lesen — 43 / 25

Musik machen — 25 / 22

Einsatz für Umwelt/Politik/Soziales — 10 / 9

0   50   100   150   200   250

**1** Wertet das Diagramm aus und sprecht über eure Freizeitgestaltung.

*Das Diagramm, das oben abgebildet ist, zeigt das Freizeitverhalten von Jugendlichen auf. Für viele Erwachsene ist das Erschreckende, dass die neuen Medien (z.B. Fernseher, Computer) übermäßig genutzt werden. Viele meinen, dass das geändert werden müsse, denn das Lesen von Büchern, für das Jungen nur zirka 25 Minuten aufwenden, und das Musizieren, das bei Jungen und Mädchen weniger als eine halbe Stunde einnimmt, kommen zu kurz. Das sollte zum Nachdenken Anlass geben!*

**2**  a Schreibt den Text ab und ersetzt „das" – soweit möglich – durch „dies", „dieses" oder „welches",
z.B.: *Das (Dieses) Diagramm, das ...*
  b Erklärt, welchen drei verschiedenen Wortarten „das" zugerechnet werden kann.
  c Formuliert eine Regel, wann „das" und wann „dass" geschrieben wird.

---

**Wissen und Können**   **„das" (Artikel oder Pronomen) und „dass" (Konjunktion)**

Wenn man **„das"** durch **„dies", „dieses"** oder **„welches"** ersetzen kann (= Ersatzprobe), so wird
es nur mit einem „s" geschrieben. Es gehört dann einer der folgenden Wortarten an:
- **„das"** als **bestimmter Artikel,** z.B.: *Das (Dieses) Computerspiel gehört mir.*
- **„das"** als **Relativpronomen** leitet einen Relativsatz ein, z.B.:
  *Das Computerspiel, das (welches) du in den Händen hältst, gehört mir.*
- **„das"** als **Demonstrativpronomen,** z.B.: *Das (Dies) weiß ich ganz sicher.*

Die **Konjunktion „dass"** leitet immer einen **Nebensatz** ein und kann **nicht durch „dies",
„dieses" oder „welches" ersetzt** werden.
Häufig steht „dass" in Verbindung mit Verben des Sagens, Denkens und Fühlens, z.B.:
*Ich meine/denke/glaube/befürchte/behaupte, dass viele Computerspiele süchtig machen.*

Es ist bewiesen, **?** jeder dritte Jugendliche zirka drei Stunden täglich vor dem Computer verbringt und dabei nicht **?** spielt, **?** als sinnvoll angesehen wird. **?** **?** negative Effekte mit sich bringt, kann man sich denken. Vor allem bei Jungen besteht die Gefahr, **?** sie spielsüchtig werden. **?** hat oft Auswirkungen auf **?** Notenbild in der Schule. Außerdem befürchtet man, **?** **?** Unterscheiden von Realität und Fantasiewelt nicht mehr gewährleistet ist. **?** größte Problem, **?** sich durch das Computerspielen ergibt, ist allerdings, **?** sich die Jugendlichen von ihren Freunden isolieren.

**3** Schreibt den Text ab, setzt dabei „das" oder „dass" in die Lücken ein und schreibt jeweils in Klammern dahinter, um welche Wortart es sich handelt.

## Das Komma bei Appositionen

| | |
|---|---|
| Lady Gaga heimste viele Grammy Awards ein. | ein dreizehnjähriger Realschüler • |
| Astrid Lindgren starb im Jahr 2002. | der Erfinder des Buchdrucks • |
| In Mainz wurde Johannes Gutenberg geboren. | eine amerikanische Popsängerin • |
| Die Kellnerin eines Restaurants erhielt ein Rekordtrinkgeld. | eine sehr freundliche Frau • |
| Den diesjährigen Vorlesewettbewerb gewann Max Maier. | die bekannte Kinderbuchautorin |

**1** Bestimmt die Nomen der Schlagzeilen näher, indem ihr eine passende Apposition aus dem Wortspeicher einfügt. Achtet darauf, den Einschub durch Kommas abzutrennen, z. B.:
*Lady Gaga, eine amerikanische Popsängerin, heimste viele Grammy Awards ein.*

München die Hauptstadt Bayerns wird von vielen Touristen besichtigt. Der Marienplatz der Mittelpunkt Münchens ist vom Neuen und Alten Rathaus umgeben. Nahe dem Marienplatz liegt die gotische Frauenkirche das Wahrzeichen der Stadt. Von Touristen sollten unbedingt der Viktualienmarkt ein großer Obst- und Gemüsemarkt und der Englische Garten ein größerer Park als der Central Park in New York aufgesucht werden. Der Olympiapark und die Allianz-Arena das Fußballstadion des FC Bayern sind nicht nur für Fußballfans sehenswert. Im Herbst statten natürlich viele Besucher dem Oktoberfest dem größten deutschen Volksfest einen Besuch ab.

**2** Schreibt den Text ab, setzt die fehlenden Kommas und unterstreicht die Appositionen.

### Wissen und Können — Appositionen

Nomen kann man näher bestimmen, indem man ihnen ein anderes treffendes Nomen (oder eine Wortgruppe mit einem Nomen) im gleichen Fall nachstellt und in Kommas setzt. Dies nennt man **Apposition,** z. B.: *Dies ist Herr Gruber, unser Trainer. Ich rief Herrn Gruber, unseren Trainer, an.*

# Testet euer Wissen!

## Zeichensetzung

VORSICHT
FEHLER!

### Kind fährt mit dem Auto zur Schule

*Ein zehnjähriger Schuljunge ein Kind aus dem französischen Valence ist mit einem Auto das seinem Vater gehört zur Schule gefahren. Er hatte sich ans Steuer gesetzt denn er hatte den Schulbus verpasst.*

Obwohl der Junge noch nie am Steuer eines PKWs gesessen hatte konnte er das Auto seines Vaters einen Renault Mégane sofort starten. Auf dem Weg hatte er noch seinen Kameraden der neun Jahre alt ist eingesammelt und mitgenommen. Sie kamen immerhin zwei Kilometer weit bevor sie einen Begrenzungspfosten rammten. Weil man auf diesen Unfall aufmerksam wurde hielt sie schließlich die Polizei an. Der Junge der sehr verwundert war sagte den Beamten dass er doch „vorschriftsmäßig angeschnallt" gewesen sei. Seine ungewöhnliche Aktion begründete der Schüler mit Stress nachdem ihm der Bus davongefahren war.

**1** a Schreibt den Text ab und ergänzt die 16 fehlenden Kommas. Lasst jeweils eine Zeile frei.
b Begründet die Kommasetzung, indem ihr jeweils eine passende Bezeichnung aus dem Wortspeicher in die leere Zeile schreibt.

Satzgefüge • Satzreihe • Apposition

### 12- und 13-Jährige über den Computer

44 % der Jugendlichen geben an, **?** ihre Eltern oft wissen wollen, was sie am Computer machen. Etwa ein Viertel von ihnen bestätigt, **?** die Eltern bei zu langer PC-Nutzung schimpfen. Über ein Fünftel wünscht sich, **?** er oder sie länger am Computer sitzen darf. **?** gemeinsame Arbeiten am Computer, **?** bei etwa 10 % der Nutzer stattfindet, macht Eltern und Kindern Spaß. 10 % der Jugendlichen sagen, **?** sie bei Freunden den Computer nutzen. Demgegenüber sitzen 16 % mit Freunden vor dem Gerät, **?** in ihrem eigenen Zimmer steht. **?** Ergebnis, **?** Familienfans traurig macht: Nur 9 % sitzen mit ihren Geschwistern vor dem PC.

**2** Schreibt den Text ab und füllt die Lücken mit „das" oder „dass".

# 15.3 Fit in …? – Rechtschreiben

### Studentin findet 5000 Jahre alten „Kaugummi"

Einmal etwas besonderes zu finden, ist gewiß der Traum jedes Menschen, der an *||*
einer Grabung beteiligt ist, denn dann haben sich das lästige Sand sieben und stunden- *|*
lange abpinseln von Staub gelohnt. *|*

Dieses Glück hatte auch eine Studentin aus Finnland, die etwas unglaubliches endeckt *|*
hat: einen Klumpen mit Kauabdrücken. Das anfangs Unscheinbare, an einen Kiesel- *|*
stein erinnernde äußere des Seltsamen Fundes täuschte: Er entpuppte sich als 5000 *||*
Jahre alter Kaugummi aus Baumharz. Früher ist das Harz nähmlich gekaut worden, *|*
damit es weich wurde und als Klebematterial verwendet werden konnte. Schließlich *|*
wurde es zum Reperieren zerbrochener Töpfe oder zum abdichten von Kanus verwen- *||*
det. Als positiven Nebeneffekt hat das Harz kauen Backterien abgetötet und somit Ent- *||*
zündungen im Mund vorgebäugt. Manche meinen allerdings, das die Forscher mit *||*
diesen vermutungen falschliegen. *|*

Die Finderin hat sich breit schlagen lassen, noch mehr Zeit ins kennenlernen der *||*
Traditzionen der Steinzeitmenschen zu investieren. *|*

**1** Schreibt den Text ab und korrigiert die 20 Fehler.
Die Striche am Rand zeigen an, wie viele Fehler in der jeweiligen Zeile gemacht wurden.

1. „Mitten auf der Bühne habe ich meinen Text vergessen – was für eine ❓❓❓❓❓❓❓!"
   (peinliche Situation) → **1. Buchstabe**

2. „Wie hat es Ihnen gefallen? Wir freuen uns, wenn Sie Lob oder ❓❓❓❓❓❓ äußern."
   (Beanstandung) → **2. Buchstabe**

3. „Das ❓❓❓❓❓ der heutigen Stunde lautet `Die Jungsteinzeit'".
   (Angelegenheit/Leitgedanke) → **5. Buchstabe**

4. „Meine Schwester hat immer so gute Bastelideen – sie ist sehr ❓❓❓❓❓❓❓!"
   (einfallsreich, schöpferisch) → **7. Buchstabe**

5. „50 geteilt durch 4 ergibt 12,5 – das ist doch ganz ❓❓❓❓❓❓❓."
   (einleuchtend/nachvollziehbar) → **2. Buchstabe**

6. „Unsere Firma plant eine Werbekampagne für unser neues ❓❓❓❓❓❓❓."
   (Erzeugnis) → **5. Buchstabe**

7. „Wenn du in die Bezirksliga aufsteigen willst, musst du regelmäßig ❓❓❓❓❓❓❓❓❓."
   (üben/ausbilden) → **2. Buchstabe**

**2** Schreibt die gesuchten Fremdwörter in der richtigen Schreibung in euer Heft und markiert die gesuchten Lösungsbuchstaben. Wenn ihr alles richtig gemacht habt, erhaltet ihr das fehlende Wort für den Lösungssatz: „Dieses Rätsel habt ihr mit ❓❓❓❓❓❓❓ gelöst!"

### Kaugummi – Fluch oder Segen?

Lehrer E/ermahnen am V/vormittag oft: „Kaugummi aus dem Mund!" Das gleichförmige K/kauen und S/schmatzen wirkt respektlos und zählt daher zu den S/schlimmsten Unterrichtsstörungen. Allerdings hat man beim F/forschen festgestellt, dass das K/kauen etwas N/nützliches sein kann, denn es H/hilft beim D/denken und K/konzentrieren!

Auch an den Zähnen B/bewirken Kaugummis im G/großen und G/ganzen viel G/gutes. Die G/gesteigerte Speichelmenge S/sorgt für das S/sofortige W/wegspülen der Essensreste. Tests haben bewiesen, dass die Z/zuckerhaltigen Kaugummis für die Zahnpflege im W/wesentlichen die G/gleiche Wirkung haben wie die Z/zuckerfreien, wenn man 20 Minuten gekaut hat. Aktives K/kauen B/bietet somit den I/idealen Schutz vor Karies. Allerdings könnt ihr euer P/putzen der Zähne M/morgens und A/abends nicht E/einstellen: Zwei Minuten R/reinigen mit der Zahnbürste ist noch immer am B/besten.

**3** Schreibt den Text ab und entscheidet, ob die gekennzeichneten Wörter groß- oder kleingeschrieben werden müssen.

> **VORSICHT FEHLER!**

Obwohl viele Menschen nur die positiven Seiten des Kaugummis sehen können diese auch eklig sein wenn sie auf dem Boden landen. Für die Stadtreinigung sind ausgespuckte Kaugummis die am Boden festgetreten sind ein Graus denn sie sind nur mit großem Aufwand zu entfernen. Da dies viel Zeit und Geld kostet wird in manchen Städten das Entsorgen von Kaugummis auf der Straße mit Bußgeldern belegt.
Im Frankfurter Bahnhof einem der größten Bahnhöfe Deutschlands muss die Bahn einen Mitarbeiter allein dafür bezahlen dass er die zähen Reste vom Boden kratzt.
Der bekannteste Vorreiter gegen den Kaugummi-Konsum ist Singapur der kleinste Staat Südostasiens. Der Grund für das Kaugummi-Verbot das zwölf Jahre lang galt waren verklebte U-Bahn-Türen durch die es zu Verkehrsbehinderungen kam. Mittlerweise gibt es aber wieder Kaugummis zu kaufen allerdings werden die eingekaufte Menge der Name und die Ausweisnummer des Käufers notiert.

**4** Schreibt den Text ab und setzt die 15 fehlenden Kommas.

- ZUMKAUGUMMIKAUENWIRDGERATEN,WENNMANETWASAUSWENDIGLERNENWILL
- BEIMSPORTTREIBENUNDSPAZIERENGEHENSOLLTEMANMITDEMVERZEHRENVON KAUGUMMIKÜRZERTRETEN.
- TÄTERMUSSTEFÜRDASAUFBRECHENEINESKAUGUMMIAUTOMATENGERADESTEHEN
- MANNMUSSTESICHWEGENVERSCHLUCKTEMKAUGUMMIKRANKSCHREIBENLASSEN

**5** Schreibt die Schlagzeilen in der richtigen Groß- und Kleinschreibung bzw. Getrennt- und Zusammenschreibung ab.

# 16 Pflanzen und Tiere des Jahres –
## Kurzreferate vorbereiten und halten

1 In eurer Klasse sollen Referate zu verschiedenen „Pflanzen und Tieren des Jahres"
gehalten werden.
  a Seht euch die Fotos genau an: Welche Pflanzen und Tiere erkennt ihr?
  b Nennt weitere Beispiele, die euch einfallen.
  c Überlegt, warum bestimmte „Pflanzen und Tiere des Jahres" gekürt werden.

2 Ihr wisst bereits, worauf es bei einem gelungenen Referat ankommt.
  a Wie geht man vor, um ein Referat vorzubereiten? Sammelt Tipps in einer Mind-Map.
  b Notiert Regeln, die man beim Präsentieren des Referats beachten sollte.

## 16.1 Arzneipflanze des Jahres: das Süßholz – Informationen suchen und auswerten

Ihr sollt in Kleingruppen ein Referat zu einer Pflanze oder einem Tier des Jahres eurer Wahl erarbeiten. Jede/r Einzelne von euch soll einen Teilbereich eures Themas der Klasse präsentieren.

Jedes Jahr werden Pflanzen zur „Pflanze des Jahres" gekürt. Dabei gibt es verschiedene Kategorien, z. B.: „Pilz des Jahres", „Giftpflanze des Jahres", „Arzneipflanze des Jahres" usw.

**1** Zählt verschiedene Möglichkeiten auf, wo ihr Anregungen für Themen finden könntet.

Stellt euch vor, ihr hättet das Thema „Arzneipflanze des Jahres: das Süßholz" gewählt. Auf den folgenden Seiten seht ihr, wie ihr bei der Vorbereitung des Referats vorgehen könnt.

**2** Um gezielt nach Informationen suchen zu können, sammelt ihr zunächst alle Fragen, die ihr an euer Thema habt, und ordnet sie.
  **a** Lest die folgenden Fragen, die in einer Schülergruppe zum Thema „Süßholz" notiert wurden.
  **b** Schreibt zusammengehörige Fragen untereinander auf.

> *Ist Süßholz eine kleine Pflanze, ein Strauch oder ein Baum?*
> *Was kann man aus Süßholz herstellen?*
> *In welchen Ländern wird Süßholz angebaut?*
> *Wie sieht Süßholz aus?*
> *Wächst Süßholz auch in Deutschland?*
> *Schmeckt Süßholz wirklich süß?*
> *Gegen welche Krankheiten wird es als Arznei eingesetzt?*
> *Wo wächst Süßholz?*
> *Wie vermehrt sich Süßholz?*

**3** Mit Hilfe einer Mind-Map könnt ihr euch einen Überblick über die Teilbereiche eures Themas verschaffen.

Die **Mind-Map** könnt ihr später mit genaueren Informationen ergänzen und verschiedene Bereiche für eure Referate daraus auswählen.

  **a** Formuliert zu den zusammengehörigen Fragen aus Aufgabe 2 passende Überschriften in Stichworten.
  **b** Übertragt die folgende Mind-Map in euer Heft und ergänzt darin die Überschriften.

*Fortpflanzung*

*Wirkung*

...

*Süßholz*

...

...

# In Büchern recherchieren

**1** In einer Bibliothek könnt ihr nach Büchern und Medien zu eurem Thema suchen.

**a** Nennt Büchereien in eurer Nähe, die in Frage kommen.

**b** In Bibliotheken werden die Bücher nach Sachgebieten aufgestellt, z. B.: Sport, Technik, Geschichte, Biologie, Reisen.

> ⌐ **Bücher für Kinder und Jugendliche** werden in Bibliotheken oft gesondert markiert oder es gibt eine eigene Abteilung.

Unter welchem Stichwort könntet ihr Bücher zum Thema „Arzneipflanze des Jahres: das Süßholz" finden? Schreibt die passenden Sachgebiete aus dem Wortspeicher auf.

> Geschichte • Biologie • Erdkunde • Hauswirtschaft • Jugendromane • Medizin • Kunst

**2** **a** Lest die Tipps für eine Bibliotheksrecherche im Merkkasten unten.

**b** Erklärt, zu welchen Tipps die folgenden beiden Abbildungen jeweils passen.

*Thema: Arzneipflanze 2012 – Süßholz*
*Wirkung: – gegen Bronchitis*
*– hemmt Wachstum von Bakterien*
*– entzündungshemmend*
*Weitere Verwendung: Lakritze*
*Vorkommen: – Mittelmeergebiet*
*– Westasien*
*Zitat: „Viele verschiedene Kulturkreise setzen auf die Kraft dieser Heilpflanze." (S. 33)*
*Aus: Peter K. Scholl: Heilpflanzen von A–Z, Bricks Verlag 2007*
*→ Nachforschen, ob auch in Deutschland Anbau!*

**3** Untersucht die Schülernotiz genauer und beschreibt, was alles darauf festgehalten wurde.

---

**Wissen und Können**  **In der Bibliothek nach Informationen suchen**

1 Geht mit **Stift, Papier** und **Kleingeld** (z. B. für Kopien) in die Bibliothek.
2 Lasst euch von den Bibliotheksangestellten erklären, wie man den **Bibliothekskatalog** benutzt und wie man die Bücher im Regal findet, und erfragt die **Ausleihbedingungen.**
3 Sucht im **Inhaltsverzeichnis** oder im **Sachregister** des Buches nach eurem Thema.
4 **Überfliegt** die entsprechenden Seiten und prüft, ob sie brauchbare Informationen enthalten.
5 **Kopiert wichtige Texte,** Abbildungen und Statistiken für eure Materialsammlung. Notiert auf der Kopie die **Quellenangaben** (Autor, Buchtitel und Seitenzahlen).
6 **Leiht besonders nützliche Bücher aus** und wertet sie zu Hause aus.
7 **Notiert die wichtigsten Informationen** aus den Büchern oder Kopien in Stichpunkten. Denkt immer daran, die Quellenangabe zu notieren.

# Im Internet Informationen suchen

**1** Auch im Internet könnt ihr Material für euer Referat finden. Welche nützlichen Suchmaschinen für Kinder, Online-Lexika oder Schülerseiten kennt ihr? Erstellt eine Liste.

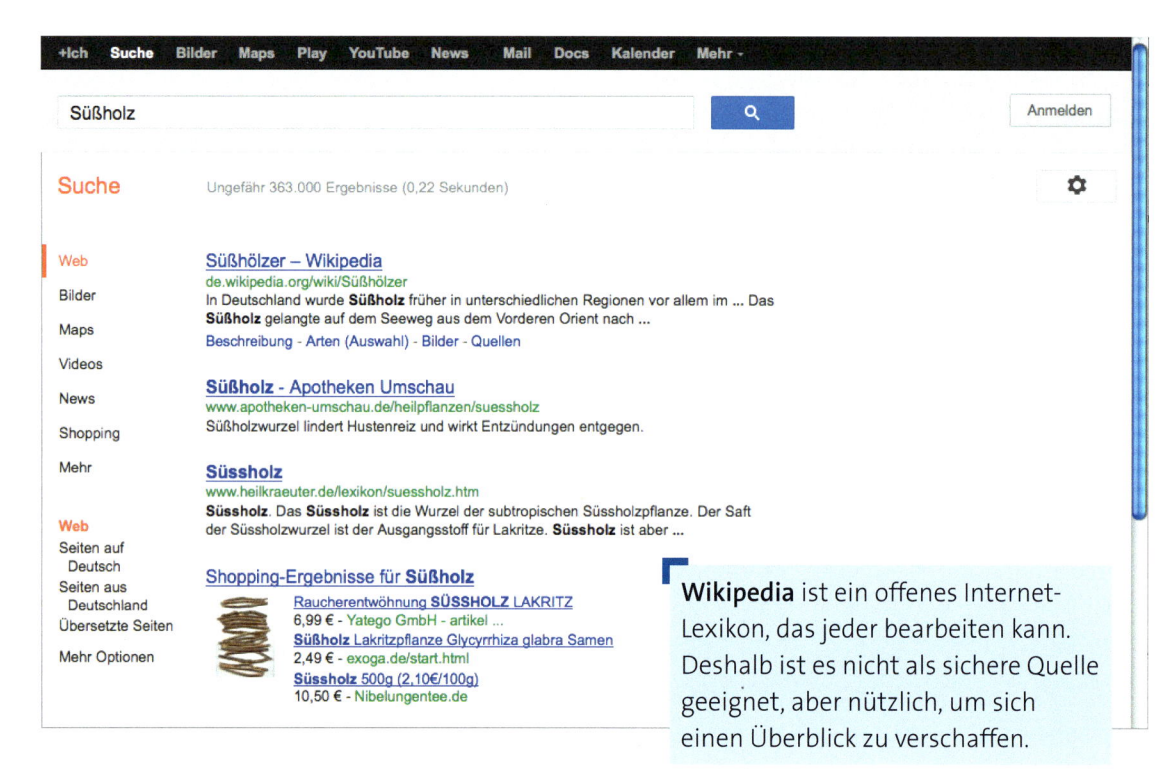

**Wikipedia** ist ein offenes Internet-Lexikon, das jeder bearbeiten kann. Deshalb ist es nicht als sichere Quelle geeignet, aber nützlich, um sich einen Überblick zu verschaffen.

**2** Untersucht die abgebildete Seite einer Suchmaschine.
- **a** Nennt den Suchbegriff, der eingegeben wurde. Wie viele Ergebnisse wurden insgesamt gefunden?
- **b** Wertet die Ergebnisse aus: Welche sind für ein Referat zum Thema „Süßholz" brauchbar, welche sind vermutlich ungeeignet? Begründet eure Einschätzung.

**3** Eure Suchergebnisse werden genauer, wenn ihr die Suche durch zusätzliche Begriffe einengt, z. B.: „Süßholz + Wirkung". Notiert passende Begriffe für eine Suche nach folgenden Themen:
- Wo wächst Süßholz?
- Wie lässt sich Süßholz als Arzneimittel einsetzen?

---

**Wissen und Können**     **Eine Internetrecherche durchführen**

- Gebt möglichst **genaue Suchbegriffe** in die Suchmaschine ein. Verfeinert die Suche durch **zusätzliche Begriffe,** z. B.: statt „Süßholz" → „Süßholz + Verbreitung"
- Die Suchmaschine zeigt dann eine **Titelliste** mit allen Internetadressen an, die den Suchbegriff enthalten. Entscheidet, welche der Suchergebnisse zu eurem Thema passen.
- Klickt die **brauchbaren Beiträge** an und verschafft euch einen **Überblick über den Textinhalt.** Druckt nützliche Informationen aus oder speichert sie als Datei auf dem Computer.
- Vermerkt als **Quelle** immer die **Internetadresse** und das **Download-Datum.**

# Texte überfliegen

Nicht alle gefundenen Texte zum Thema sind für euer Referat brauchbar. Um einen ersten Überblick über den Inhalt eines Textes zu bekommen, könnt ihr ihn überfliegen.

> **Wissen und Können**    **Texte überfliegen**
>
> Die Methode des **Überfliegens** hilft euch, schnell herauszufinden, worum es in einem Text geht. So geht ihr dabei vor:
> - Wandert mit den Augen schnell über den Text – lest nicht jedes einzelne Wort genau.
> - Achtet auf bereits bekannte **Schlüsselbegriffe** (z. B. aus eurer Mind-Map) und auf **Hervorhebungen** im Text wie Zwischenüberschriften, kursiv oder fett gedruckte Begriffe.
>
> **Tipp:** Es ist leichter, Texte in Papierform zu überfliegen. Druckt euch Texte aus dem Internet daher aus.

**1** Auf den folgenden Seiten findet ihr verschiedene Informationen zum Thema „Süßholz" aus dem Internet. Verschafft euch einen Überblick, worum es in den einzelnen Texten geht.

**a** Lest alle Überschriften und überfliegt die Texte.

**b** Notiert zu jedem Text einen Oberbegriff oder eine neue passende Überschrift, z. B.:
*Text 1: Die heilende Wirkung des Süßholzes*

### Süßholz ist Arzneipflanze des Jahres

Die Süßholzpflanze wird die Arzneipflanze des Jahres 2012. Das wurde heute in Frankfurt bekannt gegeben. Die Auswahl der Arzneipflanze des Jahres soll die Bedeutung der Arzneipflan-
5 zen für den Menschen betonen. Gleichzeitig soll aber auch darauf aufmerksam gemacht werden, dass solche Arzneipflanzen häufig gefährdet sind. Die Auswahl trafen in diesem Jahr die Universität Würzburg und viele Organisatio-
10 nen, die sich für den Naturschutz einsetzen. „Das Süßholz ist besonders, weil es bei vielen Beschwerden hilft", so der Medizinhistoriker Johannes Mayer von der Uni Würzburg.

Süßholztee hilft sehr schnell bei rauer Stimme
15 und Hustenreiz. Schon die Ägypter und die griechischen Ärzte schätzten die Pflanze und nutzten sie unter anderem gegen Husten, Heiserkeit und Asthma.

„Die heilenden Eigenschaften der Süßholz-
20 pflanze machen deutlich, was für eine einzig-

artige Apotheke die Natur darstellt", sagt Susanne Honnef, Artenschutzexpertin beim WWF Deutschland. „Immer mehr Menschen haben das in den letzten Jahren erkannt, weswegen Heilpflanzen hierzulande immer beliebter wer-
25 den. Natürlich nimmt dadurch auch der Druck auf die Pflanzen zu, weil eine Übernutzung droht."

### Süßholz (Saatgut)

Wenn Sie Süßholz ernten und raspeln wollen, müssen Sie schon einige Zeit Geduld haben. Drei Jahre dauert es, bis es sich lohnt, die Pflanze zu beernten. Sowohl die Wurzeln als auch die unterirdischen Ausläufer (Rhizome) gelten als Süßholz. Die Pflanze enthält einen Zuckerersatzstoff, der etwa 50-mal süßer ist als Zucker. Die robuste Staude benötigt zur vollen Entwicklung mehrere Jahre. Vorteilhaft für gutes Gedeihen ist ein lehmiger, feuchter, nahrhafter Boden.

Haltbarkeit: frostfest, ausdauernd
Höhe/Platzbedarf: 150/30
Wasser: ●▲▲
Licht: ☀ ☀

### Süßholz (Saatgut)

**Glycyrrhiza glabra**

Liefergröße: ~ 50 Korn
Bestell-Nr.: GLY01X

## 2,60 €

Preise inkl. gesetzlicher MwSt. zzgl. Versandkosten

Menge: 1

**In den Warenkorb**

Anbaugebiete zur Gewinnung von Süßholz

**Süßholzpflanze immer seltener in freier Natur zu finden**

[…] „Süßholz wird seit mindestens 3000 Jahren als Arzneimittel gebraucht", sagt der Sprecher des Würzburger Studienkreises Johannes Mayer. In China zähle die Wurzel immer noch zu den zehn wichtigsten Heilpflanzen. Allerdings sei sie auch nicht ganz unproblematisch. Die Wurzel dürfe nicht über längere Zeit in größeren Mengen eingenommen werden, sonst kann der Blutdruck stark ansteigen oder eine Nierenschwäche drohen.

Die weltweit große Nachfrage nach den Wurzeln führt auch dazu, dass die Pflanze immer seltener in der freien Natur wird. Allein in Deutschland werden den Angaben zufolge pro Jahr 500 Tonnen Süßholzwurzel importiert. Etwa 100 Tonnen davon würden für Arzneitees verwendet.

## Merkmale des Süßholzes (Glycyrrhiza glabra)

Süßholz ist eine Staude, die eine Höhe von bis zu zwei Metern erreichen kann. Die gelbe, holzige Wurzel bildet ausgedehnte unterirdische Ausläufer. Am aufrechten Stängel sitzen unpaarig gefiederte Blätter, die aus neun bis 17 ovalen bis herzförmigen Fiederblättchen bestehen. Die Blätter sind mit klebrigen Drüsenhaaren besetzt. In den Blattachseln befinden sich zahlreiche blaulila bis blauviolett gefärbte Blüten. Süßholz gehört zu den Schmetterlingsblütlern (*Fabaceae*) und blüht von Juni bis Juli.

Antje Maly-Samiralow

## Süßholz gegen Husten und Entzündungen

### Den Bestand sichern

Süßholz kann nicht nur auf eine lange Tradition als Heilmittelpflanze verweisen. Sie ist nach wie vor eine Wildpflanze, deren Bestand es zu sichern gilt, damit die nächsten Generationen auch davon profitieren können.

### Bamberg war Hochburg des Süßholzanbaus

Die Süßholzpflanze wird traditionell in wärmeren Gebieten angebaut, unter anderem in Italien, Südfrankreich, Spanien, der Türkei, dem Kaukasus, Usbekistan, Iran, Afghanistan und China. Aber auch das fränkische Bamberg galt seit dem späten Mittelalter als Hochburg des Süßholzanbaus. Die Wurzel bescherte der Stadt Reichtum und Ansehen. Sie wurde bis nach Prag und Ungarn exportiert. Einer Bamberger Tradition zufolge wurden die Honoratioren der Stadt mit geflochtenen Kränzen aus der

Süßholzwurzel beschenkt. Während der Anbau in den letzten 50 Jahren fast gänzlich zum Erliegen kam, hat sich die „Bamberger Süßholzgesellschaft" der Pflanze seit 2011 wieder angenommen.

### Acht Meter lange Wurzeln

Gut einen Meter Höhe erreichen die Süßholzstauden, die im Herbst zurückgeschnitten werden. Doch das eigentlich Interessante an der Pflanze sind die Wurzeln. Nach gut vier Jahren sind sie reif für die Ernte. Es gehört viel Fingerspitzengefühl dazu, die Wurzeln, die bis zu acht Meter lang werden können, auszugraben, ohne sie zu beschädigen. In der Regel wird nicht die gesamte Wurzel ausgegraben, sondern es werden Teile im Boden belassen, damit sie schneller wieder nachwachsen kann. Die Wurzel wird getrocknet und weiterverarbeitet, beispielsweise zu Tees oder zu Lakritz.

Nicola Schell

# Multitalent Süßholz

### Gute Nachricht für Lakritz-Fans

Die würzige Nascherei ist gesünder als Schokolade, Gummibärchen und Co. Sie enthält fast gar kein Fett, hilft bei Erkältungen, Magenschmerzen, niedrigem Blutdruck und bei Stimmungsschwankungen. Mit über 400 Inhaltsstoffen hat es das Multitalent zur Arzneipflanze des Jahres 2012 geschafft. Süßholz heißt mit botanischem Namen *Glycyrrhiza glabra* und ist ursprünglich im Mittelmeerraum und in Westasien zu Hause. Die bis zu einem Meter hohe Staude bevorzugt warmes, sonniges Klima und blüht im Spätsommer weiß und blauviolett. Die heilenden Wirkstoffe werden aber nur aus den im Herbst geernteten Wurzeln gewonnen. Diese müssen zur weiteren Verarbeitung getrocknet werden.

### Zuckersüße Wurzel

In der Wurzel enthalten ist zum Beispiel der Wirkstoff Glycyrrhizin, der dem Süßholz seinen typischen Geschmack verleiht. Er ist 50-mal süßer als Rohrzucker. Die Redewendung „Süßholz raspeln" bedeutet deshalb, dass man jemandem zuckrige, übertriebene Komplimente macht.

### Seit 3000 Jahren im Einsatz

Als Arzneipflanze ist Süßholz schon seit etwa 3000 Jahren bekannt. Die alten Ägypter stellten daraus Tees und Aufgüsse her, um Husten, Magenbeschwerden und Krämpfe zu lindern. In der traditionellen chinesischen Medizin ist Süßholz eine der am häufigsten verwendeten Heilpflanzen. Nach Meinung chinesischer Ärzte wirkt es stark entgiftend und macht den Körper empfänglicher für bestimmte Wirkstoffe.

### Unschlagbar gegen Husten

In unseren Breitengraden wurde die Heilkraft von Süßholz lange nicht erkannt. Erst die pflanzenkundige Nonne Hildegard von Bingen entdeckte, was das Süßholz alles kann, und machte es in den Klostergärten des Mittelalters heimisch. Seitdem wird Süßholz vor allem bei Bronchialbeschwerden eingesetzt. Als Tee in Kombination mit Thymian ist es unschlagbar gegen festsitzenden Husten.

### Lakritz: von mild bis scharf

Mitte des 19. Jahrhunderts wurde aus dem dunklen Saft erstmals Lakritz als Süßigkeit hergestellt. Die im deutschen Handel üblichen Lakritzen sind entweder gezuckert oder gesalzen und sehr mild. Schärfere Varianten sind vor allem in Skandinavien beliebt. Die sehr salzige „Erwachsenenlakritze" wird meist nur in Apotheken verkauft.

### Brände löschen mit Süßholz

Doch Süßholz wird nicht nur zum Heilen und Naschen verwendet. Man löscht auch Brände damit! Das glaubt ihr nicht? Ehrlich! Lakritzsaft hat schäumende Eigenschaften und wird deshalb Feuerlöschmitteln zugesetzt.

# Unbekannte Begriffe nachschlagen

Sachtexte enthalten oft Fachbegriffe und Fremdwörter. Um ihre Bedeutung zu klären, könnt ihr in einem Lexikon nachschlagen.

> **Das Süßholz** ist die Wurzel der subtropischen Glycyrrhiza. Der Saft der Wurzel ist der Ausgangsstoff für die bekannte Lakritze.
> Allerdings ist die Pflanze auch schon lange als Heilpflanze bekannt. So hilft sie gegen Bronchitis, Magengeschwüre, Migräne oder Bluthochdruck.

**1** Alle Begriffe, die ihr in eurem Referat verwendet, solltet ihr auch verstehen. Welche Begriffe in diesem Lexikonartikel könnt ihr nicht erklären? Schlagt ihre Bedeutung nach und notiert sie, z. B.:
*subtropisch – Klima in Regionen mit Temperaturen von durchschnittlich 20°C*

# Informationen auswerten

**1** Wenn ihr erkannt habt, dass ein Text für euer Referatsthema nützlich ist, lest ihr ihn genauer. Prüft, welche der Texte bzw. Textabschnitte von ▶ Seite 287–290 sich jeweils zur Vorbereitung der folgenden Themen eignen würden:

> Die heilende Wirkung des Süßholzes • Vom Süßholz zur Lakritze • Die Süßholzpflanze

**2** Die ausgewählten Texte könnt ihr mit Hilfe der Fünf-Schritt-Lesemethode genauer erschließen. Erprobt das Vorgehen anhand des Textes „Multitalent Süßholz" von ▶ Seite 290.

### Schritt 1: Grob überfliegen und Thema erfassen
Formuliert das Thema in einem Satz. Tipp: Nutzt eure Antwort aus ▶ Aufgabe 1b auf Seite 287.

### Schritt 2: Fragen stellen
Formuliert W-Fragen an den Text, z. B.:
*– Was hat Süßholz mit Lakritze zu tun?      – Wie sieht die Pflanze aus?*

### Schritt 3: Gründlich lesen und Schlüsselstellen unterstreichen
– Klärt unbekannte Wörter aus dem Zusammenhang oder durch Nachschlagen.
– Markiert Schlüsselwörter auf einer Kopie des Textes oder schreibt sie heraus.

### Schritt 4: Wichtiges zusammenfassen
Formuliert für jeden Textabschnitt eine Überschrift, die den Inhalt knapp zusammenfasst. Nutzt dazu eure Schlüsselwörter.

### Schritt 5: Wiederholen
Wiederholt den Inhalt mit Hilfe eurer Fragen aus ▶ Schritt 2. Ihr könnt auch einer anderen Person (Banknachbar/in, Eltern, Geschwister) erklären, worum es in dem Text geht. Dies ist ein gutes Training für euer Referat!

## Schaubilder auswerten

**1** Ihr könnt auch Schaubilder oder Statistiken für euer Referat nutzen. Während des Vortrags solltet ihr sie vergrößert präsentieren und genau erklären. Seht euch das Schaubild auf Seite 288 an und beschreibt, was darauf zu sehen ist.

*Das Schaubild verdeutlicht, an welchen Orten ...*
*Man erkennt, dass Süßholz in ... Besonders interessant ist, dass ...*

- Nennt zuerst das Thema des Schaubildes.
- Erklärt genauer, was veranschaulicht wird.
- Greift besondere Fakten heraus.

# Informationen ordnen

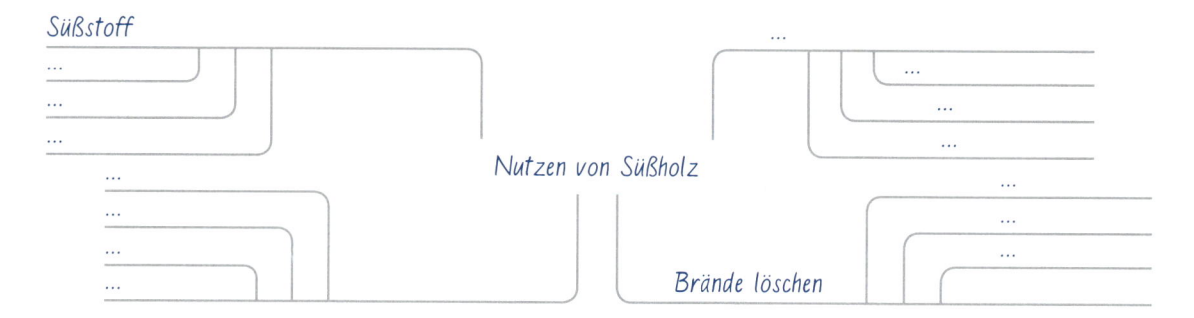

**1** Wenn ihr die für euer Thema relevanten Texte erschlossen habt, könnt ihr die Informationen in einer neuen Mind-Map ordnen.

**a** Ergänzt diese angefangene Mind-Map zum Thema „Nutzen von Süßholz" mit verschiedenen Oberbegriffen. Orientiert euch dabei an den Ergebnissen aus ▸ Aufgabe 2 auf Seite 291.

**b** Ordnet den Oberbegriffen genauere Informationen zu.

**c** Ergänzt weitere passende Fakten aus den anderen Texten.

**2** In einer Gliederung legt ihr den Aufbau eures Referats fest.

**a** Überlegt, wie ihr die Unterthemen für das Referatsthema „Nutzen von Süßholz" ordnen würdet.

**b** Schreibt die abgebildete Gliederung in einer sinnvollen Anordnung vollständig in euer Heft.

*Referat – Nutzen von Süßholz (Gliederung)*
*1. Feuer löschen*
*2. Süßstoff*
*3. Lakritzherstellung*
*4. ...*

---

**Wissen und Können**   **Informationen für ein Referat recherchieren und ordnen**

**1** **Überfliegt** die gefundenen Materialien und prüft ihre Brauchbarkeit für euer Thema.

**2** **Lest die Texte genau** (z.B. mit der Fünf-Schritt-Lesemethode).

**3** Ordnet passende **Oberbegriffe** zu eurem Thema in einer **Mind-Map.**

**4** Ergänzt als **Unterbergriffe** die **wichtigsten Informationen** aus dem Text.

**5** Erstellt eine **Gliederung** für euer Referat. Bringt dazu die Oberbegriffe der Mind-Map in eine sinnvolle Reihenfolge.

# Ein Interview vorbereiten und durchführen

**1** Ihr könnt für euer Referat auch Personen interviewen, die sich mit dem Referatsthema besonders auskennen. Wen könntet ihr für euren Vortrag zum Thema „Pflanzen und Tiere des Jahres" befragen? Sammelt Vorschläge, z.B.: *Biologielehrer/in*, *Florist/in*, …

**2** Zu Beginn des Interviews stellt ihr euch vor und erklärt euer Anliegen. Erprobt dies zu zweit im Rollenspiel.
*Guten Tag, wir sind Schülerinnen und Schüler der … Im Deutschunterricht erarbeiten wir …*
*Wir haben bereits … Darüber hinaus würden wir jetzt gern … Wir kommen auf Sie zu, weil …*

> „Welche Wirkung hat die Pflanze?" • „Schmeckt die Pflanze wirklich süß?" •
> „Wächst das Süßholz in vielen Ländern?" • „Wie sieht Süßholz aus?" •
> „In welchem Zusammenhang kennen Sie das Süßholz?" • „Ist Süßholz gesund?"

**3** Offene Fragen (W-Fragen) eignen sich besser als geschlossene Fragen (Ja/Nein-Fragen).
a Prüft, welche Antworten auf die Fragen in der Sprechblase jeweils zu erwarten wären.
b Formuliert die ungeeigneten (geschlossenen) Fragen in offene Fragen um.

**Verschiedene Interviewformen:**
- **Interview zur Sache** (z.B. mit einem Apotheker über eine Heilpflanze)
  - Die befragte Person ist Expertin/Experte zum Thema.
  - Ihre persönlichen Ansichten sind unwichtig.
- **Interview zur Person** (z.B. über persönliche Meinung zum Nutzen einer Heilpflanze)
  - Die persönliche Meinung der/des Befragten steht im Vordergrund.
- **Straßenumfrage** (z.B. zum Bekanntheitsgrad der Pflanze)
  - Es werden Meinungsäußerungen von mehreren Personen zu 1–2 Fragen gesammelt.

**1 Das Interview vorbereiten:**
- Wer soll wann interviewt werden? Trefft klare Terminabsprachen!
- Wird ein Aufnahmegerät benötigt?
- Soll ein Fragebogen erstellt werden?
- Welche Fragen sollen gestellt werden? Auf offene Fragen (W-Fragen) achten!
- Wie könntet ihr Interesse für das Interview wecken (z.B. Süßholzwurzel zeigen, Zitat vorlesen)?

**2 Das Interview durchführen:**
- Erklärt höflich euer Anliegen und die Gründe für das Interview.
- Seid freundlich, z.B.: „Vielen Dank, dass Sie sich für uns Zeit nehmen."
- Hört aufmerksam zu und geht auf Äußerungen ein.
- Stellt bei Unklarheiten Rückfragen.

**3 Das Interview auswerten:**
- Entscheidet, welche Antworten für euer Referat brauchbar sind.
- Fasst die Ergebnisse zusammen, z.B. als Text, Tabelle oder Diagramm.

# 16.2 Ein Kurzreferat vortragen

Nun könnt ihr selbst ein Referat zu einem Thema eurer Wahl vorbereiten, z. B.: „Tier des Jahres: der Braunbär"
Damit euer Vortrag nicht zu umfangreich wird, solltet ihr euch für 1–2 bestimmte Schwerpunkte entscheiden, z. B.: „Der Braunbär – Lebensraum und Verbreitung in Europa"

### Nützliche Hilfsmittel für das Referat

**1** Bereitet euren Vortrag vor wie auf den ► Seiten 284–293 angeleitet.

**2** Karteikärtchen dienen als Gedächtnisstütze und zur Orientierung während des Vortrags. Übertragt die wichtigsten Stichpunkte aus eurer Mind-Map auf zwei Karteikärtchen. Haltet die Reihenfolge eurer Gliederung ein und beachtet die Hinweise im folgenden Merkkasten.

> *Wirkung der Süßholz-Pflanze*
> *– entzündungshemmend*
> *– gegen Husten*
> *...*

| Wissen und Können | Karteikärtchen als Referatvorlage erstellen |
| --- | --- |

Karteikarten sind nützlich als Gedächtnisstütze während des Vortrags.
- Beschreibt nur die Vorderseite und nummeriert eure Karten.
- Formuliert die Informationen in Stichpunkten, nicht in ganzen Sätzen.
- Schreibt gut lesbar und in großer Schrift. Ihr könnt auch verschiedene Farben verwenden.
- Markiert und unterstreicht Wichtiges sparsam.
- Notiert „Regieanweisungen", z. B.: *Folie auflegen, Pause machen, Rückfrage ans Publikum*

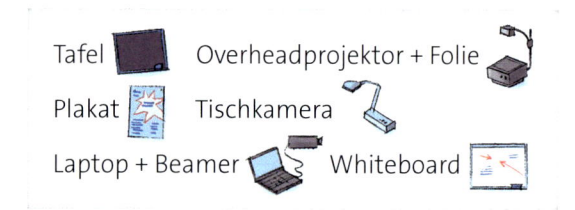

Tafel   Overheadprojektor + Folie    PowerPoint-Präsentation • Diagramme •
Plakat   Tischkamera    Tabellen • Grafiken • Tonaufnahmen •
Laptop + Beamer   Whiteboard    Gliederung des Referats • Bilder • Thema •
   Namen • Daten • Fachbegriffe

**3** Wenn verschiedene Sinne angesprochen werden, prägt sich euer Vortrag besser ein!
a Klärt, welche der oben genannten Medien ihr in eurer Klasse einsetzen könntet.
b Überlegt euch gemeinsam Vor- und Nachteile der verschiedenen Medien.
c Wofür eignen sich die einzelnen Medien besonders? Ordnet die Vorgaben aus dem Wortspeicher passend zu.

**4** „Von einem gelungenen Referat profitieren sowohl die/der Vortragende als auch die Zuhörenden."
Nennt Gründe für diese Aussage und gebt Beispiele.

## Beginn und Abrundung eines Referats

Wer von euch mag Lakritze?

Als ich neulich auf einer Lakritzschnecke kaute ...

Lakritze ist nicht nur süß, sondern auch noch gesund.

Fast jeder von euch hat schon mal Lakritze gegessen, aber wusstet ihr, dass ...

Bisher dachte ich immer, dass Arznei nicht gut schmecken kann, aber...

Wisst ihr, was das hier ist? – Was so aussieht wie ein vertrockneter Ast, ist in Wirklichkeit eine nützliche Arzneipflanze!

Efeu, Gartenkürbis und Süßholz haben eine Gemeinsamkeit: Sie waren alle schon einmal „Arzneipflanze des Jahres".

**1** Der Beginn des Referats soll das Interesse eurer Zuhörer wecken. Deshalb solltet ihr euch einen geeigneten Einstieg überlegen.

a Lest die Sprechblasen und gebt an, welche Tipps aus dem Merkkasten jeweils befolgt wurden.

b Überlegt, welcher Einstieg am besten zu eurem Referat passt. Schreibt verschiedene Möglichkeiten auf, stellt sie einer Partnerin/einem Partner vor und lasst euch eine Rückmeldung geben.

---

**Wissen und Können** — **Der Einstieg ins Referat**

Ihr habt verschiedene Möglichkeiten, euer Referat zu beginnen:
- Erzählt über ein eigenes Erlebnis im Zusammenhang mit dem Referatsthema.
- Stellt Fragen an euer Publikum.
- Informiert über einen besonders interessanten Fakt zum Thema.
- Präsentiert einen Gegenstand oder ein Bild, das mit dem Thema zu tun hat.

Nennt zu Beginn auch die wichtigsten Ziele des Vortrags und stellt kurz die Gliederung vor.

---

**2** Mit einem passenden Schluss rundet ihr euer Referat ab.

» Die 22 Lakritze-Fans unserer Klasse wissen jetzt, dass sie statt Lakritze auch ein Süßholz-Ästchen kauen könnten. Und unsere „Lakritze-Hasser" haben erfahren, was die Süßholz-Pflanze noch so alles kann. Ich fände es wünschenswert, dass mehr Leute über Süßholz Bescheid wissen – zumal es ja sogar hier bei uns in Bamberg angebaut wird! Wenn ihr noch Fragen habt, habt ihr nun die Gelegenheit, sie mir zu stellen. «

**3** a Überlegt, auf welchen Einstieg aus Aufgabe 1 in dieser Abrundung Bezug genommen wird.

b Ordnet die weiteren Tipps aus dem Merkkasten den entsprechenden Aussagen zu.

---

**Wissen und Können** — **Die Abrundung des Referats**

- Knüpft am Ende eures Referats wieder an den Anfang an.
- Gebt zum Schluss eine persönliche Einschätzung zu eurem Thema ab.
- Klärt, ob es noch Nachfragen zu eurem Referat gibt.

# Frei Sprechen – das Publikum beachten

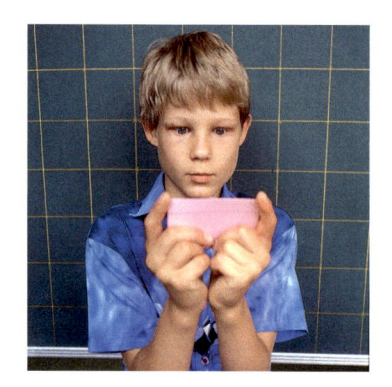

Achtet auf **Blickkontakt zum Publikum.** Seht von euren Notizen immer wieder auf. Schaut nicht nur die Lehrkraft an, sondern blickt in die Klasse. So könnt ihr die Reaktion der Zuschauer erkennen und direkt auf sie eingehen.

**1** Bei einem Vortrag kommt es auch auf die richtige Körperhaltung an!
 a Beschreibt die Körperhaltung, die Mimik und den Blickkontakt der beiden Personen.
 b Welchen Eindruck machen sie auf euch? Vergleicht.

**2** Sammelt Tipps für die richtige Haltung und Sprache in einem Referat, z. B.:
*immer wieder in die Runde sehen – Umgangssprache und Dialekt vermeiden – möglichst …*

**3** Übt das freie Sprechen zu zweit: Berichtet jeweils drei Minuten lang über ein besonderes Ereignis dieser Woche. Bereitet dazu ein Karteikärtchen mit Stichpunkten vor. Haltet einen „roten Faden" (Einstieg, Hauptteil, Schluss) ein und achtet auf eure Körperhaltung.

**4** Auch Zuhören will gelernt sein!
 a Worauf sollten Zuhörerinnen und Zuhörer achten? Formuliert Tipps.
 b Rückfragen zeigen, dass ihr gut zugehört habt. Formuliert zu jedem Vortrag Verständnisfragen oder Interessefragen.
 Im Tippkasten findet ihr Hilfen.

**Verständnisfragen**
- Mir ist nicht ganz klar geworden, wieso …
- Könntest du noch einmal erklären, was …?

**Interessefragen**
- Kannst du uns noch mehr über … erzählen?
- Mich würde interessieren, ob …

**5** a Erstellt Checklisten zum Bewerten einer Präsentation mit verschiedenen Kriterien, z. B.:

| Hören | + | ~ | – | Sehen | + | ~ | – | Verstehen | + | ~ | – |
|---|---|---|---|---|---|---|---|---|---|---|---|
| Lautstärke | … | … | … | Mimik/Gestik | … | … | … | Aufbau | … | … | … |
| Sprechtempo | … | … | … | Blickkontakt | … | … | … | Verständlichkeit | … | … | … |
| freier Vortrag | … | … | … | Medieneinsatz | … | … | … | Einstieg | … | … | … |

 b Einige von euch halten den Vortrag aus Aufgabe 3 vor der Klasse.
 Die anderen machen sich während des Vortrags Notizen in der Checkliste.
 c Gebt eine freundliche Rückmeldung, z. B. mit Hilfe der „Sandwich-Methode" (▶ S. 298).

# 16.3 Mitschreiben und Feedback geben

## Eine Mitschrift anfertigen

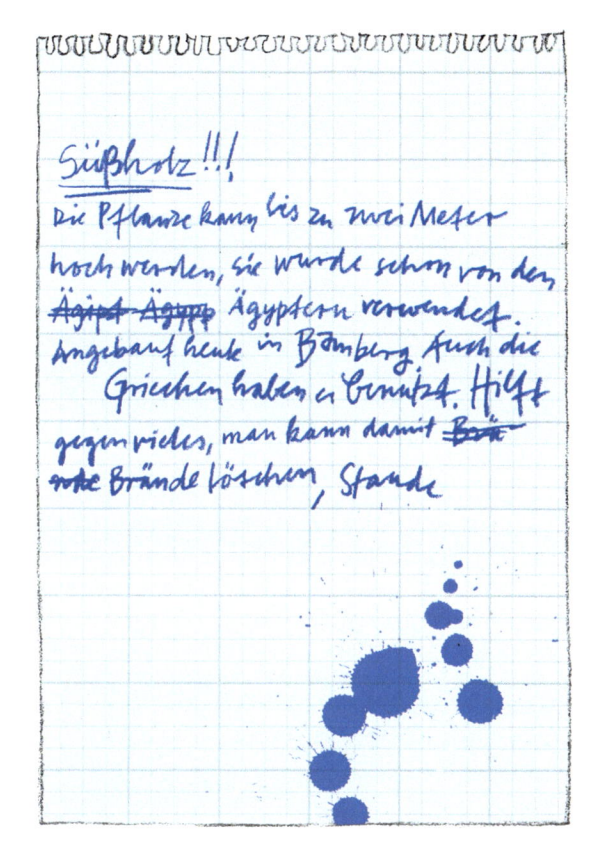

**1** a Vergleicht die beiden Mitschriften: Was ist im zweiten Beispiel besser gelungen?
  b Überprüft, welche Tipps aus dem Merkkasten unten im zweiten Beispiel umgesetzt wurden.

**2** a Lasst euch den unteren Text auf ▶ Seite 289 langsam vorlesen und schreibt die wichtigsten
     Informationen mit. Im Merkkasten unten findet ihr Tipps.
  b Vergleicht anschließend eure Mitschriften.
  c Prüft, an welchen Stellen ihr eure Notizen verknappen könnt.

| Wissen und Können | Eine Mitschrift anfertigen |
| --- | --- |

- Benutzt einen **Bleistift,** damit ihr Falsches wegradieren könnt.
- Lasst rechts auf dem Blatt einen **Rand** frei, um nachträglich etwas ergänzen zu können.
- Orientiert euch beim Aufbau der Mitschrift an der **Gliederung** des Referats.
- Schreibt nur in **Stichpunkten,** das spart Zeit. Achtet beim Zuhören auf **Schlüsselwörter.**
- Verwendet **Abkürzungen** und **Symbole,** z. B.: **wg.** (= wegen), **u.** (= und), **!** (= wichtig),
  **+** (= Vorteil), **−** (= Nachteil), **⇒** (= daraus folgt), **→** (= hängt zusammen mit), **?** (= klären)

**3** Was würdet ihr von euren Klassenkameraden erwarten, wenn sie euch ein Feedback zu eurem Vortrag geben? Listet wichtige Punkte auf, z. B.:
- Lob, Gelungenes hervorheben
- freundlicher, ruhiger Ton
- mich anschauen (nicht die Lehrerin, den Lehrer)
- ...

> Freundliche Rückmeldungen geben könnt ihr mit der **„Sandwich-Methode":**
> - Sagt zuerst immer etwas, das euch beim Referat gefallen hat.
> - Daraufhin könnt ihr einen Verbesserungsvorschlag machen.
> - Endet wieder mit einem Lob.

## Die Mitschrift ausformulieren

Die Mitschrift in Stichpunkten dient euch als Gedächtnisstütze.
Damit sie auch für andere nachvollziehbar ist, könnt ihr sie zu einem Protokoll ausformulieren.

---

*Referatsprotokoll*

*Fach: Deutsch, Klasse 7c*
*Thema: „Die Arzneipflanze 2012: das Süßholz"*
*Datum: 05.05.20...*
*Referent: Marius Wertmann*
*Protokollantin: Darja Gerstel*

*1. Thema*

*Die Arzneipflanze des Jahres 2012 ist das Süßholz. Es wurde von der Universität Würzburg und dem WWF gewählt, weil es viele Beschwerden lindern kann.*
*Bereits die Ägypter ...*

*2. Die Pflanze*

*Das Süßholz ist eine Staude, die ...*

---

**4** a Formuliert eure Mitschriften von ▸ Aufgabe 2 auf Seite 297 aus.
b Tauscht eure Protokolle untereinander aus und prüft, ob die Ausformulierung verständlich ist.

---

**Wissen und Können** | **Eine Mitschrift ausformulieren (einfaches Protokoll)**

- Im Kopf des Protokolls nennt ihr **das Fach, das Thema, das Datum** des Referats, **die Referentin/den Referenten** und **die Protokollantin/den Protokollanten.**
- Formuliert **knapp und sachlich,** aber **in ganzen Sätzen.**
- Achtet auf eine genaue Wiedergabe, beschränkt euch aber auf **das Wesentliche.**
- **Vermeidet persönliche Bemerkungen** oder Wertungen.
- Schreibt im **Präsens** und verwendet zur Wiedergabe wörtlicher Aussagen die **indirekte Rede.**

# Grundwissen

## Sprechen, zuhören und schreiben

### Diskussionen führen ▶ S. 28 f., 39

In einer Diskussion tauschen sich mehrere Personen zu einer strittigen **Frage** aus, z. B.:
*„Soll das Fußballspielen auf dem Pausenhof erlaubt werden?"*
Ziele einer Diskussion können sein: verschiedene **Positionen/Ansichten darzustellen** und
**Argumente auszutauschen,** andere von der eigenen Meinung zu überzeugen oder zu einer **Einigung**
zu kommen, d. h., eine gemeinsame **Lösung** zu finden. Ihr solltet folgende **Diskussionsregeln** beachten:
- Jede/Jeder äußert sich nur zu dem **Thema,** um das es geht.
- Äußert eure Meinung in der **Ich-Form.**
- **Erklärt** und **begründet** eure Meinung, damit die anderen sie nachvollziehen können.
- **Hört einander gut zu** und unterbrecht oder stört den Redner/die Rednerin nicht.
- **Meldet euch** und sprecht erst nach Aufforderung.
- Bleibt immer **sachlich.**
- Niemand wird wegen seiner Äußerungen beleidigt, verspottet oder ausgelacht.

In einer **Fishbowl-Diskussion** (▶ S. 31) könnt ihr das Diskutieren üben und euer Diskussionsverhalten
von anderen beobachten lassen.
- Im Innenkreis (in der „Fishbowl" = im „Goldfischglas") sitzen die Diskutierenden und die
  Diskussionsleitung. Hier steht auch ein leerer Stuhl. Darauf darf sich setzen, wer aus dem Außen-
  kreis eine kurze Zeit mitdiskutieren möchte.
- Den Außenkreis bildet eine Beobachterrunde, die Notizen macht.
- Führt zwei oder mehr Diskussionen durch. Nach jeder Diskussion erfolgt eine Auswertung.

### Sprachvarianten unterscheiden ▶ S. 22

In einer Sprachgemeinschaft (z. B. in den deutschsprachigen Ländern) werden unterschiedliche
**Sprachvarianten** verwendet, je nachdem, wann wer mit wem worüber spricht:
- Die **Hochsprache** (auch: Standardsprache) ist die allgemein verbindliche Form der Sprache.
  Man verwendet sie vor allem im schriftlichen Sprachgebrauch (z. B. sachlicher Brief, Aufsatz)
  und in formellen Gesprächssituationen (z. B. Gespräch mit dem/der Schulleiter/in).
- Die **Jugendsprache** ist der Mode unterworfen und grenzt sich vor allem durch ihren Wortschatz
  von der Hochsprache ab. Sie beinhaltet viele Modewörter (z. B. *krass*) und Anglizismen (z. B. *cool*).
- Der **Dialekt** (auch: Mundart) ist eine Sprachvariante, die an eine bestimmte geografische
  Region geknüpft ist, z. B.: Bairisch, Fränkisch, Schwäbisch, Alemannisch, Sächsisch, Kölsch.

# Informationen an andere weitergeben

## Ein Protokoll schreiben

- Im Kopf des Protokolls nennt ihr **das Fach, das Thema, das Datum** des Referats, **die Referentin/den Referenten** und **die Protokollantin/den Protokollanten.**
- Formuliert **knapp und sachlich,** aber **in ganzen Sätzen.**
- Achtet auf eine genaue Wiedergabe, beschränkt euch aber auf **das Wesentliche.**
- **Vermeidet persönliche Bemerkungen** oder Wertungen.
- Schreibt im **Präsens** und verwendet zur Wiedergabe wörtlicher Aussagen die **indirekte Rede.**

## Den Inhalt von Texten zusammenfassen ▶ S. 57–78

In einer **schriftlichen Zusammenfassung** gibt man den Inhalt eines Texts in möglichst **knapper, gut verständlicher** Form wieder. Sie hat folgende Kennzeichen:

- Es werden nur die **wichtigsten Handlungsschritte** wiedergegeben; Einzelheiten (Details) werden weggelassen.
- Die Zeitform ist das **Präsens.** Wenn Handlungen schon früher abgeschlossen sind, wird das Perfekt verwendet.
- Wörtliche Rede wird durch **indirekte Rede** ersetzt oder umschrieben.
- Die Sprache ist **sachlich** und frei von Ausschmückungen oder Kommentaren

Eine vollständige Zusammenfassung besteht **aus Einleitung, Hauptteil und Schluss:**

- Die <u>Einleitung</u> enthält Informationen
  - zu **Autorin/Autor, Textsorte, Titel** und **Quelle des Textes,**
  - zur **Kernaussage** des Textes mit Angaben über die **Hauptfigur(en)** und – wenn diese wichtig für die Handlung sind – den **Ort** und die **Zeit.**
- Der <u>Hauptteil</u> fasst den **Handlungsverlauf** knapp und verständlich zusammen.
- Im <u>Schlussteil</u> könnt ihr
  - eure **eigene Meinung** zum Text mitteilen,
  - auf die **Wirkung** oder **Lehre** des Textes eingehen,
  - den Text in **Bezug** zu euren eigenen Erfahrungen bringen.

## Einen textgebundenen Aufsatz (TGA) schreiben ▶ S. 79–100, 116–118, 203–222

In einem **textgebundenen Aufsatz (TGA)** untersucht ihr einen **literarischen Text** oder einen **Sachtext** und bearbeitet verschiedene Schreibaufgaben dazu. Der TGA besteht in der Regel aus mehreren Teilen:

### Einleitung:

In der Einleitung gebt ihr einen ersten Überblick über den vorliegenden Text.

- Gebt knapp die wichtigsten Informationen zum Text wieder: **Titel** und **Verfasser/in** des Schriftstückes, die **Textsorte** (z. B. Kurzgeschichte; Bericht), **Quellenangabe** und **Erscheinungsjahr/-datum.**
- Fasst die **Kernaussage** des Textes knapp zusammen: Worum geht es in dem Text?

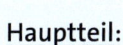

**Hauptteil:**

Im Hauptteil des TGA bearbeitet ihr meist mehrere Arbeitsaufträge.

Folgende Aufgaben können gefordert werden:

- **Zusammenfassung des Textinhaltes:**
  - Gebt bei einem literarischen Text den Textinhalt knapp in eigenen Worten wieder.
  - Gebt bei einem Sachtext den Inhalt der Sinnabschnitte (mit Zeilenangaben) so wieder, dass der Aufbau des Textes deutlich wird.
- **Textsortennachweis:** Anhand von Textbelegen beweist ihr, dass sich der vorliegende Text einer bestimmten Textsorte zuordnen lässt, z. B. Kurzgeschichte.
- **Untersuchung der Sprache** (▶ S. 85 f., 214–217): Benennt sprachliche Auffälligkeiten des Textes. Gebt jeweils zwei Beispiele mit Zeilenangaben an und beschreibt ihre Wirkung. Ihr könnt auf folgende Bereiche eingehen:
  - **Wortwahl,** z. B.: treffende Adjektive, aussagekräftige Verben, Fremdwörter, Fachbegriffe
  - **Satzbau,** z. B.: lange Satzreihen, komplizierte Satzgefüge oder kurze Aussagesätze
  - **Stilmittel,** z. B.: Aufzählungen, Personifikationen (▶ S. 327)
  - **Sonstiges,** z. B.: häufige/seltene Verwendung von wörtlicher Rede; Redewendungen
- **Weiterführende Aufgabe:**
  - Bei einem TGA zu einem literarischen Text ist dies oft eine kreative Schreibaufgabe, z. B.: *Schreibe den Text ab Zeile X neu. Oder: Lies die Textstelle Zeile X–Y und schreibe ein Gespräch auf, das zwischen den Figuren A und B stattgefunden haben könnte.* Achtet darauf, dass **Inhalt, Sprachstil** und **Zeitform** eures Textes zum Ausgangstext passen.
  - Im TGA zu einem Sachtext könnt ihr z. B. aufgefordert werden, einen Schülerzeitungsartikel oder einen Leserbrief zu schreiben.

**Schlussteil:**

Am Schluss des textgebundenen Aufsatzes (TGA) könnt ihr

- eure eigene Meinung zum Text äußern,
- auf das Verhalten der Figuren eingehen oder
- die Wirkung des Textes bzw. den Eindruck auf den Leser wiedergeben.

Achtet darauf, sachlich zu schreiben und eure Meinung aus dem Text heraus zu begründen.

## Richtiges Zitieren ▶ S. 93, 272

Mit Zitaten belegt man seine Aussagen über den Text.

- Man sollte **nur besondere Textstellen** zitieren, z. B. typische Formulierungen oder wichtige Aussagen einer Figur.
- Damit man die zitierten Stellen wiederfinden kann, wird immer eine **Zeilenangabe** ergänzt.
- Wörtliche Zitate aus dem Text werden in **Anführungszeichen** gesetzt. Die Zeilenangaben folgen in Klammern dahinter oder in einem Begleitsatz, z. B.:
  *Es heißt, Kolja habe den Vorschlag aus „knabenhaftem Ehrgeiz" (Z. 19) gemacht. Das Verhalten Koljas wird in Zeile 19 mit „knabenhaftem Ehrgeiz" beschrieben.*
- **Ausgelassene Stellen** werden durch eckige Klammern [...] gekennzeichnet, z. B.:
  *Kolja wurde „durch diese Neckereien [...] gereizt." (Z. 34)*

# Schriftlich erzählen

## Nach einem literarischen Vorbild erzählen ▶ S. 151–172

Als Vorlage für diese Aufsatzart dient ein literarischer Text, dessen Inhalte (oder dessen formale Merkmale) übernommen werden sollen, z. B. eine Ballade (▶ S. 303).

### Aufbau einer Erzählung

- Die **Einleitung** führt in das Erlebnis ein und gibt Antwort auf die wichtigsten W-Fragen: **Wer** sind die Hauptfiguren? **Wann** hat sich das Erlebnis ereignet? **Wo** spielt es? Ein **Köder** macht neugierig auf den Hauptteil.
- Der **Hauptteil** besteht aus mindestens drei oder vier Erzählschritten, die logisch aufeinander aufbauen **(Handlungstreppe)**. Besonders interessant wird eure Erzählung, wenn sie einen anschaulich ausgestalteten **Höhepunkt** hat. Manchmal gibt es auch mehrere Höhepunkte.
- Der **Schluss** rundet die Geschichte ab. Hier kann man noch einmal auf den Anfang der Geschichte zurückkommen oder auch eine Frage offenlassen.

### Kennzeichen einer gelungenen Erzählung

- **Verwendung wörtlicher Rede:** Sie lässt den Leser die Ereignisse hautnah miterleben.
- **Verwendung der richtigen Tempusform:** Beim schriftlichen Erzählen verwendet man in der Regel das **Präteritum.** Wenn ein Erlebnis bereits vor dem erzählten Geschehen stattgefunden hat, verwendet man das **Plusquamperfekt.**
- **Darstellung von äußerer und innerer Handlung:**
  - Die **äußere Handlung** beschreibt das, was gerade passiert, z. B.: *Er lachte laut.*
  - Die **innere Handlung** bezeichnet die Gefühle und Gedanken der Figuren, die nicht äußerlich sichtbar sind, z. B.: *Niemand sollte merken, dass sein Herz vor Angst klopfte.*

## Schildern ▶ S. 41–56

Eine Schilderung stellt eine **kurze Situation** dar, indem sie die **Sinneswahrnehmungen,** Gedanken und Gefühle einer Person, also das **äußere** und das **innere Empfinden, genau** wiedergibt, z. B.: *Was sehe ich? Was höre ich? Was rieche ich? Was fühle ich? Was schmecke ich?*

- So könnt ihr eine Schilderung aufbauen: **Einleitung** (kurze Hinführung zur dargestellten Situation) – **Hauptteil** (genaue Schilderung der Situation) – **Schluss** (Abrundung der Situation)
- Die Zeitform ist meist das **Präsens,** als Erzählform bietet sich besonders die **Ich-Form** an.
- Um **Gedanken und Gefühle** anschaulich zu beschreiben, helfen unterschiedliche sprachliche Mittel:
  - **anschauliche Adjektive und Partizipien,** z. B.: *bitterkalt; elegant tänzelnd*
  - **treffende Verben,** z. B.: *schlendern, anpreisen*
  - **feste Wendungen,** z. B.: *in Angst und Schrecken versetzen*
  - **Vergleiche,** z. B.: *schwarz wie die Nacht*
  - **abwechslungsreiche Satzanfänge:** Vermeidet *dann … dann …, als … als …*
  - Wiedergabe von **Sinneseindrücken,** z. B.: *Etwas streifte sie am Arm. Er horchte auf das Pochen.*

## Kreativ mit Texten umgehen

▶ S. 105–108, 111–115, 118

Um einen **Text stimmig fortsetzen** oder **neu schreiben** zu können, muss man ihn gut verstanden haben:

- **Wo** spielt die Geschichte und **wann?**
- **Aus der Sicht welcher Figur** wird erzählt? (Oder gibt es einen **Er-/Sie-Erzähler?**)
- Was erfährt man über ihre **Stimmung** oder **Eigenschaften?**
- Gibt es andere **wichtige Figuren?**

Gehört der Text einer bestimmten **Textsorte** an, ist er z. B. eine Fabel, müssen in eurer Fortsetzung natürlich auch **typische Merkmale** der Textsorte vorkommen.

### Eine Ballade in eine Erzählung umwandeln

▶ S. 151–172

Erschließt den Inhalt der Ballade:

- Lest den Text **genau,** klärt **unbekannte Begriffe** aus dem Zusammenhang oder mit Hilfe eines Wörterbuchs.
- Schreibt wichtige Textstellen **(Schlüsselwörter)** heraus oder markiert sie auf einer Kopie.
- Beantwortet **W-Fragen** *(Wer? Wo? Wann? ...)* zur Handlung.

Erstellt einen **Schreibplan:** (▶ S. 164)

- Schreibt alle wichtigen **Handlungsschritte** in Stichpunkten auf. Überlegt, welche Angaben ihr übernehmen könnt und welche ihr verändern oder dazuerfinden müsst.
- Versetzt euch in die Figuren hinein und notiert ihre **Eigenschaften** und **Gefühle.**

Verfasst mit Hilfe eures Schreibplans eure Erzählung.

### Einen Tagebucheintrag schreiben

▶ S. 105, 116

In einem Tagebuch werden neben der Datumsangabe persönliche Erlebnisse, Eindrücke, Gedanken, Gefühle, Wünsche usw. festgehalten.

Beachtet beim Schreiben eines Tagebucheintrags aus Sicht einer literarischen Figur:

- Der Inhalt sollte zu der vorgegebenen Textstelle passen und **Geschehnisse aus dem Text aufgreifen.** Überlegt euch zunächst, was die Figur erlebt hat, was sie weiß bzw. nicht weiß, was sie denkt und fühlt.
- Stil und Form des Tagesbucheintrags sind nicht genau festgelegt, die **Ausdrucksweise sollte** allerdings **zu der Figur passen.**
- Durch Fragen oder Ausrufe können **Gefühle und Gedanken** verdeutlicht werden, z. B.: *Was soll ich bloß tun? Wenn ich nur wüsste, was sie im Schilde führt! Ob sie mir helfen wird ...?*

### Einen inneren Monolog schreiben

▶ S. 48

In einem **inneren Monolog** spricht eine Figur in der Ich-Form zu sich selbst und äußert Gedanken und Gefühle, meist im **Präsens.** Er kann folgende Merkmale enthalten:

- Gedankensprünge
- Fragen *(Wieso habe ich bloß ...?)*
- Ausrufe *(Das ist doch unerhört!)*
- Interjektionen *(Ach! Oje, huch).*

## Sachliche Briefe schreiben

▶ S. 31, 40

Sachliche Briefe schreibt man z. B. um **Bitten, Anfragen, Anregungen, Beschwerden, Entschuldigungen** vorzubringen oder **Informationen** einzuholen. Sie richten sich an Amtspersonen (z. B. Direktor, Bürgermeisterin) oder an Leute, die man nicht kennt (z. B. Museumsleiterin). Deshalb hält man sich strenger als im persönlichen Brief an bestimmte Regeln.

**Briefkopf**

**Betreffzeile,** z. B.:
*Anfrage wegen einer Museumsführung*

**Anrede**
Nach der Anrede setzt ihr ein
Komma und schreibt klein weiter.

**Brieftext**
- Man verwendet die Anredepronomen der Höflichkeitsform (*Sie, Ihnen* usw.). Sie werden großgeschrieben.
- In der **Einleitung** benennt ihr das Anliegen und formuliert die Bitte.
- Im **Hauptteil** begründet ihr euer Anliegen (z. B. Bitte, Frage, Kritik, Beschwerde) knapp und sachlich.
- Am **Schluss** fasst ihr das Anliegen zusammen und sprecht den Empfänger direkt an.

**Grußformel und Unterschrift:** Die **Grußformel** und die **Unterschrift** stehen jeweils in einer eigenen Zeile. Am Ende setzt man weder Punkt noch Ausrufezeichen.

Name des Absenders
Straße und Hausnummer
Postleitzahl und Ort

Name des Empfängers
Straße und Hausnummer
Postleitzahl und Ort

Ort, Datum

**Betreffzeile** *(Briefanlass in möglichst wenigen Stichworten: genau, knapp, sachlich)*

Sehr geehrte Frau .../
Sehr geehrter Herr .../
Sehr geehrte Damen und Herren, ...

Brieftext

Mit freundlichen Grüßen

*Unterschrift*

## Texte planen und überarbeiten

### Ideen sammeln und ordnen

▶ S. 124, 127, 150, 284, 292

- Ein **Cluster** (engl. „Haufen", „Menge") ist eine Sammlung von Stichworten zu einem Thema. Er eignet sich dafür, Ideen für einen Aufsatz oder ein Projekt zu sammeln oder erste Eindrücke aus einem Text herauszuschreiben.
- In einer **Mind-Map** (engl. „Gedächtnis-Landkarte") bringt ihr Stichworte zu einem Thema in einen Zusammenhang. Die Mind-Map eignet sich gut, um Informationen aus einem Text oder eigene Ideen zu ordnen.
  - Notiert das **Thema** in der Mitte eines Blattes.
  - Schreibt die wichtigsten Stichworte auf **Hauptäste** und verbindet sie mit dem Thema.
  - Leitet von den Hauptästen **Unteräste** mit untergeordneten Stichworten ab.

## Eine Schreibkonferenz durchführen ▶ S. 182, 237

- Setzt euch in Kleingruppen zu dritt oder zu viert zusammen. Bestimmt einen **Schriftführer,** der Notizen macht, und legt fest, wer jeweils für **Textaufbau, Inhalt** und **Sprache** zuständig ist.
- Lest eure Texte nacheinander vor. Die anderen sagen reihum, was gelungen ist und was verbessert werden sollte. Der Schriftführer macht Notizen.
- Schreibt eure Texte ins Reine und arbeitet die Vorschläge ein.
- Überprüft zum Schluss die Rechtschreibung und Zeichensetzung.

## Den Inhalt eines Erzähltextes zusammenfassen ▶ S. 57–78

Nachdem ihr den Text gründlich gelesen und unbekannte Wörter geklärt habt, geht ihr folgendermaßen vor:
- Gliedert den Text in **Abschnitte** und vergebt passende **Überschriften.**
- Schreibt zu jedem Abschnitt die **wichtigsten Handlungsschritte** in je einem Satz auf. Prüft, welche Handlungsschritte ihr streichen oder zusammenfassen könnt.
- Formuliert die Sätze zu einem **zusammenhängenden Text** aus. Verwendet dabei geeignete **Satzverknüpfungen** wie Konjunktionen oder Pronomen, z. B.: *als, wenn, weil, obwohl; die, der, welcher*
- **Verkürzt** die Sätze weiter, indem ihr Satzteile streicht, zusammenfasst oder knappere Formulierungen wählt.

## Texte überarbeiten durch Umstellen, Weglassen oder Ersetzen

- Ein eintöniger Satzbau lässt sich durch **Umstellen** vermeiden. Man kann zum Beispiel die wichtigste Aussage an den Satzanfang stellen.
- Auch durch das **Weglassen** unpassender und überflüssiger Wörter kann ein Text verbessert werden.
- Wörter, die sich wiederholen, kann man **durch ähnliche Begriffe oder durch Pronomen ersetzen.**

# Mit Texten und Medien umgehen

## Epische Textsorten

### Erzähltexte
▶ S. 57–78, 79–100

#### Aufbau von Erzähltexten

Erzählende Texte sind normalerweise gegliedert in Einleitung, Hauptteil und Schluss:
- Die **Einleitung** führt in das Geschehen ein und gibt Antwort auf die wichtigsten **W-Fragen:** *Wer? Wann? Wo?*
- Der **Hauptteil** besteht aus mehreren **Handlungsschritten,** die aufeinander aufbauen und sich oft zu einem spannenden **Höhepunkt** steigern.
- Der **Schluss** rundet die Geschichte ab. Er kann auch eine **unerwartete Wendung (Pointe)** enthalten oder die Handlung **offenlassen.**

#### Erzählschritte in einer Geschichte

Jede Geschichte besteht in der Regel aus mehreren **Erzählschritten,** die man auch **Handlungsschritte** nennt. Ein neuer Erzählschritt beginnt häufig dann, wenn z. B.:
- der **Ort der Handlung** wechselt, z. B.: *Bei Lisa angekommen …*
- ein **Zeitsprung** stattfindet, z. B.: *Am nächsten Morgen …*
- eine **neue Figur** auftaucht, z. B.: *„Tag!", sagte jemand, als Frieda gerade verschwinden wollte.*
- die Handlung eine **Wendung** erfährt, z. B.: *Auf einmal …*

#### Figuren

Die Personen, die in einer Geschichte vorkommen bzw. handeln, nennt man **Figuren.** Sie haben bestimmte **Eigenschaften** und **Absichten.** In vielen Geschichten gibt es eine **Hauptfigur,** über die die Leserinnen und Leser besonders viel erfahren. Um eine Geschichte zu verstehen, solltet ihr euch ein klares Bild von den einzelnen Figuren machen.

#### Ich-Erzähler oder Er-/Sie-Erzähler

- Ein **Ich-Erzähler** ist selbst als handelnde Figur in das Geschehen verwickelt und schildert die Ereignisse aus seiner persönlichen Sicht, z. B.: *Meine Schwester hatte …*
- Der **Er-/Sie-Erzähler** ist nicht am Geschehen beteiligt. Er/Sie erzählt von allen Figuren in der Er-Form bzw. in der Sie-Form, z. B.: *Davids Schwester hatte …*

### Kalendergeschichten
▶ S. 58

Kalender waren im 17. und 18. Jahrhundert neben der Bibel in vielen Familien die einzigen Bücher. Die Kalenderblätter enthielten Wissenswertes oder kurze Geschichten über seltsame Begebenheiten. Diese **Kalendergeschichten** waren unterhaltsam und belehrend und hatten meist ein kluges, listiges oder dummes Verhalten der Menschen zum Thema.

## Märchen ▶ S. 79

Märchen erkennt man an den folgenden wiederkehrenden Merkmalen:

- **Ort** und **Zeit** der Handlung sind nicht genau festgelegt, z. B.: *im Wald, vor langer Zeit*
- Es treten **typische Figuren** auf (z. B. *König/in, Bauern, die böse Stiefmutter*), aber auch **fantastische** Figuren (z. B. *sprechende Tiere, Feen, Hexen, Zwerge*).
- Die Figuren sind häufig auf **wenige Eigenschaften** festgelegt, z. B.: *die gute Fee, die böse Hexe*
- Meist **siegt** am Ende das **Gute,** und das **Böse** wird **bestraft.**
- Der Held/Die Heldin muss **Prüfungen bestehen** oder **Aufgaben erfüllen** (häufig drei).
- Im Märchen geschehen **wundersame Dinge,** z. B.: Tiere können sprechen, Dinge werden verzaubert.
- Oft enthalten Märchen **feste sprachliche Formeln,** z. B.: *Es war einmal …*
- Die **magischen Zahlen** 3, 7 und 12 spielen häufig eine besondere Rolle, z. B.: *sieben Zwerge*
- Oft gibt es (magische) Verse oder **Zaubersprüche,** z. B.: *Rucke di gu, Blut ist im Schuh!*

## Sagen ▶ S. 79

Sagen sind ursprünglich **mündlich überlieferte Erzählungen** unbekannter Verfasser. Im Gegensatz zu Märchen enthalten sie meist einen **wahren Kern.** Man unterscheidet **Heimatsagen** und **Götter- und Heldensagen.** Sagen haben folgende Merkmale:

- Häufig kommen **übernatürliche Wesen mit besonderen Fähigkeiten** vor (Berggeister, der Teufel) oder es werden **unwahrscheinliche Begebenheiten** geschildert (Steine werden zu Gold, Riesen werfen mit Felsen).
- Der **Ort des Geschehens** wird meistens genau benannt, manchmal werden auch Angaben zu **Namen, Berufen und Herkunft der Personen** gemacht.
- Es kommen oft **Helden** vor, die besonders **listig und ideenreich** Hindernisse bewältigen oder über **außergewöhnliche Kräfte** verfügen.

## Kurzgeschichten ▶ S. 87–97

Kurzgeschichten sind kurze Erzählungen, die bestimmte Merkmale haben:

- Eine Kurzgeschichte **beginnt unmittelbar,** also ohne eine Einleitung, die W-Fragen klärt.
- Sie hat häufig einen **offenen Schluss,** manchmal mit einer unerwarteten Wende (Pointe).
- Es wird eine **alltägliche Situation** aus dem Leben eines Menschen als **ausschnitthafte Momentaufnahme** dargestellt.
- Oft geht es dabei um ein **prägendes Erlebnis** oder einen **(inneren) Konflikt** der Figur.
- Die Handlung verläuft **zielstrebig** und spitzt sich oft auf einen **Höhe- oder Wendepunkt** zu.
- Kurzgeschichten sind meist in **einfacher Sprache** verfasst.
- Die Figuren sind **Alltagsmenschen,** die nicht näher beschrieben sind. Sie sprechen in **einfacher Sprache** (oft Umgangssprache), was sie **lebendig** und **glaubwürdig** wirken lässt.

Nicht immer treffen alle Merkmale zu!

## Fabeln

Fabeln sind kurze Erzähltexte, in denen **Tiere** oder **Gegenstände wie Menschen handeln** und **sprechen** und **menschliche Charaktereigenschaften verkörpern**, z. B.: *schlauer Fuchs, dummer Esel*

- Die Tiere sind oft **ungleiche Gegenspieler** (z. B. Löwe gegen Maus), die ein **Streitgespräch** führen. Am Ende siegt der Stärkere oder der Listigere.
- Fabeln haben meist einen ganz bestimmten **Aufbau:**
  Ausgangssituation – Konfliktsituation – Streitgespräch (Dialog) – Lösung
- Aus Fabeln soll man **Lehren** für das eigene Verhalten ziehen. In vielen Fabeln wird diese Lehre (auch **„Moral"** genannt) am Ende noch einmal extra formuliert.

## Das höfische Epos ▶ S. 125

Das **höfische Epos** (griech. *épos* = Wort, Erzählung, Lied, Gedicht) ist eine Form der erzählenden Literatur (Epik), die im Hochmittelalter (um etwa 1200) sehr beliebt war.
Als **„höfisch"** bezeichnet man diese Dichtung deshalb, weil sie für den Vortrag an Höfen der Adligen bestimmt war und das Lebensgefühl der höfischen Gesellschaft (Ritter und adelige Damen) zum Ausdruck brachte.
Die Texte sind in **Versform,** meist in Paarreimen, verfasst. Häufig werden darin Sagen erzählt, oft mit keltischem Ursprung (z. B. *König Artus*) oder aus der Antike (z. B. *Alexander*).

# Lyrik

## Kennzeichen von Gedichten ▶ S. 50 f., 133–150, 151–172

Gedichte (auch als „lyrische Werke" oder „Lyrik" bezeichnet) werden oft zu bestimmten Themen geschrieben, z. B.: Naturgedichte, Liebesgedichte, Großstadtgedichte

- Zu Erzähltexten gehört ein Erzähler/eine Erzählerin, zu Gedichten dagegen ein Sprecher/eine Sprecherin **(„lyrisches Ich"),** der/die sich häufig in der Ich-Form mitteilt.
- In Gedichten werden oft **rhetorische Mittel/Stilmittel** verwendet, z. B.: Metapher, Vergleich, Parallelismus (▶ S. 327). Sie machen das Beschriebene **anschaulich.**
- Eine Gedichtzeile heißt **Vers.** Mehrere zusammengehörige Verse bilden eine **Strophe.**
- Ein wichtiges Merkmal in vielen Gedichten ist der **Reim.** Wenn zwei Wörter vom letzten betonten Vokal an gleich klingen, nennt man das Endreim, z. B.: *im Stillen – Widerwillen.*

In Gedichten könnt ihr verschiedene **Reimformen** erkennen:
- **Paarreim:** Zwei aufeinanderfolgende Verse reimen sich → Reimschema: *a a b b*
- **Kreuzreim:** Der 1. und 3. sowie der 2. und 4. Vers reimen sich (über Kreuz) → Reimschema: *a b a b*
- **Umarmender Reim:** Ein Paarreim wird von zwei Versen „umarmt", die sich ebenfalls reimen → Reimschema: *a b b a*
- Es gibt aber auch Gedichte, die sich nicht reimen. Man nennt sie **reimlose Gedichte.**

## Das Akrostichon ▶ S. 139

Das **Akrostichon** ist eine besondere Gedichtform. Dabei werden die Buchstaben eines Wortes senkrecht untereinandergeschrieben. Jeder dieser Buchstaben bildet dann den Anfang (oder einen Teil) eines neuen Wortes.

## Die Ballade ▶ S. 151–172

Eine Ballade ist ein meist **längeres Gedicht** mit einer **spannenden Geschichte** und einem **dramatischen Höhepunkt.** Als Mischform enthält sie Merkmale verschiedener Textarten:

- **Gedicht** (Lyrik): Reim, Strophen, manchmal Refrain (= wiederkehrende Strophen)
- **Erzählung** (Epik): oft Erzähler, Handlungsschritte, abgeschlossene Handlung
- **Theaterstück** (Dramatik): oft Dialoge, Menschen müssen dramatische Situationen meistern, Spannung, Höhepunkt

## Das Sonett ▶ S. 136 f., 143 f., 147

Die Gedichtform **Sonett** (lat. „Klanggedicht") war im Barock sehr beliebt. Es ist ein **gereimtes Gedicht,** das immer aus **14 Versen** besteht. Die **Strophenform** ist genau festgelegt:

- Das Gedicht besteht immer aus **zwei Quartetten** (Strophe mit vier Versen) und **zwei Terzetten** (Strophe mit drei Versen).
- Das **Reimschema** ist in der Regel: *abba abba cdc dcd*
- Auch der **Inhalt** folgt einem strengen Aufbau: Am Anfang wird eine **Behauptung** aufgestellt, die durch **Beispiele** belegt wird. Zum Schluss wird eine **Erkenntnis** vermittelt.

## Ein Gedicht vortragen ▶ S. 155

Wenn ihr ein Gedicht einem Publikum vortragt, sollte euer Vortrag möglichst **verständlich** und **abwechslungsreich** sein. Beachtet dazu Folgendes:

- Sprecht den Text **deutlich,** betont dabei wichtige Wörter.
- Macht wirkungsvolle **Sprechpausen** an passenden Stellen.
- Achtet auf die **Lautstärke** und werdet je nach Inhalt der Textstelle lauter oder leiser.
- Ein **Tempowechsel** macht euren Vortrag abwechslungsreicher: Überlegt euch, an welchen Textstellen ihr schneller, an welchen langsamer vorlesen solltet.
- Eure **Gestik** und **Mimik** sollte zu dem Inhalt der Textstellen passen.
- Damit der Vortrag gut gelingt, solltet ihr ihn vorbereiten:
  - Schreibt den Text ab oder legt eine Folie darüber.
  - **Unterstreicht** Wörter, die ihr besonders **betonen** sollt.
  - **Markiert** Stellen, an denen ihr (kurze oder längere) **Pausen** machen wollt.
  - **Übt das Vorlesen** mehrmals. Lest den Text zum Beispiel euren Eltern oder Freunden vor und lasst euch eine Rückmeldung geben. Ihr könnt euch auch selbst aufnehmen.

# Sachtexte ▶ S. 203–222, 287–292

Unter Sachtexten versteht man z.B. Zeitungsberichte, Lexikonartikel, Kochrezepte, Spielanleitungen, Schaubilder und Diagramme.

- Sachtexte **informieren** über bestimmte Themen; manche Sachtexte wollen auch zu etwas **anleiten** oder **auffordern.**
- Die Sprache im Sachtext ist **klar** und **sachlich.**
- Sachtexte lassen sich mit der **Fünf-Schritt-Lesemethode** (▶ S. 291) erschließen.

## Journalistische Textsorten: Meldung – Nachricht – Bericht ▶ S. 204–206

Meldung, Nachricht und Bericht gehören zu den **informierenden Texten.** Sie geben Informationen zu einem **aktuellen Thema wahrheitsgetreu** und **sachlich** wieder.

- Eine **Meldung** gibt nur den Kern des Ereignisses in aller Kürze wieder.
- Eine **Nachricht** enthält noch weitere wichtige Informationen.
- Ein **Bericht** informiert ausführlich über alle Einzelheiten des Geschehens und liefert oft auch Hintergrundinformationen.
- **Nachrichten und Berichte** haben einen bestimmten, festgelegten **Aufbau:**
  - Die **Schlagzeile** (Headline) informiert in knapper Form über den **Kern der Nachricht.**
  - Zu Beginn des Textes werden die **wichtigsten Informationen** genannt, **Einzelheiten** folgen später, und erst am Schluss wird die **Vorgeschichte** zusammengefasst.

## Das Layout eines Sachtextes ▶ S. 207–209

Ein übersichtliches Layout (= die äußere Textgestaltung) erleichtert das Lesen eines Textes.

- Die **Schlagzeile** (Headline) weckt das Interesse des Lesers, der **Untertitel** informiert in Kürze über das Thema des Artikels.
- Im **Vorspann (Lead)** werden meist die zentralen Informationen zusammengefasst.
- **Zwischenüberschriften** gliedern lange Texte und geben einen Ausblick auf den Inhalt des Artikels.
- **Bilder** oder **Grafiken,** oft mit **Bildunterschrift,** machen den Inhalt anschaulicher.
- Der Artikel kann als **Fließtext (Blocksatz)** oder zur Auflockerung in **Spalten** gesetzt werden.
- Zur besseren Übersicht ist der Text in inhaltlich zusammengehörige **Absätze** unterteilt.
- Die Schrift kann im **Fettdruck** oder im *Kursiv*druck gesetzt sein. So kann man bestimmte Wörter oder Sätze vom Rest des Textes abheben, um sie besonders zu betonen.

# Über Sprache nachdenken

## Wortarten
▶ S. 223–242

### Nomen und ihre Begleiter
▶ S. 224–226

Die meisten Wörter in unserer Sprache sind Nomen. Sie werden immer **großgeschrieben.**
Nomen bezeichnen **Lebewesen, Gegenstände** oder **Begriffe** (Gedanken, Gefühle, Zustände).
Sie werden häufig von Wörtern begleitet, an denen wir sie erkennen können, z. B. einem Artikel
oder einem Adjektiv.
Nomen und ihre **Begleiter** (z. B. Artikel, Adjektive, Possessivpronomen) stehen immer im gleichen
**Kasus,** das heißt in demselben grammatischen Fall. Im Deutschen gibt es **vier Kasus.** Nach dem
Kasus richten sich die Form des Artikels und die Endung des Nomens. Man kann den Kasus eines
Nomens **durch Fragen ermitteln:**

| Kasus | Kasusfrage | Beispiele |
| --- | --- | --- |
| 1. Fall: **Nominativ** | *Wer oder was ...?* | *Der Junge liest ein Buch.* |
| 2. Fall: **Genitiv** | *Wessen ...?* | *Das Buch des Jungen ist spannend.* |
| 3. Fall: **Dativ** | *Wem ...?* | *Ein Mädchen schaut dem Jungen zu.* |
| 4. Fall: **Akkusativ** | *Wen oder was ...?* | *Sie beobachtet den Jungen genau.* |

Wenn man ein Nomen in einen Kasus setzt, nennt man das **deklinieren** (beugen).

Jedes Nomen hat ein **Genus** (ein grammatisches Geschlecht), das man an seinem Artikel erkennen
kann. Ein Nomen ist entweder
- ein **Maskulinum** (männliches Nomen), z. B.: *der Stift, der Regen, der Hund,*
- ein **Femininum** (weibliches Nomen), z. B.: *die Uhr, die Sonne, die Katze* oder
- ein **Neutrum** (sächliches Nomen), z. B.: *das Buch, das Eis, das Kind.*

Das **grammatische Geschlecht** eines Nomens stimmt **nicht immer** mit dem **natürlichen Geschlecht**
überein, z. B.: *das Mädchen, das Kind*

Nomen haben einen **Numerus,** d. h. eine Anzahl. Sie stehen entweder
- im **Singular** (Einzahl), z. B.: *der Wald* oder
- im **Plural** (Mehrzahl), z. B.: *die Wälder.*

Nur bei wenigen Wörtern ist entweder nur Singular oder Plural möglich, z. B.: *der Regen, die Ferien*

Das Nomen tritt selten allein auf, sondern wird häufig von einem **Artikel** begleitet. Man unter-
scheidet zwischen dem **bestimmten Artikel** *(der, die, das)* und dem **unbestimmten Artikel** *(ein, eine,
ein):*
- Der **bestimmte Artikel** wird gebraucht, wenn ein Gegenstand, eine Situation oder eine Person
  **schon bekannt sind,** z. B.: *Ich gehe in das Haus meiner Großmutter.*
- Den **unbestimmten Artikel** verwendet man, wenn es sich um **noch nicht näher bestimmte**
  Gegenstände, Ereignisse, Situationen oder Personen handelt, z. B.: *Ich gehe in ein Haus.*
- Beim **Plural** lässt man anstelle eines unbestimmten Artikels den **Begleiter ganz weg,** z. B.:
  *In der Stadt stehen Häuser. Ich kaufe Blumen.*

## Das Adjektiv (das Eigenschaftswort; Plural: die Adjektive) ▶ S. 224 f.

Adjektive drücken aus, wie etwas ist. Sie werden **kleingeschrieben.** Mit Adjektiven können wir die Eigenschaften von Lebewesen, Dingen, Vorgängen, Gefühlen und Vorstellungen genauer beschreiben, z. B.: *der starke Wind, der eiskalte Wind*

- **Steigerung der Adjektive**
  Die meisten Adjektive kann man steigern (z. B.: *schön – schöner – am schönsten*). So kann man z. B. Dinge und Lebewesen miteinander vergleichen. Es gibt drei Steigerungsstufen:

| Positiv (Grundstufe) | Komparativ (Höherstufe) | Superlativ (Höchststufe) |
|---|---|---|
| *Lars ist groß.* | *Stefan ist größer.* | *Fabian ist am größten.* |

- **Nominalisierung von Adjektiven** (▶ S. 262–264)
  Adjektive können als Nomen gebraucht **(nominalisiert)** werden. Dann schreibt man sie **groß.**
  Man erkennt sie am **Artikel** (z. B.: *das Besondere, ein Leichtes*) oder an **Numeralen** (Mengen-wörtern), z. B.: *viel Neues, alles Gute*
  Manchmal muss man sich den Artikel/das Numerale dazudenken, z. B.: *Hast du (etwas) Neues gehört?*

## Die Konjunktion (das Bindewort; Plural: die Konjunktionen) ▶ S. 252 f.

Konjunktionen verbinden Satzteile oder Teilsätze miteinander, z. B.: *Es gab Donner und Blitz.*
*Er konnte nicht an der Wanderung teilnehmen, weil er sich den Fuß verstaucht hatte.*
Die häufigsten Konjunktionen sind: *und, oder, weil, da, nachdem*
Konjunktionen sind nicht veränderbar: Man kann sie nicht beugen. Man unterscheidet zwischen **nebenordnenden Konjunktionen,** die einen Hauptsatz einleiten (z. B.: *denn, doch, aber, und*), und **unterordnenden Konjunktionen,** die einen Nebensatz einleiten (z. B.: *weil, da, dass*).

## Das Pronomen (das Fürwort; Plural: die Pronomen) ▶ S. 227 f.

**Pronomen können Nomen ersetzen,** diese **begleiten** oder **Verknüpfungen im Satz herstellen.**
Es gibt verschiedene Arten von Pronomen:

- **Das Personalpronomen** (persönliches Fürwort)
  Mit den **Personalpronomen** *(ich, du, er, sie, es, wir, ihr, sie)* kann man **Nomen und Namen ersetzen,** z. B.:
  *Die Katze möchte ins Haus. Sie miaut. Schnell lassen wir sie herein.*

Personalpronomen werden wie die Nomen **dekliniert** (gebeugt):

| Kasus | Singular 1. Pers. | 2. Pers. | 3. Pers. | Plural 1. Pers. | 2. Pers. | 3. Pers. |
|---|---|---|---|---|---|---|
| 1. Fall: **Nominativ** | *ich* | *du* | *er/sie/es* | *wir* | *ihr* | *sie* |
| 2. Fall: **Genitiv** | *meiner* | *deiner* | *seiner/ihrer/seiner* | *unser* | *euer* | *ihrer* |
| 3. Fall: **Dativ** | *mir* | *dir* | *ihm/ihr/ihm* | *uns* | *euch* | *ihnen* |
| 4. Fall: **Akkusativ** | *mich* | *dich* | *ihn/sie/es* | *uns* | *euch* | *sie* |

- **Das Demonstrativpronomen** (hinweisendes Fürwort):

Mit Demonstrativpronomen kann man auf etwas **zeigen** oder **hinweisen.**

Sie werden wie Nomen dekliniert (gebeugt). Demonstrativpronomen sind z. B.:
  - *dieser, diese, dieses,* z. B.: *Ich glaube, diese Tiere sind nachtaktiv.*
  - *jener, jene, jenes,* z. B.: *Jenes Nashorn läuft den ganzen Tag im Kreis.*
  - *der, die, das,* wenn sie im Unterschied zum bestimmten Artikel (▶ S. 311) betont sind, z. B.:
    *Das ist der kleine Elefant, der im letzten Jahr geboren wurde.*
- **Das Relativpronomen**

Relativpronomen leiten einen Relativsatz ein. Sie **beziehen sich auf** ein **Nomen im Hauptsatz.**

Der Relativsatz ist ein Nebensatz, der einen Bezug zu einem Nomen im Hauptsatz herstellt, z. B.:

*Der Tiger, der heute noch kein Futter bekommen hatte, lief im Käfig auf und ab.*

       Relativpronomen    Relativsatz

Als Relativpronomen verwendet werden die Wörter *der, die, das, welcher, welche, welches.*

Relativpronomen können wie Nomen dekliniert werden.

Den Fall, in dem sie stehen, kann man erfragen, z. B.:

       *Der Tiger, dessen Fütterung unmittelbar bevorstand, lief im Käfig auf und ab.*

Frageprobe: *Wessen Fütterung stand unmittelbar bevor?*

Antwort:    *Dessen Fütterung stand unmittelbar bevor.* → *Genitiv*
- **Das Possessivpronomen** (besitzanzeigendes Fürwort)

Possessivpronomen *(mein/meine – dein/deine – sein/seine, ihr/ihre – unser/unsere – euer/eure – ihr/ihre)* **geben an, zu wem etwas gehört,** z. B.: *mein Buch, deine Tasche, unsere Lehrerin*

Possessivpronomen begleiten meist Nomen und stehen dann in dem gleichen Kasus (Fall) wie das dazugehörige Nomen, z. B.: *Ich gebe meinen Freunden eine Einladungskarte.* (Wem ...? → Dativ)
- **Das Indefinitpronomen** (unbestimmtes Fürwort)

Indefinitpronomen *(man, jemand, keine/r, einige, etwas, manche, andere)* drücken **ungefähre Mengenangaben** oder **Unbestimmtheit** aus, z. B.: *Jemand hat etwas gestohlen.*

## Die Präposition ▶ S. 231 f.

Präpositionen (Verhältniswörter) drücken **Beziehungen** oder **Verhältnisse** aus.

Sie stehen in der Regel vor Nomen und Pronomen. Man unterscheidet:
- **lokale** Präpositionen *(Wo? Wohin?)*, z. B.: *im Kino, auf dem Sportplatz, neben dir, hinter ihm*
- **temporale** Präpositionen *(Wann?)*, z. B.: *nach dem Unterricht, während des Gewitters*
- **kausale** Präpositionen *(Warum?)*, z. B.: *wegen des Nebels, auf Grund der schlechten Sicht*
- **modale** Präpositionen *(Wie? Auf welche Weise?)*, z. B.: *mit euch, ohne Eile, aus Dankbarkeit*

Die Präposition bestimmt den Kasus (▶ S. 311) des folgenden Nomens, z. B.:

*während (Wessen?) des Gewitters* → Genitiv; *ohne (Wen?) dich* → Akkusativ;

*von (Wem?) meinem Bruder* → Dativ
- **Wechselpräpositionen:** Die neun Wechselpräpositionen *in, auf, vor, hinter, unter, über, neben, an, zwischen* fordern **manchmal den Dativ, manchmal den Akkusativ.**

Antwortet der Satz auf die Frage **„Wo?",** steht der **Dativ,** bei der Frage **„Wohin?"** steht der **Akkusativ,** z. B.: *Ich lege das Buch auf den Tisch. Er sprang hinter die Mauer.* (Wohin? → Akkusativ)

*Das Buch liegt auf dem Tisch. Er saß hinter der Mauer.* (Wo? → Dativ)

## Das Verb (das Tätigkeitswort; Plural: die Verben) ▶ S. 233–241

Mit Verben gibt man an, **was jemand tut** (z. B.: *laufen, reden, lachen*), **was geschieht** (z. B.: *regnen, brennen*) oder **was ist** (z. B.: *haben, sein, bleiben*). Verben werden **kleingeschrieben.**

- Der **Infinitiv** (die Grundform) eines Verbs endet auf *-en* oder *-n*, z. B.: *rennen, sagen, lächeln*
- Wenn man ein Verb in einem Satz verwendet, bildet man die **Personalform des Verbs.** Das nennt man **konjugieren** (beugen), z. B.:
  *such-en* (Infinitiv) → *Ich such-e den Schlüssel.* (1. Person Singular) Die Personalform des Verbs wird aus dem Infinitiv des Verbs gebildet. An den Stamm des Verbs wird dabei die passende Personal-endung gehängt, z. B.:
  *geh-en* (Infinitiv) → *Er geht.* (3. Person Singular)
- **Verben** können in ihrer Grundform (Infinitiv) wie ein Nomen gebraucht **(nominalisiert)** werden (▶ S. 262–264). Dann schreibt man sie **groß.** Man erkennt sie am Artikel, der davorsteht oder den man probeweise ergänzen kann, z. B.: *Das Wandern und (das) Klettern macht Spaß!*

### Die Tempora (Zeitformen) der Verben ▶ S. 233 f.

Verben kann man in verschiedenen Zeitformen (Tempora; Singular: das Tempus) verwenden:
- **Präsens** (Gegenwartsform):
  1 Das Präsens wird verwendet, wenn etwas in der **Gegenwart** (in diesem Augenblick) geschieht, z. B.: *Er schreibt gerade einen Brief.* (Es geschieht in diesem Augenblick.)
  2 Im Präsens stehen auch **Aussagen, die immer gelten,** z. B.: *Suppe isst man mit dem Löffel.* (Es ist immer gültig.)
  3 Man kann das Präsens auch verwenden, **um etwas Zukünftiges auszudrücken.** Meist verwendet man dann eine Zeitangabe, die auf die Zukunft verweist, z. B.: *Morgen gehe ich ins Kino.*
- **Futur I** (Zukunftsform) und **Futur II** (vollendete Zukunft):
  Mit dem Futur kann man zukünftiges Geschehen ausdrücken, z. B.: *Es wird Regen geben.*
  - Das **Futur I** wird gebildet durch: Personalform von ***werden*** im Präsens + Infinitiv des Verbs, z. B.: *ich werde anrufen, du wirst anrufen*
  - Das **Futur II** wird gebildet durch: Personalform von ***werden*** im Präsens + Perfektform des Verbs.
    1 Mit dieser selten gebrauchten Zeitform drücken wir aus, dass etwas in der Zukunft abge-schlossen sein wird, z. B.: *Bis morgen werde ich das Bild fertig gemalt haben.*
    2 Im alltäglichen Gebrauch drückt man mit dem Futur II auch Vermutungen aus, oft zusam-men mit den Wörtern „wohl" oder „schon", z. B.:
    *Sie wird die Prüfung schon bestanden haben!*
    *Er wird den Weg wohl gefunden haben.*
- **Perfekt** (2. Vergangenheit):
  Wenn man mündlich von etwas Vergangenem erzählt oder berichtet, verwendet man häufig das Perfekt, z. B.:
  *Ich habe gerade etwas gegessen. Er ist nach Hause gekommen.*
  Das Perfekt ist eine **zusammengesetzte Vergangenheitsform,** weil es mit einer Form von ***haben*** oder ***sein*** im Präsens (z. B.: *hast, sind*) und dem **Partizip II des Verbs** (z. B.: *gesehen, aufgebrochen*) gebildet wird.
  - Das **Partizip II** beginnt meist mit ge-, z. B.: *lachen → gelacht; gehen → gegangen*
  - Wenn das Verb schon eine Vorsilbe hat *(ge-, be-* oder *ver-)*, bekommt das Partizip II keine mehr, z. B.: *gelingen → gelungen; beschweren → beschwert; verlieren → verloren*

- **Präteritum** (1. Vergangenheit): Das Präteritum ist eine **einfache Zeitform der Vergangenheit.**
  Diese Zeitform wird vor allem in schriftlichen Erzählungen (z. B. in Märchen und Geschichten)
  und in Berichten verwendet, z. B.: *Sie lief schnell nach Hause, denn es regnete in Strömen.*
  Man unterscheidet:
  - **regelmäßige** (schwache) **Verben:** Bei den regelmäßigen Verben ändert sich der Vokal
    *(a, e, i, o, u)* im Verbstamm nicht, wenn das Verb ins Präteritum gesetzt wird, z. B.:
    *ich lache* (Präsens) → *ich lachte* (Präteritum)
  - **unregelmäßige** (starke) **Verben:** Bei den unregelmäßigen Verben ändert sich im Präteritum der
    Vokal *(a, e, i, o, u)* im Verbstamm, z. B.:
    *ich singe* (Präsens) → *ich sang* (Präteritum); *ich laufe* (Präsens) → *ich lief* (Präteritum)
- **Plusquamperfekt** (3. Vergangenheit): Wenn etwas vor dem passiert, wovon im Präteritum oder
  im Perfekt erzählt wird, verwendet man das Plusquamperfekt. Das Plusquamperfekt wird deshalb auch **Vorvergangenheit** genannt, z. B.:
  *Nachdem er den Computer ausgeschaltet hatte, verließ er das Zimmer.*
  Das Plusquamperfekt ist wie das Perfekt eine **zusammengesetzte Vergangenheitsform,** weil es
  mit einer Form von ***haben*** oder ***sein*** im Präteritum (z. B.: *hatte, war*) und dem **Partizip II des Verbs**
  (z. B. *gelesen, aufgebrochen*) gebildet wird, z. B.: *Nachdem er gegessen hatte, ging er los.*
  **Tipp:** Die Konjunktion *nachdem* leitet oft einen Satz im Plusquamperfekt ein.

## Verben im Aktiv und Passiv ▶ S. 235–237

Wir unterscheiden Sätze im **Aktiv** und im **Passiv.**
- Im **Aktivsatz** erfährt man, wer etwas tut. Der/Die Handelnde („Täter") wird im Subjekt genannt,
  z. B.: *Der Mann entwendete Geld.*
- Im **Passivsatz** tritt der/die Handelnde („Täter") zurück oder verschwindet. Dafür tritt das passive
  Objekt in den Vordergrund, mit dem etwas geschieht; die Handlung wird betont, z. B.:
  *Geld wurde von einem Mann entwendet. Geld wurde entwendet.*
- Passivsätze bildet man aus einer Form von ***werden*** + **Partizip II** eines anderen Verbs.

## Der Konjunktiv in der indirekten Rede ▶ S. 213, 237–241

Um wörtliche Aussagen in Texten **sachlich** und **ohne Wertung** wiederzugeben,
verwendet man die **indirekte Rede.**
- Verben, die in der wörtlichen Rede im **Indikativ** (Wirklichkeitsform) stehen,
  formt man dazu in den **Konjunktiv (Möglichkeitsform)** um, z. B.:
  *Ben: „Parkour bedeutet für mich Freiheit."* → *Ben sagt, Parkour bedeute für ihn Freiheit.*
- Durch den Konjunktiv kann man sich von dem Gesagten **distanzieren** oder zeigen,
  dass man am Wahrheitsgehalt einer Aussage zweifelt.
- Beim Wechsel von der direkten Rede zur indirekten Rede verändert sich oft auch
  das **Personalpronomen,** z. B.:
  *Inga sagt: „Ich bewege mich gern."* → *Inga sagt, dass sie sich gern bewege.*

### Bildung des Konjunktivs I
▶ S. 239

Bei der indirekten Rede verwendet man normalerweise den **Konjunktiv I.** Man bildet ihn, indem man an den **Stamm des Verbs (= Infinitiv ohne „en" bzw. „n")** die entsprechende **Personalendung anfügt,** z. B.: *er kommt* (Inf. *kommen*) → *er komme*; *sie ist* (Inf. *sein*) → *sie sei*

| **Indikativ Präsens** Infinitiv: *fahren* | | **Konjunktiv I** Infinitiv: fahren → *fahren* | |
|---|---|---|---|
| *ich fahr-e* | wir fahr-en | ich fahr-e | wir fahr-en |
| du fähr-st | ihr fahr-t | du fahr-est | ihr fahr-et |
| er/sie/es fähr-t | sie fahr-en | er/sie/es fahr-e | sie fahr-en |

### Ersatzformen des Konjunktivs I
▶ S. 240

Bei manchen Verbformen ist der Konjunktiv I nicht vom Indikativ Präsens zu unterscheiden, z. B.:
„Wir schwimmen jeden Tag." → *Sie behaupten, sie schwimmen jeden Tag.*
Dann ist es sinnvoll, eine der folgenden **Ersatzformen** des Konjunktivs I zu verwenden:
- indirekte Rede mit Ersatzform **„würden":** *Sie behaupten, sie würden jeden Tag schwimmen.*
- Wiedergabe im **Indikativ mit „dass"-Satz:** *Sie behaupten, dass sie jeden Tag schwimmen.*
- indirekte Rede mit **Konjunktiv II:** *Sie behaupten, sie schwämmen jeden Tag.*

Den Konjunktiv II bildet man aus der **Präteritumform der Verben (+ Umlaut),** z. B.:
*fahren* → Prät. *ich fuhr* → *ich führ-e, du führ-est, er führ-e, wir führ-en, ihr führ-et, sie führ-en*

### Das Adverb (das Umstandswort; Plural: die Adverbien)
▶ S. 229 f.

Adverbien (von lat. *adverbium* = bei dem Verb) **beziehen sich auf das Verb** in einem Satz und beschreiben die **genaueren Umstände** eines Geschehens, nämlich:
- **Wann?** – Zeit (Temporaladverbien), z. B.: *neulich, gestern, danach* → *Wir waren neulich hier.*
- **Wo?** – Ort (Lokaladverbien), z. B.: *draußen, links, überall* → *Draußen regnet es.*
- **Wie?** – Art und Weise (Modaladverbien), z. B.: *umsonst, gern, sowieso* → *Ich helfe gern.*
- **Warum?** – Grund (Kausaladverbien), z. B.: *deshalb, deswegen, darum* → *Deshalb war ich da.*

# Satzglieder
▶ S. 243–251

### Wortart und Satzglied
▶ S. 230

Beachtet den Unterschied zwischen Wortarten und Satzgliedern:
- **Einzelne Wörter** kann man nach ihrer **Wortart** bestimmen.
- **Satzglieder** sind die **Bausteine in einem Satz,** die oft aus mehreren Wörtern bestehen. Wendet als Hilfe die **Umstellprobe** an (▶ S. 319).

| Nomen | Verb | Pronomen | Nomen | Präposition | Nomen | **Wortarten** |
|---|---|---|---|---|---|---|
| *Thomas* | *trifft* | *seinen* | *Freund* | *zu* | *Hause.* | |
| Subjekt | Prädikat | Akkusativobjekt | | Lokaladverbiale | | **Satzglieder** |

## Das Prädikat (Plural: die Prädikate) ▶ S. 245

Der **Kern des Satzes** ist das Prädikat (Satzaussage). Prädikate werden durch Verben gebildet.
In einem Aussagesatz steht die Personalform des Verbs (der gebeugte Teil) **immer an zweiter
Satzgliedstelle,** z. B.: *Der Hamster schläft in seinem Käfig. Er isst gerne Möhren.*
**Prädikate** können **aus mehreren Teilen** bestehen, z. B.

- **einem Verb,** das in **zwei Bestandteile** getrennt ist: *Der Hund lief plötzlich fort.*
- **Personalform** und **Partizip:** *Der Hund ist plötzlich losgelaufen.*
- **zwei Verben:** *Petra ging mit ihrem Hund spazieren.*

Die zwei Teile des Prädikats bilden eine **Prädikatsklammer.** Sie klammern andere Satzglieder ein:

*Petra hat den Hund später auf dem Nachbargrundstück gefunden.*

Prädikatsklammer

## Das Subjekt (der Satzgegenstand; Plural: die Subjekte) ▶ S. 245

Das Satzglied, das angibt, wer oder was etwas tut, veranlasst, handelt usw., heißt Subjekt.
Ihr könnt das Subjekt mit der Frage **„Wer oder was …?"** ermitteln: *Ich schlafe. → Wer schläft?*
Es kann aus mehreren Wörtern bestehen, z. B.: *Tim schläft. Mein treuer Hund Tim schläft.*

## Die Objekte (Singular: das Objekt) ▶ S. 245

- **Akkusativobjekt:** Das Objekt, das im Akkusativ steht, heißt Akkusativobjekt. Ihr ermittelt es mit
  der Frage: **„Wen oder was …?",** z. B.: *Wen oder was leiht sie mir? Sie leiht mir das Buch.*
- **Dativobjekt:** Das Objekt, das im Dativ steht, heißt Dativobjekt. Ihr ermittelt es mit der Frage:
  **„Wem …?",** z. B.: *Wem leiht sie das Buch? Sie leiht das Buch mir.*
- **Genitivobjekt:** Das Objekt, das im Genitiv steht, heißt Genitivobjekt. Ihr ermittelt es mit der
  Frage: **„Wessen …?",** z. B.: *Wessen Cover gefiel ihr? Das Cover des Buches gefiel ihr.*

Objekte können aus einem oder aus mehreren Wörtern bestehen.

## Die Präpositionalobjekte ▶ S. 247

Das Satzglied, nach dem man mit einer **Präposition** (▶ S. 313) fragt und das mit einer Präposition
beginnt, heißt **Präpositionalobjekt:**

*Er kümmert sich um seine kranke Mutter.*

**Um** wen?

*Ich freue mich auf die Sommerferien!*

**Auf** was/Wor**auf**?

*Sie musste über den Witz lachen.*

**Über** was?/Wor**über**?

*Er bedankte sich für das Geschenk.*

**Für** was/Wo**für**?

## Die Adverbialien (Singular: das Adverbiale) ▶ S. 245

- Adverbialien (auch „Umstandsbestimmungen" genannt) sind Satzglieder, die man mit den Fragen **Wann ...? Wo ...? Warum ...? Wie...?** ermittelt.
  Sie liefern Informationen
  – zur Zeit (das **Temporaladverbiale**), z.B.: *am Wochenende, abends*
  – zum Ort (das **Lokaladverbiale**), z.B.: *in Sizilien, am Schreibtisch*
  – zur Begründung (das **Kausaladverbiale**), z.B.: *wegen des Regens, auf Grund der Verspätung*
  – zur Art und Weise (das **Modaladverbiale**), z.B.: *lachend, voller Groll, langsam*
- Adverbialien können aus einem oder aus mehreren Wörtern oder einem Nebensatz bestehen.
- Durch die **Frageprobe** kann man ermitteln, welches Adverbiale vorliegt.

| Frageprobe | Satzglied | Beispiel |
|---|---|---|
| Wann ...? Wie lange ...? Seit wann ...? | **Temporaladverbiale** | *Wie lange regnete es?* *Es regnete zwei Tage lang.* |
| Wo ...? Wohin ...? Woher ...? | **Lokaladverbiale** | *Wo fand Nils den Krebs?* *Nils fand den Krebs am Strand.* |
| Warum ...? Aus welchem Grund ...? | **Kausaladverbiale** | *Weshalb kamen sie zu spät?* *Wegen eines Staus kamen sie zu spät.* |
| Wie ...? Womit ...? Auf welche Weise ...? | **Modaladverbiale** | *Wie trug er das Gedicht vor?* *Er trug das Gedicht ausdrucksstark vor.* |

## Das Attribut ▶ S. 248–250

Um sich genau und abwechslungsreich auszudrücken, beschreibt man Gegenstände, Personen oder Sachverhalte näher. Dabei wird das Bezugswort durch **zusätzliche Angaben** näher bestimmt. Solche Angaben nennt man **Attribute.**

- Man erfragt Attribute mit der Frage „Was für ein ...?" bzw. „Was für ...?"
- Ein Attribut kann **vor** oder **nach** dem Bezugswort stehen, z.B.:

*„spannende*    *Bücher*    *mit Gespenstergeschichten"*
Attribut    Bezugswort    Attribut

- Attribute können bei der Umstellprobe nur zusammen mit dem Bezugswort verschoben werden. Das bedeutet, dass Attribute Teil eines Satzgliedes sind.

| Die Klasse 7 b | verkauft | spannende Bücher mit Gespenstergeschichten. |

| Spannende Bücher mit Gespenstergeschichten | verkauft | die Klasse 7 b. |

## Proben
▶ S. 245, 249

- Durch die **Umstellprobe** könnt ihr eure Texte abwechslungsreicher gestalten. Ihr stellt z. B. die Satzglieder so um, dass die Satzanfänge nicht immer gleich sind, z. B.:
  *Ich habe mir heute eine Überraschung ausgedacht. Ich will eine Schatzsuche veranstalten.*
  → *Heute habe ich mir eine Überraschung ausgedacht. Ich will eine Schatzsuche veranstalten.*
  Mit der Umstellprobe könnt ihr auch feststellen, wie viele Satzglieder ein Satz hat. Wörter und Wortgruppen, die bei der Umstellprobe immer zusammenbleiben, bilden ein Satzglied, z. B.:
  *Ich | habe | mir | heute | eine Überraschung | ausgedacht.*
- Mit der **Ersatzprobe** könnt ihr Satzglieder, die sich in eurem Text häufig wiederholen, durch andere Wörter ersetzen, z. B.: *Ich kenne ein Spiel. ~~Das Spiel~~ (→ Es) kommt aus Indien.*
  *Zuerst zeichnet man ein Spielbrett. Danach ~~zeichnet~~ (→ erstellt) man die Spielsteine.*
- Mit der **Weglassprobe** könnt ihr prüfen, welche Wörter in einem Text gestrichen werden sollten, weil sie überflüssig sind oder umständlich klingen, z. B.:
  *Als wir den Schatz fanden, jubelten wir vor Freude ~~über den gefundenen Schatz~~.*
- Mit der **Erweiterungsprobe** könnt ihr prüfen, ob eine Aussage genau genug oder anschaulich genug ist oder ob ihr noch etwas ergänzen solltet, z. B.:
  ∨ *Ich kaufe mir ein Buch* ∨ *.* → *Morgen kaufe ich mir ein Buch über Piraten.*
        Wann?                            Worüber?

# Sätze
▶ S. 252–260

## Satzarten

- Ein **Aussagesatz** teilt etwas mit oder stellt etwas fest. Er wird begrenzt durch einen **Punkt:**
  *Bruno beobachtet die Rehe.*
- Der **Fragesatz** beinhaltet eine Frage und endet mit einem **Fragezeichen:** *Möchtet ihr etwas essen?*
- Der **Aufforderungs- oder Ausrufesatz** bringt ein Gefühl oder eine Aufforderung, einen Befehl zum Ausdruck. Meistens steht danach ein **Ausrufezeichen:** *Beeil dich, sonst kommen wir zu spät!*

## Die Satzreihe: Hauptsatz + Hauptsatz
▶ S. 252 f.

**Hauptsätze haben folgende Kennzeichen:**
- Ein **Hauptsatz** ist ein **selbstständiger Satz.** Er kann alleine stehen.
- Er enthält **mindestens zwei Satzglieder**, nämlich **Subjekt** und **Prädikat,** z. B.: *Peter schwimmt.*
- Die **Personalform des Verbs** (das gebeugte Verb) steht im Hauptsatz in der Regel an **zweiter Satzgliedstelle,** z. B.: *Peter schwimmt im See.*

Ein **Satz,** der **aus zwei oder mehr Hauptsätzen** besteht, wird **Satzreihe** genannt. Die einzelnen Hauptsätze einer Satzreihe werden durch ein **Komma** voneinander getrennt, z. B.:
*Peter schwimmt im See, Philipp kauft sich ein Eis.*
Häufig werden die Hauptsätze durch die nebenordnenden **Konjunktionen** (Bindewörter)
*und, oder, aber, denn, doch* verbunden, z. B.: *Peter schwimmt im See, denn es ist sehr heiß.*
Nur vor den Konjunktionen *und* bzw. *oder* darf das Komma wegfallen, z. B.:
*Peter schwimmt im See (,) und Philipp kauft sich ein Eis.*

## Satzgefüge: Hauptsatz + Nebensatz

▶ S. 252–257

**Nebensätze haben folgende Kennzeichen:**

- Ein Nebensatz kann **nicht ohne** einen **Hauptsatz** stehen.
- Der Nebensatz **ist dem Hauptsatz untergeordnet** und wird durch eine unterordnende **Konjunktion** (Bindewort) **eingeleitet,** z.B.: *weil, da, obwohl, damit, dass, sodass, nachdem, während*
- Die **Personalform des Verbs** (das gebeugte Verb) steht im Nebensatz immer **an letzter Satzgliedstelle.**

Einen **Satz,** der **aus** mindestens einem **Hauptsatz und** mindestens einem **Nebensatz** besteht, nennt man **Satzgefüge.** Zwischen Hauptsatz und Nebensatz muss **immer ein Komma** stehen, z.B.:
*Wir gehen heute ins Schwimmbad, weil die Sonne scheint.*
In einem Satzgefüge kann der Nebensatz vor, zwischen oder nach dem Hauptsatz stehen.
*Weil die Sonne scheint, gehen wir heute ins Schwimmbad.*
*Wir gehen heute, weil die Sonne scheint, ins Schwimmbad.*
*Wir gehen heute ins Schwimmbad, weil die Sonne scheint.*

## Adverbialsatz

▶ S. 254–256

Wenn ein Adverbiale in Form eines Nebensatzes auftritt, nennt man ihn **Adverbialsatz.**
Adverbialsätze werden vom Hauptsatz mit einem **Komma** abgetrennt. Man unterscheidet:

| Adverbialsatz | Frageprobe | Konjunktionen |
|---|---|---|
| **Temporalsatz** (Zeit) | Wann …? Seit wann …? Wie lange …? | nachdem, als, während, bis, bevor, solange, sobald … |
| **Modalsatz** (Art und Weise) | Wie …? | indem, dadurch, dass, wie, als (ob) … |
| **Kausalsatz** (Grund) | Warum …? | weil, da |
| **Finalsatz** (Absicht, Zweck) | Wozu …? | damit |
| **Konditionalsatz** (Bedingung) | Unter welcher Bedingung …? | wenn, falls, sofern |
| **Konzessivsatz** (Einräumung) | Trotz welcher Umstände …? | obwohl, obgleich, obschon, auch wenn |
| **Konsekutivsatz** (Folge) | Mit welcher Folge …? | sodass (auch: so …, dass) |

## Adverbialien in Adverbialsätze umformen und umgekehrt

▶ S. 256

Viele Adverbialien lassen sich in **Adverbialsätze** umformen. Dazu wird das Nomen zu einem Ausdruck mit einem Verb umgewandelt und die Präposition durch eine Konjunktion ersetzt, z.B.:
*Wegen seiner Krankheit fehlte er. → Weil er krank war, fehlte er.*
Umgekehrt könnt ihr auch Adverbialsätze in **Adverbien** umwandeln. Dazu formt ihr das Verb im Nebensatz in ein Nomen um, z.B.:
*Nachdem ich lange geübt hatte, gelang der Trick. → Nach langem Üben gelang der Trick.*

- Denkt daran, den Adverbialsatz durch ein **Komma** abzutrennen!
- So formt ihr die **Präpositionen** in **Konjunktionen** um: *für, zur → damit; wegen → weil; nach → nachdem; vor → bevor; trotz → obwohl; durch → indem; mit → wenn*

## Relativsatz ► S. 253, 258

**Relativsätze** sind unselbstständige Nebensätze, die ein Satzglied im Hauptsatz näher erklären, z. B.:
*Das Buch, das du mir geschenkt hast, habe ich schon gelesen.*

*Morgen findet endlich die große Feier statt, auf die wir uns schon lange freuen.*

Ein Relativsatz wird mit den **Relativpronomen** *der, die, das* oder einer gebeugten Form davon
(z. B.: *den, dem*) eingeleitet – manchmal erweitert durch eine Präposition (z. B. *auf*) – und endet mit
einem gebeugten Verb.
Relativsätze werden durch **Komma(s)** vom Hauptsatz abgetrennt.

# Tipps zum Rechtschreiben ► S. 274 f.

### Tipp 1: Deutlich sprechen – genau hinhören

Sprecht euch das Wort, das ihr schreiben wollt, deutlich vor. Sprecht dabei jeden Buchstaben einzeln. Achtet darauf, ob der **betonte Vokal kurz** gesprochen wird (z. B.: *Kamm*) oder **lang** (z. B.: *kam*).
Unterscheidet deutlich **harte** und **weiche** Konsonanten (z. B.: *er tankt/er dankt*).

### Tipp 2: Auf Wortbausteine achten

In verschiedenen Wörtern kommen oft gleiche **Wortbausteine** vor. Wer diese Bausteine kennt,
macht weniger Fehler. Der Grundbaustein eines Wortes heißt **Wortstamm,** z. B. „geb" in *geben,*
*angeben, Ergebnis.*

### Tipp 3: Verwandte Wörter suchen (Ableitungsprobe)

Wenn ihr unsicher seid, ob ein Wort mit **ä** oder **e** geschrieben wird, hilft oft die **Suche nach** einem
**verwandten Wort mit** *a.*
Gibt es eins, dann schreibt man **ä,** z. B.: *St* **?** *ngel* → *Stange* → *Stängel*
Gibt es keins, schreibt man meistens **e,** z. B.: *Gel* **?** *nk* → Ø → *Gelenk*
Das Gleiche gilt für **äu** und **eu,** z. B.: *M* **?** *se* → *Maus* → *Mäuse*

### Tipp 4: Wörter verlängern (Verlängerungsprobe)

Am Wortende klingt **b** wie **p** (*gel* **?** ), **g** wie **k** oder **ch** (*Krie* **?** , *wichti* **?** ) und **d** wie **t** (*Gel* **?** ).
Beim Verlängern der Wörter hört ihr, welchen Buchstaben ihr schreiben müsst. Bildet
- bei **Nomen** den Plural, z. B.: *Gelder* → *Geld,*
- bei **Adjektiven** die Steigerungsform, z. B.: *wichtiger* → *wichtig*
  oder beugt mit einem Nomen, z. B.: *die gelbe Kugel* → *gelb,*
- bei **Verben** eine andere Verbform, z. B. den Infinitiv: *hupen* → *Er hupt.*

### Tipp 5: Silbentrennung

**Mehrsilbige Wörter** trennt man nach **Sprechsilben,** die sich beim langsamen, deutlichen Vorlesen ergeben, z. B.: *Spa-zier-gang, Welt-meis-ter, er-zäh-len, Recht-schrei-bung, kom-men*
**Von mehreren Konsonanten** kommt **nur einer** in die **neue Zeile,** z. B.: *Git-ter, Kat-ze, knusp-rig*
Aber: **ch, ck** und **sch** bleiben immer zusammen, z. B.: *pa-cken, drü-cken, wa-schen, lau-schen*
**Einzelne Buchstaben** werden **nicht abgetrennt,** z. B.: *Abend, Ofen*
Zusammengesetzte Wörter und Wörter mit Vorsilbe trennt man **zwischen** den **Wortbausteinen,** z. B.: *Rast-platz, Ab-sprung, Tief-schlaf, Trenn-strich, Ver-trag, be-stellt*

---

### Die Rechtschreibprüfung am Computer ▶ S. 261

Der **Computer** kann euch dabei helfen, **Fehler zu finden.** Er macht oft sogar mehrere **Korrekturvorschläge,** zwischen denen ihr dann auswählen und die ihr mit **„Ändern"** bestätigen könnt.
- Wenn die Rechtschreibprüfung zum Beispiel einen korrekten Namen oder ein neues, aber richtiges Wort rot unterstreicht, könnt ihr mit **„Ignorieren"** oder **„Hinzufügen"** reagieren.
- **Aber:** Die automatische Rechtschreibprüfung findet nicht alle Fehler! Zeichensetzungsfehler und „das/dass-Fehler" werden z. B. nicht erkannt.

# Rechtschreibregeln

## Großschreibung ▶ S. 262–265

**Satzanfänge, Namen** und **Nomen** schreibt man groß. So kann man Nomen erkennen:
- Nomen sind Wörter, vor die man einen Artikel setzen kann. Mit der **Artikelprobe** kann man prüfen, ob ein Wort ein Nomen ist und folglich großgeschrieben werden muss.
- Wörter mit den Endungen **-heit, -keit, -nis, -schaft, -ung, -tum** sind **Nomen** und werden **großgeschrieben,** z. B.: *die Schönheit, die Süßigkeit, das Ereignis, die Mannschaft, das Eigentum*

Verben und Adjektive können wie Nomen gebraucht werden **(Nominalisierung).**
Dann schreibt man sie groß, z. B.: *wandern* (Verb) → *Das lange Wandern war anstrengend.*
*interessant* (Adjektiv) → *Ich muss dir etwas Interessantes erzählen!*
**Achtung:** Der **Superlativ** des Adjektivs mit *„am"* wird kleingeschrieben, z. B.: *am besten, am liebsten*
Ein **Adjektiv mit Artikel** davor wird trotzdem **kleingeschrieben,** wenn sich der Artikel auf ein folgendes oder vorangehendes Nomen bezieht, z. B.: *Ich ziehe die süßen Bonbonsorten den sauren vor.*

## Zeitangaben richtig schreiben ▶ S. 265

**Zeitangaben,** die Nomen sind, werden **großgeschrieben,** z. B. Wochentage *(Montag, Dienstag)* oder Tageszeiten *(Morgen, Mittag, Abend).* Ihnen gehen folgende **Signalwörter** voraus:
- **Artikel,** z. B.: *der Abend, eines Abends*
- **Präposition,** z. B.: *am Abend, am Dienstagabend, zum Abend, über Nacht*
- **Zeitadverbien,** z. B.: *heute Abend, gestern Nachmittag*
Andere **Zeitangaben** (Zeitadverbien) werden **kleingeschrieben,** z. B.: *heute, gestern, spät, früh*
Zeitangaben schreibt man meist klein, wenn sie auf -s enden, z. B.: *montags, abends*

## Kleinschreibung

Die meisten Wortarten werden kleingeschrieben:
- alle Verben, z. B.: *malen, tanzen, gehen*
- alle Adjektive, z. B.: *freundlich, sonderbar, rostig*
  Viele Adjektive kann man an typischen Endungen erkennen, z. B.: **-ig, -sam, -lich, -isch, -bar, -los**
- alle Pronomen (Fürwörter), z. B.: *ich, du, er/sie/es, wir, ihr, sie, mich, dich, mein, dein, euer, dieser*

**Tipp:** Eine Sonderregelung gibt es bei den Anredepronomen in Briefen und E-Mails:
Wenn ihr jemanden siezt, schreibt ihr die Anredepronomen immer groß, z. B.: *Sie, Ihnen, Ihr*
Die vertraute Anrede *du* kann man kleinschreiben, z. B.: *dir, dein, euch, euer*

## Kurze Vokale – doppelte Konsonanten

Nach **kurzem betontem Vokal** folgen fast immer **zwei oder mehr Konsonanten.**
- In den meisten Fällen kann man die Konsonanten bei deutlichem Sprechen gut unterscheiden,
  z. B.: *Hund, Topf, Karte, singen, wandern*
- Wenn nach einem kurzen Vokal nur ein Konsonant zu hören ist, wird dieser beim Schreiben meist
  **verdoppelt,** z. B.: *knabbern, Brunnen, Pudding, Koffer, Bagger, schwimmen, Suppe, irren, vergessen*
  **Ausnahmen:** Statt verdoppeltem **k** schreibt man **ck,** und statt verdoppeltem **z** schreibt man **tz,**
  z. B.: *backen, Nacken, Ecke, Katze, Netz, Hitze*

## Lange Vokale

- **Einfacher Konsonant hinter langem Vokal**
  Die langen Vokale **a, e, o, u** und die Umlaute **ä, ö, ü** werden oft nur mit einem einfachen
  Buchstaben geschrieben, z. B.: *Wagen, leben, Bogen, klären, Flöte, Gemüse*
  **Nach** einem **langen Vokal** und nach **ä, ö, ü** steht meist **nur *ein* Konsonant,** z. B.:
  *haben, geben, oben, rufen, Käse, mögen, grüßen*
- **Wörter mit Doppelvokal**
  In einigen Wörtern wird der lange Vokal mit Doppelbuchstaben geschrieben, z. B.:
  - **aa:** *Aal, Aas, Haar, paar, Paar, Saal, Saat, Staat, Waage*
  - **ee:** *Beere, Beet, Fee, Heer, Klee, Schnee, See, Seele;* ursprünglich aus einer anderen
    Sprache stammen Wörter wie: *Armee, Idee, Kaffee, Klischee, Tee, Tournee, Püree*
  - **oo:** *Boot, doof, Moor, Moos, Zoo*
- **Langer Vokal + *h***
  Manchmal steht hinter einem langen Vokal ein **h**, z. B.: *zahm, Sehne, wahr, gestohlen*
  Das **h** erscheint nach langem Vokal besonders oft vor den Buchstaben **m, n, r** und **l.**
- **Langer *i*-Laut**
  Das lang gesprochene **i** wird meistens **ie** geschrieben, z. B.: *Dieb, hier, blieb, kriechen*
  Die Verbindung **ih** findet man bei Pronomen, z. B.: *ihm, ihn, ihr*
  Manchmal wird das lange **i** nur durch den Einzelbuchstaben **i** wiedergegeben, z. B.:
  *dir, mir, Biber, Igel, Maschine*

## Schreibung des s-Lauts

Im Hochdeutschen unterscheidet man in der Aussprache den **stimmhaften s-Laut**
vom **stimmlosen s-Laut.** In vielen Dialekten hört man den Unterschied nicht.
In diesem Fall muss man sich die Schreibweise einprägen oder im Wörterbuch nachschlagen.

- Der **stimmhafte s-Laut** wird **mit einfachem s** geschrieben, z. B.: *Ha_s_e, Rie_s_e, ei_s_ig*
- Der **stimmlose s-Laut** wird mit einfachem **s** geschrieben, wenn sich **beim Verlängern des Wortes ein stimmhaftes** *s* ergibt, z. B.: *Gra_s_ – Grä_s_er, Hau_s_ – Häu_s_er, rei_s_te – rei_s_en*
- Den **stimmlosen s-Laut nach langem Vokal** oder nach **Diphthong** *(au, äu, ei, eu)* schreibt man **ß,** wenn er bei der **Verlängerungsprobe stimmlos** bleibt, z. B.: *weiß – weißer*
- **Nach** einem **kurzen betonten Vokal** wird ein **stimmloser s-Laut** meist **ss** geschrieben, z. B.: *Fa_ss_, Bi_ss_, sie mu_ss_, er ha_ss_t, hä_ss_lich*

### *das* oder *dass*? ▶ S. 278

- Mit einem einfachen **s** geschrieben wird das Wort ***das*** als
  - **bestimmter Artikel,** z. B.: *Ich kaufe das Buch.*
  - **Demonstrativpronomen** (kann durch ***dieses*** oder ***jenes*** ersetzt werden), z. B.:
    *Das ist mein Lieblingsbuch.*
  - **Relativpronomen** (kann durch ***welches*** ersetzt werden), z. B.: *Ich lese das Buch, das mir gefällt.*
- Die **Konjunktion** (das Bindewort) ***dass*** wird mit **Doppel-s** geschrieben. Man erkennt sie daran, dass sie **nicht durch *dieses, jenes*** oder ***welches*** ersetzt werden kann, z. B.:
  *Ich glaube, dass ich das Buch schon kenne.*

## Getrennt- und Zusammenschreibung ▶ S. 266–269

- **Verbindungen aus Nomen + Verb**
  Wortgruppen aus Nomen + Verb werden **meist getrennt** geschrieben, z. B.:
  *Rad fahren, Not leiden*
  Werden diese Verbindungen wie Nomen gebraucht **(nominalisiert),** schreibt man sie **zusammen,**
  z. B.: *Das Radfahren macht mir Spaß. Beim Radfahren vergesse ich alles um mich herum.*
- **Verbindungen aus Verb + Verb und Verb + Partizip**
  Wortgruppen aus Verb + Verb und Verb + Partizip werden **meist getrennt** geschrieben,
  z. B.: *Willst du mit mir spazieren gehen? Wir sind doch erst gestern spazieren gegangen.*
  Werden diese Verbindungen wie Nomen gebraucht **(nominalisiert),** schreibt man sie **zusammen,**
  z. B.: *Das Spazierengehen mit dir hat mir sehr viel Spaß gemacht.*
- **Verbindungen aus Adjektiv + Verb**
  Wortgruppen aus Adjektiv + Verb werden **meist getrennt** geschrieben, z. B.: *lang schlafen, deutlich sprechen*
  Wenn man die Wortgruppe aus Adjektiv + Verb nicht wörtlich, sondern nur im **übertragenen Sinn** verstehen kann, schreibt man sie **zusammen,** z. B.:
  *Die Schulaufgabe wird mir schwerfallen (= Probleme bereiten).*
  *Ich bin auf dem Glatteis schwer gefallen.*

# Zeichensetzung

▶ S. 253 f., 256–282

## Das Komma zwischen Sätzen

▶ S. 253 f.

Die einzelnen **Hauptsätze einer Satzreihe** werden durch ein **Komma** voneinander getrennt, z. B.:
*Peter schwimmt im See, Philipp kauft sich ein Eis.*
Nur vor den Konjunktionen *und* bzw. *oder* darf das Komma wegfallen, z. B.:
*Peter schwimmt im See (,) und Philipp kauft sich ein Eis.*
**Zwischen Hauptsatz und Nebensatz** (Satzgefüge) muss **immer ein Komma** stehen, z. B.:
*Wir gehen heute ins Schwimmbad, weil die Sonne scheint.*

In einem Satzgefüge kann der Nebensatz nach, vor oder zwischen dem Hauptsatz stehen, z. B.:
*Tina und Florian möchten am Wochenende eine Kanutour machen, wenn die Sonne scheint.*
*Wenn die Sonne scheint, möchten Tina und Florian am Wochenende eine Kanutour machen.*
*Tina und Florian möchten am Wochenende, wenn die Sonne scheint, eine Kanutour machen.*

## Das Komma bei Aufzählungen

Wörter und Wortgruppen in Aufzählungen werden **durch Kommas abgetrennt,** z. B.:
*Mit Wolle, Garn, Stoffen, Perlen kann man immer etwas anfangen.*
Dies gilt auch, wenn das Wort oder die Wortgruppe durch eine einschränkende Konjunktion wie
*aber, jedoch, sondern, doch, jedoch* eingeleitet wird, z. B.: *Dieses Spiel ist kurz, aber sehr lustig.*
**Achtung: Kein Komma** steht vor den nebenordnenden Konjunktionen *und, oder, sowie, entweder ...
oder, sowohl ... als auch,* z. B.: *Hier gibt es sowohl Sportkleidung als auch Sportgeräte.*

## Zeichensetzung bei wörtlicher Rede

▶ S. 166

- Steht der Redebegleitsatz **vor der wörtlichen Rede,** wird er mit einem **Doppelpunkt** von der wörtlichen Rede abgetrennt, z. B.:
  *Wir riefen: „Wir sind schneller!" – Ich dachte: „Wenn das mal gut geht."*
- Steht der **Redebegleitsatz in der Mitte oder nach der wörtlichen Rede,** wird er durch Komma abgetrennt. Dabei **verliert** der Aussagesatz den **Schlusspunkt. Fragezeichen** und **Ausrufezeichen bleiben stehen:**
  *„Haltet mehr Abstand", mahnte Uwe uns.*
  *„Markus", warnten unsere Klassenkameraden, „hör auf damit!"*
  *„Warum denn?", antwortete Markus übermütig. „Es passiert doch nichts."*
  *„Vorsicht, wir kentern!", schrien die anderen in diesem Moment.*

## Die Apposition

▶ S. 279

Nomen kann man näher bestimmen, indem man ihnen ein anderes treffendes Nomen (oder eine Wortgruppe mit einem Nomen) im gleichen Fall nachstellt und in Kommas setzt. Dies nennt man
**Apposition,** z. B.: *Dies ist Herr Gruber, unser Trainer. Ich rief Herrn Gruber, unseren Trainer, an.*

# Vielfalt und Wandel der Sprache

## Redewendungen und Sprichwörter
▶ S. 47, 130 f.

**Redewendungen** sind **feste Verbindungen von Wörtern,** die zusammen eine **neue Bedeutung** haben, z. B.: *ins Schwarze treffen = genau das Richtige erkennen, bei etwas Erfolg haben* → *Er traf mit seiner Bemerkung genau ins Schwarze und alle stimmten ihm zu.*
Die einzelnen Wörter einer Redewendung sind nicht austauschbar (nicht: *ins Graue treffen; ins Schwarze zielen*).
Mit Redewendungen kann man eine Sache anschaulich, bildhaft und knapp auf den Punkt bringen.

**Sprichwörter** sind kurze, einprägsame Sätze, die (meist) eine **Lebensweisheit** (Erfahrung, Urteil, Meinung, Warnung oder Vorschrift) enthalten. Sie werden immer in demselben Wortlaut gebraucht **(unveränderlich).** Ihre **Bedeutung** ist **festgelegt.** Meist muss man sie kennen, um das Sprichwort zu verstehen, z. B.: *Morgenstund hat Gold im Mund.* = Wer früh mit der Arbeit beginnt, erreicht viel.

## Wortfeld und Wortfamilie
▶ S. 46 f.

**Wörter mit ähnlicher Bedeutung** bilden ein **Wortfeld,** z. B.: *klein: winzig, zwergenhaft, gering*
Mit Wörtern aus einem Wortfeld kann man abwechslungsreich und aussagekräftig formulieren.

Der **Grundbaustein** eines Wortes heißt **Wortstamm.** Wörter mit dem gleichen Wortstamm bilden eine **Wortfamilie.** Sie können verschiedenen Wortarten angehören, z. B.:
*freuen, die Freude, freudig, erfreuen      kennen, erkennen, die Kenntnis*

## Fremdwörter
▶ S. 270 f.

Im heutigen Deutsch finden sich viele Fremdwörter, also Wörter, die ursprünglich aus einer anderen Sprache stammen:
- Viele Fremdwörter – oft aus den Bereichen Wissenschaft und Technik – kommen **aus dem Griechischen oder Lateinischen,** die über viele Jahrhunderte die Wissenschaftssprachen waren. Sie sind oft in Wortbausteine zerlegbar, die jeweils eigene Bedeutungen haben, z. B.: *Biologie = Bio + logie* → die Wissenschaft vom Leben
- Heutzutage werden meist Fremdwörter **aus dem Englischen** (Anglizismen) ins Deutsche übernommen, v. a. in den Bereichen Medien, Mode, Wissenschaft und Wirtschaft/Handel. Man sieht oder hört diesen Wörtern ihre Herkunft an, z. B.: *Notebook, Gameboy, Shopping, Sale*
  Manche Fremdwörter sind in unserem Sprachgebrauch schon so alltäglich, dass es schwerfällt, sie ins Deutsche zu „übersetzen", z. B.: *die Temperatur, der Computer*
- Oft gibt es neben der fremden Schreibung auch eine **eingedeutschte Schreibweise:**
  - **ph** wird zu **f,** z. B.: *Geographie/Geografie, Delphin/Delfin*
  - **ch** wird zu **sch,** z. B.: *charmant/scharmant*
  - **c** wird zu **k,** z. B.: *Club/Klub*
  - In wenigen Fällen kann bei **rh, th** und **gh** das stumme **h** wegfallen, z. B.: *Panther/Panter, Ghetto/Getto, Thunfisch/Tunfisch*
  Im Zweifelsfall hilft ein Blick ins Wörterbuch.

# Besondere sprachliche Mittel

## Stilmittel (rhetorische Mittel) ▶ S. 85 f., 94, 139

In literarischen Texten, manchmal auch in Sachtexten, werden **häufig besondere Stilmittel verwendet.** Sie machen das Beschriebene **anschaulich** oder **betonen bestimmte Inhalte.**

- **Allliteration:** Zwei oder mehr aufeinander folgende Wörter beginnen mit dem gleichen Buchstaben, z. B.: *Dunkle Dinge drohen uns allen.*
- **Häufung:** Verschiedene Begriffe werden aneinandergereiht oder aufgezählt, z. B.: *... ist Feuer, Pest und Tod.*
- **Lautmalerei:** Ein Geräusch wird mit ähnlich klingenden sprachlichen Lauten wiedergegeben, z. B.: *rauschen, klappern.* Die Textstelle wirkt dadurch lebendiger, und man kann sich das Geschriebene besser vorstellen.
- **Metaphern** sind bildhafte Vergleiche ohne das Vergleichswort „wie", z. B.: *Das Leben ist ein flüchtiger Traum. Sie ist für mich die Sonne.*
- **Parallelismus:** Hier werden Sätze (die oft auch Häufungen enthalten) nach demselben Muster aneinandergereiht, z. B.: *Was itzund prächtig blüht, soll bald zertreten werden, Was itzt so pocht und trotzt, ist morgen Asch und Bein.*
- **Personifikation:** Menschliche Eigenschaften werden auf leblose Gegenstände oder die Natur übertragen, um etwas Bestimmtes über sie zum Ausdruck zu bringen, z. B.: *Und die armen welken Blätter, / Wie sie tanzen in dem Wind!*
- **Vergleiche:** Durch sie werden zwei verschiedene Vorstellungen durch ein „wie" verknüpft, z. B.: *Sein Fleisch fühlt sich wie Eisen an.* So kann man sich das Gesagte besser vorstellen.

## Werbesprache ▶ S. 196

Werbesprache ist in der Regel **kurz** und **appellativ** (= auffordernd). Die Texte müssen sprachlich auffällig und einprägsam sein, damit der Verbraucher auf das Produkt aufmerksam wird und sich an den Markennamen erinnert.

Werbesprache bedient sich gerne auffälliger sprachlicher Mittel, z. B.:

- **Alliterationen** (mehrere Worte beginnen mit dem gleichen Buchstaben), z. B.: *Mars macht mobil*
- **Superlative** (= höchste Steigerung), z. B.: *Unser Bester!*
- **Anglizismen** (= englische Begriffe), z. B.: *Das ist einfach great!*
- **Neologismen** (= Wortneuschöpfungen), z. B.: *Elefantastische Angebote*
- **Imperative** (= Befehls-/Aufforderungsform): *Kaufen Sie jetzt!*

# Arbeitstechniken und Methoden

# Textartenverzeichnis

# Autoren- und Quellenverzeichnis

**BINGER, HILDE**
127 Minne – Sanfte Töne für holde Damen
Aus: http://www.geo.de/GEOlino/mensch/54726.html; Stand: 27.08.2012

**BOCCACCIO, GIOVANNI (1313–1375)**
65 Die Kraniche
Aus: Das Dekameron. Übers. v. Albert Wesselski. Reclam, Leipzig 1956

**BRECH, SARAH MARIE**
273 Vietnamesen ersteigern kleinste Stadt der USA
Aus: http://www.welt.de/vermischtes/kurioses/article106160136/Vietnamesen-ersteigern-kleinste-Stadt-der-USA.html; Stand: 20.09.2012

**BURGESS, MELVIN (*1954)**
15 Billy Elliot
Aus: Billy Elliot. Übersetzt von Heike Brandt. Ravensburger Buchverlag, Ravensburg 2001

**DOSTOJEWSKI, FJODOR MICHAILOWITSCH (1821–1881)**
83 Die Wette
Nach: Die Brüder Karamasoff. Übers. v. E. K. Rahsin. Piper Verlag, München 1985, S. 833–840

**DROSTE-HÜLSHOFF, ANNETTE VON (1797–1848)**
152 Der Knabe im Moor
Aus: Winfried Woesler (Hrsg.): Historisch-kritische Ausgabe. Band 1. Niemeyer Verlag, Tübingen 1985, S. 67

**EPPELIN, DÖRTE**
238 Parkour: Trendsportart für Durchgeknallte?
Aus: http://www.geo.de/GEOlino/mensch/57295.html?p=2; Stand: 28.08.2012

**FÄRBER, WERNER (*1957)**
60 Der Filmstar und die Eisprinzessin
Aus: Ulli Schubert (Hrsg.): Seitenweise Ferien. Carlsen Verlag, Hamburg 2002, S. 7–16

**FONTANE, THEODOR (1819–1898)**
167 John Maynard
Aus: Walter Keitel/Helmuth Nürnberger (Hrsg.): Sämtliche Romane. Erzählungen. Gedichte. Nachgelassenes. Band 22. Wallstein, Frankfurt am Main 1979, S. 255 ff.

**FRIESER, CLAUDIA (*1967)**
52 Oskar und das Geheimnis der verschwundenen Kinder
Aus: Oskar und das Geheimnis der verschwundenen Kinder. dtv junior, München ⁷2011

**GERHARDT, PAUL (1607–1676)**
148 Nun danket all
Nach: Eberhard von Cranach-Sichart (Hrsg.): Dichtungen und Schriften, München 1957, S. 280–282

**GOETHE, JOHANN WOLFGANG (1749–1832)**
156 Erlkönig
Aus: Erich Trunz (Hrsg.): Goethes Werke. Hamburger Ausgabe. C. H. Beck Verlag, München 1982

**GRYPHIUS, ANDREAS (1616–1664)**
136 Tränen des Vaterlandes
Aus: Werke in einem Band. Aufbau Verlag, Berlin/Weimar 1980, S. 3
137 Menschliches Elende
Aus: Werke in einem Band. Aufbau Verlag, Berlin/Weimar 1980, S. 6
142 Es ist alles eitel
Aus: Werke in einem Band. Aufbau Verlag, Berlin/Weimar 1980, S. 5
147 Ebenbild unseres Lebens
Nach: Hermann Palm (Hrsg.): Lyrische Gedichte. Tübingen, 1884

**GÜNTHER, JOHANN CHRISTIAN (1695–1723)**
150 Studentenlied
Aus: Wilhelm Krämer (Hrsg.): Günthers sämtliche Werke. Historisch-kritische Gesamtausgabe. Band 1. Leipzig, 1930

**HARG, WILLIAM M.**
90 Der Retter
Aus: Hans B. Wagenseil (Hrsg.): Erzähler von drüben. 1. Band: Amerikaner. Limes-Verlag, Wiesbaden 1946

**HEBEL, JOHANN PETER (1760–1826)**
58 Der kluge Richter
Aus: Hannelore Schlaffer/Harald Zils (Hrsg.): Sämtliche Erzählungen aus dem Rheinländischen Hausfreund. dtv, München 2001

**HEMINGWAY, ERNEST (1899–1961)**
87 Drei Schüsse
Aus: Nick Adams Stories. Übers. v. Richard K. Flesch. dtv, München 1988 (Nachdenken über den Menschen, Bd. 10)

**HOFMANN VON HOFMANNSWALDAU, CHRISTIAN (1617–1679)**
143 Vergänglichkeit der Schönheit
Aus: Gedichte. Fischer Verlag, Frankfurt am Main 1972, S. 68
145 Die Welt
Aus: Gedichte. Fischer Verlag, Frankfurt am Main 1972, S. 110

**IBBOTSON, EVA (1925–2010)**
109 Maia oder als Miss Minton ihr Korsett in den Amazonas warf
Aus: Maia oder Als Miss Minton ihr Korsett in den Amazonas warf. Übers. v. Sabine Ludwig. dtv, München 2011

**ILLE, HARALD**
214 Geo-Cacher suchen den Schatz
Aus: http://www.welt.de/regionales/frankfurt/article13458674/Geo-Cacher-suchen-den-Schatz.html; Stand: 28.08.2012

**KENSCHE, CHRISTINE**
273 Vietnamesen ersteigern kleinste Stadt der USA
OT: Einziger Bürger versteigert kleinste Stadt der USA
http://www.welt.de/vermischtes/kurioses/article106156016/Einziger-Buerger-versteigert-kleinste-Stadt-der-USA.html; Stand: 20.09.2012

**KLEBERGER, ILSE (1921–2012)**
75 Die Kunst, ein Mann zu werden
Aus: Ferien mit Oma. Ravensburger Verlag, Ravensburg 1973, S. 146–150

**KORNFELD, THEODOR (1636–1698)**
140 Ein Sand-Uhr
Aus: Selbstlehrende Alt-Neue Poesie. Bremen 1686

**KÖTTER, INGRID (*1934)**
98 Nasen kann man so und so sehen
Aus: Hans-Joachim Gelberg (Hrsg.): Augenaufmachen. Siebtes Jahrbuch der Kinderliteratur. Beltz & Gelberg, Weinheim/Basel 1984

**KRAUSNICK, MICHAIL (*1943)**
199 Werbespott
Aus: Pausenliebe. Gereimtes und Ungereimtes. Edition durchblick, Neckargemünd 2002

**LILIENCRON, DETLEV VON (1844–1909)**
170 Das Kind mit dem Gravensteiner
Aus: Richard Dehmel (Hrsg.): Gute Nacht. Hinterlassene Gedichte von Detlev v. Liliencron. Schuster & Loeffler. Berlin ⁷1909, S. 83 f.

**LOGAU, FRIEDRICH VON (1604–1655)**
139 Des Krieges Buchstaben
Nach: Gustav Eitner (Hrsg.): Sämtliche Sinngedichte. Tübingen, 1872

**LUDWIG, SABINE (*1954)**
69 Blauer Montag
Aus: Ich schenk dir eine Geschichte. Mutgeschichten. cbj, München 2011, S. 68–85 (gekürzt)

**MALY-SAMIRALOW, ANTJE**
289 Arzneipflanze des Jahres: Süßholz gegen Husten und Entzündungen
Aus: http://www.br.de/fernsehen/bayerisches-fernsehen/sendungen/gesundheit/themenuebersicht/heilkraft-der-natur/suessholz-2012-pflanze-des-jahres100.html; Stand: 20.09.2011

**MANZ, HANS (*1931)**
14 Ich
Aus: Hans-Joachim Gelberg (Hrsg.): Was für ein Glück. Beltz & Gelberg, Weinheim 1993, S. 216

Morungen, Heinrich von (ca. 1220)
126 Nein und Ja
Aus: Karl Simrock: Lieder der Minne-
singer – Kapitel 45/Text 7,
R. L. Friederichs, Elberfeld 1857

Muthmann, Robert (*1922)
50 Zuhause
Aus: Spuren. Gedichte. Neue Presse
Verlag, Passau 1989

Nolte, Vera
274 Das Erzeugen eines Blitzes
OT: Das famose Experiment: Wie man
es im Zimmer blitzen lassen kann.
Aus: http://www.wdr.de/tv/
wissenmachtah/bibliothek/
elektrostatik.php5; Stand: 20. 09. 2012

Nöstlinger, Christine (*1936)
276 Ulli (1, 2, 3)
Aus: Olfi Obermeier und der Ödipus.
Friedrich Oetinger Verlag, Hamburg
1984 (leicht verändert)

Rauert, Annette
95 Der Schritt zurück
Aus: Geschichten zum Nachdenken.
Christian Kaiser Verlag/Matthias-
Grünewaldt-Verlag, München 1977,
S. 50–51 (gekürzt)

Rosendorfer, Herbert (*1934)
34 Eine Einladung zum Essen
Aus: Briefe in die chinesische Vergangenheit. dtv, München [18]1993

Rühlemann, Daniel
288 Beschreibung: „Süßholz
(Saatgut)"
http://www.kraeuter-und-
duftpflanzen.de/Pflanzen-und-
Saatgut/Salbei-Suessholz/Suessholz-/
Suessholz-Saatgut; Stand: 28. 08. 2012

Sachar, Louis (*1954)
102 Löcher oder die Geheimnisse von
Green Lake
Aus: Löcher oder die Geheimnisse von
Green Lake. Übers. v. Birgitt Kollmann.
Beltz & Gelberg in der Verlagsgruppe
Beltz, Weinheim/Basel [2]2002

Schell, Nicola
290 Multitalent Süßholz: Die Arzneipflanze des Jahres 2012
Aus: http://www.wasistwas.de/
aktuelles/natur-amp-tiere/artikel/
link/20281f1262/article/multitalent-
suessholz-die-arzneipflanze-des-
jahres-2012.html; Stand: 20. 09. 2012

Schiller, Friedrich (1759–1805)
159 Der Handschuh
Aus: Georg Kurscheidt (Hrsg.):
Gedichte. Deutscher Klassiker Verlag,
Frankfurt am Main 1992, S. 83 ff.

Scholz, Merlin
210 Geschicklichkeit durch Sport-
Stacking: Die Schnellstapler
Aus: http://www.sueddeutsche.de/
leben/geschicklichkeit-durch-sport-
stacking-die-schnell-stapler-1.454448;
Stand: 28. 08. 2012

Sonnberger, Heike
207 Hip-Hop-Band Lingulistig
gewinnt SchoolJam –
Schülerbandturnier bietet den
Siegern große Chancen
Aus: http://www.spiegel.de/
schulspiegel/leben/0,1518,druck-
820118,00.html; Stand: 28. 08. 2012

Storm, Theodor (1817–1888)
51 Die Stadt
Nach: Albert Köster (Hrsg.): Sämtliche
Werke. Insel Verlag, Leipzig 1923

Stürmer, Christina (*1982)
149 Nie genug
Nie genug. Stürmer, Christina. Audio-
CD, Universal 2006

Szlegat, Marc
231 Was ist ein Vulkan?
Nach: http://www.vulkane.net/
lernwelten/schueler/aktiv1.html;
Stand: 28. 08. 2012

Tiemann, Hans-Peter (*1952)
174 Die Kusskrise
Aus: Die Kusskrise oder Ritter, Räuber
und Randale. Kohl Verlag, Kerpen 2007

Tolstoi, Leo (1828–1910)
80 Der Sprung
Aus: Dieckmann, Eberhard (Hrsg.):
Lev N. Tolstoj. Gesammelte Werke in
zwanzig Bänden. Bd. 8: Das neue Al-
phabet. Übers. v. Hermann Asemissen.
Berlin: Rütten & Loening 1968, S. 295

Ullrich, Lena
225 Lehrer überflüssig? Roboter-
Lehrerin unterrichtet japanische
Grundschüler
Aus: http://www.geo.de/GEOlino/
technik/60623.html; Stand:
28. 08. 2012; Stand: 28. 08. 2012

Vogel, Johann
146 Was du nit glaubtest/das
geschiht (Emblem)
Aus: Walter Urbanek (Hrsg.): Lyrische
Signaturen. C. C. Buchner Verlag,
Bamberg 1999

Wolfram von Eschenbach
(ca. 1170–1220)
120 Parzival
Aus: Dieter Kühn (Hrsg.): Der Parzival
des Wolfram von Eschenbach. Insel
Verlag, Frankfurt am Main 1986

Unbekannte/Ungeannte Autorinnen
und Autoren
29 Warum Benimm-Unterricht?
Aus: http://www.ahfs-hamburg.de/
ahfs/schulleben/farmsen/benehmen.
htm; Stand: 27. 8. 2012
und Rücksichtnahme. arsEdition
GmbH, München 2004, S. 129 f., 134 f.
32 Begrüßung/Tischsitten/
Umgangsformen/Tabus
Nach: Anne Wilkens/Catherina West-
phal (Hrsg.): Echt peinlich! Voll daneben! Der Kinder-Knigge für gutes Benehmen, Toleranz

47 Dudeneintrag: Atem; Aufregung;
Herz
Dudenredaktion (Hrsg.): Duden. Bd. 2.
Das Stilwörterbuch. Bibliographisches
Institut & F. A. Brockhaus AG, Mann-
heim [8]2001, S. 96, S. 109, S. 415

128 Dû bist mîn, ich bin dîn
Aus: Carl von Kraus (Hrsg.): Des
Minnesangs Frühling. Hirzel Verlag,
Stuttgart 1970, S. 1

125 Die Nibelungen: Glanzzeit und
Untergang eines mächtigen
Volkes.
Klappentext zu Lechner, Auguste:
Die Nibelungen: Glanzzeit und Unter-
gang eines mächtigen Volkes.
Arena Verlag, Würzburg 2008

189 Verbraucherzentrale: Online-
Gefahren für Jugendliche.
Redaktionsteam klicksafe.de. Aus:
http://www.klicksafe.de/service/
aktuelles/news/detail/
verbraucherzentrale-online-gefahren-
fuer-jugendliche/; Stand: 20. 09. 2012
(leicht verändert)

205 Jüngste Weltumseglerin Laura
Dekker ist am Ziel
FAZ.Net-Redaktion mit Material von
dpa. Aus: http://www.faz.net/aktuell/
gesellschaft/juengste-weltumseglerin-
laura-dekker-ist-am-ziel-11618525.
html; Stand: 07. 09. 2012

219 Neu erfunden: Mountainboards
dpa/tmn. OT: Mountainboards für die
Piste im Sommer. Aus: http://www.
main-netz.de/themen/jugend/dpa-
serviceline/jugend/berichte/
art7042,736047; Stand: 28. 08. 2012

233 Quer durch alle Zeiten
OT: So baut man eine Zeitmaschine.
Nach: http://www.bild.de/
news/2010/news/baut-eine-zeitma-
schine-12437064.bild.html; Stand:
28. 08. 2012 (stark verändert)

280 Kind fährt mit dem Auto zur
Schule
dapd. OT: Zehnjähriger fährt mit dem
Auto zur Schule. Aus: http://www.
abendblatt.de/vermischtes/
article2172352/Zehnjaehriger-faehrt-
mit-dem-Auto-zur-Schule.html;
Stand: 20. 09. 2012

282 Kaugummi – Fluch oder Segen?
Nach: Klebrige Geschichte: Kaugum-
mis – erst lecker, dann lästig. Aus:
GEOlino, Nr. 6, Juni 2003. Gruner+Jahr,
Hamburg

287 Süßholzpflanze wird Arzneipflanze des Jahres 2012
Redaktionsteam WWF. Aus: http://
www.wwf.de/suessholzpflanze-wird-
arzneipflanze-des-jahres-2012/;
Stand: 20. 09. 2012

288 Süßholzpflanze immer seltener
in freier Natur zu finden
dapd. OT: Süßholz ist Arzneipflanze
des Jahres 2012. Aus: http://www.
derwesten.de/gesundheit/suessholz-
ist-arzneipflanze-des-jahres-
2012-id6096843.html; Stand:
20. 09. 2012

# Sachregister

# Bildquellenverzeichnis

# Kniffelige Verben im Überblick

| Infinitiv | Präsens | Präteritum/Perfekt | Konjunktiv I/Konjunktiv II |
|---|---|---|---|
| befehlen | du befiehlst | er befahl/hat befohlen | sie befehle/befähle |
| beginnen | du beginnst | sie begann/hat begonnen | er beginne/begänne |
| beißen | du beißt | er biss/hat gebissen | sie beiße/bisse |
| bieten | du bietest | er bot/hat geboten | er biete/böte |
| bitten | du bittest | sie bat/hat gebeten | sie bitte/bäte |
| blasen | du bläst | er blies/hat geblasen | er blase/bliese |
| bleiben | du bleibst | sie blieb/ist geblieben | sie bleibe/bliebe |
| brechen | du brichst | sie brach/hat gebrochen | er breche/bräche |
| brennen | du brennst | es brannte/hat gebrannt | es brenne/brennte |
| bringen | du bringst | sie brachte/hat gebracht | sie bringe/brächte |
| dürfen | du darfst | er durfte/hat gedurft | er dürfe/dürfte |
| einladen | du lädst ein | sie lud ein/hat eingeladen | sie lade ein/lüde ein |
| erschrecken | du erschrickst | er erschrak/ist erschrocken | er erschrecke/erschräke |
| essen | du isst | er aß/hat gegessen | sie esse/äße |
| fahren | du fährst | sie fuhr/ist gefahren | er fahre/führe |
| fallen | du fällst | er fiel/ist gefallen | sie falle/fiele |
| fangen | du fängst | sie fing/hat gefangen | er fange/finge |
| fliehen | du fliehst | er floh/ist geflohen | sie fliehe/flöhe |
| fließen | du fließt | es floss/ist geflossen | er fließe/flösse |
| frieren | du frierst | er fror/hat gefroren | sie friere/fröre |
| gelingen | es gelingt | es gelang/ist gelungen | es gelinge/gelänge |
| genießen | du genießt | sie genoss/hat genossen | er genieße/genösse |
| geschehen | es geschieht | es geschah/ist geschehen | es geschehe/geschähe |
| greifen | du greifst | sie griff/hat gegriffen | sie greife/griffe |
| halten | du hältst | sie hielt/hat gehalten | er halte/hielte |
| heben | du hebst | er hob/hat gehoben | sie hebe/höbe |
| heißen | du heißt | sie hieß/hat geheißen | er heiße/hieße |
| helfen | du hilfst | er half/hat geholfen | sie helfe/hülfe |
| kennen | du kennst | sie kannte/hat gekannt | er kenne/kennte |
| kommen | du kommst | sie kam/ist gekommen | sie komme/käme |
| können | du kannst | er konnte/hat gekonnt | er könne/könnte |
| lassen | du lässt | sie ließ/hat gelassen | sie lasse/ließe |
| laufen | du läufst | er lief/ist gelaufen | er laufe/liefe |
| leiden | du leidest | sie litt/hat gelitten | sie leide/litte |
| lesen | du liest | er las/hat gelesen | er lese/läse |